여성, 역사・노동・문화의 주체

여성, 역사·노동·문화의 주체

강현아 지음

景仁文化社

작가의 말:

한국사회에서 사실(史實)로 기록된 역사는 이름 없는 '사회적 소수'들을 배제해 왔다. 여성주의적 시각은 역사에서 사라진 이름없는 '여성'들의 목소리와 침묵에 주목해 왔으며, 이미 역사적 평가가 내려진 많은 역사적 사실들에 대해서는 문제를 제기하였다. 이는 여성이 5·18항쟁에 참여했느냐, 참여하지 않았느냐, 또는 남성과 여성 개개인이 5·18항쟁에 핵심적인 변수로 작용했느냐, 작용하지 않았느냐에 초점을 맞추는 것이 아니다. 여성들이 5·18항쟁의 모양새를 어떻게 만들어갔고, 다시 5·18항쟁은 여성에게 어떤 영향을 미쳤는지를 이해하기 위해 여성주의적 시각에서 항쟁의 역사를 재구성하는 작업이 이루어져야 할 필요성을 제기하는 것이다.

그러나 안타깝게도 지금까지 이루어진 5·18항쟁 관련 연구에는 여성이 '배제'되었거나, 또는 여성이 포함되었다고 하더라도 '피해자로서의 여성,' '어머니(조력자)로서의 여성' 이미지를 확대, 재생산하고 있다는 점에서 남성중심적 시각에서 여성을 비가시화 시키거나, 또는 여성을 수동적인 이미지로 가시화 시키고 있다.

이 때문에 여성주의적 시각으로 항쟁의 역사적 사실에 대해서 '양성이 포함되는' 총체적 분석과 평가가 필요하다는 인식을 하였다. 그래서 5·18항쟁의 역사를 다시 쓴다는 목적을 가지고, 기존

연구 및 자료들에서 비가시적이고 주변적으로 나타났던 여성의 활동과 경험, 그리고 여성들의 삶을 남성의 그것과 대등하게 현재화하는 데 초점을 맞추었다. 5·18항쟁의 역사에서 여성의 역사 쓰기는 역사에서 사라지고 '침묵당해' 왔던 여성들의 다양한 주체적인 삶을 재구성하는 작업이었고, 동시에 역사에서 주변화 되어 있던 여성들의 활동과 경험을 가치화(valorization) 하는 작업이었다.

지금까지 이루어진 대다수의 노동 연구도 여성의 경험을 배제하거나 왜곡하였다. 그 이유는 여성과 남성에 대한 성역할 기대가 이분화되어 있는 성별분업이데올로기나 남성이 곧 생계 책임자라는 통념들이 강고한 형태로 한국사회의 문화 속에 자리잡고 있기 때문이다. 많은 경우 기존의 연구에서 '노동자'는 공통의 이해를 가진 동질적 집단으로 가정되고 있다. 즉 여성 노동자와 남성 노동자는 동질적인 이해를 가진 집단이며, 따라서 남성이 여성의 이해를 대변할 수 있다는 입장을 취하고 있다. 이와 함께 기존의 노동 연구들은 수없이 많은 검증되지 않은 가정들을 전제로 하여 이루어지고 있다. 이 책은 이러한 가정들이 현실적 타당성이 없음을 보여주고자 하였다.

이 책에 수록된 노동 관련 글들은 '여성 노동에 대한' 연구들이기보다는 한국사회의 다양한 노동문제에 대해 여성주의적 시각에서 조망한 작업들이다. 이러한 시도는 기존의 노동 관련 연구들이 남성들의 경험과 관점에 기반하여 이루어졌다는 것, 그로 인해 여성들의 노동 경험과 이해가 왜곡되어 표현되어 왔다는 문제의식에서 출발하였다.

이러한 문제의식과 연구목적을 토대로 쓰여진 이 책은 총 3부로 구성되었다. 각각은 역사 주체로서 여성, 노동 주체로서 여성, 성적 주체로서 여성으로 분류하여 총 아홉 편의 글을 수록하였다. 이 글들은 학술지에 실렸던 논문들로서 여러 차례의 수정작업을 거쳐 이렇게 한 권의 책으로 묶어내게 되었다. 이 책의 내용과 그 의의는 다음과 같다. 1부 역사 주체로서 여성에 수록된 세 편의 글은 여성주의적 시각에서 5·18항쟁 역사를 재해석하고 여성을 역사의 주체로 평가하는 것이다. 2부 노동 주체로서 여성에 수록된 네 편의 글 또한 여성주의적 시각에서 노동 영역에서의 남성중심성을 비판하고 여성들의 노동 경험이 갖는 특수성과 이에 대한 이해를 통해 새로운 '노동' 개념 정의가 필요함을 제시하였다. 3부 성적 주체로서 여성에 수록된 두 편의 글은 남성중심적 성문화 속에서 타자화되고 대상화된 여성/성이 아니라, '젠더/섹슈얼리티'에서 여성이 주체가 되는 대안적 성문화의 필요성을 강조하였다.

이 책에 수록된 글들이 완성되기까지는 이름을 일일이 밝히기 어려울 정도로 많은 분들의 관심과 참여가 있었다. 5·18항쟁에 참여했던 수많은 여성분들은 귀한 시간을 내어 인터뷰에 응해 주셨다. 그리고 광주지역에 소재한 병원, 기업의 노동조합과 노동자들, 여성단체의 활동가들은 귀중한 자료를 제공해 주셨을 뿐만 아니라, 필자와 함께 자신들의 경험을 공유할 수 있는 시간을 내주셨다. 이 모든 분들에게 머리 숙여 깊은 감사를 드린다. 또한 이 책이 나올 수 있기까지는 '여성/성'에 관련된 다양한 이론과 경험적 연구결과들을 함께 읽고 함께 고민하면서 토론해 온 '페미니즘 연구회’ 회원들이 있었기 때문에 가능했으며, 더욱 의미 있는 작업이 될 수 있었다. ‘페미니즘 연구회’의 제갈 춘기, 김경례, 이은주, 박현정, 진주에게 고마움을 전하고 싶다. 전남대학교 5·18연구소 양나윤 조교는 출판사와의 연락과 마지막 교정작업을 도와 주었다. 이 자리를 빌어 진심으로 감사드린다.

끝으로, 이 책의 출판을 흔쾌히 승낙해 주시고, 바쁜 일정에도 꼼꼼하게 편집 작업을 해 주신 경인문화사 여러분께도 감사드린다.

2003년 12월

강현아 씀

Contents

제 1 부

역사 주체로서 여성

제 1 장

5·18항쟁 역사의 양면성:
여성 참여와 배제

1. 여성주의적 시각에서 5·18항쟁의 의미 찾기

현재까지의 역사는 이름 없는 '사회적 소수'들을 배제해 왔다. 특히, 여성주의적 시각에서는 역사에서 사라진 이름 없는 "여성들"의 목소리와 침묵에 주목해 왔으며, 이미 역사적 평가가 내려진 많은 사실(史實)들에 대하여 다른 시각에서 문제를 제기하였다. 그리하여 오랫동안 '역사의 그늘'에 방치되어 있던 여성들을 '역사의 햇빛' 속으로 끌어들임으로써 여성 자체가 역사의 대상이라는 생각을 전복시켰다.

이러한 의미에서 우리는 다음과 같은 물음을 던질 수 있다. 5·18항쟁의 역사에서 여성들은 '역사의 주체'로 존재했는가? 그렇지 않으면 '역사의 그늘'에 방치되어 있었는가? 이 물음은 여성이 5·18항쟁에 참여했느냐, 참여하지 않았느냐, 또는 남성과 여성이라는 개개인이 항쟁에 핵심적인 변수로 작용했느냐, 작용하지 않았느냐를 의미하는 것이 아니다. 여성들이 5·18항쟁의 모양새를 어떻게 만들어갔고, 다시 항쟁은 여성들에게 어떤 영향을 미쳤는지를 이해하기 위해 여성주의적 시각에서 5·18항쟁의 역사를 재구성하는 작업이 이루어져야 할 필요성을 제기하는 것이다.

그 동안 특별하게 '여성'이라는 이름이 붙지 않는 한, 대부분의 5·18항쟁 관련 연구는 남성들의 경험과 활동에 초점이 맞추어져 왔다. 20여 년 동안의 지속적인 항쟁 규명작업들이 이루어낸 축적 결과라고도 할 수 있다. 그러나 한편으로는 5·18항쟁에 대한 시각이 편협하거나 왜곡되어 있기도 했으며, 다른 한편으로는 항쟁 자체를 서둘러 '망각의 강'으로 띄워보내려고 하는 경향도 없지 않았다. 그리고 무엇보다도 5·18항쟁과 관련된 여성연구는 양적·질적으로 상당히 미흡한 수준에 머물러 있다. 지금까지의 5·18항쟁과 관련된 여성연구는 주로 항쟁 기간 동안의 여성활동, 한국(또는 지역) 여성운동에 미친 영향, 여성사망자 및 부상자와 같은 여성피해자의 특징 등을 밝혀내고 있다.

> 광주민중항쟁은 현대민족민주운동사의 전기로서의 의미를 가질 뿐만 아니라 사회해방을 갈망하는 여성들의 의식과 삶에도 중요한 계기를 마련해 주었다. 이 글은 해방 이후 한국자본주의의 발전이 여성들의 삶의 조건을 어떻게 변화시켰으며 그 조건으로부터 나오는 변혁적 잠재력이 광주민중항쟁이라는 역사적 전환점에서 어떻게 분출되었는가, 나아가서 그 당시의 항쟁에서 여성들이 가졌던 한계와 제약들을 살펴봄으로써 결정적인 성과 없이 그 이후 지금까지 계속되고 있는 변혁운동과 여성운동의 전술모색에 조금이라도 보탬이 되고자 하는 데 목적이 있다(5월여성 연구회, 1991).

이를 통해서 5·18항쟁에 여성들이 주체로 참여했다는 사실을 부각시켜 내고, '여성성'의 긍정적인 측면을 강조하였다는 점에서 그

연구 의의를 찾아볼 수 있다. 그러나 이 연구는 남성의 참여에 부가되는 여성의 참여라는 시각이 전제됨으로써 여성의 활동과 역할에 대한 낮은 가치평가가 내재되어 있다. 즉, 성역할 분담체계에 의한 여성활동을 '여성의식 수준의 미비'(안진, 1991; 이수애, 1991; 이춘희, 1991)에서 찾고 있다는 점이다. 여성의 참여와 활동이 자연발생적 수준에 그치고 대중조직도 미약한 수준이었기 때문에 여성이 공식적·정치적 조직으로 참여하지 못했다고 지적하면서 이를 여성 자신의 의식적 한계로 인식하고 있다. 뿐만 아니라, '피해자로서의 여성' 이미지를 담아내고 있는데, 이를 부각시키는 것은 여성의 경험과 삶을 하찮게 여기는 기존의 남성중심적 시각을 그대로 반복하는 것이다. 남성만이 능동적으로 참여했고 여성은 수동적으로 이를 받아들였다는 것을 암묵적으로 인정하는 것이 되기 때문에 이러한 논리 속에서 여성은 여전히 수동적 존재로 귀착될 수밖에 없다.

기존연구에서 5·18항쟁의 비어있는 부분, 즉 여성의 활동 중에서 아직 밝혀지지 않은 부분이 많으며 실제 여성들의 능동적이고 역동적인 활동과 경험의 실체가 적극적으로 포착되지 않았다. 따라서 5·18항쟁의 역사에서 아직 밝혀지지 않은 여성들의 생생한 경험과 활동을 포착해내는 것을 우선적인 연구과제로 삼아야 하며, 이에 대한 기존의 해석과는 전혀 다른 새로운 시각에서의 해석이 필요하다.[1]

---

1) 현실이나 경험은 '저 밖에' 존재하는 발견의 대상이 아니다. 현실은 현실을 보는 사람에 의해, 그리고 그 사람의 언어, 관점과 가치, 그리고 지식에 의해 많은 영향을 받으면서 만들어진다. '현실'은 이미 주어져 있는 고정된 실재가 아니라 끊임없이 변화하는 유기체적 성격을 띠며, 보는 사람의 관점에 따라 다양하게 구성된다(조순경, 2000: 181). 이런 의미에서 조선시대 여성의 현실을 가부장적 시각에서 볼 때는 여성의

이 글은 여성주의적 시각에서 5·18항쟁의 역사를 재조명하고자
한다. 여성주의적 시각은 여성을 연구 주체로, 지식을 축적하는 적
극적인 주체로서 여성을 중심에 두는 것으로 시작한다(즈느비에브
프레스·미셸 페로 편, 1998). 이는 여성의 경험을 가시적인 것으
로 만들고 성차별주의적 편향과 남성중심적 시각을 지양하는
'성'(gender)에 중심을 둔 것이다.[2] 여성의 경험을 분석함으로써 역
사가 기본적으로 정치, 조직, 명망가들에 의해 이루어졌다는 남성
중심적인 시각의 기본가정을 거부한다.

따라서 이 글은 5·18항쟁의 역사적 사실에 대해 양성이 포함되
는 총체적 분석과 평가가 필요하다는 인식으로부터 출발하였다. 5
·18항쟁에 관한 기존 연구와 자료는 양적·질적으로 상당히 축적
되었지만, 대부분 남성중심의 시각에서 기술되어 있다. 때문에 항
쟁의 역사에서 여성을 배제시키거나, 주변적 형태로 남성중심적
시각에서 가시화하는 경향이 강하게 나타나기도 하였다. 다시 말
해서, 5·18항쟁과 관련된 기존연구 및 자료들은 성이 명시되지 않
은 채 남성의 활동이 일반적인 것(the man=the general)으로 취급되
고(Smith, 1979; Harding, 1986), 항쟁에서 여성의 경험과 그 이후의
삶이 남성의 그것과 어떻게 다른지에 대한 설명없이 일반화된 남
성의 경험과 현실 속에 당연히 포함되는 것으로 간주하는 사례가
많다.

억압이 존재하지 않지만, 여성주의적 시각에서 볼 때는 여성억압이 실
재하는 것이 된다. 또한 성희롱 문제가 한국사회에서 1990년대에 들어
와서 '사회문제'로 인식되고 구성되는 것처럼, '여성문제'는 발견되고
발굴되기보다는 '구성되는 것'이다.

 2) 성적으로 중립적인(gender-blind) 분석을 한다는 것은 남성의 현실과 남
성중심적인 시각을 대변하는 것과 다름없다. 여성이 역사에서 주변적
인 위치에 있는 사실 자체를 문제시하지 않는 것은 결국 남성중심사회
를 정당화하는 것이기 때문이다.

이러한 문제의식 하에서 이 글은 여성주의적 시각에서 5·18항쟁의 역사를 재구성한다는 목적을 가지고 비가시적이고 주변적인 여성의 활동과 경험, 그리고 여성들의 삶을 남성의 그것과 대등하게 현재화하는 데 초점을 맞추고자 한다. 특히 이 글은 항쟁 역사에서 여성이 정치적·조직적으로 어떻게 배제되어 왔는가를 살펴보고, '사라질 수밖에 없었던 여성들'의 침묵과 목소리를 통해 여성들을 항쟁 역사의 '타자'에서 '주체'로 가시화 할 것이다. 더 나아가 항쟁의 역사에서 여성의 경험을 단일한 것으로 규정하는 시각에서 벗어나 여성들 내부의 '다양성'과 '차이'에도 주목할 것이다. 그렇게 하는 것만이 '엘리트 여성'의 경험에 국한될 수 있는 한계를 극복할 수 있기 때문이다.

여성주의적 시각에서 여성의 경험과 현실을 재구성하기 위해서 남성중심적 시각과 이론으로 쓰여진 기존의 5·18항쟁 역사를 '상대화하는' 방법론을 사용하였다. "단 한 명의 소수자도 공인된 역사를 쓰도록 요구할 수 있다고 하는 다원적인 역사"(우에노 치즈코, 2000) 인식이 필요하기 때문이다. 역사가 '사실'에 의해서보다 다양한 '경험'과 '기억'에 의해서 만들어진다고 한다면, 여성의 '또 하나의 경험'은 '또 하나의 역사'를 요구해야 한다. 남성에게 맞춰 쓰여진 항쟁 역사를 상대화시키기 위해서 여성에게 있어서의 '또 하나의 현실'을 재구성해야 한다. 이를 위한 작업이 여성의 경험과 현실을 드러내는, 여성의 목소리를 담아내는 질적 방법론으로서 인터뷰 시도이다.3)

___

3) 인터뷰 자료의 문제점을 우에노 치즈코(2000)는 다음과 같이 지적하고 있다. 첫째, 망각이나 잘못된 기억이다. 둘째, 비일관성이다. 증언은 종종 앞 뒤 줄거리가 맞지 않는 경우가 많다. 셋째, 기억의 선택성이다. 어떤 것은 기억하고 있으나 어떤 것은 의도적이든 의도적이지 않든 잊어버린다. 넷째, 어디까지나 회상, 즉 현재에서 과거를 상기하는 것이

5·18항쟁과 관련된 기존연구와 자료에서는 '씌어진 역사'가 거의 없는 상태에서 항쟁에서의 여성의 역사를 밝혀내기 위해서 '침묵 당한 소리'를 어떻게 하면 말하도록 할 수 있을까 하는 것이 최대의 과제였다. 이를 위해서 항쟁에 참여했던 25명의 여성을 인터뷰했다. 이 중에는 처음으로 자신의 '목소리'를 낸 여성이 다수 포함되어 있다. 인터뷰를 통해서 여성들은 직접 주체로서 스스로 5·18항쟁의 역사에 대한 자기 자신의 느낌, 생각 등을 자연스럽게 이야기하였다.

2. 5·18항쟁 역사에서 여성 참여와 배제의 과정

1) 5·18항쟁 기간 동안 여성 포함과 배제의 상호작용

(1) 항쟁 이전까지 광주지역의 정치적·조직적 상황

5·18항쟁은 직접적으로는 민중의 '생존권'과 정치적 권리를 박탈해왔던 유신체제와 국가주도적 축적체제에 대한 민중적 저항의 연장선상에서 이루어진 것이다. 1960년대부터 지속되어 온 국가주도의 해외수출지향적 축적체제는 그 반민주성과 민중배제적 성격으로 인해서 끊임없는 저항에 직면하였다. 20여 년 동안 노동3권을

라는 점이다. 회상은 현재에서 본 과거에 의미를 부여한 것이다. 그 속에는 자기 정당화도 포함된다. 예를 들면, 현재 행복한 생활을 하는 사람은 과거를 긍정적으로 재구성하는 경향이 있는 반면, 현재 불행하다고 느끼는 사람은 과거로 거슬러 올라가 그 인과를 찾을지도 모르기 때문이다. 그러나 이와 같은 몇 가지 문제점에도 불구하고, 여성들의 인터뷰 자료는 5·18항쟁의 역사를 관통하는 그들의 경험과 현실을 가장 구체적으로 드러낼 수 있는 '직접적' 자료로서의 가치를 갖는다.

부정하고 유혈적·병영적 노동통제를 통해 노동자와 노동조합운 동을 억압해 온 데서 그 파시즘적 성격을 여실히 드러냈다. 이러한 극단적인 억압상황하에서 1970년대 후반에 이르러 학생과 지식인 들의 민주화운동과 기층 민중의 생존권 투쟁은 다양하게 분출되었 다. 동일방직 노동자들의 투쟁이나 '함평 고구마사건' 등은 학생과 지식인들의 동참을 가져왔으며, YH노동자들의 투쟁은 유신체제의 붕괴를 촉발시켰다(손호철, 1995; 김상곤, 1997). 이처럼 한편으로는 민중의 광범위한 생존권 투쟁이, 다른 한편으로는 학생과 지식인 중심의 민주화운동이 상호결합하면서 상승작용을 일으켰다.

그리하여 1979년 10·26 이후, 1980년 봄에는 정치적 민주주의의 확대와 민중의 생존권 확보라는 두 가지 과제가 전면적으로 제기 될 수 있었다. 광주지역에서도 1970년대부터 유신체제에 저항해 온 지역운동역량이 성장해 왔으며, 1978년에 이르면 각계의 운동 역량이 체계적으로 구성되어 민주화운동을 수행하고 있었다. 특히, 학생운동의 결집이라 할 만한 녹두서점과 현대문화연구소는 70년 대 후반기를 거치면서 학생운동권의 논의구조가 모아지는 장소가 되었다. 녹두서점(김상윤 등 운영)은 초창기 학생운동가들의 모임 인 '전남 구속청년협의회'의 모임터였으며 학생운동 인자들을 각 종 독서그룹을 통해 배출시켰고, 다른 지역과의 다양한 정보교환 을 할 수 있는 교량역할을 수행했다. 또한 현대문화연구소(김남주, 윤한봉 등 운영)는 사회운동권의 결집을 모색하면서 비(非)교회운 동과 현장운동에 대한 접근을 꾀하였고, 하부조직으로 양서조합, 민주청년협의회, 송백회, 야학, 문화패인 '광대'를 두고 있었다(황 석영·전남사회운동협의회, 1996). 또한 1960년대 중반부터 노동운 동의 중심이 되었던 JOC(가톨릭 노동청년회)가 70년대에 들어서면 서 노동자들의 요구에 부응할 수 있는 민주노동조합을 결성하기 위한 활동을 활발하게 진행하고 있었다. 현장노동자들을 중심으로 소집단활동을 통해서 교육과 노동운동역량을 형성해 왔다.

이러한 1970년대 후반의 정치적·조직적 상황에서 광주지역 여성들의 조직적인 움직임은 크게 두 가지로 나타났다. 첫째는 JOC를 통한 제조업체 생산직 여성노동자들의 조직화와 노동운동의 활성화였다. 1970년대 말 광주지역은 일신방직, 전남방직, 로케트전기(호남전기) 등 대규모 사업장에 여성노동자들이 집중되어 있었다. 여기에 고용된 여성노동자들은 JOC에서 소그룹 학습활동을 통해서 민주노동조합 결성을 위해 현장노동자들을 조직화하는 데 중점을 둔 활동을 하였다.4)

이를 통해서 1970년대 이 지역 노동운동은 여성노동자들이 중심이 되어 전개되었고, 활동의 방향은 민주노동조합의 결성과 노동3권의 보장 등 노동자들의 '생존권'과 직결되는 것이었다. 이 외에도 광주지역 노동자들을 위한 야학이 1970년대 후반부터 생겨났다. '백제야학'과 '들불야학'이 대표적인 야학모임이었는데, 노동자들을 대상으로 정규교과과정을 가르쳤을 뿐만 아니라, 노동법과 노동기본권 등 노동조합을 결성하는데 토대가 될 수 있는 내용의 교육들을 실시하였다. 이러한 야학활동은 JOC 여성노동자들과 긴밀한 연결고리를 가지면서 형성되어 갔다.

---

4) JOC 활동을 매개로 하여 섬유업계 산업별 노동조합에는 17개의 단위노조들 가운데 12개 사업체에 소그룹이 결성되어 있었고, 이들이 1970년대 후반의 노동조합 민주화를 주도하였다. 이 시기 광주지역에 결성되어 있던 노동조합의 대부분이 여성노동자가 집중되어 있던 섬유업체였다는 점은 이러한 사실과 관련되는 것이다(안진, 1991; 이수애, 1991). 따라서 1970년대 이후 광주지역에서의 노동운동은 여성노동자들에 의해 주도되었다는 것을 알 수 있다.

로케트 건전지 노동조합활동(대의원)을 1970년대 말에 했었다. 노동현장에서 일을 하다보니까 노동3권 보장 등 여성노동자들이 앞장서서 정당한 대가를 요구하는 경우가 많았다. 이렇게 노동조합운동을 하게 된 것은 JOC를 통해 1978년부터 소그룹활동을 한 것이 계기가 되었다.(사례 1: 2000년 1월 6일 인터뷰)

JOC 활동을 하다가 로케트 건전지에 입사하였다. 대의원 활동을 하다가 사측과 대립하게 되어 잦은 부서이동을 시키는 바람에 1년 만에 퇴사하게 되었다. 이후 JOC 소그룹 활동을 적극적으로 하게 되었다. (사례 2: 2000년 1월 17일 인터뷰)

이렇게 JOC를 중심으로 활동했던 여성노동자들은 민주노동조합의 결성, 노동3권 보장 등 기본적인 노동운동적 요구와 활동을 전개하였지만, '여성'노동자로서의 문제에 대해서는 별다른 문제제기나 활동을 전개하지 않았다고 할 수 있다.

둘째는 학생운동 출신 여성 및 지식인 여성들로 이루어진, 1970년대 광주지역의 유일한 여성단체로서 송백회가 활동하고 있었다. 송백회는 교사, 간호사, 가정주부, 학생운동 출신 여성 등 지식인 엘리트 여성을 핵심 성원으로 1978년 창립한 단체이다. 이들은 조직성원들의 소모임 학습과 구속자 옥바라지 등을 중심으로 활동하였다. 20여명으로 창립한 송백회는 50~80명 정도로 인원이 늘어나면서 소모임 학습을 통해 한국근현대사, 환경공해문제, 기생관광문제 등 사회문제 전반에 대해 토론하고 인식을 공유하였다.5) 송백회 외에도 여성문제에 관련된 활동을 하고 있던 조직은 YWCA를 들 수 있다. YWCA는 한국자본주의의 발전과정에서 갈등이 심

─────────

5) 송백회는 민주화운동을 한 남성을 남편으로 둔 여성들과 학생운동 출신의 여성들을 중심으로 하였고, 1년 동안 조직을 확장하는 한편 민주화운동 지식인들의 옥바라지 사업을 하면서 매월 1회 정기모임을 현대문화연구소에서 가졌다.

화되었던 지배계층과 민중들간의 중간집단으로 양자간의 갈등을
완화시키는 완충역할을 담당하고자 하였다(이수애, 1991). 이러한
입장은 기층민중들의 요구를 사회구조적인 모순이라는 시각에서
접근하기보다는 봉사적인 차원에서 접근하였다는 점에서 잘 나타
난다.

> 1976~77년까지 소모임을 통해 사회과학 서적을 접하였다. 내가 접
> 하고 있는 세계가 그 당시 나를 너무나 힘들게 했기 때문이다. 교직사
> 회라든가 또 가족관계라든가 이런 것에서 탈출하고 싶었는데 대개 여
> 자들이 이럴 때 결혼을 꿈꾸는데 나는 결혼을 통해서라기보다는 뭔가
> 좀 다른 일을 찾았다. 그러다가 1978년 녹두서점을 경영하는 김상윤
> 과 결혼하고, 그 해 송백회를 결성하였다. 송백회는 광주지역의 민주
> 인사 부인들과 학생운동에 참여했던 여학생들이 참여했다. 부인들은
> 민주화운동을 하는 남편들의 옥바라지를 위해 자연스럽게 모이게 되
> 었고, 남편의 옥바라지가 단순하게 자신만이 감당해야 할 개인의 일
> 이 아니고 일종의 민주화운동이라는 인식을 하게 되었다.(사례 11:
> 2000년 4월 1일)

> 민청학련 사건으로 구속된 사람들을 중심으로 해서 '구속자 협의
> 회'를 결성하였는데, 옥바라지와 사회문제에 대한 관심에서 '송백회'
> 를 결성하였다. 그리고 YWCA와의 연계활동을 위해 정유아와 함께
> YWCA에 입사하였다. YWCA에서 사회문제부와 노동문제 간사를 담당
> 했다. 그러나 YWCA는 현대문화연구소, 송백회, 녹두서점의 분위기와
> 는 많이 달랐다.(사례 10: 1999년 8월 10일)

송백회는 1970년대까지 광주지역에서 유일하게 독자적인 여성
조직이었다고 할 수 있다. 진보적인 의식을 가진 지식인 여성들이
민주화운동을 하다 구속된 남성들의 옥바라지와 사회문제에 대한
인식의 공유를 위해 만들어진 조직이었다. 그러나 이념적으로 투

철한 모임이었거나 투쟁적인 조직은 아니었고, 특히 '여성'문제에 대한 집중적인 문제의식보다는 변혁운동의 연장선 내지 변혁운동을 위한 사회문제의 이슈화에 관심을 가지고 있었다.6)

지금까지 살펴보았듯이, 5·18항쟁 이전 1970년대까지 광주지역의 정치적·조직적 상황은 크게 두 축으로 형성되었다고 할 수 있다. 한 축으로는 초창기 학생운동가들의 모임터였고 학생운동과의 연결고리였던 녹두서점과 기층민중과의 연대를 모색한 현대문화연구소가 민주화운동의 구심점이 되었다. 특히 현대문화연구소의 하부조직으로서 지식인 여성과 학생운동 출신 여성들이 중심이 되어 결성한 송백회가 여성조직으로서 존재하였다. 다른 한 축으로는 JOC를 중심으로 한 노동운동조직이 활발하게 활동하고 있었다. JOC는 여성노동자들이 중심이었던 민주노동조합운동의 구심점이었고, 여성노동운동가들을 배출시키는 장이었다. 여성노동자들과 진보적인 지식인 엘리트 여성들의 조직화된 역량은 5·18항쟁에서 이들이 주체적 활동을 수행하게 된 동력으로 작용하였다.

(2) 항쟁 기간 동안 여성 포함과 배제의 상호작용

광주지역 노동운동단체에서는 1980년 5월 18일 두 곳에서 노동자교육을 실시하였다. 14일부터 16일까지 민족민주화성회와 횃불행진에 참여했던 노동자들은 민주화의 열기가 사회적으로 고조되고 있다고 판단하였고, 연초부터 시작된 로케트전기 임금투쟁의 성과에 대한 반성과 자체 의식교육을 실시하여 민주노동조합운동을 활성화시킬 목적으로 노동자교육을 실시하였다. 전남대학교 정문 앞 사레지오 고등학교 안의 수도원에서는 JOC가 주관하는 노동

---

6) 정유아 증언 중에서(한국현대사사료연구소, 1990: 883).

자교육이 로케트전기, 삼양제사 등 주로 여성노동자들을 대상으로 실시되고 있었다. 또한 YWCA에서도 삼양제사, 일신방직, 전남제사, 전남방직 등 여성노동자들이 참가한 가운데 노동자교육이 진행되었다(황석영 외, 1996).

교육이 진행되고 있는 동안 시위대열의 분위기는 심각했고, 노동자들은 시위에 조직적으로 참여할지 여부를 논의하였다. 그러나 전체가 조직적으로 참여하지 않고 교육을 해산하여 개인적으로 참여하기로 합의했지만, 5월 18일 이전의 민주화 요구시위에 참여했던 여성노동자들은 이 날 이후에도 자발적으로 가두시위에 대거 참여하였다.

> 5·18항쟁 이전부터 노동현장에서는 노동3권 보장, 임금협상 등으로 노동운동의 열기가 뿜어져 나오고 있었고, 5월 18일 이전 학생시위가 활발하게 일어났을 때, 노동현장에서 여성노동자들의 점심으로 지급되었던 빵을 거둬서 학생들에게 가져다주기도 하였다.(사례 1: 2000년 1월 6일 인터뷰)

> 5월 18일과 19일에는 시위대열에 참가했다가 부상을 당했다. 20일에는 적십자병원에 치료하러 갔다가 접수하는 일을 자발적으로 하였다. 21일에는 YWCA 여성자원봉사단을 조직했고, 시민군이 도청에 들어갈 때 같이 들어갔다. 도청 취사조는 JOC 가톨릭 노동청년회 여성노동자들이 중심이었다. 윤청자, 정향자 등 여성노동자들이 도청 취사팀을 조직해서 적극적으로 이 일을 담당했다.(사례 4: 2000년 3월 16일)

> 5·18항쟁 당시 JOC 회원이었던 김성희(사망)에게 연락하여 도청에 취사조로 들어가게 되었다. 그 이전에는 대자보 쓰기, 상무관에서 검은 리본 만들어 달기, 궐기대회 참석 등의 활동을 하였다. 항쟁에는 영웅심도 아니고 그냥 해야된다는 생각에서 참여했다. 다른 사람들은 상황을 알고 다 도망가 버렸고 우리는 모르니까 그런 상황일지 모르고 그냥 해야 된다는 어떤 의무감이랄까 지켜야 된다는 그런 생각 밖

에 없었다.(사례 2: 2000년 1월 17일 인터뷰)

횃불시위에 참여하게 되면서 그 때부터 적극적으로 여성노동자들은 항쟁이 끝날 때까지 참여하게 되었다. 우리는 무엇을 했냐면, 다 궂은 일을 했지. 리본 달기부터 시작해 가지고 도청에 들어가서 취사를 담당한 것까지.(사례 1: 2000년 1월 6일 인터뷰)

5·18항쟁에서 적극적으로 활동했던 송백회원들도 개별적으로 항쟁 초기부터 시위에 참여하면서 화염병을 투척하기도 하고, 물품조달이나 선전활동을 하는 등 5월 27일 계엄군이 도청에 진입하기 직전까지 YWCA를 중심으로 활동하였다. 송백회원들은 19일부터 녹두서점에서 화염병을 제작하였고, 계엄군이 퇴각한 22일부터 YWCA를 중심으로 물품접수, 모금, 시체처리, 간호, 선전활동 등의 역할을 맡게 되었다.

내가 5·18항쟁 기간에 활동한 것은 송백회라는 단체를 중심으로 한 것이 아니라 개인적으로 참여했다고 볼 수 있다. 왜냐하면 송백회라는 단체의 성격이 투쟁적인 운동단체라 볼 수 없었고 회장을 비롯한 간부급들이 적극적으로 참여하지 않았기 때문이다. 그러니까 송백회와 5·18항쟁 활동은 직접적인 연계를 갖지 않았다.[7]

남성활동가나 남학생들은 5월 18일 이전의 예비검속 때문에 구속되거나 피하고 없는 상태였다. 송백회원, 문화패 '광대' 회원, JOC 가톨릭 노동청년회원 등의 여성들이 중심이 되어 자연스럽게 '뭔가 해야 할 일'을 찾는 과정에서 필요하다고 생각되는 것을 중심으로 활동을 시작하였다. 모금, 선전홍보, 헌혈, 식량공급 등이 중심이 되었다.(<사례 10> 1999년 8월 10일)

5월 18일부터 녹두서점을 중심으로 상호연락활동을 하였다. 서점

---

7) 정유아 증언 중에서(한국현대사사료연구소, 1990: 883).

이 거점이 되어야겠다는 그런 생각은 없었다. 사람들이 상황 자체에 궁금해하고 그래서. 20일부터는 여성들이 녹두서점에서 화염병을 제작하고, 유인물을 제작해 시내에 배포하였다. 21일에는 일단 피신했다가 다시 되돌아왔다. 22일부터는 어떻게 수습할 수 없을 정도로 녹두서점에서 여성들이 나름대로 각자 할 일을 찾아서 하게 되었다. 그러니까 내버려둔 것이다.(<사례 11> 2000년 4월 1일 인터뷰)

항쟁 기간 동안 도청 항쟁지도부와의 연계 속에서 여성들의 활동을 결집시키고 조직화했던 주도세력은 한편으로는 송백회원 여성들이었고, 다른 한편으로는 여성노동자들이었다. 특히 해방기간 동안 도청과 YWCA를 중심으로 한 여성들의 다양한 활동은 JOC와 들불야학 여성노동자, 송백회원들의 참여에 의해 주도적으로 이루어졌다.

항쟁의 초기국면인 18일부터 여성들의 참여는 두드러졌다. 18일에는 여성노동자들과 여대생들이 시위에 참여하였고, 19일부터는 여고생들과 송백회원들이 각각 참여하였다. 20일에 이르면 수만의 여성들이 가두시위에 가담하는데, 이 때 여성들은 대열후위에서 시위전위부대와 민중들을 연결시켜 주는 역할을 하였다. 또한 여성선동자 전춘심은 가두선무방송을 통해 시위대를 진두지휘하였다. 즉, 여성들은 '선동자' 역할을 하였다. 여성들은 투사와 대중을 묶어주는 매개자로서 반드시 필요한 존재였다. 즉 민중들의 시위 참여를 촉발시키는 데는 여성들의 행동과 목소리가 가장 적절했기 때문이다. 뿐만 아니라, 무기접수를 위해 광주 외곽지역을 다녀온 시위차량에 여성들이 동승하였고, 일신방직 여성노동자들은 해남, 강진 등의 차량원정시위에 참여하였다. 이처럼 항쟁 초기에는 여성들이 무장투쟁에 활발하게 동참하였다.

부상자와 사망자가 발생하기 시작하면서 여성들은 검은 리본을 만들기 시작하였고, 23일부터는 YWCA를 중심으로 선전활동과 물적 제공활동을 계속하였다. 그리고 도청에서는 여성들이 대민업무, 시체처리, 취사활동 등을 담당하였다. 5월 24일부터는 YWCA에서 윤상원·정상용·이양현·박효선·박용준·김상집·정유아·이윤정 등이 회합하여 시민궐기대회를 효과적으로 조직하기 위해 시민궐기대회추진위원회 집행부를 구성하였다. 조직구성은 기획부(이양현·정상용·윤강옥), 홍보부(박용준·윤상원), 집행부(정현애·정유아·이윤정)로 형성되었다. 이렇게 해서 5·18항쟁의 '해방기간'(5월 23일~27일)에 실현된 공동체 정신과 민중자치는 민중들의 진정한 연대의식과 형제애·자매애를 드높였던 것이다. 그러나 5월 27일, 계엄군에 의해 도청이 함락되기 직전 도청과 YWCA에서 활동하던 여성들은 '남성'들에 의해 떠밀려 나올 수밖에 없었다.[8]

이와 같이, 5·18항쟁 초기부터 마지막까지 여성들의 활동은 두드러지게 나타났다. 이들의 활동은 누군가의 지도에 의해서가 아니라, 자발적이고 창발적으로 자연스럽게 분출된 것이었다. 여성들은 자신들이 해야 할 일을 '찾아서' 했다. 다시 말해서, 누군가의 명령이 있었던 것도 아니었고, 할 일을 찾아서 하는 식이었다. 항쟁의 초기 국면에서부터 여성들이 주도적으로 활동하였고 이로 인해 민중들의 시위참여가 확대됨으로써 계엄군이 후퇴하는 등 여성들의 역할과 활동은 핵심적이었다.

그러나 계엄군이 퇴각하고 상황이 진전되자 초기에 피신했던 남성들이 등장하고 양성간의 '역할분담'이 이루어지게 되었다. 계엄

---

8) "도청에서 일부 여자들은 무서워서 나가겠다고 했지만, 일부 여자들은 같이 하겠다면서 나가라고 하는 남성들에게 항의를 했다. 그러니까 남자들이 여자들은 총을 쏠줄 모르니까 나가라 그랬고, 여자들 중에서는 가르쳐 주면 배우겠다고 하면서 서로 싸우다가 여자들은 나오는 쪽으로 정해졌다."(<사례 3> 인터뷰 내용 중에서, 2000년 1월 24일).

군이 후퇴한 5월 22일 이후부터 도청이 함락되는 27일까지 해방기 간 동안 도청에는 새로운 지도부가 등장하였다. 시위대열을 형성 해 온 시민군과 민중들은 22일까지만 해도 총체적인 정치적 권력 을 장악하지 못하고 있었다. 그리하여 각각의 영역에서 새로운 권 력체가 등장하였다. 이 기간 동안의 권력체는 세 가지로 분류할 수 있다. 첫째, 무기를 버리고 투항하자고 한 '일반수습대책위원회'와 '남동성당수습대책위원회'이다. 둘째, 무기회수를 주장하던 투항파 와 계속 투쟁을 주장하던 학생들이 공존한 '학생수습대책위원회' 이다. 셋째, 끝까지 무기를 들고 투쟁할 것을 요구한 '민주시민투 쟁위원회'이다. 이들은 22일부터 25일까지 권력투쟁을 거쳐 마침 내 '민주시민투쟁위원회'가 새로운 항쟁지도부로 조직되었다.

이 과정을 보다 구체적으로 살펴보면, 5월 22일 도청이 시민군에 의해 접수된 이후 여성들의 호소와 활동은 질서회복을 빠르게 했 다. 이 날 광주지역의 목사·신부·변호사·관료·기업주 등 15 명의 인사가 '5·18 광주사태 수습대책위원회'를 결성하였다. 이들 은 "사태 수습전 군투입금지, 연행자 전원석방 및 사후 보복금지가 보장될 경우 무장을 해제하겠다는 협상 내용"을 가지고 전남북 계 엄분소를 찾아가 계엄군측과 협상하였다. 그러나 협상내용 자체가 지극히 미온적이었고 계엄군측의 별다른 반응이 없는 가운데 수습 위원들의 '무기회수'에 대해 민중들이 거세게 반발하였다(황석영 외, 1996). 이 날 오후에는 대학생 15인으로 '학생수습위원회'가 구 성되었다.

5월 23일에는 그 동안 남동성당에서 회합해 왔던 종교계, 학계, 법조계 재야인사들이 합류하여 '5·18 광주사태 수습대책위원회'를 개편하였다. 개편된 수습위원회는 무기를 반납하고 계엄군의 사과 를 받아내자는 온건하고 유화적인 입장을 취했다. 그리고 학생수습위원회는 "총기회수, 차량통제와 치안유지, 사체처리 및 장례 담당, 수리보수, 의료" 등 대민업무에 주력하였다. 이들은 위원장에 김창길(전남대), 총무에 정해민(전남대), 대변인에 양원식(조선대), 허규정(조선대), 부위원장 겸 장례담당 김종배(조선대), 이 외에 총기회수반, 차량통제반, 수리보수반, 질서회복반, 의료반 등의 부서를 두고 활동을 전개하였다. 그러나 학생수습위원회는 시간이 경과함에 따라 무기회수를 둘러싸고 투항파와 투쟁파의 의견대립이 심화되었다.

한편 '들불야학'을 중심으로 한 노동자들, 민청학련 관련 학생운동 출신 운동가들은 끝까지 항쟁할 것을 요구하였다. 이 과정에서 이들은 5월 25일, 학생수습위원회의 투쟁파와 결합하여 항쟁지도부인 '민주시민 투쟁위원회'를 조직하였고, 무기반납을 주장하던 학생수습위원회 일부세력은 도청을 이탈하였다.

도청 항쟁지도부의 조직구성은 다음과 같다. 위원장에 김종배(조선대학교 3학년), 내무담당 부위원장에 허규정(조선대학교 2학년), 외무담당 부위원장에 정상용(보성기업 영업부장), 대변인에 윤상원(들불야학 대표), 상황실장에 박남선(골재차량 운전사), 기획실장에 박영철(YWCA 신협 이사), 홍보부장에 박효선(극단 '광대' 회원), 조사부장에 김준봉(고려시멘트 회사원), 보급부장에 구성주로 조직되었다. 각 부서별로 업무를 분담하여 집행하였으며, 5·18항쟁 기간의 공식적인 정치조직으로서 활동하였다.

그렇다면, '5·18 광주사태 수습대책위원회'와 '학생수습위원회', 그리고 항쟁지도부였던 '민주시민 투쟁위원회' 조직에 여성들이 포함되었는가? 조아라 YWCA 회장과 이애신 YWCA 총무가 남동성당 재야인사회합에 참석하다 '5·18 광주사태 수습대책위원회'에 포함되었고, 김선옥(전남대학교 4학년)이 22일부터 '학생수습위원회'에 포함되었다. 이들을 제외하고 5·18항쟁 초기부터 지속적으로 항쟁에 참여하였고, 도청과 YWCA를 중심으로 연락업무, 선전활동, 물적 제공을 조직적으로 수행했던 여성들은 공식적인 정치적 조직구성에서 배제되었다.[9]

뿐만 아니라, 5월 20일 민주기사들의 봉기를 매개로 차량시위가 등장하자 여성노동자들이 시위차량에 탑승하여 무기접수를 위해 전남지역을 원정하는 데 참여했고, 무장의 필요성을 느낀 여성들은 도청을 비롯한 여러 곳에서 총기사용법과 수류탄 투척법을 훈련받는 등 적극성을 발휘하였다. 그러나 시민군이 도청을 장악한 22일부터는 여성들의 조직적인 활동이 선전활동과 물적 제공에 집중됨에 따라 여성들이 무장투쟁에 적극적인 역할을 수행하지 못했다. 그 결과 무장조직(시민군, 기동타격대 등)으로부터도 배제되었다.

일단 시위가 고조에 달하고 도청이 시민군들에게 접수되는 순간, 양성의 역할이 뒤바뀌었다. 남성들이 가세해 시위가 본격화되기 시작하면서 여성들은 자진해서 '남성들을 지원해 주는' 위치로 되돌아갔다. 시위의 열기가 뜨겁게 달아오르는 시기까지는 항상 여성들이 '선동자' 역할을 했지만 도청을 접수하고 수습위원회를 조직하면서 총으로 무장할 수 있었던 측은 남성들이었다. 이렇게 무질서해 보이는 민중들의 행동들 내에 남녀의 역할이 확연히 구분되었으며, 이러한 불평등한 역할분담이 아무런 문제의식 없이

---

9) 여성들이 공식적 정치조직으로부터 배제된 상황을 "여성들의 정치지도력의 미성숙에서 기인"한 것이라는 평가(이춘희, 1991: 121)가 있으나, 이는 지극히 남성중심적 시각에서 벗어나지 못한 것이다. 항쟁 초기부터 여성들은 시위대열을 선동하는 역할을 수행하였고, 이 후에도 지속적으로 궐기대회와 유인물을 통해 선전선동활동을 함으로써 민중들의 시위참여를 촉발시켰다. 따라서 여성들의 역량부족이나 의식의 한계에서 원인을 찾기보다는 정치적 조직구성에 있어서 '여성들이 배제'되었다는 사실에 더 주목할 필요가 있다.

당연시되었다.

이상에서 살펴본 바와 같이, 5·18항쟁 기간 동안 새롭게 열린 정치활동의 장에 여성들은 능동적으로 참여하였다. 항쟁 당시 여성들은 할 말이 있으면 공식적으로 이야기했다. 즉, 유인물이나 필사물 또는 궐기대회 연설문을 활용해 어떻게든 많은 대중에게 의견을 전달하고자 했다. 그러나 불행히도 새로운 정치공간은 남성들을 위해 마련된 것이었고, 남성들이 주체가 되었다. 5·18항쟁과 함께 새롭게 조직된 온갖 종류의 공식적 정치조직에 여성들은 포함될 수가 없었다. 따라서 자연발생적으로 일어난 5·18항쟁에서 민중을 선동하고, 활기를 불어넣는 일은 분명 여성들의 몫이었지만 남성들을 중심으로 한 공식적 정치조직이 형성되고 항쟁을 주도하면서부터는 여성들이 주변으로 밀려나게 된 것이다. 따라서 새롭게 세워진 정치구조도 오로지 남성들만의 것이었다. 도청 내에서 항쟁을 지도하기 위한 체계적인 정치적 조직이 형성되었지만, 여성들은 결코 그러한 조직에 들어갈 수 없었다.

5·18항쟁 초기에는 남성이나 여성 어느 쪽도 조직화되어 있지 않았기 때문에 양성이 함께 참여할 수 있는 여지가 있었다. 그러나 남성들이 정치기구로서 도청 항쟁지도부를 결성해 초기단계에서 균형잡혀 있던 양성관계의 균형을 깨버리고도 항쟁을 효율적으로 지휘할 수 있게 되면서 항쟁지도부는 조직의 정통성을 뒷받침하는 양성을 대표해야 하는 데도 여성들을 배제해 버렸던 것이다.

> 5·18항쟁 기간 동안 여성들의 역할이라는 것이 굉장히 한정되고 규정되어진 느낌이 들었다. 그것은 남녀를 구분하지 않고 해야될 일이었음에도 불구하고, 우리들이 해야될 역할이 있었거든. 그런데 여성들의 역할에 대해 가치부여가 안되고 있는 부분들은 뭐랄까 쟁취적이지 않아서 그럴까, 아니면 권위적이라든가 또는 정치적인 모습으로 보여지는 것을 싫어해서 그럴까.(사례 14: 2000년 3월 11일 인터뷰)

항쟁 기간 동안 여성들을 이처럼 중요한 일에 끌어들였지만, 더 이상 필요 없다고 생각하는 순간 즉시 여성들을 배제시켰다. 여성들을 끌어들이는 것과 거부하는 것, 포함과 배제간의 상호작용은 아주 미묘하게 드러났다. 여성의 '눈'으로 보았을 때 이는 '양면적'일 수밖에 없다는 사실을 보여준다. 그리하여 5·18항쟁의 역사가 정치적·조직적 영역에서 주로 '남성들의 활동'에 초점이 맞추어졌고, 이는 상대적으로 여성들의 활동에 대한 가치부여가 낮게 되는 부분과 맞물려졌다. 정작 정치적·공적 영역에서의 평가는 남성들의 몫이었던데 대해 여성들은 비판적인 인식을 공유하고 있다.

(3) 또 하나의 항쟁지도부: 수평적인 "YWCA 여성지도부"

5·18항쟁 기간 동안 여성들은 정치적 투쟁능력을 가시화 시켰다. 그러나 여성들은 공식적인 정치조직에서 배제되었다. 그리하여 20년이 지난 지금까지도 "5·18항쟁에서 여성들의 활동은 '재생산 역할'에 한정되었을 뿐"이라는 잘못된 시각이 존재하고 있다. 이제 이러한 잘못된 인식을 전환해야 한다. 민주주의의 실현과 '함께 사는' 공동체정신에 충실하면서 YWCA에서 활동했던 여성들에 주목하고 이들의 활동에 대해서 정당한 평가가 내려져야 한다.

항쟁 기간 동안 YWCA를 거점으로 한 여성들의 활동은 또 하나의 '지도부'로서 역할을 했다. 5월 22일부터는 그 동안 개별적으로 5·18항쟁에 참여했던 여성들이 녹두서점에서 활동하였다. 녹두서점에 모이는 사람들이 점차 늘어나고 일의 규모도 커지면서 장소의 협소함 때문에 23일 YWCA로 장소를 옮기게 되었다. YWCA에서는 활동하는 인원이 50여명으로 늘어나게 되었고 보다 체계적으로 역할을 분담하여 조직적으로 대처하였다. YWCA에는 여고생들과 학생운동측의 여대생, 여성노동자들, 그리고 도청 항쟁지도부와 긴밀한 연계를 갖고 있었던 송백회원들이 있었다. 이 곳에서는 모금, 취사, 궐기대회 준비, 유인물과 대자보 제작 및 배포, 가두방송 등의 활동이 추진되었다.[10] 홍보조에 김정희·이현주·임희숙 등이 적극 가담하였고, 임영희·이윤정·정유아 등은 대자보·모금 활동·조기제작·리본제작·궐기대회 준비 실무를 맡았으며, 구속자 가족이면서 노동자 출신인 이정이 3개조로 구성된 취사조의 책임자가 되어 13명의 여성들을 이끌고 도청으로 들어가 도청 취사부를 인수하게 되었다(광주광역시 5·18 사료편찬위원회 편, 1998: 172).

> 5월 23일 YWCA로 거점을 옮겼다. 점차 체계를 잡아가기 시작하였다. 이 때, 홍보와 모금활동은 여성들 몫으로 되었다. 25일부터는 도청 취사까지 담당하게 되었다. YWCA는 여성들 활동의 거점이 되었다. 투사회보 제작, 취사, 홍보, 선전 등 모든 활동이 여성들에 의해 이 곳에서 진행되었다. 하다 보니까 눈에 보이는대로 항쟁에 대해서 이러한 게 필요하다 싶으면 하게 되면서 참여하게 되고, 나중에는 주도적으로 진행을 해 가는 그런 상태까지 되었다. 처음부터 5·18항쟁 자체가 계획적이지 않았지만 점점 확대되어 갔다.(사례 11: 2000년 4월 1일 인터뷰)

> 도청만 지도부였던 것이 아니다. 도청만 지도부가 아니라 실제적으로는 YWCA에서 활동하던 여성들이 다 지도부였다. 왜냐하면 여성들이 처음부터 끝까지 계속 있었거든. 단지 여성들이 총을 들지 않았기 때문에 도청에 들어가 상주하지 않았을 뿐이지. 그리고 여성들이 도청 지도부가 올바르게 갈 수 있도록 견인하고 정말 중요한 역할을 한 것이다. 도청 항쟁지도부만이 지도부가 아니었고, YWCA를 중심으로

---

10) YWCA에는 궐기대회 및 가두방송의 선전조가 40여명, 송백회원 5명, 취사담당 여성노동자 15명, 경비담당 10여명으로 총 70여명 정도가 있었는데 이들 중에는 여성이 50여명, 남성이 20여명으로 대부분이 여성들이었다(황석영 외, 1996: 234).

활동한 여성들도 주체세력이었다.(사례 10: 1999년 8월 10일 인터뷰)

23일날 YWCA로 옮기게 되었다. 그래서 조를 편성했는데, 가두홍보조, 모금조, 리본조, 대자보조, 취사조 등으로 조직화했다. 여성들이 YWCA를 중심으로 조직력을 갖춰서 활동을 하기 시작했고, 비타협적인 강경한 태도를 보였다. 여성들은 끝까지 죽음으로써 지켜야 한다는 의견이었다.

남자들이 하라마라 해서 한 것이 아니다. 여성들이 내용 만들어서 대자보 쓰고, 프랑카드 쓰고, 궐기대회 준비하고 그랬다. 여성들이 선전활동을 많이 했다. 총만 안들었지. 총은 들 수가 없었지. 그 상황에서 남성들이 총은 주지도 않았다. 총을 들고 안들고의 차이였다. 왜냐하면 남성들은 총을 들고 도청으로 들어갔고 여성들은 YWCA에 필경조하고 홍보조가 남아 있었다. YWCA가 필요성이 없었으면 왜 도청 항쟁지도부의 남성들이 중요한 사안에 대해서는 YWCA에 와서 회의를 했겠느냐.(사례 12: 1999년 9월 6일 인터뷰)

YWCA에서 취사조를 조직해서 도청에 들어갔다. JOC 가톨릭 노동청년회 소속 여성노동자들이 대부분이었다. 굉장히 조직적으로 됐거든. 조직적으로 안된 것 같지만 실은 조직적으로 그 역할을 다 했어. 20년이 다 되지만 지금도 우리가 무엇을 했는가에 대한, 여성들에 대한 정확한 평가는 하나도 없어. 다 남자들이, 남자들이 다 해버렸지.(사례 1: 2000년 1월 6일 인터뷰)

여성들의 인터뷰 내용을 통해서도 나타나듯이, YWCA에서 여성들의 활동은 도청 항쟁지도부와 대등한 역할을 전개했다. 이러한 의미에서 YWCA에서 여성활동은 5·18항쟁의 '또 하나의 지도부'로서 역할을 수행해 냈다고 볼 수 있다. 또한 YWCA에서 활동했던 여성들은 각각의 역할분담이 달랐을 뿐, 위계적인 구조가 아닌 수평적인 구조하에서 활동했다.11)

---

11) "하라 마라 해서 한 것이 아니다. 여성들이 각자 알아서, 찾아서 했

그럼에도 불구하고, YWCA에서의 여성활동에 대한 역사적 평가가 미흡하다. 그렇기 때문에 지난 20여 년 동안 여성활동이 가시화되지 않은 점을 비판하고, 여성들의 YWCA를 중심으로 한 활동을 적극적으로 평가해서 이를 가시화 하기 위해서는 남성들의 활동과 대등한 위치에 여성들의 활동을 자리매김할 필요가 있다.

2) 5·18항쟁 이후 '사라진' 여성들

(1) 항쟁 관련 조직에서 '여성 배제'

5·18항쟁 기간 동안 도청과 YWCA를 거점으로 활동했던 많은 사람들은 항쟁 이후 침묵을 지켰다. 항쟁에 참여했던 사람들의 사망, 구속, 도피, 그리고 정부의 감시와 압력 속에서 침묵을 강요받기도 하였다. 구속자들이 풀려난 뒤에도 항쟁에 의한 심리적 충격과 '죽은 자들에 대한 산 자로서의 죄책감' 때문에 더욱 침묵하기도 하였다.

그러나 이러한 상황에서도 한편으로는 항쟁의 정신을 전국적으로 알려내는 작업이 진행되었고, 다른 한편으로는 구속자 가족들과 유가족들을 중심으로 '5월 운동'[12]이 시작되고 있었다. 침묵을 강요받고 스스로 침묵하던 시기에 여성들이 주체가 되어 침묵을

다."(<사례 12>. 1999년 9월 6일 5·18 연구소 인터뷰 내용 중에서). YWCA에서의 여성활동은 점차 조직적으로 이루어졌지만, 상하위계적인 명령에 의해서가 아니라 수평적인 그물망 조직으로서 특징이 강했다.

12) 1980년 5월 18일부터 27일까지의 기간이 5·18항쟁 기간이라면, 이후부터 현재까지 진행된 진상규명운동, 학살자 처벌운동, 5·18 특별법 제정운동 등 항쟁과 관련하여 일어난 모든 투쟁의 형태를 '5월 운동'이라 규정한다.

깨는 활동을 시작하였던 것이다.

항쟁의 정신과 그 실상을 전국적으로 알려내는 활동은 5·18항쟁에 직접 참여했던 들불야학팀과 문화패 '광대' 회원들, 송백회원들이 수행하였고, 광주지역 출신 여성노동자들도 노동현장을 중심으로 활동하였다.

> 5월 27일 이후 서울에서 도피생활을 했다. 도피생활 중 광대의 김선출, 투사회보의 전영호 등과 '광주 5·18항쟁'을 알리기 위한 작업을 하였다. 유인물과 테이프를 제작하여 배포하였다. 9월 이후 구속대상 명단에서 누락된 것을 알고 광주에 내려왔다. 그러나 박용준과 윤상원의 죽음으로 정신적 고통이 컸다.(사례 12: 1999년 9월 6일 인터뷰)

> 5·18항쟁 당시에는 서울에서 활동중이었고 예비검속 때문에 내려오지 못했다. 항쟁 직후 문화패 '광대'하고 들불야학팀이 서울로 올라와서 항쟁 알리기 작업을 했는데 이들과 결합해서 활동하면서 이들을 뒷바라지 했다. 또한 윤한봉을 밀항시키는 일을 했고, 이 사건으로 구속되었다.(사례 14: 2000년 3월 11일 인터뷰)

원풍모방 서울 지부장이었던 박순희는 항쟁에 관한 상황을 듣고 원풍모방 노동조합원들에게 이를 교육시켰고, 조합원들이 자발적으로 모금한 480만원을 가톨릭 종교단체를 통해 광주지역으로 전달하였다. 이 때문에 김대중 내란음모사건으로 연루되어 1년 동안 수배상태였다가 구속되어 480만원 전달에 대해 조사를 받게 되었다. 장현자도 엘지전자에 근무하다가 노동조합활동을 했고 박순희와 같이 항쟁을 알리는 활동을 하였다. 조순형도 청주산업선교원이었는데 항쟁 당시 광주 소식을 타이프해서 등사기로 밀어 배포하였다. 항쟁 직후에는 김준태 시인의 '광주여, 무등산이여, 이 나라의 십자가여'라는 시를 배포하다 구속되었다. 정양숙도 가톨릭

노동문제상담소에서 일했는데 5·18항쟁 직후 광주에서 올라온 김
성애 등으로부터 소식을 접하게 되었다. 항쟁에 관한 소식을 녹음
해서 배포하다가 구속되어 고문을 당해 그 후유증으로 중풍을 앓
고 있다.

> 5·18항쟁을 겪고 나서 더욱 그랬을 것이다. 전국적으로 이 세상을
> 바꾸고자 하는 힘이 노동자측에서 솟아난 것은 항쟁을 계기로 한 것
> 이다.(사례 8: 2000년 1월 26일 인터뷰)

또한 5·18항쟁 직후였던 1980년대 초반, 항쟁에 대해서 모두가
침묵하고 있던 그 상황에서 구속자 가족회와 유가족회의 활동은
매우 중요한 의미를 지닌다. 항쟁 이후 저항운동은 항쟁의 직접 피
해자인 유가족과 구속자의 가족에 의해 제일 먼저 추동되었다. 항
쟁과 관련된 구속자 가족들은 '구속자 가족회'를 결성하고 조직화
하여 구속자 석방과 진상규명을 위하여 활동을 전개하였다. 이들
은 주로 구속자들의 부인과 어머니들이 중심이었다.[13]
이 때 당시 항쟁을 입 밖에 꺼낸다는 것 자체가 허용되지 않는 상
황에서 구속자 가족회와 유가족회 여성들의 활동은 대단한 것이었
다. 새로운 '5월 운동'의 시작이 여성들에 의해 주도되었다는 점에
서 더욱 값진 것이었다고 할 수 있다. 정부는 각종 회유와 협박으로
이 조직을 와해시키려고 하였으나 구속자 가족들은 그러한 가운데
서도 조직을 지켰고, 구속된 가족들을 석방하라는 요구를 넘어서서
5·18항쟁의 진실을 알리기 위한 다양한 활동들을 하였다.[14]

---

13) '구속자 가족회'의 초대 회장은 안성례, 총무는 이명자가 맡았다. 이
　　조직에는 윤희정(홍남순 변호사의 처), 안성례(명노근 교수의 처), 이명
　　자(정동년의 처), 정현애(김상윤의 처), 노영숙(노준현의 누나) 등이 포
　　함되었다.
14) <사례 11>. 1999년 8월 3일(5·18 연구소에서 실시) 인터뷰 내용과

'구속자 가족회'는 5·18항쟁 직후 재판이 진행중인 전과정을 통해서 가장 적극적으로 활동하였다. 이들은 주로 구속자 석방운동, 사형수 구명운동, 5·18항쟁 진상 알리기 등을 중심으로 '전두환 광주방문 저지운동', 대법원 사형확정 판결시의 '김수환 추기경 사무실 농성', 1심 재판 당시의 '법정 저항운동' 등을 격렬하게 전개해 나갔다. 이러한 활동의 핵심에는 항상 여성들이 존재하였다. 1982년 12월 5·18항쟁 관련 구속자가 모두 석방된 후에도 다른 구속자 가족을 지원하고 공동으로 대처하기 위해서 1985년 '민주화 실천 가족운동 협의회'로 승계되었다. 이 때 석방된 구속자들을 중심으로 유가족과 부상자를 포함하여 1984년 '광주구속자협의회'가 결성되었다. 그러다가 구속자들만을 대상으로 한 '5·18 광주민중항쟁동지회'(오항동)가 1987년 결성되었다. 오항동은 사회적 지위가 높은 명망가와 학생운동권 출신의 사회운동가가 중심을 형성하고 있다.[15]

> JOC를 중심으로 한 여성노동자들은 유가족회 여성들에게 장소를 제공해 주고 이렇게 하면서 5·18항쟁의 역사에 지속적으로 참여하게 된 것이지. 항쟁 직후의 암울했던 시기에 남자들이 싸운 것이 아니라 엄마들, 여성들이 싸웠지. 5·18항쟁의 역사가 재현되기까지 모든 것은 여성으로부터 시작됐고 여성들이 오늘의 이 결과를 낳게 한거야.
> (사례 1: 2000년 1월 6일 인터뷰)

이처럼 5·18항쟁이 끝난 직후, 정치적 탄압과 물리적 억압 속에서도 여성들은 항쟁을 알려내는 활동을 통해 강요된 침묵을 가르

2000년 4월 1일 이루어진 인터뷰 내용을 토대로 하였다.
15) 오항동에는 분야별 하부조직을 구성하고 있는데, 투사회보, 기동타격대, YWCA, 도청항쟁, 80년 전남대학교 총학생회, 80년 조선대학교 총학생회가 있다.

는 역할을 수행하였고, 구속자 뒷바라지와 구속자 석방운동 등을 전개함으로서 항쟁의 문제를 가시화하는 역할을 담당하였다. 이후에도 조직적이고 지속적인 활동은 유가족과 구속자 가족에 의해 주도되었다.

1980년대 초반이 지나자 광주지역에는 다양한 형태의 5·18항쟁 관련 조직들이 하나 둘씩 생겨났고, 조직들이 활동하는 과정에서 반복된 분화와 통합의 과정이 전개되어 왔다. 5·18항쟁과 관련된 조직은 크게 세 가지로 분류할 수 있다. 첫째는 조직구성원이 항쟁에 직접 참여했던 사람들로 제한된 조직이고, 둘째는 이들 조직이 상호결합하여 형성한 연합조직이고, 셋째는 이들 뿐만 아니라, 일반 시민이나 사회제영역에서 활동중인 사람들이 참여할 수 있는 조직이다(<표 1> 참고).

먼저, 5·18항쟁에 직접 참여했던 당사자들의 조직을 살펴보자. 1980년대 후반에 들어서서 상당히 분열되던 조직들이 90년대 중반에 들어서면서 조직간의 통합이 활발해졌다. 각각 3개 조직으로 분립되어 있던 유족회와 부상자회가 각각 하나의 조직으로 통합되었다. 구속자 조직은 4개로 분립되어 있었는데, 1996년 '5·18 광주민중항쟁구속자회'로 통합되었다. 그리하여 2000년 현재 5·18항쟁 관련 조직은 유족회, 부상자회, 구속자회 외에 '5·18 광주의거청년동지회', '5·18 상이후사망자유족회', '5·18 민중항쟁민주기사동지회', '5·18광주민주화운동행방불명자가족회'라는 조직까지 포함해서 7개 조직이 존재하고 있다(나간채, 1998).16)

---

16) 5·18항쟁 관련 조직의 분화·통합과정과 조직들의 활동에 대한 구체적인 내용은 나간채(1997, 1998), 김두식(1998)을 참조할 것.

〈표 1〉 5·18항쟁 관련 조직의 분리·통합 과정

연도 조직		1980	1990
당사자 개별조직	유가족	5·18 광주의거유족회(1980. 5) ↓ 5·18광주민중항쟁유족회(1980. 9)	5·18광주민중항쟁유족회(1993)
	부상자	5·18 부상자회(82) → 5·18광주의거 부상자회(1983) ↘ 5·18광주민중혁명 부상자동지회(1983) 상이사망자유족회(1987)	5·18광주의거 부상자회(1985) 5·18광주민중항쟁부상자회 →5월문제연구소(1993) 5·18광주민중항쟁 부상자회(1995)
	구속자	광주사태 구속자가족회(1980) 광주구속자협의회(1984) ↓ ↓ 민주화 5·18광주민중항쟁동지회(오항동) 실천가족 (1987) 운동협의회 5·18광주민중항쟁교도소생존자 (1985) 동지회(85) 5·18광주민중항쟁민주기사동지회(87) 5·18광주민중항쟁구속후부상자동지회(87) 5·18광주민중항쟁구속자동지회(89)	
	행방불명자	5·18광주민중항쟁 행방불명자 유족회(1989)	
당사자 연합조직		광주구속자협의회(1984) 5·18광주의거 청년동지회(오청동)(1986) 5월운동협의회(오운협)(1987)→5·18광주민중항쟁연합(오민연)(1992)	
복합조직		5·18광주민중항쟁 희생자위령탑 건립 및 기념사업범국민운동추진위원회(오추위)(1985)	5·18기념재단(1994) 5·18학살자 재판회부를 위한 광주전남 공동대책위원회(공대위)(1995)→1997년 해체→기념재단에 통합 5월성역화를 위한 시민연대모임(시민연대)→광주시민연대(시민운동조직으로 개편)

* 자료: 나간채(1997, 1998), 김두식(1998), <사례 1>~<사례 15>의 인터뷰 내용을 토대로 하여 재구성하였다.

　이들 조직의 활동은 1990년대 후반 책임자 처벌과 관련된 특별법 제정 투쟁과 5·18 재판투쟁이 중심이 되었다. 이 두 가지 활동은 유가족, 부상자, 구속자들이 '5·18 학살자 재판 회부를 위한 광주전남 공동대책위원회'에 결합하여 공동으로 전개한 것이다. 이 외에도 보상에 관련된 것으로서 현재까지 3차에 걸쳐 6,321명이 신청하여 4,537명이 지급받았고, 나머지는 심사 과정에서 기각되거나 취하되었다. 그리고 명예회복을 위한 활동으로, 국가보훈대상자 지정, 망월동 묘지의 국립묘지로의 승격, 학살자들에 대한 서훈 치탈 등을 관철시키기 위하여 각종 회의, 유관 기관 방문과 건의를 하였다.

　다음으로 5·18항쟁 당사자들의 조직이 상호결합하여 형성한 연합조직을 살펴보자. '광주 구속자 협의회'는 구속자들 이외에 유가족과 부상자들을 포함하는 연합단체이다. 1982년 구속자들이 석방된 후 1984년에 이들이 주도하여 결성하였다. 그러나 구속자들 중에서 명망가들이 주도하고 주변화된 집단이 소극적으로 참여하게 되면서 적극적인 활동에 제약을 받았다. 이를 극복하는 방안으로 전국민을 대상으로 한 '5·18 광주민중혁명 희생자 위령탑 건립 및 기념사업 범국민운동 추진위원회'(오추위)를 결성하였다. '5·18 광주의거 청년동지회'(오청동)은 유족회와 부상자회에 청년부가 조직되면서 이 청년부 회원들이 중심이 되어 1986년 결성되었다.[17] '5월운동협의회'(오운협)은 5·18항쟁에 직접 참여했던 주체들만을 중심으로 조직되었다. 오운협에는 오항동, 오청동, 5·18 광주민중항쟁유족회, 5·18 광주민중항쟁부상회, 5·18 광주민중항쟁 민주기

---

17) 오청동은 유족회와 부상자회에 청년부가 조직되면서 이 청년부 회원들이 중심(18~35세)이 되어 결성한 조직이다. 이들은 교육 정도나 사회경제적 지위가 낮은 기층민중적 성격이 강한 집단이면서 정치지향성을 배제시키고 있다. 그리고 '행방불명자가족회'의 탄생에 결정적인 역할을 하였다.

사동지회 등 5개 조직이 참여한 연합단체이다.18) 이 조직의 결성배
경에는 항쟁의 진상규명과 정신계승이라는 것 외에도 항쟁에 참여
했던 주체들의 정치적 영역으로의 진출을 모색하기 위한 부분도
존재했다(나간채, 1997, 1998). 오운협은 1991년 해체되어 92년 '5·
18 광주민중항쟁연합'(오민연)으로 확대, 개편되었다. 오민연은 5월
단체의 분열에 대한 기층민중의 비판과 오추위에서의 5월 당사자
의 소외감을 극복하기 위해 결성되었다. 오민연에는 오운협에 가
입하지 않았던 5·18 광주민중항쟁구속자동지회, 구속후 부상자동
지회, 상이 사망자 유족회, 교도소 생존자동지회, 행방불명자유족
회, 5·18 광주의거부상자회 등 11개 조직이 포함되었다.

  마지막으로 5·18항쟁 당사자뿐만 아니라, 일반 시민이나 사회제
영역에서 활동하는 사람들이 함께 참여하는 항쟁 관련 조직을 살
펴보자. 여기에는 '재단법인 5·18 기념재단'(이하 기념재단), '5·18
학살자 재판 회부를 위한 광주전남 공동대책위원회'(이하 공대위),
'5월 성역화를 위한 시민연대모임'(이하 시민연대) 등이 포함된다.
기념재단은 5·18항쟁 관련 조직들의 분열을 극복하고 '통합된 5월
운동'을 합법적 공간에서 하는 것을 목적으로 출범하였다(나간채,
1998: 54). 회원들의 기금출연과 광주광역시청에서 이관한 재원으
로 재정적 안정이 확보된 상태에서 5월 운동을 문화사업적 측면에
서 확장시키려는 경향을 보였다. 그러나 재단 내부의 통합성 문제
라든가 회원들간의 이질성과 갈등의 문제로 인해 여러 가지 문제
를 안고 있다. 공대위는 1995년 7월 학살 책임자 35명에 대한 검찰
수사의 결과가 '불기소 처분'으로 발표되는 상황에서 결성되어, 특
별법이 쟁취되고 이 법에 의해 재판이 종료된 후인 1997년 12월 해

---

18) 오운협은 순수한 5월 세력의 구심체를 형성하기 위한 목적으로 결성
    되었고, 저항적인 5월 단체가 주로 가입하였다.

체되었다. 이 기구는 광주·전남지역의 각종 민주적 사회단체 136개가 결합한 투쟁공동체이다. 재판이 종료된 후, 해체되어 활동인자들은 개별적으로 기념재단에 통합되었다. 시민연대는 '5·18 묘역 성역화사업'으로 결성하여 이와 관련된 활동을 마무리한 후, '광주시민연대'로 개편되었다.

그러나 5·18항쟁 관련 조직들은 5월 운동의 과정에서 대립과 갈등현상을 드러냈다. 이렇게 분화·통합이 점철될 수밖에 없었던 배경 가운데 하나는 사회경제적 배경과 개인적 특성이 이질적인 다수의 회원으로 구성된 조직들에서 주도적 역할을 수행한 사회운동세력과 엘리트집단으로부터 소외된 회원들이 자신들의 권익을 확보하기 위한 대응수단의 하나로 선택한 결과라고 해석할 수 있다.

이 문제와 관련된 연구들 중에는 갈등구조의 핵심적 원인을 '가방끈의 길이(교육정도)'로 분석한 결과가 있다.[19] 또는 '5월 운동의 프레임'에 기본적인 차이가 있기 때문이라는 분석도 존재한다.[20] 이러한 대립과 갈등은 5·18항쟁 이후 삶의 질적 차이로부터 발생한다는 점을 공통적으로 지적하고 있다. 다시 말해서, 학생운동권 출신의 지식인과 엘리트들은 '5·18항쟁을 하나의 배경으로' 정치적 영역으로 진출하거나 사회적 지위가 상승한 반면, 기층민중들의 삶은 여전히 고달프고 열악하다는 것이다.[21] 그래서 항쟁 관련

---

19) 나간채(1998: 61)는 이러한 갈등의 기본 구조가 배운 자와 못배운 자를 기본 축으로 하여 형성되었다고 설명하고 있다. 5월 운동에 부여하는 의미, 참여 동기, 문제의 진단과 해결방법 등에도 차이가 생겼다는 것이다.

20) 김두식(1998: 232)은 기층민중들을 중심으로 한 프레임과 학생, 지식인, 명망가들을 중심으로 이루어진 프레임이 기본적인 차이를 드러낸다고 설명한다. 5·18항쟁 관련 조직들의 갈등현상은 항쟁 당시부터 진행되어 왔던 두 프레임 간의 차이가 그대로 연장되고 있다고 강조한다.

21) 부르디외(Bourdieu)에 따르면, 교육은 민주주의 사회에서 기회와 평등

조직들 간에서, 그리고 조직 내부에서 주도권과 이권을 둘러싼 경쟁과 대립이 사라지지 않고 있다.

이러한 측면에서 5·18항쟁 기간 동안 행동으로 일상화되었고 제도화되었던 그 '높낮이 없는 세상'이라는 항쟁의 의미는 지속되지 못하고 정치적으로 각색되고 또는 지엽적인 것으로 왜곡되거나 축소되었다는 비판으로부터 자유롭지 못할 수밖에 없는 것이다. 결국 학력차이와 사회적 관계망의 차이가 5·18항쟁 관련 조직들의 특성을 일정 정도 규정지음으로서 나타나는 문제점이라고 할 수 있다.22) 여기에서 5·18항쟁 관련 조직들은 이미 개인과 집단이 자신의 사회적 지위를 정당한 것으로 승인받기 위한 투쟁공간이 되었다. 이 공간에서 각 조직간의 분리 및 통합과정이 끊임없이 발생하는 것이다. 그래서 항쟁 관련 조직 내에서 더욱 높은 사회적 지위를 획득하려는 개인들간의 갈등관계가 존재하게 되며, 이는 '사회적 구별짓기(distinction)'로 드러난다.

이를 통해서 불평등과 차별이 5·18항쟁 관련 조직에서도 그대로 재현되고 지속되어 왔다는 사실을 인식할 수 있다. 특히 항쟁에 직접 참여했던 기층민중들을 중심으로 형성된 유족회와 부상자회는 항쟁에 대한 정당한 평가와 사회적 명예회복, 진상규명과 경제적 보상을 중심적인 활동방향으로 설정하고 있지만, 학생운동조직이

의 이념을 실현시키는 것이 아니라 오히려 사회불평등을 유지시키는 기제로 작용한다는 것이다(이상호, 1998). 이러한 의미에서 학생운동의 경험이나 고학력은 5·18항쟁 이후 관련 조직과 '5월 운동' 속에서 조직구성원들 간의 불평등한 관계를 유지시켰다고 할 수 있다.

22) 부르디외는 자본주의가 발전할수록 사회불평등을 규정짓는 요인은 경제적 자본 이외에도 상징적 자본, 문화적 자본, 사회적 자본 등 다양화된다고 밝히고 있다(정선기, 1998). 개인 또는 집단간의 갈등에서 '투쟁의 수단 및 소유의 도구'로 이용될 수 있는 모든 것은 '자본'으로 규정할 수 있다는 것이다.

나 사회운동조직과 연관되었던 구속자 조직은 1988년 총선을 비롯
해서 자신들의 정치적 영향력을 강화하기 위한 활동방향을 지향했
다. 이들이 정치적 영역에서 기초단체의원, 광역단체의원, 또는 국
회의원으로 진출하기도 하였다는 점에서 이러한 차이가 확연하게
보여진다.23)

  '사회적 구별짓기'에 의한 사회적 거리감이 5·18항쟁 관련 조직
의 집행부 구성, 조직운영방식, 활동방향 등에서 그대로 재생산되
는 경향이 강했다. 더구나 5·18항쟁의 역사가 20년이 되면서 관련
조직들의 주체는 직접적 피해자나 활동가인 당사자 중심에서 일반
시민이나 시민단체에 개방되고 확대되는 경향을 보이고 있다. 또
한 운동방식에 있어서도 항쟁 당시의 상황에서 인권, 민주주의, 축
제 등으로 확대되면서 이를 전국화, 세계화하는 경향이 있다.

  그러나 5·18항쟁 관련 대부분의 조직들에서 항쟁의 주체였던 여
성들은 '사라지고' 없다. 물론 몇몇 소수의 여성들은 5·18항쟁 관
련 조직의 집행부에 포함되기도 하고 조직을 대표하는 지위에 있
으면서 정치적 영역에 진출하여 정치활동을 하기도 했지만, 대부
분의 여성들은 항쟁 관련 조직으로부터 배제되었다.

  5·18항쟁 관련 조직활동을 하였다. 처음 오항동에서 초창기부터
'여성부장'을 맡아서 활동했다. 그 다음에 오월후원회 운영위원, 5·18
기념재단의 설립위원이었다.(사례 12: 1999년 9월 6일 인터뷰)

  항쟁 이후 피신생활을 하다가 불구속 입건돼서 집행유예를 받았다.
1985년 '5·18 구속자회' 회장을 맡아서 진상규명을 위한 운동을 벌였

---

23) 특히 구속자를 중심으로 한 오항동에서 정치적 지향이 강하게 나타났
  다. 오항동의 1대 회장인 정상용은 국회의원, 2·3대 회장인 윤강옥은
  시의원, 4대 회장인 이윤정은 시의원, 5대 회장인 위인백은 동구청장
  이 되었다.

다. 1989년과 1990년에는 오항동에서 부회장과 회장을 했었고, 1991년 지방자치제 선거에서 시의원으로 당선되어 정치활동을 했었다.(사례 10: 1999년 8월 10일 인터뷰)

1978년 김대중과 친분관계가 있었고, 1980년 초, 전남지역대학 자율화 추진위원회 간부들을 김대중에 인도한 혐의로 수배를 받았다. 5월 18일 시위하다가 예비검속자 명단에 올라 수배되었다는 사실을 알고 서울로 피신했으나 6월 20일 연행되었고 20여일 뒤에 풀려났다. 2차 보상 때 4,800여만원의 보상금을 받았다. 5·18항쟁 이후에는 구속자협의회에 가입했으나 별다른 활동은 하지 않았다. 1987년 이후 신민당, 통일민주당, 평민당 등에서 정치활동을 했고, 광주전남여성회에서 활동하기도 했다. 1990년 시의원으로 활동하였지만, 광주시민들이 5·18항쟁을 계속해서 거론하는 것을 싫어했기 때문에 뒤에서 지원하는 쪽으로 방향을 바꿔 5·18항쟁 관련 조직에서 빠졌다.(사례 15: 1999년 11월 17일 인터뷰)

5·18항쟁을 왜곡되게 끌어내린다는 걸 느낄 때가 많다. 정말 일선에서 활동했던 사람들은 묻혀지고 그렇지 않고 오히려 뒤에 있던 사람들 이들만 앞서 있어서 오히려 더 부각되어 영웅처럼 되는게 느껴지더라구. 5·18항쟁 이전에 민주화단체에서 활동하던 사람들? 이 사람들 계엄령 내려지기 전에 피신해 있던 사람들 많았는데 나중에 보니까 더 부각되어 있다는 생각이 들더라구. 내 이익만 추구하고 상대방의 아픔 같은 것 또는 고통 같은 것은 아예 뒷전이고 정치활동에만 개입하려고 하고.(사례 3: 2000년 1월 24일 인터뷰)

너무 힘들게 싸웠고 그랬었는데 5·18항쟁 당시 그 현장에서 열심히 한 사람들은 없어져 버리고 그냥 입만 야문 사람들이 다 내가 했다 하니까. 그냥 입다물고 있었다. 그리고 꼭 행사때만 되면 5·18항쟁 관련 조직에서 연락이 온다. 아무 연락도 없다가 행사때만 되면 나와서 도청에 있다가 저녁에 나온 사람이다, 살아남은 여성이다, 그런 식으로 말하지. 그런 것이 싫어서 5·18항쟁 관련 조직에 나가지도 않았고.(사례 2: 2000년 1월 17일 인터뷰)

여성들은 5·18항쟁 기간 동안 항쟁의 주체로서 도청과 YWCA에서 활동했음에도 불구하고 공식적인 정치적 영역에서 지도부 조직으로부터 배제되었을 뿐만 아니라, 항쟁 직후 암울하고 억압적인 정치적 상황에서도 항쟁의 진상규명과 구속자 석방을 위해 온 몸을 던졌던 여성들이 그 후 5·18항쟁 관련 조직으로부터도 철저하게 배제되는 과정을 겪게 되었다. 5·18항쟁 역사에서 여성들은 공식적인 정치적 영역으로부터 배제됨으로써 주변화될 수밖에 없었다. 이러한 '배제'에 대한 여성들의 비판적 인식은 한편으로는 5·18항쟁에 대한 침묵으로, 다른 한편으로는 항쟁 관련 조직이나 행사에 참여하는 것을 거부하는 것으로 나타났다.

(2) 주변화된 '여성들 내부의 차이'

광주지역에서는 1980년 이전까지 '여성문제'가 독자적인 운동영역을 확보하지 못한 상태였다. 여성해방이라는 운동의 지향점이 변혁운동과 분리되어 사고되거나 인식되지 않았다. 다시 말해서, 민족해방과 계급해방을 위해 여성들이 열심히 활동해야 하고, 그럴 때만이 여성해방도 더불어 이루어진다는 논리가 지배적이었다. 그러나 5·18항쟁 이후 남녀불평등의 문제와 항쟁에 관한 논의 구조 속에서 여성들의 배제는 흔히 찾아볼 수 있는 것이었고, 권위주의적인 가부장제가 여성들을 이중적으로 억압하는 현실은 여성들로 하여금 여성운동을 하나의 독자적인 영역으로 이끌어야 한다는 인식을 가져다 주었다. 특히 5·18항쟁 기간 동안 중요한 역할을 담당하였던 여성들은 여성들도 남성과 동등한 위치에 있어야 한다는 남녀평등의식이 더욱 확장됨으로써 이러한 인식의 폭이 넓어지는 토대를 형성하였다. 5·18항쟁에서 활동했던 여성들의 경험이 항쟁 이후 여성운동의 독자성과 이를 위한 여성조직의 필요성을 인식하는 중요한 토대가 되었음을 보여주는 것이다.

그리하여 1988년 2월 '광주전남여성회'가 결성되었는데, "일하는 여성들의 권익실현 및 투쟁을 적극 지원하고 여성의 억압적인 현실을 여성의 단결된 힘으로 극복하며 자주적 민주사회 실현을 목적"으로 활동하였다.[24] 특히 5·18항쟁에 참여했던 여성들의 증언을 통해서 항쟁에서 여성들의 역할을 재조명하고 항쟁의 정신을 여성운동이 어떻게 수렴할 것인가를 모색하기 시작했다는 점에서 5·18항쟁의 계승을 위한 조직적인 활동이었다. '광주전남여성회'는 1990년 여성회 내부의 상담사업부를 구상하면서 이를 확대, 개편하여 '광주 여성의 전화'로 설립되었고, 여성회의 농민분과위원회에서 일해온 여성들이 참여하여 1991년 3월 '전남여성농민회'가 결성되었다. 1989년에는 이 지역에서 발생하는 여성문제에 보다 능동적으로 대처하기 위해 상설적 연대활동기구인 '광주전남여성문제특별위원회'를 구성하였다.[25]

'광주전남여성회'는 이렇게 여성운동과 조직의 양적 팽창과 질적 발전에 기여했음에도 불구하고 여러 가지 한계를 드러냈다. 다시 말해서, 광주지역 최초로 여성문제 해결을 중심과제로 하는 독자적인 여성운동조직으로 출발하였으나, 독자적인 여성사업보다는 지역 민주화운동단체들과의 연대활동이 더 큰 비중을 차지하였다. 따라서 여성들의 참여를 확대시켜서 조직의 기반을 탄탄하게

---

24) '광주전남여성회'의 창립발기인은 이소라, 장미화, 홍원영, 이춘희, 도경진, 김선옥, 김혜자, 양혜단, 이종옥, 김석순, 김정희, 정성희, 김현정, 김광희 등이다. 지도위원은 김원자, 안성례, 이수애, 박영선, 김정님, 모애금, 송경자, 정현애, 배은심, 이윤정, 장영숙, 이귀님, 정향자, 심성숙, 홍희윤, 이명자, 임영희, 윤경자 등이다.
25) '광주전남여성문제특별위원회'에는 장미화, 이춘희, 안성례 등이 결합되었고, 이 기구는 이후 '광주전남민주여성단체협의회'로 개칭되었다.

꾸리는 일을 소홀히 할 수밖에 없었다. 그럼으로써 기층여성들을 조직화하는데 많은 문제점을 초래하였다.

> 송백회를 재건하겠다는 재건 모임에 참여하게 됐다. 그러나 이게 잘 안되었는데, 그 이유는 여러 가지가 있겠지만 부문별로 여성운동이 분화되는 시점이었다는 것이다. 그랬기 때문에 일반적인 여성운동에 대한 상이 정립이 되지 않은 상태였고 또 5·18항쟁을 기점으로 여성운동이 여성의 권익신장이라든가, 여성문제를 해결하기 위해 나간 것은 아니었다. 그래도 여성문제에 대한 의식을 가지고 이끌어 보겠다는 사람들이 광주전남여성회로 뭉쳐졌는데 참여하는 사람들이 대부분 운동권의 부인들이 많았다.(사례 11: 2000년 4월 1일 인터뷰)

> 5·18항쟁 이후 광주지역 여성운동과 여성조직에서는 항쟁에 참여했던 여성들이 오히려 배제되었다. '광주전남여성회'가 출범하면서 5·18 항쟁에 참여했던 여성은 배제된 것이다. 정현애를 비롯한 몇 명이 참여하긴 했지만. 그래서 광주지역 여성운동에 있어서는 5·18항쟁 부분이 오히려 더 배제되었다는 생각이 든다.(사례 12: 1999년 9월 6일 인터뷰)

이와 같이, 5·18항쟁에 참여했던 여성들의 경험은 여성조직에 직접적인 영향을 미치지 못했다. 여성들 개개인에게 직접적으로 드러나는 측면이 오히려 더 많다고 할 수 있다. 여성운동과 여성조직은 항쟁 기간 동안 직접적으로 활동했던 여성들을 조직적으로 끌어들이지 못했다는 비판을 면하기 힘든 것이다. 광주지역 여성운동이 독자적인 영역을 구축하면서 활발하게 활동하였고 더불어 여성들이 참여한 조직화가 다양하게 이루어진 것은 긍정적인 측면이지만, 항쟁에 참여했던 대다수의 여성들이 배제되었다는 점을 간과할 수 없다.

따라서 광주지역 여성운동과 여성조직이 항쟁 이후 양적·질적 발전을 이루어 왔으나, 5·18항쟁 기간 동안 직접적으로 활동했던 여성들이 배제되었다는 점에서 항쟁을 통한 여성들의 경험이 조직적으로 가시화되었다고 평가하기는 힘들다. 물론 항쟁에 참여했던 소수의 여성들이 '광주전남여성회'나 '광주전남여성문제특별위원회'에 개별적으로 결합하였지만, 이들은 대부분 조직의 핵심적 부서보다는 지도위원이나 자문위원 등 조직의 외곽부서에 배치됨으로써 상대적으로 소외의식을 가질 수밖에 없었다.

〈표 2〉 5·18항쟁 역사에서 여성의 참여와 배제의 내용

내용 / 이름	5·18항쟁 당시직업	5·18항쟁 당시 가입조직	5·18항쟁 당시 활동장소	5·18항쟁 당시 활동내용	현재 직업 (2000년)	5·18항쟁 관련조직 활동	여성조직 활동
사례 1	로케트전자 · 노동조합 대의원	JOC	YWCA →도청	취사조	하남생협 대표	X	X
사례 2*	로케트전자 · 노동조합원	JOC	YWCA →도청	취사조	가정주부	X	X
사례 3*	신학 대학생	·	YWCA →도청	취사조	리서치 사원	X	X
사례 4	?	·	YWCA →도청	취사조	무직	X	X
사례 5	고등학생 (3년)	·	도청	취사조	교사	X	X
사례 6*	원풍모방 노조 서울 지부장	·	서울	조합원모금 480만원 전달	민주노총 고문	X	X
사례 7*	엘지전자 노조원	·	인천	5·18항쟁 진상알리는 작업	천주교대전 교구 활동 · 가정주부	X	X
사례 8*	청주산업 선교원	·	청주	5·18항쟁 진상알리는 작업	청주산업 선교원 활동	X	X
사례 9*	·	·	서울	5·18항쟁 이후 진상알리는 작업	명동성당내 카톨릭 노동상담	X	X

사례 10	YWCA간사	송백회	YWCA	선전활동	1990년 시의원활동 · 양심수 후원회활동 · 김준배열사 추모사업 회장	오항동 부회장('89) 오항동 회장('90) 오민련활동	'광주 전남 여성회' 지도위원
사례 11	교사	송백회	YWCA	선전활동	교사	광주구속자 협의회 부회장 →구속자관 련조직 활동	'광주전남 여성회' 지도위원
사례 12	현개문화연 구소 간사	송백회	YWCA	선전활동	김남주 기념사업회 활동	오항동여성 부장 오월후원회 운영위원 기념재단설 립위원	'광주전남 여성회' 지도위원
사례 13	간호사	송백회	병원	부상자 간호	주부	X	X
사례 14	기독교청모 회 활동	송백회	서울	윤항봉의 밀항을 도움	전주성폭력 예방치료센 타소장	X	X
사례 15	5.17 예비검속자 대상	·	서울에 피신(6월 구속)	·	1990년 시의원 활동. 이후 정치활동	광주구속자 협의회 활동 정당활동	'광주전남 여성회' 지도위원

주: * 는 인터뷰를 처음으로 한 경우. X는 활동사항이 없는 경우.
자료: 인터뷰 내용을 토대로 구성하였다.

뿐만 아니라, 5·18항쟁에 참여했던 기층여성들의 대부분이 배제
되었다. 즉, 이러한 여성조직에 포함된 소수의 여성들은 대부분 항
쟁 기간 동안 활동했던 송백회원들이었고 함께 활동했던 JOC 여성
노동자들과 같은 기층민중여성들은 철저하게 배제되었다. 더 구체
적으로 항쟁 당시 JOC를 중심으로 한 여성노동자들의 활동은 송백
회나 학생운동권 출신의 여대생들에 비해 더욱 비가시화되었다.
이와 더불어 여성노동자들은 공식적인 정치적 영역의 5·18항쟁 관
련 조직으로부터도 배제되었을 뿐만 아니라, 여성운동조직으로부
터도 배제되었다(<표 2> 참고). 주변화된 여성들 내부에서도 더욱

주변화된 여성들이 존재한다는 점에서 '여성들 내부의 차이'가 확연하게 나타났다.

> 5·18항쟁 기간 동안 로케트 전기에 다니는 여성노동자들이 엄청나게 활동을 많이 한거야. 구체적으로 조직적인 JOC가 있었고 YWCA에 송백회가 있었고 야학이 있고 이렇게 하면서 YWCA에서 모임을 갖고 JOC 여성노동자들은 집단적으로 도청에 들어갔지. 그런데 항쟁 당시 JOC를 중심으로 한 여성노동자들의 활동은 송백회원들이나 여대생들의 활동에 비해 아무 것도 아닌 것이 돼버렸지.(사례 11: 2000년 1월 6일 인터뷰)

이와 같이, 5·18항쟁 이후 항쟁과 관련된 공식적인 정치적 조직으로부터 여성들이 배제되었다는 점에 있어서 여성들은 공통적이지만, 다른 한편으로 여성들 내부의 차이가 20년 동안 이어져 왔다는 점에서 '또 하나의 차별과 배제'가 형성되어 왔음을 보여주고 있다. 이러한 항쟁의 역사가 그 동안 여성들이 침묵하게 되는 중요한 배경으로 작용하였다.

3. 여성들의 침묵, 그리고 그들의 목소리

5·18항쟁을 경험한 여성들이 항쟁 이후 '침묵하게 된 원인'은 무엇일까? 첫째, 여성들은 항쟁의 경험을 '언어'로 표현하는 것 자체가 불가능하다고 생각하고 있다. 특히 그 때 당시의 절박한 감정을 '언어'로 표현하는 것은 한계가 있다는 것이다. 그리고 '죽은 자'들에 대한 '산 자'로서의 죄책감과 정신적 고통으로 인해 여성들은 자신들의 경험이 '드러나는 것'을 상당히 꺼려했다.

그 때 상황은 지금 말로 어떻게 표현한다는 것은 불가능해. 그런 것 같애. 그 때 심정은 말로 표현 못하지. 그리고 5·18항쟁 이후 진짜 한 7~8년 입 다물고 살았지.(사례 3: 2000년 1월 24일 인터뷰)

항쟁 이후 10여년 동안 인터뷰에 응하지 않았다. 그 때의 절실한 감정들이 느껴지지 않았기 때문에 거부반응이 나타났다. 다른 사람들이 그 때의 그 절실함이나 절박함을 이해할 수 있을까? 그리고 인터뷰하는 것 자체가 '자신을 드러내고 싶어하는 그런 것 때문에' 꺼려졌다. 그러나 무엇보다도 죽은 사람에 대한 죄책감 때문에 … 인터뷰를 해도 마음 속 깊이 잘잘한 이야기, 절절한 심정 이런 것은 이야기했다, 이런 느낌이 없어. 그 때 여성들의 활동 내용, 이런 이야기들을 말로 해야 하는데 말로 표현할 수 없는 것들이 남아 있는데. 표현을 못하기도 했고 또 이야기할 수 있는 분위기가 안된 것도 사실이다. 왜냐하면 그런 것을 이해 못하는 사람이 참 많거든. 총알이 날아다니는데 어떻게 싸울 생각을 하느냐는 것이지. 이해가 안된다는 것에 참 황당하고, 이야기 못한 것도 있지.(사례 11: 2000년 4월 1일 인터뷰)

죽은 사람들한테 우리가 살아 있는게 조금 부끄럽고 우리도 기회주의자적인 게 아닌가. 정말 우리가 최선을 다했다고 했지만, 우리 몸을 사려 가지고 살아있다는 그런 느낌이 들면서 굉장히 죽겠드만. 인간적으로 죽은 사람들 앞에서 죄인이라는 그런 생각을 가지고 있지. (사례 1: 2000년 1월 6일 인터뷰)

5·18항쟁 당시 활동했던 여성들은 죽은 사람과 총들고 싸우던 사람, 부상당한 사람에 비해서 여성 자신들이 했던 일은 '보잘 것 없다'거나 '하는 것이 당연했으니까'라고 인식하고 있다. 또한 죽은 자에 대한 죄책감과 산 자로서의 부끄러움 때문에 고통스러워했고, 항쟁 이후 공포감, 무력감, 패배감 때문에 육체적·정신적으로 힘들어 했다. 이 때문에 항쟁에서 여성들이 했던 활동 내용을 '드러내는 것' 자체를 꺼려했다.

둘째, 여성들의 활동 자체에 대해서 가치를 낮게 평가하기 때문이다. 즉, 남성중심적 시각에 각인된 여성들이 5·18항쟁 기간 동안 자신들이 한 역할을 '하찮은 것'이라고 인식하고 있다. 또는 '결혼'으로 인해 가정이라는 사적 영역에 묶여지게 됨으로써 공적 영역, 정치적 영역으로부터 단절될 수밖에 없었다는 점에서 여성들은 침묵하였다.

> 5·18항쟁 이후 한동안 정신적으로 방황하다가 전남방직에 입사했지만, 항쟁에 참여했다는 전력 때문에 3일만에 해고되고 다시 남해어망에 입사했다가 JOC 활동경력으로 해고를 당했다. 그러다가 결혼을 하고, 결혼해서 묻혀 살았지. 결혼하니까 그 사람들(5·18항쟁 당시 같이 활동했었던 도청 취사조)하고 단절이 많이 되고 연결도 안되고 그랬다. 또 가정 갖고 아이 낳고 하니까 더 그랬지.(사례 2: 2000년 1월 17일 인터뷰)

이와 같이, 여성들의 삶이 가정과 사회에서 규정하는 가부장적 굴레로부터 완전히 자유로울 수는 없다는 점에서 이들의 활동을 제약하는 요인으로 작용하고 있다는 것을 알 수 있다.

셋째, 5·18항쟁 이후 공식적인 조직활동이나 정치활동이 없었기 때문에 지속적인 활동연계성이 부족했다. 이렇게 정치적 영역에서 조직활동을 하지 않은 이유는 앞에서도 밝혔듯이, 5·18항쟁의 역사에서 지속적으로 여성들을 배제해 온 과정이 가장 핵심적인 결정요인이었다. 그리고 이 과정에서 드러난 '여성들 내부의 차이'도 '차별'이라고 인식하는 여성들을 더욱 더 침묵시킨 배경이 되었다.

> 5·18항쟁을 기점으로 해서 지식인들에 대한 내 관점이 많이 바뀌었잖아. 지식인은 나약하고 기회주의적인 습성이 강하고 안다는 것 자체가 그래. 한 시대에 실천과 용기를 요구할 때는 뒤로 물러설 수밖

에 없다는 기본적인 속성과 또 인텔리 계층에 대한 회의, 이런 것들이 많이 생각되었다.(사례 10: 1999년 8월 10일 인터뷰)

정작 치열하게 활동했던 사람은 뒷전이다. 5·18항쟁 이전에 민주화운동 관련 조직활동을 했거나 명망이 있었던 사람 중심으로 항쟁 이후 보상이 많이 이루어졌다. 항쟁 당시에는 일반 시민들, 특히 무명의 시민들이 더 활동적이었다. 정말 앞장서서 했던 사람들은 오히려 묻혀지고 그렇지 않고 뒤에 있는 사람들, 명망만 있는 사람들이 더 부각되어 영웅처럼 되고. 그 때 명망있는 사람들? 그 사람들 다 피했어. 그랬는데 그 사람들이 오히려 지금 영웅처럼 떠받들여지고, 근데 그게 5·18항쟁 자체는 아니잖아? 그런 의미에서 많이 왜곡되어 있지 않았나 하는 생각이 들더라구.(사례 3: 2000년 1월 24일 인터뷰)

마지막까지 싸웠던 사람들은 자리매김이 안되고 있고, 이런 사람들은 지금도 역시나 비참하게 살드만. 조금이라도 기득권을 가진 사람들은 더 잘 살고 '운동권 귀족'이라는 말이 맞아.(사례 12: 1999년 9월 6일 인터뷰)

작년(1998년)에 5·18항쟁에 대한 TV 방영물을 봤다. 피해 당한 사람들이 지금도 사람 만나는 것을 두려워하고 직장 구하는 것도 힘들고 이런 것을 보고 쇼크 받았다. 항쟁으로 국회의원된 사람도 있고 각자 나름대로 자기 것을 거머쥐고 살아가는 사람들이 이렇게 많은데, 그리고 항쟁 당시 무엇을 했다는 것이 '공적'이 되는 마당인데 지금도 묻혀서 고통 당하고 있는 사람들도 많구나 라고 생각했다.(사례 14: 2000년 3월 11일 인터뷰)

지식을 가지고 대학 이상 나온 학벌로 만인들 앞에서 자신을 당당히 내보일 수 있는 사람들만이 역사 속에 기록이 되고, 또 그 사람을 그렇게 '만들잖아'. 그래서 나는 역사는 보이지 않는 민초들, 그 민초들의 피흘림 속에서 역사는 이루어지는구나 라고 새롭게 인식하게 됐지.(사례 1: 2000년 1월 6일 인터뷰)

5·18항쟁 기간 동안 항쟁의 중심에 있었던 여성들은 항쟁의 주

체세력이 학생운동권의 대학생이나 재야운동가들이 아니었다고 인식하고 있다. 이미 1980년 5월 17일 예비검속에 의해서 이들은 구속되었거나 도피 중이었기 때문이다. 따라서 5·18항쟁 당시 항쟁의 참여자들 대부분은 주로 기층민중들이었고, 그 중심에 여성들이 존재했음을 밝히고 있다. 5·18항쟁 기간 동안 학생운동권의 대학생들과 재야운동가들이 보인 태도와 행동에 대한 여성들의 실망과 분노는 5·18항쟁 이후 다양한 경험을 통해 '배운 자'에 대한 근본적인 회의와 불신으로 이어졌다. 또한 '운동권 귀족'이라는 표현에서도 볼 수 있듯이, 항쟁 이후 항쟁에 참여했던 사람들 간에 '빈익빈 부익부' 현상이 더욱 강화된 것에 대해 비판적이었다. 더욱이 항쟁 기간 동안 공식적인 정치적 조직에서 여성들이 배제되었을 뿐만 아니라, 이후 5·18항쟁 관련 조직에서의 여성 배제와 소외감으로 인해 이러한 비판적 인식은 더욱 확대 재생산되어 나타났다.

> 5·18항쟁 부상자 중에서 김영철씨 같은 경우는 상징적으로 부각을 시켜 줬지만, 남성들은 내용적으로 별로 일들을 안했어. 송백회원들이었던 여성들이 김영철씨를 한달에 한번씩 면회도 가고 그랬지. 남성이라는 거대한 불도저가 지나가고 난 다음에 그 뒷일들을 사실상 우리가 하고 있는 것이다. 여성이 비조직적이고 힘이 없고 그렇기 때문에 하는 것은 아니거든. 그렇다고 해서 남성운동권에서 자기들이 누렸던, 획득했던 것을 나눠주는 것은 없다.(사례 14: 2000년 3월 11일 인터뷰)

뿐만 아니라, 5·18항쟁 당시 YWCA와 도청에서 열심히 활동했던 JOC 여성노동자들은 자신들에 대한 평가가 너무 낮은 점에 대해서 비판적이다. 5월 26일 저녁까지 도청에서 활동했던 여성노동

자들이 계엄군 진압 직전 도청에서 나왔다는 이유 때문에 보상도
제대로 받지 못하고 20여 년 동안 묻혀져 왔다는 것이다. 더욱이
여성들 내부의 차별성에 대해서도 상당히 강하게 비판하고 있다.

현재의 사회적 지위에 있는 사람들이 현재 자신의 지위에서 뭘 하
고 있는가에 따라서 자신의 활동에 대한 평가가 높아지고 낮아지고
그러는 거야. 그 차이야. 항쟁 당시 열심히 한 사람들은 사라져 버리
고 그 사람들이 다 했다하니까 그냥 나 같은 사람들은 입다물고 있는
거지. 이제는 역사적인 5·18항쟁 당시의 활동이 명예로움으로 치장되
는 것 같아. 내세우는 그런 걸로. 그래 가지고 서로 잘했다, 잘났다, 내
가 영웅이다 그러는 거야. 그러니까 5·18항쟁 관련 조직에도 안나가
지고 5월 행사에 나가기도 싫고 그래지더라고.(사례 2: 2000년 1월 17
일 인터뷰)

넷째, 5·18항쟁 관련 조직들이 보상이나 정치적 활동 중심으로
활동지향성을 추구함으로써 이에 대한 불만이 상당히 강했다. 여
성들을 지속적으로 배제시켜온 과정과 이러한 관련 조직들의 활동
에 대한 불만이 맞물려지면서, 이들은 더욱 침묵 속에 빠져들었다.

5·18항쟁 관련 조직 활동을 하지 않았다. 활동을 하지 않은 이유는
몇 가지 있다. 첫째, 항쟁 관련 조직의 활동방향이 정치적 지향성과
피해보상을 우선시하는 두 가지로 분리되었는데, 어느 것에도 동의할
수 없었다. 둘째, 5·18항쟁 관련 조직의 갈등과 반목 때문에 활동하는
것을 꺼렸다. 셋째, 교사라는 직업을 항쟁 이후 계속하고 있었고, '가
정'이 있었기 때문에 시간적 여유가 없었다. 넷째, 항쟁 정신과 관련
해서 교육현장에서 나름대로 할 수 있는 일을 모색했기 때문이다.(사
례 11: 2000년 4월 1일 인터뷰)

5·18항쟁의 문제를 인권이나 평화문제로 바라보는 것 같다. 그래서
기본적인 주제를 인권이나 평화로 하고 있는데, 이것은 아니라고 생

각한다. 그리고 정부에서 보상도 해주고 전국적으로 어떻게 보면 많이 알려졌고 국가유공자로 해준다고 하는 상황이고 이런 상황 때문에 5·18항쟁 정신이 많이 희석되어 있다. 5·18항쟁 관련 조직을 주도하고 5월 운동을 전개하고 있는 조직 집행부 사람들이 왜곡된 이해와 역사성의 결여로 인하여 잘못되어가고 있는 것 같다. 항쟁의 진정한 정신계승이 되지 않은 상태에서 전국화나 세계화의 논리, 기념이나 축제화에 대해서는 회의적이다. 또한 피해자 중심의 사고로 좁혀서도 안된다.(사례 10: 1999년 8월 10일 인터뷰)

지금까지 살펴보았듯이, 5·18항쟁에 참여했던 여성들은 침묵을 강요받았고, 또한 자발적으로 침묵을 지켜왔다. 이러한 여성들의 침묵의 원인은 항쟁의 경험을 '언어'로 표현하는 것의 한계와 '죽은 자'에 대한 죄책감, 남성중심적 시각에서 자신들의 활동을 낮게 평가하고 가정과 양육이라는 사적 영역으로의 단절, 항쟁의 역사에서 나타나는 여성의 배제와 여성내부의 차이, 5·18항쟁 관련 조직의 정치적 지향성과 내부적인 갈등현상에 대해 비판적인 인식을 가지고 있기 때문인 것으로 나타났다.

그러나 이들의 '침묵'을 넘어서 오랜 시간 역사의 그늘에 방치되어 있던 여성들을 5·18항쟁의 주체로서 자리매김하기 위해서는 여성들의 '목소리'에 귀기울이고 그들의 침묵을 읽어낼 수 있어야 한다. 그럼으로써 여성은 역사의 대상으로서가 아니라 '주체'로서 각인될 수 있다.

4. 역사의 '타자'에서 '주체'로

5·18항쟁은 사회구성원 모두에게 영향을 미칠 정도로 전면적인 것이었다. 여성의 역사 또한 5·18항쟁을 기점으로 전환기를 맞았

다고 할 수 있다. 항쟁 기간 동안 여성의 역할을 분명히 규정하지 않고서는 도청 항쟁지도부뿐만 아니라, 항쟁 그 자체를 생각할 수 없을 정도였다.

여성들은 5·18항쟁의 전과정에서, 처음부터 끝까지 계속해서 활동을 했고 항쟁 이후에도 여러 가지 어려운 일들을 도맡아 했다. 민중들의 투쟁을 이끌어내는 '선동'의 역할을 여성들이 수행하였다. 그리고 항쟁 이후에도 이 문제를 가시화 시키는데 여성들이 앞장섰다.

> 자기 역할에 가장 충실한 삶이 그게 아닌가 싶다. 만약에 그 때 우리에게 맡겨진 역할이 총들고 나가는 것이었다면 총들고 나갔을 것이다. 단지, 그 때 우리에게 주어진 일이 그것이었기 때문에 그 일을 한 것이다.(사례 5: 2000년 2월 25일 인터뷰)

> 여성들은 지키려고 한다. 그리고 뭔가를 보살피려고 한다. 이런 것들이 여성들의 본연의 임무라고 생각했다. 이것을 여성들은 모성애라고 하는데 5·18항쟁을 관통하는 중요한 힘으로 작용했다고 본다. 이를테면, 여성들은 도망갈 생각을 전혀 안했다. 왜냐면 여자들이니까 얼마나 위험한 일이 있겠느냐 이런 생각이 있었기 때문에 활동을 했다. 그리고 여자들도 이렇게 시민군들을 열심히 도와주고 그러는데 남자들이 할 수 있는 일을 더 열심히 하지 않겠느냐고 생각했고, 실제로 남성들도 그런 말을 했다. 항쟁이 끝난 후에도 여성들이 아니었으면 구속자 석방을 그렇게 신속히 할 수가 없었을 것이다.(사례 11: 2000년 4월 1일)

이와 같이, 5·18항쟁에서 여성들의 활동이 자연발생적으로 이루어졌으며, 그 주체세력에 있어서도 진보적인 엘리트 남성들이라기보다는 기층민중여성들에 의해서 주도되었다. 자연발생적으로 여성들은 민중들에게 활기를 불어넣어 주고, 선동의 역할, 즉 여성들은 지도부와 대중을 묶어주는 매개자로서 민중의 참여를 촉발시키는 역할을 수행하였다. 또한 여성들은 남성들보다 '관계적인 상호작용'에 더 많은 관심을 보임으로써 주변적 위치를 점하고 있는 민중들과 더 가까이 접근할 수 있었다. 따라서 5·18항쟁의 역사에서 여성들은 수동적인 피해의 대상으로서가 아니라 주체적으로 항쟁에 참여하였다. 뿐만 아니라, 여성들은 항쟁 이후 구속자석방과 유족회 활동, 진상규명을 위한 노력들을 앞장서서 전개하였다.

이러한 의미에서 5·18항쟁의 역사에서 여성은 타자적 존재가 아니라, 주체적 존재라는 발본적인 인식전환이 필요하다. 그럴 때만이 항쟁의 역사에서 차지하는 여성들의 위치를 제대로 자리매김할 수 있으며, 더 나아가 여성들 내부의 다양성과 차이에 대해서도 밝혀낼 수 있다.

그러나 5·18항쟁에 대한 전국화, 세계화 작업이 상당 부분 이루어졌는데, 이로 인해 살아있는 운동으로서의 항쟁정신이 오히려 제도화되고 객관화되어 버리는 경향을 발견할 수 있다. 그러므로 이 시점에서 우리는 역설적으로 여성주의적 시각에서 5·18항쟁의 역사에 '주관성을 부여'(라마자로글루, 1997)하는 작업이 더욱 풍부하게 이루어질 때 항쟁의 역사는 더욱 생생하게 살아숨쉬는 역사가 될 수 있음을 간과해서는 안된다.

> 5·18항쟁이 박제화 된다는 느낌을 받았다. 명확하게 밝혀지지도 않았는데. 역사적 뒤안길로 묻혀버리고 20년이나 지났는데, 중요한 것은 그 때 당시 항쟁 때 아픔을 겪으면서 얻은 '삶의 자세'라고 할까? 최소한 어떤 식으로 살아야 되고, 최소한 어떤 식으로 살아야 되지 않겠다는 이런 것이 있었는데, 늘 그렇게 살려고 애쓰지만 너무나 못미치는 게 많은 것 같은데…(사례 13: 2000년 2월 22일 인터뷰)

제 2 장

5·18항쟁과 여성주체의 삶:
여성주의적 접근

1. 5·18항쟁 역사의 재해석

여성은 자신의 경험이나 삶을 잘 드러내지 않는 비가시성을 특징으로 하는 집단으로 인식되어 왔다. 그러나 여성주의적 시각1)이 기존 학문의 남성중심성 또는 성맹적(gender - blind) 시각을 비판하는 저항적 인식론으로 등장하면서 여성의 경험과 삶을 가시화 시켜내는 연구들(Smith, 1979; Harding, 1987; 즈느비에브 프레스·미셸 페로 편, 1998; 우에노, 2000)을 통하여 여성의 정체성을 부각시키기 시작하였다. 이 연구들은 여성주의적 인식론에서 여성의 자아정체성이나 삶이 어떻게 타자에 의해서 그리고 사회문화적 조건과 같은 외부적 상황에 의해서 규정되는가를 보여주고자 노력하였다. 뿐만 아니라, 여성이 언제 어디서나 타자적 존재로만 남아있는

---

1) 여성주의적 시각은 여성을 연구 주체로, 지식을 축적하는 적극적인 주체로서 여성을 중심에 두는 것으로 시작하며, 이는 여성의 경험을 가시적인 것으로 만들고 성차별주의 편향과 남성중심적 관점을 지양하는 '성(gender)'에 중심을 둔 것이다.

것이 아니라 자신 나름대로의 상황 해석과 그에 대한 대응방식을 선택하며 자신의 경험을 자신의 삶 속에 반영시키는 주체적인 존재임을 밝히고자 하였다.

'여성' 연구는 가부장적 사회 또는 성차별적 사회에서 여성이 주변적, 타자적 존재로서 삶을 살아가고 있다는 사실을 비판적으로 인식하는 것만으로 충분하지 않다. 여성들이 그러한 상황 속에서도 자신들의 주체성을 확보해 나가는 측면을 적극적으로 드러내는 연구가 필요하다. 더 나아가, 여성들의 경험이 그들의 삶에 투영된 모습을 분석하는 연구도 필요하다.

이러한 문제의식에서 이 글은 5·18항쟁에 참여했던 '여성주체'들의 경험과 그들의 삶을 여성주의적 시각에서 접근해 보고자 한다. 이를 위해 첫째, 5·18항쟁에 참여했던 여성주체들이 어떻게 항쟁의 모양새를 만들어갔는가를 살펴보고, 항쟁 경험에서 형성한 여성의식과 그 특징을 분석할 것이다. 둘째, 여성주체들이 5·18항쟁을 통하여 얻은 경험이 이들의 이후 삶과 여성운동 조직화에서 어떤 역할을 하였는가를 살펴볼 것이다.

그 동안 한편으로는 5·18항쟁에 대한 시각이 편협하거나 왜곡되어 있기도 했으며 다른 한편으로는 서둘러 망각의 세월 속으로 묻어버리려고 하는 경향도 없지 않았다. 그럼에도 불구하고, 학계에서는 5·18항쟁에 대한 연구들을 지속해 왔고 그러한 노력들로 인해 은폐되거나 왜곡되었던 항쟁의 진실에 대해 아직 완전하지는 못하다고 하더라도 많은 부분을 밝혀 왔다. 특히, 5·18항쟁에 관한 연구는 한국사회의 민주화과정에 관한 연구와 결부되면서 이론적·경험적 논의들이 점차 풍부하고 다양해졌다. 그렇지만 5·18항쟁에 여성들의 참여와 활동에 관한 연구, 여성의 삶에 미친 영향에 대해 적극적으로 평가하고 있는 연구는 상대적으로 부족하다고 할 수 있다.

그러므로 5·18항쟁을 끊임없이 재해석하고 또 그것을 통해 현재를 바라보는 눈을 더욱 풍부하게 만들어야 한다. 다시 말해서, 항쟁을 과거의 역사적 사건으로 기억하고 이해할 문제로 다루기보다는 현재를 살아가는 여성들의 삶에 어떠한 모습으로 나타나고 있으며 어떤 의미를 담아내고 있는가에 대한 지속적이고 성찰적인 고찰이 필요하다. 이는 5·18항쟁을 추상적, 이념적 차원에서 논의하거나 정치적으로 형상화하고자 했던 그 동안의 관심을 이제는 여성들의 일상생활 공간으로 끌어내려 개인과 역사, 과거와 현재를 연결시켜 보다 구체적인 삶의 차원에서 다루어져야 할 문제라는 것이다. 따라서 이 글은 여성주의적 시각에서 5·18항쟁을 재해석하고 그 현재적 의미를 찾아보고자 하는 연구로서 그 의의가 있다.

2. 여성주의적 접근과 방법론

1) 여성주의적 접근

기존에 이루어진 5·18항쟁과 관련된 '여성' 연구는 주로 항쟁 시기 여성의 활동상(안진, 1991; 이춘희, 1991), 한국 여성운동에 미친 영향(서선희, 1991; 이수애, 1991), 사상자 및 부상자 등 항쟁 이후 광주전남지역 여성의 피해사례(이춘희, 1991; 김난희, 2000)를 규명하고 있다. 이를 통해서 항쟁에 여성이 참여했다는 사실을 부각시켜 내고, '여성성'의 긍정적인 측면을 강조하였다. 5·18항쟁에 관한 많은 연구들이 남성중심적이고 여성배제적으로 수행되어 왔다는 사실을 고려해 볼 때, '여성'에 초점을 맞춘 연구라는 점에서 그 연구 의의를 찾아볼 수 있다.

그럼에도 불구하고, 이 연구들은 '피해자로서의 여성' 이미지를 부각시키는 데서 벗어나지 못하고 있을 뿐만 아니라, 성역할 분담 체계에 의한 여성활동을 '여성의식 수준의 미비'에서 찾고 있다는 점에서 일정 정도 한계가 있다.[2] 다시 말해서, 기존 연구에서는 5·18항쟁에 여성이 참여했다는 점을 부각시켰으나, 여성의 주된 활동에 대해 낮은 가치평가를 내리고 있다. 여기에는 남성의 참여에 부가되는 여성의 참여라는 관점이 전제되어 있는 것이다.

그러면서도 굉장히 조직적으로 됐거든. 실은. 조직적으로 안된 것 같지만은 실은 조직적으로 그 역할을 다 했어 … 20여년이 다 되지만 지금도 우리가 무엇을 했는가에 대한, 여성들에 대한 정확한 것들은 하나도 없어, 다 남자들이 남성들이 다 해부렀어 ….   <사례 1>

어떤 일이 있었을 때 철저히 남성들은 카바하고 자기들의 권리를 주장해주고 감싸주고 그리고 그 사람들이 한 행위에 대해서 철저히 변증해 주는 그런 모습들이 있거든요. 우리가 보기에는 하찮게 저거 무시할만한 일인데도 거기에 대해서 의미를 부여해주고 가치를 부여해주고 심지어는 역사성까지도 부여해주는 모습 많이 봐요. 근데 우리들은 그렇지 못하고 있다는 생각이 들어요. 여성들은 그래서 아마 저에 대해서 자꾸 애가 인터뷰를 해야된다고 주장을 한 사람들은 그런 이유에서였을 거예요. 여성들이 그동안 한 일이 너무 많은데 묻혀가지고 얘기가 안되는 부분들이 너무 많아서 ….   <사례 10>

5·18항쟁에 참여했던 <사례 1>과 <사례 10>의 여성주체들의 인터뷰 내용에서도 지적하고 있듯이, 여성활동에 대한 낮은 가치평가를 비판하면서 여성주의적 시각에서 여성활동을 새롭게 해석

---

2) 오월여성연구회(1991)는 5·18항쟁이 여성들의 의식과 삶에도 중요한 계기를 마련해 주었다고 평가하고 있지만, 항쟁 당시 여성들이 가졌던 한계와 제약들을 의식수준의 미비, 정치지도력의 한계 등에서 찾고 있다.

하기 시작한 연구들이 있다. 여성활동을 '주체적 참여'로 규정하면서 이들의 활동을 가시화하고 가치화(valorization)한 연구(이은주, 2000)와 정치적·조직적 영역에서 여성이 부재할 수밖에 없었던 이유를 여성의 한계가 아니라, 젠더 관점에서 밝힌 연구(강현아, 2000a, 2000b)가 존재한다.

따라서 이 글은 기존 연구에서 강조하고 있는 부분, 즉 '피해자로서의 여성' 이미지를 부각시키거나 공적 영역에서 여성이 '없었다'거나 '수동적'이었다고 하는 해석을 지양하고자 한다. 5·18항쟁에 참여했던 여성들의 주체적 활동이 아직 밝혀지지 않은 부분이 많으며 실제 여성들의 능동적이고 역동적인 삶의 경험 실체가 적극적으로 포착되지 않았기 때문이다.

여성주의적 시각에서 5·18항쟁을 재해석하는 접근은 매우 의미 있다고 할 수 있다. 기존의 남성중심적 해석을 지양하고 여성을 수동적 존재에서 주체적 의사결정자 또는 능동적 주체로 전환시키는 인식전환의 필요성을 강조하는 연구(Scott, 1988; 러너, 1993; 고디노, 1998; 우에노, 2000)들은 역사재해석을 통해 여성의 경험과 삶을 재평가하였다. 러너(1993)는 기록된 역사(History)에서 여성들이 배제되거나 주변을 차지하고 있을 뿐이라고 비판하면서 여성들의 삶의 경험의 가치를 제대로 평가할 수 있어야 함을 강조하고 있다. 이러한 의미에서 여성의 경험과 삶은 이미 주어져 있는 고정된 실재가 아니라 끊임없이 재해석되고 재구성될 수 있으며 이를 통해 여성의 삶의 가치를 다양화할 수 있다(조순경, 2000: 181).

결국, 5·18항쟁에 관한 기존 연구가 남성의 경험에 맞춰 씌어진 남성중심적 해석이라면, 여성의 경험을 가시화할 수 있는 재해석이 필요하다. 더 나아가 여성들은 배제와 주변화라는 이중억압을 겪어오면서 그 배제와 주변화에 순응하고 적응하며, 자신을 억압하는 체계를 만들어내고 유지해 왔는데 이에 대해서도 비판적 인식을 견지하는 것이 필요하다.

그러므로 5·18항쟁에 참여했던 여성들의 경험을 재해석하는 연구는 '여자도 그 곳에 있었다(women were also there)'라고 하는(우에노, 2000: 185-6), 여성을 단지 포함시키는 것으로는 부족하다. 여성의 경험은 젠더(gender)가 작동하는 사적 영역에 초점을 맞추고, 남성의 경험은 젠더가 작동하지 않는다고 여겨지는 공적 영역에 초점을 맞추는, 성별이분화를 지양해야 한다. 여성주의적 접근을 통해서 공적 영역에도 젠더가 작동한다는 관점을 견지해야 하며, 젠더 중립적이라고 간주되었던 개념을 젠더 관점에서 밝혀야 하는 것이다.3) 따라서 기존 연구에서 정치나 경제와 같은 공적 영역에 여성이 없었다면 그 여성 부재현상을 젠더 관점에서 재구성해야 한다.

이와 같이, 여성의 경험과 삶에 대한 의미와 가치를 재해석하는 것은 여성주의적 인식의 폭을 넓히는 것이며, 그 동안 가치있다고 평가되어 온 공적·정치적 활동뿐만 아니라, 개인적·주관적 경험에 대한 가치평가도 대등하게 이루어져야 한다는 것을 의미한다 (Scott, 1988). 그래서 이 글에서는 기존 연구에서 보여지는 남성중심성을 비판하고 여성이 소외되거나 주변화되지 않는, 여성 경험과 삶에 대한 여성주의적 접근을 시도하고자 한다. 일상생활영역에서의 성평등지향성과 이를 위한 여성들의 저항 경험을 연구하는 것은 이러한 맥락에서 가치있는 일이다.

그리고 이 글에서는 여성의 경험과 삶을 재해석하기 위해 '주체성' 개념을 사용할 것이다. 성불평등구조 하에서 여성들이 자신에게 주어진 다양한 역할을 수행하면서 삶을 살아가고 있지만, 이러한 역할들에 대한 기대가 상충될 경우 그 중 어떤 것을 선택하거나

---

3) 젠더 중립성이란 실제로는 남성의 독점과 여성의 배제를 의미한다.

포기, 또는 조정하는 과정을 거치게 된다. 이 과정에서 여성이 주체적으로 선택하고 조정한다는 것은 모든 결정이 자신의 의지에 의해서만 이루어진다는 것을 의미하지 않는다. 즉, 특정한 역사적·사회적 상황들이 변수로 작용한다. 그러한 상황들을 어떻게 해석하고 대응하느냐에 따라서 여성 개인의 결정은 달라질 수 있다. 이 글은 바로 이 과정을 살펴보고자 한다. 이는 여성의 경험과 삶의 과정을 구체화하는 연구로서 그 의의가 있다.

2) 연구방법

이 글은 5·18항쟁에 참여했던 여성들의 경험과 삶에 대한 연구를 목적으로 하기 때문에 항쟁 당시의 경험과 기억이 현재의 삶에 어떻게 영향을 미치고 있는가를 거꾸로 바라볼 수 있는 방법론을 찾고자 했다. 이를 통해 재구성적인 방법론으로서 질적 연구방법을 사용하였다. 특히, 자서전적 인터뷰를 시도하였는데, 인터뷰 대상자가 직접 주체로서 자기 자신의 삶의 과정, 느낌, 생각 등을 자연스럽게 이야기하도록 했다. 질적 연구방법은 연구대상자의 경험을 연구대상자의 관점 내지는 주관적 관점에서 연구하고 이해하는 것이다(Denzin, 1989; Reinharz, 1992). 따라서 이 연구방법을 통해 이제까지 5·18항쟁 관련 연구에서 상대적으로 소외되었던 여성들의 다양한 경험을 드러내고자 했다.

그런데 인터뷰 과정과 그 내용은 연구대상자인 여성들의 개인적인 경험과 경험의 의미부여에 의존하게 되므로, 연구대상자의 경험에 따라 그리고 연구자와의 상호작용에 따라 해석적인 틀은 다양해질 수 있다. 다시 말해서, 5·18항쟁에 참여했던 여성들이 경험한 것을 기억해낼 때, 그리고 그 경험을 이야기할 때 인터뷰 대상자들은 경험의 의미를 다시 만들어낸다. 5·18항쟁을 기억할 때나

말할 때마다 그것에 대한 의미를 새롭게 만들어내는 것을 알 수 있다. 간혹 구체적인 날짜나 장소에 대한 기억이 인터뷰 대상자마다 약간씩 다른 경우가 있었는데, 명확한 사실 확인이 필요한 경우에는 인터뷰 내용과 기존 자료의 비교를 통해 일치시켰다.

그러나 여성 자신한테 있었던 일을 기억하고 나름대로 평가하여 이야기하도록 한 것은 있었던 사실을 단순하게 반복하는 것이 아니라 자기 자신을 재구성하여 표현하는 것이다. 이러한 경험의 표현을 통해 인터뷰 대상자의 주관적 관점과 인터뷰 내용을 해석하고자 하였다. 특히, 인터뷰 대상자 여성들이 자유롭게 자신의 경험을 이야기하도록 하기 위해 구조화된 질문은 하지 않았다. 처음 인터뷰를 시작할 때 5·18항쟁 당시의 경험과 현재까지의 자신의 삶에 대해 이야기해 줄 것을 요구하였을 뿐이다. 이를 위해 인터뷰 중간에 인터뷰 대상자의 말을 끊거나 끼어드는 것도 가급적 피했다.

인터뷰 대상자들은 5·18항쟁에 직접 참여했고 항쟁 기간 동안 적극적으로 활동했던 11명의 여성이다. 이들은 도청에서 취사활동을 했던 여성(사례 1~사례 5), YWCA에서 활동했던 여성(사례 6~사례 8), 병원에서 부상자를 간호했던 여성(사례 9), 광주지역이 아닌 다른 지역에서 활동했던 여성(사례 10), 거리에서 선전활동을 했던 여성(사례 11)으로 구성되었다.

인터뷰 대상자 여성들은 집단이나 조직적 차원에서 참여했던 것이 아니라 개인적으로 참여하였다. 이들을 인터뷰 대상자로 선정한 이유는 두 가지다. 첫째, 5·18항쟁에 참여했던 여성들 중에서 지금까지 그 신분이 구체적으로 밝혀진 경우다. 둘째, 그 여성들 중에서 인터뷰에 거부감을 나타내지 않고 적극적으로 응해 준 경우다. 5·18항쟁에 적극적으로 참여했지만 아직까지 밝혀지지 않은 여성들도 다수 존재할 뿐만 아니라, 알려져 있더라도 인터뷰를 거절하는 여성들도 많다. 따라서 이 글에서 인터뷰한 여성들이 5·18

항쟁에 참여했던 모든 여성들을 대표하는 '일반 여성'이라고 할 수는 없다. 주로 항쟁 기간 동안 적극적으로 참여했던 여성주체들 가운데 일부 여성들이라고 할 수 있다.

〈표 1〉 인터뷰 대상 여성들의 특성

내용 이름	인터뷰 일시	5·18 민중항쟁 당시 직업	5·18 민중항쟁 당시활동 장소	5·18 민중항쟁 당시활동 내용	현재 직업	여성조직 활동
사례 1	2000년 1월 6일	로케트전자 노동조합 대의원	YWCA →도청	취사조	하남생협 대표	X
사례 2 *	2000년 1월 17일	로케트전자 노동조합원	YWCA →도청	취사조	가정주부	X
사례 3 *	2000년 1월 17일	신학대학생	YWCA →도청	취사조	리서치사원	X
사례 4	2000년 1월 17일	무직	YWCA →도청	취사조	무직	X
사례 5	2000년 2월 25일	고등학생 (3학년)	도청	취사조	교사	X
사례 6	1999년 8월 10일	YWCA간사	YWCA	선전활동	1990년 시의원 활동 양심수후원회 활동 김준배열사 추모사업회장	'광주전남 여성회' 지도위원
사례 7	2000년 4월 1일	교사	YWCA	선전활동	교사	'광주전남 여성회' 지도위원
사례 8	1999년 9월 6일	현대문화연구소 간사	YWCA	선전활동	김남주 기념사업회 활동	'광주전남 여성회' 지도위원
사례 9	2000년 2월 22일	간호사	병원	부상자 간호	가정주부	X
사례 10	2000년 3월 11일	기독교청년회 활동	서울	윤향봉의 밀항을 도움	전주성폭력 예방치료센타소장	X
사례 11	2000년 3월 31일	무직	광주 전 지역	가두선전 활동	X	X

주: X는 활동사항이 없는 경우. *는 5·18항쟁 이후 처음으로 인터뷰한 경우이다.
자료: 인터뷰 내용을 토대로 구성하였다.

인터뷰 내용은 본문 내용에 직접 인용하였는데, 그 가운데 2000년에 실시한 모든 인터뷰 자료는 필자가 광주전남여성단체연합과 공동으로 실시한 내용이며, 1999년 인터뷰 자료는 전남대학교 5·18연구소에서 실시한 인터뷰 내용을 일부 인용하였음을 밝혀둔다.

3. 5·18항쟁의 배경

5·18항쟁은 직접적으로는 민중의 '생존권'과 정치적 권리를 박탈해왔던 유신체제와 국가주도적 축적체제에 대한 민중적 저항의 연장선상에서 이루어진 것이다. 1960년대부터 지속되어 온 국가주도의 해외수출지향적 축적체제는 그 반민주성과 민중배제적 성격으로 인해서 끊임없는 저항에 직면하였다. 특히, 20여년 동안 노동3권을 부정하고 유혈적·병영적 노동통제를 통해 노동자와 노동조합운동을 억압해 온 데서 그 성격을 여실히 드러냈다. 이러한 극단적인 억압상황 하에서 1970년대 후반에 이르러 학생과 지식인들의 민주화운동과 기층 민중의 생존권 투쟁은 다양하게 분출되었다. 동일방직 노동자들의 투쟁이나 '함평 고구마사건' 등은 학생과 지식인들의 동참을 가져왔으며, YH노동자들의 투쟁은 유신체제의 붕괴를 촉발시켰다(손호철, 1995; 김상곤, 1997). 이처럼 한편으로는 민중의 광범위한 생존권 투쟁이, 다른 한편으로는 학생과 지식인 중심의 민주화운동이 상호결합하면서 상승작용을 일으켰다.

그리하여 1979년 10·26 이후, 80년 봄에는 정치적 민주주의의 확대와 민중의 생존권 확보라는 두 가지 과제가 전면적으로 제기될 수 있었다. 광주지역에서도 1970년대부터 유신체제에 저항해 온 지역운동역량이 성장해 왔으며, 78년에 이르면 각계의 운동역량이 체계적으로 구성되어 민주화운동을 수행하고 있었다. 특히, 학생운동의 결집이라 할만한 녹두서점과 현대문화연구소는 1970년대 후반기를 거치면서 학생운동권의 논의구조가 모아지는 장소가 되었다. 녹두서점은 초창기 학생운동가들의 모임인 '전남 구속청년협의회'의 모임터였으며 학생운동 인자들을 각종 독서그룹을 통해 배출시켰고, 다른 지역과의 다양한 정보교환을 할 수 있는 교량역할을 수행했다. 또한 현대문화연구소는 사회운동권의 결집을 모색하면서 비(非)교회운동과 현장운동에 대한 접근을 꾀하였고, 하부조직으로 양서조합, 민주청년협의회, 송백회, 야학, 문화패인 '광대'를 두고 있었다(황석영·전남사회운동협의회, 1996). 또한 1960년대 중반부터 노동운동의 중심이 되었던 JOC(가톨릭 노동청년회)가 1970년대 들어서면서 노동자들의 요구에 부응할 수 있는 민주노동조합을 결성하기 위한 활동을 활발하게 진행하고 있었다. 현장노동자들을 중심으로 소집단활동을 통해서 교육과 노동운동역량을 형성해 왔다.

1970년대 후반의 이러한 정치적·조직적 상황에서 광주지역 여성들의 조직적인 움직임은 크게 두 가지로 나타났다. 첫째는 JOC를 통한 제조업체 생산직 여성노동자들의 조직화와 노동운동의 활성화였다. 1970년대 말 광주지역은 일신방직, 전남방직, 로케트전기(호남전기) 등 대규모 사업장에 여성노동자들이 집중되어 있었다. 여기에 고용된 여성노동자들은 JOC에서 소그룹 학습활동을 통해서 민주노동조합 결성을 위해 현장노동자들을 조직화하는 데 중점을 둔 활동을 하였다.[4]

---

4) JOC 활동을 매개로 하여 섬유업계 산업별 노동조합에는 17개의 단위노조들 가운데 12개 사업체에 소그룹이 결성되어 있었고, 이들이 1970년대 후반 노동조합 민주화를 주도하였다. 이 시기 광주지역에 결성되어 있던 노동조합의 대부분이 여성노동자가 집중되어 있던 섬유업체였다

이를 통해서 1970년대 이 지역 노동운동은 여성노동자들이 중심이 되어 전개되었고, 활동의 방향은 민주노동조합의 결성과 노동3권의 보장 등 노동자들의 '생존권'과 직결되는 것이었다. 이 외에도 광주지역 노동자들을 위한 야학이 1970년대 후반부터 생겨났다. '백제야학'과 '들불야학'이 대표적인 야학모임이었는데, 노동자들을 대상으로 정규교과과정을 가르쳤을 뿐만 아니라, 노동법과 노동기본권 등 노동조합을 결성하는데 토대가 될 수 있는 내용의 교육을 실시하였다. 이러한 야학활동은 JOC 여성노동자들과 긴밀한 연결고리를 가지면서 형성되어 갔다.

이렇게 JOC를 중심으로 활동했던 여성노동자들은 민주노동조합의 결성, 노동3권 보장 등 기본적인 노동운동적 요구와 활동을 전개하였지만, '여성'노동자로서의 문제에 대해서는 별다른 문제제기나 활동을 전개하지 않았다고 할 수 있다.

둘째는 학생운동 출신 여성 및 지식인 여성들로 이루어진, 1970년대 광주지역의 유일한 여성단체로서 송백회가 활동하고 있었다. 송백회는 교사, 간호사, 가정주부, 학생운동 출신 여성 등 지식인 엘리트 여성을 핵심 성원으로 1978년 창립한 단체다. 이들은 조직 성원들의 소모임 학습과 구속자 옥바라지 등을 중심으로 활동하였다. 20여 명으로 창립한 송백회는 50-80명 정도로 인원이 늘어나면서 소모임 학습을 통해 한국근현대사, 환경공해문제, 기생관광문제 등 사회문제 전반에 대해 토론하면서 인식을 공유하였다.[5]

는 점은 이러한 사실과 관련되는 것이다(안진, 1991: 26-31). 따라서 1970년대 이후 광주지역에서 노동운동이 여성노동자들에 의해 주도되었다는 것을 알 수 있다.

5) 송백회는 민주화운동을 한 남성을 남편으로 둔 여성들과 학생운동 출신의 여성들을 중심으로 하였고, 1년 동안 조직을 확장하는 한편 민주화운동 지식인들의 옥바라지 사업을 하면서 매월 1회 정기모임을 현대

송백회는 1970년대까지 광주지역에서 유일한 독자적 여성조직
이었다고 할 수 있다. 진보적인 의식을 가진 지식인 여성들이 민주
화운동을 하다가 구속된 남성들의 옥바라지와 사회문제에 대한 인
식의 공유를 위해 만든 조직이다. 그러나 이념적으로 투철한 모임
이거나 투쟁적인 조직은 아니고, 특히 '여성'문제에 대한 집중적인
문제의식보다는 변혁운동의 연장선 내지 변혁운동을 위한 사회문
제의 이슈화에 관심을 가지고 있었다.

이상에서 살펴보았듯이, 1980년 5·18항쟁 이전까지 광주지역에
서는 독자적인 여성운동조직이 미비한 상태였고 '여성문제'에 관
한 인식보다는 변혁운동 지향적인 인식이 확산되어 있었다. 그럼
에도 불구하고, 송백회 조직이 구성되면서 점차 여성문제에 대한
관심이 싹트기 시작했다고 할 수 있다.

4. 5·18항쟁과 여성주체들의 경험

1) 주체적이고 자발적인 여성 활동

광주지역에서는 여성조직과 여성노동운동이 일정 정도 가시화
되는 상황에서 1980년 5·18항쟁을 맞이하였다. 광주지역 노동운동
단체에서는 1980년 5월 18일 두 곳에서 노동자교육을 실시하기로
되어 있었다. 14일부터 16일까지 민족민주화성회와 횃불행진에 참
여했던 노동자들은 민주화의 열기가 사회적으로 고조되고 있다고
판단하였고, 연초부터 시작된 로케트전기 임금투쟁의 성과에 대한
반성과 자체 의식교육을 실시하여 민주노동조합운동을 활성화시

문화연구소에서 가졌다.

킬 목적으로 노동자교육을 실시하였다. 전남대학교 정문 앞 사례
지오 고등학교 안의 수도원에서는 JOC가 주관하는 노동자교육이
로케트전기, 삼양제사 등 주로 여성노동자들을 대상으로 실시되고
있었다. 또한 YWCA에서도 삼양제사, 일신방직, 전남제사, 전남방
직 등 여성노동자들이 참가한 가운데 노동자교육이 진행되었다(황
석영·전남사회운동협의회, 1996). 교육이 진행되고 있는 동안 시
위대열의 분위기는 심각했고, 노동자들은 시위에 조직적으로 참여
할지 여부를 논의하였다. 그러나 전체가 조직적으로 참여하지 않
고, 교육을 해산하고 개인적으로 참여 여부를 결정하기로 합의하
였다.

> 오늘 횃불시위가 있다고 하더라 우리는 거기에 동참을 하자. 이렇
> 게 홍보를 했제. 인자 그래갖고 우리가 적극적으로 여성노동자들이
> 끝날 때까지 참여를 하게 된 동기지 참여를 하면서도 우리는 뭣을 했
> 냐면 다 궂은 일을 했지 뭐 리본달기부터 시작해 가지고 그 안에 밥
> 취사하는 거 하며 ….   <사례 1>

5월 18일 이전의 민주화 요구시위에 자발적으로 참여했던 여성
노동자들은 이 날 이후에도 자발적으로 가두시위에 참여하였다.
노동조합이 조직적으로 참여하지 않고 개별적으로 참여 여부를 결
정하기로 한 상황에서 여성노동자들 가운데 일부는 <사례 1>의
내용에서도 확인할 수 있듯이, 5·18항쟁 기간 동안 적극적으로 활
동하였다.
　5·18항쟁 이전 조직되었던 송백회원들 가운데 일부 여성들도 개
별적으로 항쟁 초기부터 시위에 참여하면서 화염병을 투척하기도
하고, 물품조달이나 선전활동을 하는 등 5월 27일 계엄군이 도청에
진입하기 직전까지 YWCA[6]를 중심으로 활동하였다. 송백회원들은

19일부터 녹두서점에서 화염병을 제작하였고, 계엄군이 퇴각한 후 23일부터는 YWCA를 중심으로 물품접수, 모금, 시체처리, 간호, 선전활동 등의 역할을 맡게 되었다.

항쟁 기간 동안 여성들의 활동을 결집시키고 조직화했던 주도세력은 한편으로는 송백회원 여성들이었고, 다른 한편으로는 여성노동자들이었다. 특히 해방기간(5월 21일~26일) 동안 도청과 YWCA를 중심으로 한 여성들의 다양한 활동은 JOC와 들불야학 여성노동자, 송백회원들에 의해 이루어졌다. 이들은 모두 조직적 또는 집단적으로 참여한 것이 아니라, 개별적으로 참여하였다.

항쟁의 초기국면인 18일부터 여성들의 참여는 두드러졌다. 18일에는 여성노동자들과 여대생들이 시위에 참여하였고, 19일부터는 여고생들과 송백회원들이 각각 참여하였다. 20일에 이르면 수만의 여성들이 가두시위에 가담하는데, 이 때 여성들은 대열후위에서 시위전위부대와 민중들을 연결시켜 주는 역할을 하였다. 특히, 전춘심이나 차명숙과 같은 여성들은 가두선무방송을 통해 시위대를 진두지휘하였다(황석영·전남사회운동협의회, 1996). 민중들의 시위 참여를 촉발시키는 데 여성들의 활동과 목소리가 큰 기여를 하였다(즈느비에브 프레스·미셸 페로 편, 1998).

> 그 때 내가 운동가도 아니었고 사상가도 아니었지만 스무살 그 나이에 광주에 산다는 그 하나 때문에 광주에 내가 살고 있는 사람이었다는 것, 광주시민이 죽어가고 있기 때문에 모든 방송 모든 시설이 차단된 상황에서 내가 할 수 있는 것. 내 목숨 하나는 죽어도 좋다 갈리면서 죽는다면 그것만큼 당당한 길은 어디 있을까 그런 생각이었어.
> <사례 11>

---

6) 이 글에서 언급하는 YWCA는 단체로서의 의미가 아니라, 5·18항쟁 당시 도청 앞 전일빌딩에 위치히고 있던 장소로서의 YWCA를 의미한다.

언론과 매스컴이 광주를 외면하는 상황에서 유인물, 가두방송, 궐기대회로 대별되는 선전활동은 5·18항쟁에서 중요한 역할을 하였다. 이러한 선전활동은 <사례 11>과 같이, 대부분 자발적으로 참여한 여성들에 의해 이루어졌다. <사례 11>의 경우 항쟁이 일어난 직후부터 차량에 올라탄 채 선동과 선전활동을 하였다.

뿐만 아니라, 무기접수를 위해 광주 외곽지역을 다녀온 시위차량에 여성들이 동승하였고, 일신방직 여성노동자들은 해남, 강진 등의 차량원정시위에 참여하였다. 이처럼 항쟁 초기에는 여성들이 무장투쟁에 활발하게 동참하였다(강현아, 2000a, 2000b).

부상자와 사망자가 발생하기 시작하면서 여성들은 검은 리본을 만들기 시작하였고, 23일부터는 YWCA를 중심으로 선전활동과 물적 제공활동을 계속하였다. 그리고 도청에서는 여성들이 대민업무, 시체처리, 취사활동 등을 담당하였다. 5월 24일부터는 YWCA에서 윤상원, 정상용, 이양현, 박효선, 박용준, 김상집, 정유아, 이윤정 등이 회합하여 시민궐기대회를 효과적으로 조직하기 위해 시민궐기대회추진위원회 집행부를 구성하였다. 조직구성은 기획부(이양현, 정상용, 윤강옥), 홍보부(박용준, 윤상원), 집행부(정현애, 정유아, 이윤정)로 형성되었다.

YWCA에서 활동하는 인원이 50여명으로 늘어나게 되면서 보다 체계적으로 역할을 분담하여 조직적으로 대처하였다. YWCA에는 여고생들과 학생운동측의 여대생, 여성노동자들, 그리고 도청 항쟁지도부와 긴밀한 연계를 갖고 있었던 송백회원들이 있었다. 이 곳에서는 모금, 취사, 궐기대회 준비, 유인물과 대자보 제작 및 배포, 가두방송 등의 활동이 추진되었다.[7] 홍보조에 김정희, 이현주, 임

---

7) YWCA에는 궐기대회 및 가두방송의 선전조가 40여명, 송백회원 5명, 취사담당 여성노동자 15명, 경비담당 10여명으로 총 70여명 정도가 있

희숙 등이 적극 가담하였고, 임영희, 이윤정, 정유아 등은 대자보, 모금활동, 조기제작, 리본제작, 궐기대회 준비 실무를 맡았으며, 구속자 가족이면서 노동자 출신인 이정(<사례 4>)이 3개조로 구성된 취사조의 책임자가 되어 13명의 여성들을 이끌고 도청으로 들어가 도청 취사부를 인수하게 되었다(광주광역시 5·18 사료편찬위원회 편, 1998: 172).

> 여성들은 지키려고 하잖아요. 그리고 뭔가를 보살피려 하죠. 이런 것들이 여성들의 본연의 우리 쪽에 있는 사람들은 모성애라 하는데 5·18 항쟁을 관통하는 중요한 힘이었다고 봐요. 이를테면 녹두서점만 하더라도, 여자들은 도망갈 생각을 전혀 안했거든요. 왜냐면 여자들이니까 얼마나 위험한 일들이 있겠냐 이런게 있었기 때문에 근거지를 만든거죠. 그랬고 시위에 참여한 많은 일반 여성들도 김밥을 싸고 격려를 해주고 이런 것들도, 또 제가 그 때 거리에서 만난 시민군들하고 얘기를 해보면 여자들도 이렇게 시민군들을 도와주고 그러는데 우리들이 어떻게 그 소홀히 할 수 있겠느냐, 남자들이 할 수 있는 일을 더 열심히 하겠다. 총을 든 시민군들도 그렇게 말했거든요. 그러니까 이건 남자들만의 일이 아니고 사회를 변화시키는 이런 것들이 모든 사람들이 참여하는 여자들도 같이 함께 할 수 있다는 것을 여성들 스스로에게 뿐만 아니라 남성들도 이만큼 보편적 가치를 실현한다는 게 엄청 힘을 실어줬죠. 아주머니들이 머리에 달걀을 쪄가지고 나와서 이것 먹고해 학생, 이렇게 요구르트 건네면서 목 마를테니까 이것 먹고해 이렇게 격려하고 다독거려주니까 이게 얼마나 힘이 되겠어요. 나도 그런 경험을 몇 번이나 했는데, 내가 가게 되면 사람들이 먹을 것을 주고, 시장 아주머니들이 다 검은 리본 잘라서 만들어 주고, 그러니까 모든 사람이 필요로 하는 일을 한다는 충족감이 있는 거죠.
>
> <사례 7>

____

었는데 이들 중에는 여성이 50여명, 남성이 20여명으로 대부분 여성들이었다(황석영 외, 1996. 234).

5·18항쟁 초기부터 마지막까지 여성들의 참여와 활동은 두드러지게 나타났다. <사례 7>의 내용에서와 같이, 이들의 활동은 누군가의 지도나 명령에 의해서가 아니라, 자발적이고 창발적으로 자연스럽게 분출된 것이었다. 여성들은 자신들이 해야 할 일을 '찾아서' 했다. 5·18항쟁의 초기 국면에서부터 여성들이 적극적으로 활동하였고 이들의 역할과 활동은 항쟁에서 핵심적이었다.

또한 5·18항쟁 당시 여성들은 뭔가 할 말이 있으면 공식적으로 이야기했다. 즉 유인물이나 필사물 또는 공식 연설문을 활용해 어떻게든 협소한 범위의 친족이나 친구관계와 같은 사적 영역을 넘어서 가능한 한 많은 대중에게 공식적·정치적으로 자신의 의견을 전달하고자 했다.

> 방송매체에 대한 문제, 언론, 언론에 대한 … 선전홍보 되겠죠. 좀 선전홍보와는 달리 날마다 도청 앞에 모이는 많은 시민들을 어떻게 끌어낼 것인가에 대한 고민, 그런 고민들을 많이 했었거든요.
> <사례 6>

> 남자들이 하라 마라 해서 한 것 아니예요. 우리가 다 내용 만들어서 대자보 쓰고, 프랑카드 쓰고, 궐기대회 준비하고 그랬어요 … 그 여자들이 거의 대자보랑 프랑카드 썼었고 선전대의 활동을 많이 했어요.
> <사례 8>

여성들이 공식적·정치적 영역을 통해 자신들의 의견을 드러낸 경험(<사례 6>과 <사례 8>)은 5·18항쟁 이전까지 "여성=사적 영역"이라고 하는, 공적 영역으로부터 분리된 삶의 틀을 깨뜨리는 것이었다. 다시 말해서, 정치적 영역에서 자신의 의견을 전달했던 여성들의 경험은 항쟁 이전에 경험해보지 못했던 분명 다른 것이었다.

2) 남녀불평등한 역할분담구조

5·18항쟁 초기에는 여성들의 활동이 두드러지게 나타났다. 이들의 활동은 자발적이고 창발적으로 자연스럽게 분출된 것이었다. 그러나 계엄군이 퇴각하면서 항쟁의 상황이 진전되자, 항쟁 초기에 피신했었던 남성들이 등장하였고 남녀간의 '역할분담'이 이루어졌다.

하나의 인간의 시각으로 볼 때 참여했던 여성분 있잖아요. 물론 우리가 수류탄 투척작업도 해보고 총쏘는 것도 가르쳐 달라, 근데 단순히 군대갔다 온 사람들이 총기를 사용할 줄 안다 근데 그 총기라는 게 일반 군인들에게 탈취된 총하고는 다른 거예요. M16이라는 것이 쏴봤자 별로 안맞는다고 그러더라구요. 정말 우리가 그런 한계를 넘어설 수 있는 그런 저력들은 있었다고 나는 생각해요. 있었고 훨씬 남성들보다 강했던 건 사실이예요. 끝까지 어떤 그 소위 말해서 정현애랄지 정유아, 이윤정 이런 저까지 포함해서 주축 멤버들이 안 있었다면 집단적인 흐름을 이런 존재를 갖지 않았다면 항쟁파가 그렇게 만들어서 들어갔을까 의심스러워요. YWCA에서 그만큼 둥지를 틀어주어서 가능했다는 얘기죠. 저는 그걸 이야기를 하고 싶어요. 그렇지 않으면 도청상황에서 할 수가 없어요. 그니까 정리된 단계는 YWCA에서 다 정리해서 들어갔던 거고 거기에는 우리가 강경하게 끝까지 싸워야 한다는 뒷받침은 여성들이 강하게 갖고 있었기 때문에 뒷받침되지 않았나 싶어요. 그것은 어떤 의미에서는 정말 여자들이 역할을 단단히 해줬다고 생각해요.   <사례 8>

무장한 남성들로 구성된 '시민군'이 등장하면서 여성과 남성의 역할분담은 말없는 가운데 보다 뚜렷해져 갔다. <사례 8>의 인터뷰 내용에서 확인할 수 있듯이, 남성들이 총을 드는 대신 여성들은 후진에서 필요한 모든 사무절차와 물품보급과 자금확보, 취사조, 유인물 제작과 선전조 담당, 사망자 및 부상자 신원파악 등을 맡았다.

보다 구체적으로 살펴보면, 5월 20일부터는 여학생과 여성노동자들이 시위차량에 탑승하여 무기접수를 위해 전남지역 일원을 원정하는 데 참여하였다. 또한 무장의 필요성을 느낀 여성들은 21일경 도청 안에서 총기사용법과 수류탄 투척법을 훈련받는 적극성을 발휘하기도 하였다. 그러나 시민군이 도청을 장악한 22일부터는 여성들의 조직적인 역량이 선전활동과 물적 제공에 집중됨에 따라 여성들이 무장투쟁에서 적극적인 역할을 수행하지 못했다. 그 결과 무장조직은 전원 남성들로 편성되었다.

계엄군에 맞서기 위해 무장을 하게 되면서 양성의 역할이 보다 확연하게 분담되어져 갔다. 남성들이 가세해 무장봉기가 본격화되기 시작하면서 여성들은 '남성들을 지원해 주는' 위치로 되돌아갔음을 알 수 있다(<사례 10>과 <사례 5>). 5·18항쟁 기간 동안 남녀의 역할이 엄연히 구분되었으며, 이러한 불균등한 역할 분담이 당연시되었다고 할 수 있다.

> 5·18항쟁 전후로 해서 여성들의 역할이라는 것이 굉장히 한정되고 규정되어진 느낌들은 얘기되고 있고 느낌이 아니라 사실 그렇게 얘기되고 또 역할에 있어서 그것을 남녀를 구분하고 해야될 일이었음에도 불구하고 저희들이 해야될 역할이 있었거든요. 여성들이 가치부여가 안되고 있는 그런 부분들이 우리 여자들이 그 뭐랄까 쟁취적이지 않아서 그럴까요.   <사례 10>

> 여자라서 내세우지 않는 것이 아니라 제가 생각하기에는 자기 역할에 가장 충실한 삶이 그게 아닌가 싶어요. 만약에 그 때 우리에게 맡겨진 역할이 총들고 나가는 것이었다면 총들고 나갔겠죠. 앞에 나가서 어떤 역할을 해야 될 역할이었다면 그 역할이 맞겠죠. 우리에게 주어진 일이 그것이었으니까 ….   <사례 5>

민중봉기가 막 일어나려는 단계에서는 남성이나 여성 어느 쪽도 조직화되어 있지 않았기 때문에 양성이 함께 참여할 수 있는 여지가 있었다. 그런데 일단 한쪽이 실전에 동원할 수 있는 유력한 정치기구를 결성해 봉기의 초기단계에서 균형잡혀 있던 양성관계의 균형을 깨버리고도 항쟁을 효율적으로 지휘할 수 있게 되면서 항쟁 지도부 기구는 조직의 정통성을 뒷받침하는 양성 전체를 대표해야 하는데도 막상 여성을 배제해 버렸던 것이다. 여성들은 5·18항쟁 기간 동안 공식적인 정치기구로부터 배제되었다.

5·18항쟁에 참여한 여성들은 전통적인 여성의 역할과 활동에서 크게 벗어나지는 않았을지라도 새로이 열린 정치활동의 장에 능동적으로 참여하였다. 그러나 항쟁과 함께 새롭게 조직된 온갖 종류의 공식적 지도부 조직에 여성들은 들어갈 수 없었다. 따라서 자연발생적으로 일어난 5·18항쟁에서 민중을 선동하고, 활기를 불어넣는 일은 분명 여성들의 몫이었지만 공식적 지도부가 항쟁을 주도하면서부터 여성들은 '여성적 역할'을 담당하면서 주변화 되었다.

> 그거 남성중심 ··· 주도적으로 ··· 그 도청안에 있는 사람들끼리 짰고 우리는 그 지도부가 올바로 갈 수 있도록 견인하고 ··· 정말 중요한 역할들을 한거죠. 그리고 우리가 지도부 역할을 했구요. 그런데 저는 항상 도청항쟁에 우리가 지도부였다고 생각하지 외곽에서 활동했다고 생각하지 않아요. <사례 6>

5·18항쟁의 공식적 지도부에 있어서 여성의 배제를 정치지도력의 미성숙에 기인하는 것이라는 평가(이춘희, 1991)가 있으나, 이는 지극히 남성중심적 시각에서 벗어나지 못한 것이다. 선전활동을 통해 여성들은 자신들의 의견을 공식적인 정치의 장에서 전달하면서 정치지도력을 발휘하였음에도 불구하고 지도부 구성에 있어서

여성들이 배제되었다는 사실에 더 주목할 필요가 있다. 이러한 부분들에 대해서 <사례 6>과 같이, 여성들은 비판적으로 인식하고 있었다.

5. 여성주체들의 삶

1) 남성중심사회에 대한 비판적 인식

5·18항쟁을 통하여 여성들은 자신들의 잠재력을 확인할 수 있었다. 개인적인 삶의 틀에서 벗어나 사회와 역사에 대한 책임의식과 함께 새로운 사회에 대한 전망을 더욱 분명히 할 수 있게 되었을 뿐만 아니라, 항쟁 기간 동안 여성들의 활동과 경험을 통해 남녀평등과 인간평등이라는 공동체 정신의 가치실현을 지향하게 되었다(<사례 6>). 항쟁의 해방기간 동안 형성된 자치공동체의 가치는 '높낮이 없는 세상'이었다(최정운, 1997). '높낮이 없는 세상'은 모든 불평등이 제거된 평등사회를 지향하는 것이었다.

> 올바른 역사란 이런거고 이 역사 속에서 가장 용기있고 가장 실천적이고 최선을 다해서 살아가는 사람들은 바로 역사에 동참해서 그 수레바퀴를 반지기라도 끌고가는 사람이지 않나 그 속에서 함께 공동체의 재현을 맛보고 그 안에서 우리가 함께 더불어 살아가고 사랑하고 그런 사회를 만들어가고 하는게 우리 인간이 살아야 될 삶의 지향점인데 ….   <사례 6>

이러한 인식은 1980년 5·18항쟁을 경험하기 이전과는 분명 다른 것이다. 특히, 1980년 이전에는 여성문제가 부각되지 않았다. 그 때

의 논리는 여성해방이라는 것이 따로 존재할 필요가 없다는 것이
었다. 즉, 민족해방과 계급해방을 위해 여성들이 열심히 투쟁할 때
만 여성은 해방된다는 논리였다. 하지만 5·18항쟁 이후 운동권 내
부에서도 남녀불평등의 문제와 논의 기구 속에서 여성들의 소외현
상은 흔히 찾아볼 수 있는 것이었고, 권위주의적인 가부장적 체제
하에서 여성들이 이중적으로 착취당하고 있는(이수애, 1991) 엄연
한 현실은 결국 여성들이 주체적으로 서야 한다는 인식전환을 가
져오게 하였다.

따라서 5·18항쟁은 여성들의 의식을 깨우치고 새로운 방식의 삶
을 살도록 하는 촉매제 역할을 하였다. 즉 여성들이 이전까지의 개
인적인 삶의 틀에서 벗어나 <사례 9>와 <사례 1>처럼 삶에 대한
주체적 인식의 지평을 넓혀 갔다고 할 수 있다. 새로운 사회에 대
한 전망은 기존 사회가 배태하고 있는 모순의 본질과 그러한 모순
과 여성들의 삶이 어떻게 관련되어 있는가에 대한 구체적이고도
총체적인 인식을 기초로 한 것이다.

> 중요한 것은 계속 그 때 당시 5·18항쟁 때 아픔을 겪으면서 삶의
> 자세라고 할까? 이런 것들이 최소한 어떤 식으로 살아야되고 최소한
> 어떠한 식으로 살아야 되지 않겠다는 이런 것이 있었는데 늘 그렇게
> 살려고 애쓰지만 너무나 못미치는게 많은 것 같애. 안이해질까봐 스
> 스로 다그치는 부분도 있고 마지막까지 같은 걸음으로 변절하지 않고
> 한 걸음으로 산다는 게 쉽지 않은데 그렇다고 내가 특별한 일을 하고
> 있는 것은 아니지만은 사람이 적어도 사람답게 사는 세상, 모든 것이
> 그런 의미에서 한 맥락을 이루잖아요.   <사례 9>

> 지금의 역사가 재연되기까지는 모든 것은 여성으로부터 시작해갔
> 고 여성이 오늘의 이 결과를 낳게 한 거야 … 역사 속에서 여성들이
> 어떤 식으로 그런 작은 역할들을 해냈는가 이것이 가장 5·18항쟁에서

우리가 핵심적으로 문제를 제기하면서 끌어내야 할 정신적인 이렇다
면 그런 정신적인 그 역할들이지 얼마나 위대하냐 이말이야. 나는 그
여성들이 오늘날의 이 역사를 이렇게 만들어 줬다고 생각이 드는 것
이지.   <사례 1>

  특히, 5·18항쟁에서 여성들이 남성 못지 않은 중요한 역할을 담
당했던 경험을 통해서 여성들도 남성과 동등한 대우를 받아야 하
며 부부간의 관계에 있어서도 가부장적 관습을 더 이상 용납해서
는 안된다는 남녀평등의식을 갖게 되었다. <사례 2>의 경우는 항
쟁에 참여해서 활동한 이후 결혼을 하고 전업주부로 살아오면서
결혼과 가족이라는 가부장적 틀에 대해서 불만을 가지고 있었다.
<사례 10>의 경우도 항쟁 당시 주체적인 활동 경험과 결혼 이후
현재까지의 자신의 삶을 비교하면서 아내, 며느리의 역할에 얽매
이기보다는 여성 자신으로서의 삶을 살고 싶다는 의지를 표현하기
도 하였다.

  그랬었는데 인제 결혼을 하니까 차분해지고 그냥 남편한테 구속된
것 같아버리는데요. 불만이 많죠. 그냥 남편하고 바뀌었으면 하는 그
런 생각도 있고 나는 확실하고 끊고 맺고 그런게 좋은데 그게 아니고
이렇게 보면은 우리 활동하고 그랬던 사람들보면은 그런게 있드라고
자신감, 자존심 그런게 강한 것 같애요. 보면 그래갖고 누구나 자기
의견이 옳다고 생각하겠지만 부딪히는 그 부분이 지금은 나한테 스트
레스가 쌓이고 그런 것에서 ….   <사례 2>

  ○○○ 목사 아내이기 때문에 정말 해야될 자리에서 하지 못하고
저같은 경우는 거기도 마찬가지예요. 우리가 인제 비주체적인 위치가
됐어요. 옛날에는 김은경이라면 무엇이든지 내가 결정하면 책임지는
삶을 살았지만 지금도 누구누구 목사 아내 더군다나 여기는 시댁이
있어 피해가 되니까 그 여러 가지로 아버님도 배려가 되고 우리 뭐 남

편 배려되고 이러니까 제가 내 목소리를 낼 수 없는 그런 부분들이 있
고 저는 조금 독립을 시도하고 있어요 … 그래서 사람들이 이혼도 많
이 하고 운동권도 이혼 많이 하거든요. 그것이 현실적인 삶과 이상 속
에서 오는 괴리감 그리고 자기 소외감 이런 것 때문에 일어나는 자기
분열이라든가 이런 것 때문에 아픔이 참 많을 것 같애 ….<사례 10>

　이제까지 살펴본 바와 같이, 5·18항쟁 이후 남녀불평등의 문제
와 항쟁에 관한 논의 구조 속에서 여성들의 배제는 흔히 찾아볼 수
있는 것이었고, 권위주의적인 가부장제가 여성들을 이중적으로 억
압하는 현실은 여성들로 하여금 여성운동을 하나의 독자적인 영역
으로 이끌어야 한다는 인식을 가져다 주었다.
　결국, 5·18항쟁 기간 동안 중요한 역할을 담당하였던 여성들의
경우 여성들도 남성과 동등한 위치에 있어야 한다는 남녀평등의식
이 더욱 확장됨으로써 이러한 인식의 폭이 넓어지는 토대가 형성되
었다. 항쟁에서 활동했던 여성들의 경험이 항쟁 이후 여성주의적
인식을 확장시켰으며, 여성운동의 독자성과 이를 위한 여성조직의
필요성을 인식하는 중요한 토대가 되었음을 보여주는 것이다.

2) 여성운동조직의 결성과 활동

　광주지역에서는 1980년 이전까지 '여성문제'가 독자적인 운동영
역으로 확보되지 못한 상태였다. 여성해방이라는 운동의 지향점이
변혁운동과 분리되어 사고되거나 인식되지 않았기 때문이다. 다시
말해서, 민족해방과 계급해방을 위해 여성들이 열심히 활동해야
하고, 그럴 때만이 여성해방도 이루어진다는 논리가 지배적이었다.
　그러나 5·18항쟁에서 활동했던 여성들의 경험은 1980년대 중반
이후 '여성문제'의 해결과 양성평등 지향을 위한 독자적인 여성조

직의 필요성을 인식하는 것으로 이어질 수 있었다. 더구나 1980년
대 이후 광주지역 여성운동은 각기 처해 있는 입장의 특수성에 따
라 언어적 표현의 목적설정이나 실천방식에서의 차이는 있으나 여
성운동이 단순한 여성들의 지위향상이나 제 몫 찾기 식의 운동 차
원을 훨씬 넘어 인간해방의 차원으로 성큼 도약할 수 있게 된 것은
여성들의 5·18항쟁을 통한 '드러남'의 체험이 밑받침된 것이다.

그래서 1988년 2월 '광주전남여성회'가 결성되었다.[8] 특히 5·18
항쟁에 참여했던 여성들의 증언을 통해 항쟁에서의 여성들의 역할
을 재조명하고 항쟁 정신을 여성운동이 어떻게 수렴할 것인가를
모색하기 시작했다는 점에서 항쟁 계승을 위한 조직적인 활동이라
고 평가할 수 있다.

'광주전남여성회'는 1990년 여성회 내부의 상담사업부를 구상하
면서 이를 확대, 개편하여 '광주여성의 전화'로 설립되었고, 여성회
의 농민분과위원회에서 일해온 여성들이 참여하여 1991년 3월 '전
남여성농민회'가 결성되었다. 1989년에는 이 지역에서 발생하는
여성문제에 보다 능동적으로 대처하기 위해 상설적 연대활동기구
인 '광주전남여성문제특별위원회'를 구성하였다.[9] 5·18항쟁의 경
험을 토대로 조직된 '광주전남여성회'를 시작으로 광주지역 여성
운동과 여성조직이 확대되어 왔음을 알 수 있다.

그러나 '광주전남여성회'는 이렇게 여성운동과 조직의 양적 팽
창과 질적 발전에 기여했음에도 불구하고, 여러 가지 한계를 드러

---

8) '광주전남여성회'의 창립발기인은 이소라, 장미화, 홍원영, 이춘희, 도
   경진, 김선옥, 김혜자, 양혜단, 이종옥, 김석순, 김정희, 정성희, 김현정,
   김광희 등이다. 지도위원은 김원자, 안성례, 이수애, 박영선, 김정님, 모
   애금, 송경자, 정현애, 배은심, 이윤정, 장영숙, 이귀님, 정향자, 심성숙,
   홍희윤, 이명자, 임영희, 윤경자 등이다.
9) '광주전남여성문제특별위원회'에는 장미화, 이춘희, 안성례 등이 결합
   하였고, 이 기구는 이후 '광주전남민주여성단체연합'으로 개칭되었다.

냈다. 다시 말해서, 광주지역 최초로 여성문제 해결을 중심과제로
하는 독자적인 여성운동조직으로 출발하였으나, 독자적인 여성사
업보다는 지역 민주화운동단체들과의 연대활동이 더 큰 비중을 차
지하였다. 따라서 여성들의 참여를 확대시켜서 조직의 기반을 탄
탄하게 꾸리는 일을 소홀히 할 수밖에 없었다. 그럼으로써 기층민
중의 여성들을 조직화하는 데 많은 문제점을 초래하였다.

> 송백회를 재건하겠다는 재건 모임에 참여하게 됐다. 그러나 이게
> 잘 안되었는데, 그 이유는 여러 가지가 있겠지만 부문별로 여성운동
> 이 분화되는 시점이었다는 것이다. 그랬기 때문에 일반적인 여성운동
> 에 대한 상이 정립이 되지 않은 상태였고 또 5·18항쟁을 기점으로 여
> 성운동이 여성의 권익신장이라든가, 여성문제를 해결하기 위해 나간
> 것은 아니었다. 그래도 여성문제에 대한 의식을 가지고 이끌어 보겠
> 다는 사람들이 광주전남여성회로 뭉쳐졌는데 참여하는 사람들이 대
> 부분 운동권의 부인들이 많았다.   <사례 7>

> 5·18항쟁 이후 광주지역 여성운동과 여성조직에서는 항쟁에 참여
> 했던 여성들이 오히려 배제되었다. '광주전남여성회'가 출범하면서
> 항쟁에 참여했던 여성은 배제된 것이다. 정현애를 비롯한 몇 명이 참
> 여하긴 했지만. 그래서 광주지역 여성운동에 있어서는 항쟁 부분이
> 오히려 더 배제되었다는 생각이 든다.   <사례 8>

<사례 8>의 인터뷰 내용에서 5·18항쟁에 참여했던 여성들이 여
성조직에서 배제되었다는 사실을 확인할 수 있다. 뿐만 아니라, 5·
18항쟁에서 여성들의 경험과 항쟁정신을 계승하기 위해 출발한 '광
주전남여성회'가 그 역할을 제대로 수행하지 않았다는 지적(<사례
7>)도 있다.

이와 같이, 5·18항쟁에 참여했던 여성들의 경험은 여성조직에
직접적인 영향을 미치지 못했다. 오히려 여성들 개개인에게 직접

적으로 드러나는 측면이 더 많았다고 할 수 있다. 특히, 여성운동 과 여성조직은 항쟁 기간 동안 직접적으로 활동했던 여성들을 조 직적으로 끌어들이지 못했다는 비판을 면하기 힘든 것이다. 광주 지역 여성운동이 독자적인 영역을 구축하면서 활발하게 활동하였 고 더불어 여성들이 참여한 조직화가 다양하게 이루어진 것은 긍 정적인 측면이지만, 항쟁에 참여했던 대다수의 여성들이 배제되었 다는 점을 간과할 수 없다.

따라서 광주지역 여성운동과 여성조직이 5·18항쟁 이후 양적· 질적 발전을 이루어 왔으나, 항쟁 기간 동안 직접적으로 활동했던 여성들이 배제되었다는 점에서 5·18항쟁을 통한 여성들의 경험이 조직적으로 가시화되었다고 평가하기는 힘들다. 물론 항쟁에 참여 했던 소수의 여성들이 '광주전남여성회'나 '광주전남여성문제특별 위원회'에 개별적으로 결합하였지만, 이들은 대부분 조직의 핵심 적 부서보다는 지도위원이나 자문위원 등 조직의 외곽부서에 배치 됨으로써 상대적으로 소외의식을 가질 수밖에 없었다.

뿐만 아니라, 5·18항쟁에 참여했던 여성노동자들의 대부분이 여 성조직에서 배제되었다. 즉, 여성조직에 포함된 소수의 여성들은 대부분 5·18항쟁 기간 동안 활동했던 송백회원 여성들이었고 함께 활동했던 JOC 여성노동자들과 같은 기층 민중 여성들은 배제되었 다(<표 1> 참고). 다시 말해서, 5·18항쟁 당시 JOC를 중심으로 한 여성노동자들은 공식적인 정치적 영역의 항쟁 관련 조직으로부터 도 배제되었을 뿐만 아니라, 여성조직으로부터도 배제되었다.

주변화된 여성들 내부에서도 더욱 주변화된 여성들이 존재한다 는 점에서 여성들 내부의 차이가 나타났다. 이는 다음의 한 여성노 동자 인터뷰 내용에서도 명확하게 드러나고 있다.

5·18항쟁 기간 동안 로케트전기에 다니는 여성노동자들이 엄청나
게 활동을 많이 한거야. 구체적으로 JOC가 있었고 YWCA에 송백회가
있었고 야학이 있고 … 그렇게 하면서 YWCA에 모임을 갖고 여성노
동자들은 도청에 들어갔지. 그런데 여성노동자들의 활동은 송백회원
들이나 여대생들의 활동에 비해 아무것도 아닌 것이 돼버렸지.

<사례 1>

5·18항쟁 이후 항쟁과 관련된 공식적인 정치적 조직으로부터 여
성활동가들이 배제되었지만(강현아, 2000a: 143-160), 다른 한편으
로는 여성들 내부의 차이가 20년 동안 지속되어 왔다는 점에서 또
하나의 배제가 형성되어 왔음을 보여주고 있다.

6. 역사 주체로서 여성적 삶

이 글은 5·18항쟁에 참여했던 11명 여성들의 삶을 여성주의적
시각에서 분석하였다. 즉, 여성주의적 시각에서 여성들의 경험과
삶을 드러낼 수 있는 질적 연구방법으로서 인터뷰를 시도하였다.
이러한 연구방법을 통해 5·18항쟁의 역사에 주관성을 부여(라마자
노글루, 1997)함으로써 여성들의 경험과 삶을 드러내고자 하였다.

여성들은 5·18항쟁의 전과정에서, 처음부터 끝까지 계속해서 활
동을 했고 항쟁의 모양새를 만들어갔다. 항쟁 기간 동안 여성들의
활동이 자연발생적으로 이루어졌으며, 민중들의 투쟁을 이끌어내
는 선동의 역할 또한 여성들이 수행하였다. 다시 말해서, 여성들은
지도부와 대중을 묶어주는 매개자로서 민중의 참여를 촉발시키는
역할을 하였을 뿐만 아니라, 다양한 역할들을 수행하였다. 또한 항
쟁 이전에는 경험해 보지 못했던 정치적·공식적 영역에서 여성들

은 자신들의 의견을 주체적으로 표현했다.

따라서 여성들은 수동적인 피해의 대상으로서가 아니라 주체적으로 항쟁에 참여했음을 알 수 있다. 또한 여성들은 5·18항쟁과 그 이후의 여성운동조직에의 참여를 통하여 양성불평등한 가부장적 관계에 대한 비판적 인식의 지평을 넓힐 수 있었다. 이는 5·18항쟁과 그 이후 가정과 사회 속에서 작용하고 있는 가부장적 요소에 대한 비판적 인식을 획득하는 계기이자 이를 극복하여 성평등을 실현하려는 노력으로 이어지고 있다.

이러한 의미에서 5·18항쟁의 역사에서 여성들이 타자적 존재가 아니라, 주체적 존재였다는 발본적인 인식전환을 가능하게 한다. 그러나 항쟁의 역사에서 차지하는 여성들의 위치를 제대로 자리매김할 수 있고, 더 나아가 밝혀지지 않고 있는 다양한 여성들의 경험과 삶을 가시화 시켜내는 연구는 앞으로도 지속적으로 수행해야 할 과제로 남아있다고 할 수 있다.

제 3 장

문화적 재현과 젠더 이미지:
'5월 연극' 텍스트 분석

1. 5·18항쟁 역사의 문화적 재현

역사적 사건은 유한한 기억 속에서 지워지거나 사라져버리는 것이 아니라, 시간성 속에서 지속적으로 개인의 삶의 역사를 지배한다. 여기에서 다음과 같은 질문들을 제기할 수 있다. 역사적 사건의 '진실'은 무엇인가? 누가, 또는 무엇이 그 진실을 담지하고 있으며, 보여주고 말해줄 것인가? 이러한 물음과 관련하여 역사적 사건에 대한 문화적 재현은 역사의 주체이지만 역사의 주변인인 일반대중들의 경험세계와 그들의 투영된 의식세계에 집중하고 있다. 더 나아가 그들의 기억 중에서도 어떤 부분이, 어떤 경로를 거쳐, 어떤 방식으로 재현되어 '역사적 기억'(historical memory)으로 남는가 하는 문제를 제기할 수 있다.

이 글은 1980년 5·18항쟁과 그 문화적 재현을 연구하고자 한다. 5·18항쟁이라는 역사적 사건은 문화예술분야에 가장 직접적인 영향을 미쳤기 때문이다. 항쟁 이후 문화예술분야에서 '5·18항쟁'이

라는 소재는 '민중'이나 '저항'의 상징으로 등장하였다. 그 중에서
도 5·18항쟁의 진실을 가장 선명하게 재현할 수 있었던 장르는 연
극과 같이 눈으로 보여주는 텍스트였다. 그러나 이러한 연극 텍스
트는 공연장을 확보하는 데 공안당국의 사전검열과 감시망을 피할
수 없어 80년대 중반까지는 항쟁을 직접적으로 재현하지 못했다.[1)]
그러다가 정치적·이데올로기적 지형의 변화와 맞물리면서 항쟁
을 직접적으로 재현한 '5월 연극'이라 할 수 있는 텍스트 생산이
이어졌다.[2)]

　이러한 문제의식으로부터 이 글에서는 5·18항쟁이라는 역사적
사건이 문화예술적으로 어떻게 재현되고 있는지, 그 중에서도 젠
더 이미지가 어떻게 재현되고 있는지를 분석하고자 한다. '5월 연
극' 텍스트에서의 젠더 이미지 재현에 주목하는 것은 연극이야말
로 삶 자체를 플롯으로 재현하는 문화예술이기 때문이다.

　연극 텍스트는 관객에게 일방적으로 전달되는 것이 아니다. 그
것은 관객과의 끊임없는 상호관계 안에서 관객의 해석 위치에 따
라 상이하고 풍부한 의미화 실천이 거듭되는 장소라고 할 수 있다
(스튜어트 홀, 1996). 이 글에서 연극 텍스트에서 보여지는 젠더 이
미지 재현에 대해 분석하고자 하는 것은 기존의 지배질서가 만든

---

1) '연극'이라는 문화적 재현의 특징이 사회적·정치적·이데올로기적 변
　화과정과 밀접한 연관이 있다는 사실은 안치운(1993), 심정순(2002) 등
　의 글을 통해서도 확인할 수 있다. 즉, 연극은 실제 배우가 무대 위에서
　구체적인 행동을 통해 관객에게 보여줌으로써 다른 문화예술보다 그
　표현방식이 더욱 구체적이고, 관객이 직접 배우들의 행위를 접한다는
　점에서 연극은 사회적 및 정치적 변화와 연관된다는 것이다.
2) 연극 텍스트가 5·18항쟁을 다루기 시작한 것은 1987년 6월 항쟁 이후
　민주화의 흐름을 타면서부터다. 이 시기부터 연극 텍스트로 ≪금희의
　오월≫, ≪일어서는 사람들≫, ≪모란꽃≫, ≪오월의 신부≫ 등의 작
　품이 생산되었다.

'여성'이라는 코드의 의미를 더 적극적으로 해석하는 작업을 통해 그 기호체계를 풀어버리려는 의도적인 문제의식에서 출발하였다. 또한 '5월 연극' 텍스트에서 구성된 인물들의 젠더 이미지나 그 의미에 대해 의문을 표명하고 그것을 비판하는 과제를 수행하고자 하는 것이다.

따라서 이 글은 '5월 연극' 텍스트를 여성주의적 시각에서 분석해 보고자 한다. 구체적으로 연극 텍스트들 가운데 여성/남성 등장인물과 이들의 텍스트 내의 위치에 대해 살펴보고자 한다. 그리고 여성/남성 등장인물의 젠더 이미지를 분석하고자 한다. 이를 통하여 '5월 연극' 텍스트에서 여성의 성(gender)적인 역할이 얼마나 억압된 상황에서 만들어지는 것인가? 여성의 이미지는 어떻게 재현되고 있는가? 텍스트 내에서 왜 특정한 여성(성) 이미지가 창출되었는가? 그 이미지가 상징하거나 기호화하는 의미는 무엇인가? 등의 문제제기에 대한 분석을 시도할 것이다.

2. 젠더 이미지에 관한 이론과 분석틀

1) 기존 연구의 동향 및 이론적 배경

5·18항쟁은 한국사회에서 사회운동을 고양시켰을 뿐만 아니라 문화예술 분야에서 다양한 방식의 문화예술적 재현 및 형상화를 자극하였다. 1980년 이후 항쟁의 기억과 경험은 사회운동과 밀접한 관련을 맺으면서 발전한 문화예술운동에 커다란 영향을 미쳤다. 그러나 기존의 연구들이 대부분 정치적·경제적·이데올로기적 수준에서 항쟁의 문제에 접근함으로써 문화예술적 재현에 관한

연구가 미흡한 실정이다. 이러한 이유에서 최근 학문적 영역뿐 아니라, 실천적 영역에서도 중요한 관심사로 떠오르는 문제들, 즉 역사적 사건에 대한 기억과 경험, 그것의 의미를 공유하는 문제들에 대한 심층적인 연구는 진행되지 못했다. 따라서 이러한 한계를 극복하고 지양하기 위한 문제의식에서 과거의 역사적 사건을 재현한 문화예술적 텍스트를 분석하는 작업은 의미있는 일일 것이다.

특히, 5·18항쟁과 관련된 문화예술적 텍스트의 자료수집과 그 해석적 연구가 상당히 미약하다고 할 수 있는데, 그 중에서도 연극분야에 관한 연구는 더욱 일천하다.3) 그렇기 때문에 항쟁과 관련한 연극 텍스트 연구는 5·18항쟁 연구분야에서 주변적 위치에 머물러 있다고 할 수 있다. 이는 학문적·이론적 접근보다는 5·18항쟁이라는 역사적 사건의 재현, 그 자체에 연극 텍스트의 의미를 두었기 때문일 것이다. 따라서 5·18항쟁 관련 문화예술적 재현에 대한 자료수집과 분석을 통해 연극 텍스트에 대한 자료수집과 정리, 더 나아가 학문적 이론화를 도모할 수 있을 것이다.

이에 비해, 한국사회에서 대중문화 속의 여성 이미지에 관한 연구는 활발하게 진행되었는데 대중매체에 있어서 성역할 연구, 즉 문학, 필름, 광고, 포르노그래피 등에 여성이 어떻게 이미지화되어 있는가를 주로 분석하고 있다(김소영, 1995). 그리고 방송프로그램에 나타난 여성의 이미지 혹은 가부장적 성역할이 어떻게 재현되고 있는가하는 연구(최상진, 1995)가 있다.

여성주의적 문화연구는 재현4)된 여성과 현실 속의 여성들을 어

---

3) 5·18항쟁과 관련된 연극분야에 대한 기존 연구는 오수성(1997), 문병란(2000), 김선출(2001) 등이 있을 뿐이다.

4) '재현'(representation)이라는 개념 속에는 '현재'(present)라는 의미가 포함되어 있기 때문에 '재현'은 그것을 만들고 받아들이는 사람의 현존(present)뿐만 아니라 재현되는 무언가의 현존을 전제하고 있다. 즉 '재

떻게 연관지을 것인가 하는 이론적 시각이 변화함에 따라, 재현에서의 여성 이미지를 연구하는 것(images of women)에서 여성이 어떻게 재현체계에서 여성으로 구성되는가 하는 이미지로서의 여성(women as images) 연구로 변화되어 왔고, 현재는 재현된 이미지가 특정한 사회적·역사적 맥락 속에 만들어 내는 의미를 연구하는 방향으로 나아가고 있다(Walters, 1995; Lury, 1995; 김은실, 1998).[5]

이 외에 여성 이미지에 관련된 연구나 연극 텍스트에서 재현되는 여성주체성을 연구한 것이 있다. 5·18항쟁이라는 역사적 사건의 대중문화적 수용을 영화 ≪꽃잎≫ 분석을 통해 밝힌 황혜진(1998)의 연구는 텍스트 내의 폭력과 성, 여성의 위치를 비판적으로 분석하고 있다. 비록 '5월 연극' 텍스트에 관한 분석은 아니지만, 한국사회 연극 텍스트에서 보여지는 여성 주체성에 대한 심정순(1999, 2002)의 연구는 1990년대 이후 여성연극 증가현상의 긍정적 측면과 여전히 여성이 주변화되고 있는 부분에 대한 비판적 성찰을 시도하고 있다.

현'에 대한 논의에서 '재현'은 어떤 대상에 대한 직접적인 관계맺음이 아니라 매개를 통한 작용이라는 것이 전제가 된다.

5) 이에 대해 김은실(1998: 57-8)은 재현된 여성의 이미지 연구는 매체 속에 재현되는 여성 이미지가 갖는 현실성 그리고 즉각적인 사회영향력에 초점을 맞춘다고 설명한다. 그래서 문화가 만들어내는 여성에 관한 이미지와 메시지가 현실에서 구체적인 삶을 살고 있는 여성들의 경험과 일치하지 않는다거나, 그것이 구체적인 여성들의 경험을 억압하고 규제하는 입장을 갖는다는 것이다. 그리고 재현체계 내의 이미지/기호로서의 여성의 의미화 연구는 재현을 하나의 기호체계로 간주한다는 것이다. 그래서 재현된 이미지가 의미를 갖는 것은 재현체계 내의 여러 기호가 결합함으로써 의미를 구성한다는 것이다. 이 입장은 텍스트 재현체계 속의 여성은 그것 자체로 이해되는 것이 아니라, 재현된 이미지가 여성으로 의미화 되는 재현체계 내의 성별성과 성적 우열의 관계망 속에서 여성으로서 의미를 획득한다는 것이다.

돌란은 연극 텍스트의 재현체계를 "언어기호 및 문화적 부호에 의해 강화되는 억압구조"(Dolan, 1999: 5)라고 보며, 여성은 이러한 재현체계에서 주체(subject)의 위치를 차지해 본 적이 없으며, 객체(object)의 위치로 밀려난 하나의 성 계급(sex - class)으로서 가부장적 남성이데올로기를 강화시키는 이데올로기의 한 부분이었다고 강조하였다. 그래서 연극 텍스트는 이러한 재현체계의 일부이고, 여성이 이 재현체계에 의해 착취되었다고 볼 때, 연극 텍스트는 동시에 이러한 여성 착취를 폭로하는 중요한 장이 될 수 있다고 보았다.

이 때 여성주의적 시각에서 이루어지는 연극 텍스트 연구는 성별체계에 의한 획일적 스테레오타입에 저항하거나, 연극 텍스트 내용이 보여주는 강제성을 거부하는 비판적 분석을 통해서 텍스트의 내용을 분석하는 '저항적인 독자'(Fetterley, 1978)가 될 수 있다. 즉, 관객에게 연극 텍스트의 내용을 전달함으로써 어떻게 가부장적 남성이데올로기가 자연스럽게 포장되는가를 폭로하는 것을 통해서, 여성주의적 시각에서 이루어지는 텍스트 분석은 남성중심의 문화를 변화시키려는 노력을 하게 된다(Dolan, 1999: 4-5).

남성 중심의 문화 속에서 연극 텍스트는 보통 능동적 주체가 되는 남성 관객의 문화적 성향에 맞게 텍스트의 내용이 전달되며, 그 남성 관객이 극중의 남자 주인공과 동화되거나 최소한 동일한 시각을 가지게끔 부추기게 된다(de Lauretis, 1984). 이와 다르게 바로 그 텍스트 내용에 나타난 문화적 재현들은 여성 등장인물이나 여성 관객들을 수동적이며, 눈에 띄지도 않고, 자기 주장이 없는 대상으로 객관화해 버린다.

그리고 여성 관객은 여성을 어머니로서, 남자 주인공이 보다 '중요한' 행동을 하게끔 도와주는 주변적 역할을 담당하는 격하된 존재로 인식하게 된다. 여성 관객은 남자 주인공을 유혹하거나 혹은 유혹당하기 위해서 화장을 하고 옷을 잘 차려 입은 매력적인 여성 등장인물을 본다. 남성들이 일반적으로 활동적이거나 적극적인 반면, 여성은 남성을 보조해 주는 역할이나 남성 관객의 시각적 즐거움을 이끌어 내거나 자극시켜 주는 경우를 제외하고는 연극 텍스트에서 별로 중요하지 않거나 연극 텍스트의 내용과 필수적인 관계를 유지하지 못하는 경우가 많다.

따라서 돌란(Dolan, 1999)은 연극 텍스트의 재현체계 내에서 전달하고 있는 내용이 남성 관객들의 주체성을 형성하고 있지만, 여성들은 재현체계 내에서 표현되지 않은 채 남겨진다는 점을 주장하였다. 이 외에도 여성의 출현이나 부재, 고정 관념화, 가치평가 절하에 대한 내용 분석은 많은 연구자들에 의해 수행되었다. 특히, 버틀러(Butler)와 패이즐리(Paisley, 1980), 터크만과 그 동료들(1978), 그리고 코트니(Courtney)와 위플(Whipple, 1980) 등이 주목할만하다.

이렇게 여성주의적 시각에서 연극 텍스트를 연구한 것은 매우 다양하다고 할 수 있다. 여성에 의하여 씌어진 희곡을 공연하는 문제, 여성에 의하여 연출된 공연작품을 연구하는 문제, 작품 속에 여성의 역할과 대사, 행동에 관한 연구 등으로 세분화되어 있다. 이런 연구 분야는 연극 텍스트의 재현체계에 있어서 여성의 부재와 재현에 관한 여성 스스로의 새로운 깨달음을 확인하는 것이다. 그리고 어머니와 같은 모성으로 재현되는 삶을 지탱하는 여성 이미지, 즉 남성적인 것에 대립되는 것으로서 여성적인 것을 재현하는 것에 대한 비판이다. 그리고 가부장적 질서 아래에서 양성의 대립 및 주체·객체의 이분법적 사고 등의 문화 제반의 기존 질서를 해체하기를 요구하는 것이다.

지금까지 논의한 여성주의적 시각에서 젠더 이미지 재현에 관한 비판적 내용은 크게 네 가지로 분류할 수 있다. 첫째, 여성주의적 시각에서 여성과 남성 이미지 재현을 분석한 내용이다. 남성의 시각에 의하여 관객이 설정되고, 카메라를 비추며, 스토리를 전개한다(Erens, 1988; Wolf, 1998). 일반적으로 남성이 영웅이 될 때, 여성은 수동적으로 기다리거나 주변인물로 그려진다. 둘째, 특정 여성성 또는 남성성의 창출은 담론형성과 연관된다는 홀(Hall, 1997)의 재현이론이다. 여성성/남성성의 기호화를 통해 특정 담론의 코드가 만들어지며, 이 시각적 코드를 통해 특정 지식이 산출된다는 것이다(라이언과 켈러, 1997; Nixon, 1997). 즉, 일상생활의 기억뿐만 아니라 전쟁 등의 특수한 상황에서도 여성과 남성의 집합기억은 다르다. 남성들은 공적 영역에서의 활동, 전사로서의 기억 등을 강조하지만 여성들은 전쟁의 주변부나 일상생활의 경험을 더 많이 기억하고 있다(Fentress and Wickham, 1992)는 것이다. 셋째, 여성은 구타, 강간, 폭력의 희생자나 피해자로서 묘사된다. 넷째, 여성은 모성 이미지로 재현되어진다.

따라서 이 글은 연극 텍스트의 여성/남성 이미지와 상징화과정을 첫째, 연극 텍스트에서 여성/남성 등장인물의 연극 텍스트 내 위치와 이미지 분석을 통해 밝히고자 한다. 여기에서는 텍스트의 구도, 배경, 대사 등을 분석할 것이다. 둘째, 다양한 연극 텍스트가 젠더 이미지를 통해 상징하는 이미지를 분석하고자 한다.

2) 분석틀 및 연구방법

(1) '5월 연극' 개념

5·18항쟁의 역사적 기억을 연극 텍스트로 재현한 문화운동은 '5월 연극'이란 장르론적 접근이 가능할 만큼 ≪금희의 오월≫ ≪모란꽃≫ 등 텍스트가 끊이지 않고 생산되었으며, 마당극 ≪일어서

는 사람들≫은 당시의 사회운동과 맥을 같이하면서 새로운 민중극 분야를 개척했다고 할 수 있다.

또한 '5월 연극'이 1980년 5월 18일부터 27일까지의 기간 동안만을 재현하고 있는 것이 아니라, 80년부터 현재까지 5·18항쟁을 경험했던 개인과 집단의 기억을 재현하고 있기 때문에 항쟁과 관련한 내용이 포함된 연극 텍스트를 '5월 연극'이라 규정할 수 있을 것이다. 이러한 규정에 따라 이 글에서는 '5월 연극'이라 할 수 있는 13개의 연극 텍스트를 분석할 것이다.

(2) 연극 텍스트의 젠더 이미지 분석

'5월 연극' 텍스트의 재현체계 내에서 젠더 이미지는 다양하게 형상화되었다. 따라서 다양하게 재현된 연극 텍스트들을 분석하고 체계화하기 위해서 재현내용에 따른 분석 기준을 제시하고자 한다. 그것은 다음과 같다.

① 남성의 영웅 이미지=주체화/여성의 주변적 이미지=타자화
② 남성=공적 영역의 활동/여성=사적 영역의 활동으로 성역할 체계 고정화
③ 여성=강간, 폭력의 희생자, 피해자 이미지
④ 여성=모성 이미지

(3) 연구방법

'5월 연극' 텍스트를 중심으로 젠더 이미지의 재현내용을 분석하기 위해서 첫째, 연극이론적인 요소를 지니고 있는 기존 연구저작이나 기록을 종합하여 분석·해석하는 작업이 이루어졌다. 둘째, 구체적인 연극 텍스트를 종합하여 분석·해석하는 작업을 함

께 진행시켜야 실질적인 성과를 거둘 수 있기 때문에 희곡집이나 연극공연 관람 또는 공연을 녹화한 비디오 테이프를 수집하여 분석하였다. 셋째, 연극 텍스트의 생산자, 즉 극단이 소유하고 있는 연극 공연 팜플렛, 대본 등을 수집하여 분석하였다.

3. '5월 연극' 텍스트의 역사적 · 사회적 맥락

1980~90년대는 5·18항쟁의 승인투쟁을 통한 5월 복원운동과 정치사회적 변동에 따른 민족·민주·민중운동이 맞물려 전개되었다. 문화예술운동 또한 항쟁의 기억을 되살리고 민중의 현실을 고발하며 분단된 민족의 자주의식을 높이는 내용의 다양한 문화예술적 형상화가 활발히 전개되었다(김선출, 2001: 85).

항쟁의 기념사업과 문화예술적 형상화는 사건의 폭로를 통한 기억의 재현에서 시작되었다. 먼저, 5·18항쟁 당시의 자료로서 유인물, 투사회보, 성명서 등 문자매체가 복사되어 확산되었고 점차적으로 항쟁 당시의 사실을 담은 사진과 영상물이 진상을 알리는데 기여하였다. 특히, 5월 문화예술운동의 흐름은 1970년대 중반부터 마당극[6]을 통해 문화선전대 역할을 해 온 연극 장르를 통해 가장 먼저 나타났다. 극단 광대는 많은 단원들이 항쟁에 참여해 구속·수배된 상황에서도 남은 단원들이 몇몇 사람들을 규합해 항쟁 이듬해인 81년 5월, 항쟁을 상징적으로 형상화한 마당극 ≪호랑이

---

6) 마당극 양식은 70년대 중후반 본격적으로 형성되기 시작하였다. 한국 사회의 민속가면극의 양식과 서구사회 연극의 여러 양식을, 변혁운동의 실천적 요구 속에서 생겨난 리얼리즘정신으로 재창조해낸 연극양식으로, 민족극운동이 만들어낸 민족양식이며 민족극운동의 주도적 양식이다.

놀이≫를 공연하였다.

이후 극단 광대가 해체되고 광대의 맥을 이은 놀이패 '신명'이 1982년 창단 돼 ≪일어서는 사람들≫을 공연하였고, 광대 회원이면서 항쟁지도부 홍보부장을 했던 박효선의 주도로 극단 '토박이'가 83년 창단돼 '신명'의 마당극과는 다른 리얼리즘 무대극운동을 시작하였다. 극단 '토박이'는 '5월 연극'에 주력해 ≪금희의 오월≫ ≪모란꽃≫ ≪그대에게 보내는 편지≫ ≪청실홍실≫ 등 수많은 '5월 연극' 텍스트를 발표하였다.

이렇듯, '5월 연극'은 1980년대에서 90년대를 지나 2002년에 이르기까지 많은 연극 텍스트가 생산되었고(<표 1> 참고), '5월 연극운동'을 통해 5·18항쟁이라는 역사적 사건의 기억을 재현해 왔다. 이러한 '5월 연극운동'은 문화예술운동 전반의 꾸준한 성장과, 민주화운동의 성장과 발전이라는 커다란 흐름 안에서, 그것과 맥을 같이하여 성장해 온 것임은 두말할 필요가 없다. 그러나 연극운동의 양적·질적 확산과 발전은 때로는 정치적 지형의 변화에 따라, 그리고 때로는 연극 텍스트 생산의 내·외적 조건의 변화에 따라 많은 영향을 받았다.

<표 1> '5월 연극' 텍스트의 재현내용

작품명	연 도	작가/연출/극단	연극 형식	연극 내용
금희의 오월	1988년	박효선/박효선/극단 토박이	마당극적 요소를 도입한 무대극, 춤과 풍물	5·18항쟁 당시 시위에 참가했다 도청 앞에서 죽은 이정연의 실화를 극화한 것이다. 여동생 금희의 나레이션으로 항쟁기간의 시간에 따라 사실적으로 묘사한다.
일어서는 사람들	1988년	공동창작/박강의/놀이패 신명	마당굿 형식	절제된 대사, 압축된 춤으로 5·18항쟁을 상징적으로 묘사하였다. 항쟁정신의 계승을 강조하고 있다.
부미방	1989년	박효선/박효선/극단 토박이	무대극	83년 부산미문화원 방화사건을 통해 5·18 학살의 배후조장자로서 미국에 대한 반미내용을 담고 있다.

그들은 잠수함을 탔다	1992년	박효선/박효선/ 극단 토박이	무대극	5·18 수배자로 은신해 있는 두 사람의 고뇌와 갈등을 그린 작품이다.
모란꽃	1993년	박효선/박효선/ 극단 토박이	심리극	5·18항쟁 당시 가두방송을 담당했던 여성의 경험과 이후의 수사와 고문, 항쟁 이후에 겪게 되는 후유증과 이의 극복장면 등이 형상화되었다.
춤추는 시간여행	1993년	이경식/문고헌/ 극단 춘추	무대극	피해자가 과거청산을 위해 적극적으로 가해자를 찾아나선다. 아내가 5·18항쟁 당시 계엄군에게 강간을 당함으로써 가정의 행복을 파괴당한 피해자는 연극을 통해 그 강간사건을 재현하고 그로부터 진정한 고백과 사죄를 듣고자 한다.
그대에게 보내는 편지	1995년	박효선/박효선/ 극단 토박이	무대극	5·18항쟁에 참여했던 남성과 여성의 이야기다. 항쟁 당시를 사실적으로 재현하기보다는 현재 시점에서 항쟁의 기억을 재현하고 있다. 항쟁 이후 정신병원에 수용된 남성과 결혼해 잊고 살던 여성의 기억을 통해 항쟁이 계속되고 있음을 보여준다.
청실홍실	1997년	박효선/박효선/ 극단 토박이	무대극	실존인물인 김순자의 실제 삶을 그린 연극으로서, 5·18항쟁의 이면에 존재하는 개인사의 상처와 아픔을 밝히고 있다.
못다 부른 그 해 오월의 노래	2000년	집단창작극/ /극단 푸른연극마을	시, 노래, 기록사진, 동화상 기법	항쟁 당시 대학생과 진압군이었던 두 젊은이의 운명적 만남과 오늘의 모습을 통해 진정한 의미의 용서와 화해란 무엇인가를 보여준다.
봄날	2000년	임철우/김아라/ 축제극단 무천 등	다큐드라마 퍼포먼스(다큐멘터리와 드라마를 합성시킨 연극적 퍼포먼스)	항쟁 당시 진압작전에 참여했던 한 공수부대원의 기억을 통해 18-27일 열흘간의 긴박한 상황들을 재현한다.
오월의 신부	2000년	황지우/김광림/ 극단 푸른연극마을 등	시극 형식	도청 사수투쟁 과정에서 결혼식을 올리는 시민군 김현식과 오민정의 사랑을 중심으로 허인호와 가톨릭 신부 등 허구 인물들을 통해 5·18항쟁의 발생과 종결을 더듬어간다.
오월의 시	2001년	임철우/김아라/ 극단 푸른 연극마을 등	판소리, 무용, 합창 등 도입	영혼을 위로하는 제의(祭儀)와 1980년 5월의 열흘간의 투쟁일지, 슬픈 역사를 딛고 미래를 향해 나아가는 다짐이 그려진다.
찬란한 슬픔	2002년	노경식/박용기/ 극단 고향	무대극	5·18항쟁을 직접 묘사하는 대신 진압군의 신분으로 광주에 있었던 한 전역군인의 트라우마를 통해 국가폭력의 반인간성을 고발한다.

1980년 5·18항쟁의 경험은 살아남은 자로서의 부채의식과 군부
정권의 억압에 대한 저항의식이 맞물리면서 민족·민주·민중운
동을 지향하는 문화예술운동이 고양되었다. 특히, 노태우정권 등장
이후 여소야대의 정치상황과 정치적 유화국면이 형성되면서 '5·
18'문제 해결을 정부에 촉구하였고 국회는 광주진상특위를 조직해
청문회가 진행되기도 하였다.

이러한 정치적 지형의 변화에 따라 1987년 6월 항쟁 이후 문화
예술운동은 다양한 예술장르와 소집단을 망라하여 '광주민중운동
협의회(광문협)'를 탄생시켰다. 광문협에 놀이패 신명과 극단 토박
이가 포함되어 본격적으로 '5월 연극운동'을 펼쳐나가게 되었다.[7]

'5월 연극' 텍스트의 재현내용은 1987년 이후 5·18항쟁을 사실
주의적으로 재현한 텍스트가 주로 '증언'과 '고발'의 성격이 강한
저항작품으로서 불의에 항거하는 '분노'와 '원한'의 정서를 보여주
고 있는 데 비해, 1990년대 말 이후 점차적으로 항쟁의 집단적 경
험에 의한 사실주의적 증언의 성격보다는 개인의 경험과 기억, 그
리고 트라우마를 중심으로 상징화하는 메타적 재현내용으로 변화
하는 경향이 있다. 특히, 피해자의 기억에 의존하는 재현내용에 가
해자의 기억을 끌어들임으로써 항쟁을 보다 '객관화' 한다는 점에
서 보다 다양화되고 있다.

이러한 '5월 연극' 텍스트가 재현하는 젠더 이미지를 분석하고
자 하는 이 글은 바로 재현체계 내의 이미지로서의 여성이라는 입

---

7) 놀이패 신명은 "민중의 주체적 생존과 참된 민중세상 건설을 목적으로
문화의 민주화와 공동체적 정서함양, 통일문화의 달성"을 위해 연행활
동, 대중교육, 민중문화조사 및 창조계승활동, 풍물강습과 생활문화활
동을 전개하였다. 그리고 극단 토박이는 5·18항쟁을 극화한 다수의 연
극 텍스트를 생산하였고, 40여차례의 전국 순회공연을 통해 항쟁의 전
국화와 현재화에 기여하였다.

장에서 어떻게 여성이 성별화된 성(female gendered sexuality)으로 구성되는가를 드러내고, 재현체계 내의 여러 기표들에게 의미를 확보해주는 한국사회의 성별체계와 연극 텍스트 속의 젠더가 어떻게 관련되어 있는가를 다음 장에서 분석하고자 한다.

4. '5월 연극' 텍스트의 젠더 이미지 재현에 관한 분석

1) 여성/남성 등장인물의 연극 텍스트 내 위치

먼저, 이 절에서는 '5월 연극' 텍스트의 젠더 이미지를 여성/남성 등장인물과 이들의 연극 텍스트 내 위치를 통해 살펴볼 것이다(<표 2> 참고). ≪일어서는 사람들≫에서 여성 등장인물은 주인공의 어머니인 곱추이다. 그리고 주인공 오일팔의 아버지인 곰배팔이가 등장하는데 곱추와 곰배팔이는 한국사회의 굴절된 역사를 상징하고, 오일팔은 5·18항쟁을 상징한다.

≪금희의 오월≫에서 이야기를 이끌어가는 화자는 여성이지만, 재현내용의 주체는 시민군으로 활동하다 죽음을 맞이한 이정연이라는 남성이다. ≪부미방≫은 주인공 문부식(남성)이 사건의 주체로 설정되고 여성들은 그의 주변적 인물로 등장한다. ≪그들은 잠수함을 탔다≫에서는 남성 주인공 두 명만이 등장할 뿐, 여성은 등장하지 않는다.

≪그대에게 보내는 편지≫에서 영빈이라는 주인공 여성이 등장하지만, 5·18항쟁의 주체로 재현되는 것은 항쟁 이후 정신병자가 된 형철이라는 인물이다. 또한 익서라는 남성 인물의 등장은 87년

이후 노동운동에서도 남성을 주체로 부각시킨다. 영빈의 친구인 인하라는 여성은 5·18항쟁과 노동운동에서 항상 주체로 이미지화된 남성의 주변적 인물로서 재현되고 있다. ≪부미방≫은 주인공 문부식(남성)이 사건의 주체로 설정되고 여성들은 그의 주변적 인물로 등장한다.

〈표 2〉 '5월 연극' 텍스트 내의 여성/남성 위치

작 품 명	여성 / 남성 등장 인물	여성 / 남성 등장 인물의 연극 텍스트 내 위치
금희의 오월	° 여성: 이금희, 어머니 등 ° 남성: 이정연, 아버지 등	° 남성: 이정연(주인공, 시민군) ° 여성: 이금희(화자, 누이동생) 시장 아줌마들(동조자)
일어서는 사람들	° 여성: 곱추 ° 남성: 곰배팔이, 오일팔 등	° 남성: 오일팔(주인공, 시민군) ° 여성: 곱추(어머니)
부미방	° 여성: 김은숙, 최인숙, 이미옥 ° 남성: 문부식, 김현장 등	° 남성: 문부식(주인공, 주체) ° 여성: 김은숙(애인, 동조자)
그들은 잠수함을 탔다	° 여성: 등장하지 않음 ° 남성: 2인	° 남성: 항쟁의 주체
모란꽃	° 여성: 이현옥 ° 남성: 상담교수	° 여성: 이현옥(주인공, 주체)
춤추는 시간여행	° 여성: 아내 ° 남성: 연출가, 계엄군 병사	° 남성: 연출가(주인공, 주체) ° 여성: 아내(강간 피해자)
그대에게 보내는 편지	° 여성: 영빈, 형자, 인하 등 ° 남성: 형철, 익서 등	° 남성: 형철,익서(주인공, 주체) ° 여성: 영빈,형자(주인공, 타자)
청실홍실	° 여성: 김순덕, 은이 ° 남성: 김영철	° 남성: 김영철(시민군) ° 여성: 김순덕(주인공, 주체)
못다 부른 그 해 오월의 노래	° 여성: 김형섭의 아내 ° 남성: 김형섭, 박영수	° 남성: 김형섭(주인공, 계엄군) 박영수(주인공, 시민군) ° 여성: 주변적 인물
봄날	° 여성: 다수 등장 ° 남성: 임철우, 시민군	° 남성: 임철우(주인공, 화자) 시민군(항쟁의 주체) ° 여성: 대부분 피해자, 희생자
오월의 신부	° 여성: 오민정 ° 남성: 김현식, 강혁, 허인호, 장신부 등	° 남성: 주인공, 시민군, 주체 ° 여성: 연인, 타자
오월의 시	° 여성: 다수 등장 ° 남성: 시민군 등장	° 남성: 시민군(항쟁의 주체) ° 여성: 대부분 피해자, 희생자
찬란한 슬픔	° 여성: 할머니, 아내, 딸 등 ° 남성: 김원장, 정하사 등	° 남성: 주인공 ° 여성: 주변적 인물

≪모란꽃≫, ≪청실홍실≫의 주인공 또한 여성이다. 이러한 점에서는 여성이 아예 등장하지도 않거나 주변적인 인물로 등장하는 텍스트에 비해 항쟁의 주체로서 여성을 이미지화할 수 있다. 그러나 이들 텍스트 내에서 재현되는 여성 이미지는 항쟁 이후 여성들이 겪는 상처를 주로 보여주고 있다.

이에 비해 ≪봄날≫ ≪못다 부른 그 해 오월의 노래≫ ≪오월의 시≫ ≪오월의 신부≫ ≪찬란한 슬픔≫의 주요 등장인물은 모두 남성이다. 또한 이 남성 등장인물들은 도청 시민군으로서 항쟁의 주체로 재현된다. 그러나 여성 등장인물의 경우 피해자 또는 희생자로 재현될 뿐이다.

2) 젠더 이미지 분석

13개의 '5월 연극' 텍스트가 주로 기존 사회의 지배질서에 저항하는 모습을 사실적으로 재현하고 있는데, 이러한 텍스트 재현체계에서 젠더 이미지 또한 기존의 지배이데올로기에 저항하는지를 분석할 필요가 있다.

5·18항쟁의 기억과 경험의 재현에 있어서 ≪금희의 오월≫의 재현체계는 두 축, 즉 하나는 항쟁의 선봉에 섰던 시민군 이정연 가족을 중심으로 한 가족사적 경험과 또 다른 하나는 이름 모를 시장터로 집약된 기층민중을 중심으로 한 자생적 민중항쟁으로서의 경험이다. 계엄군 진입시 도청을 사수하다 죽은 이정연이라는 실존인물과 그 여동생 금희의 시각에 입각해서 재현하였다.

특히, ≪금희의 오월≫은 당시 대학생이었던 이정연이라는 남성 등장인물을 중심으로, 5·18항쟁의 전과정을 충실히 재현하였다. 시장판 아줌마들이 밥을 해 나르고 돈을 모으고 화염병을 만드는

등 신명나게 투쟁에 참여하는 장면은 학살과 죽음, 고통의 장면에
도 불구하고 전망없는 패배라는 느낌을 주지 않으며 항쟁의 동력
이 어디에 있는지를 보여준다.

그러나 이 텍스트의 재현체계에서 '금희'라는 여성 인물의 관점
과 등장의 맥락이 뚜렷하지 않다. 또한 시장 아줌마들의 항쟁에의
적극적인 참여를 사실적으로 재현하고 있음에도 불구하고, 항쟁
재현의 중심에는 항상 남성 등장인물이 위치하고 있다. 텍스트 재
현내용 중에서 이정연의 대사가, "동지 여러분! 이제 최후의 결전
의 시기가 왔습니다. 어린 학생들과 여자들은 빨리 도청에서 나가
안전한 곳으로 피신하시오. 이 싸움은 신념이 있는 사람만이 치러
야 합니다. 내 조국과 민족을 구하고 나라의 민주화에 대한 불타는
신념에 가득찬 사람만이 남아 싸웁시다"로 되어있는데, 이는 '총을
들고 싸우다 전사한 영웅의 이미지'가 주인공 남성 등장인물에게
그대로 투영되고 있으며, 여성들은 그러한 이미지로부터 거리가
멀다는 것을 나타낸다.

그리고 이 텍스트에서는 남성 등장인물이 5·18항쟁의 전개과정
과 정치적 배경에 대해 잘 알고 있고, 이를 여성 등장인물에게 가
르쳐주는 존재로 재현하고 있다. 이에 비해 여성은 항상 남성(최씨,
아버지, 이정연)의 입을 통해 전달해 듣는 입장으로서 공적·정치
적 영역과는 분리된 채 재현되었다. 또한 여성을 시장아줌마들이
김밥을 싸는 모습, 시민군에게 물을 떠주는 모습으로만 재현함으
로써 '남성=정치적 신념과 투쟁하는 존재'로 공적 영역을 담당하
고, '여성=밥하는 존재'로 사적 영역을 담당하는 것으로 재현하고
있다.

≪일어서는 사람들≫은 5·18항쟁에서 보여주었던 공동체 정신
을 시장 아줌마들의 넋살과 시민군들의 후일담을 통해 보다 밀도
있게 구성하여 민초들의 끊임없는 생명력을 부각시켰다는 평가를

받았다(오수성, 1997; 문병란, 2000). 곱추와 곰배팔이가 고통스럽게 일그러진 삶 속에서도 사랑을 맺고 '건강한 아들' '오일팔'을 낳는 장면은 춤과 마임, 노래, 간단한 대사들로 이루어져 있는데, 상당한 호소력을 지니고 있다.

그러나 '오일팔'이 '아들'이라는 점을 부각시키고 있으며, 이를 '고추'라는 표현으로 재현하고 있다.[8] 이는 전통적인 남아선호사 상을 그대로 재현하고 있다는 비판을 받을 수 있으며, 마치 5·18항 쟁의 투쟁주체가 남성이었다는 식으로 해석될 여지가 다분하다. 왜냐하면 여기에서 오일팔은 5·18항쟁을 상징하기 때문에 남성이 항쟁의 주체로 이미지화 되기 때문이다. 즉, 남성 등장인물은 '총을 들고 싸운 영웅' 이미지로 재현되는 것이다. 또한 오일팔이 죽은 후 곱추와 곰배팔이가 동네 사람들과 함께 부르는 "얼씨구 절씨구 모두가 내 아들, 얼씨구 절씨구 모두가 내 형제, 얼씨구 절씨구 한가족이었네"라는 노래 내용은 항쟁의 의미를 '아들, 형제'로 재현함으로써 남성을 항쟁의 주체로 나타내고 있다.

이에 비해, 곱추가 곰배팔이를 처음 만나는 날, 부끄러워 도망치면서 "엉덩이로 요염하게 춤을 추는" 장면이 나온다. 즉, 여성인 곱추가 남성(곰배팔이)을 유혹하기 위해서 춤을 추는 것으로 텍스트의 재현체계에서 여성 등장인물이 남성 등장인물을 유혹하는 것으로 해석될 수 있다. ≪일어서는 사람들≫을 통해 남성 관객의 시각적 즐거움을 이끌어내기 위해 여성의 성이 대상화될 수 있음을 보여주고 있는 것이다.

≪부미방≫은 부산미문화원방화사건의 준말이다. 1980년 광주와 83년 부산미문화원 방화사건은 5·18항쟁의 배후조종자인 미국에 대한 반미적 경고로서 김현장, 문부식 등의 석방 이후 기념작으

---

8) 곰배팔이가 곱추가 낳은 아이를 안아들고 기뻐하며 "아들이여! 고추여!"하는 장면이다.

로 공연되었다. 그러나 ≪부미방≫의 실제 사건 핵심에는 두 남성 외에 많은 여성들이 주체적으로 참여하였지만 연극 텍스트에서는 지지자 또는 동조자로서 여성들을 주변적 인물로 재현하고 있다. 즉, 문부식(남성)은 부미방 사건의 주체로 이미지화되고 있으며 사건의 처음부터 끝까지 이를 주도하는 인물로 재현한다. 이에 비해 김은숙 등 여성 등장인물들은 사건의 주체였음에도 불구하고, 문부식의 동조자로서 주변적으로 재현되고 있다.9)

특히, 문부식이 5·18항쟁의 배경과 역사인식, 미국의 개입에 대해 김은숙에게 설명하고 김은숙은 항상 문부식에 의해 설명을 듣고 이해하는 입장을 보여준다. 또한 두 사람의 연애관계에 있어서도 "남성=적극적/여성=수동적" 이미지를 강화하고 있다.10) 그리고 이 텍스트에서는 여성/남성 성역할체계를 고정화하고 있다. 김은숙이 문부식에게 "형, 밥 해놨는데 내가 차려줄게, 좀 씻고 와"라고 하는 재현장면은 사건의 주체이지만, 그 과정에서 사적 영역(가사일)의 몫이 온전하게 여성에게 주어짐으로써 성역할체계를 그대로 재현하고 있다.

≪모란꽃≫의 주인공은 여성이다. 항쟁기간 중 여성의 역할은 여러 부분에서 대단했으며, 주인공 여성은 당시 심야가두방송의 목소리 주인공이다(문병란, 2000: 843-4). 계엄군의 도청진입이라는 항쟁의 마지막 밤을 겪은 여성생존자로서 정신병동 신세까지 지면서 온갖 강박관념에 시달려온 내면적 깊은 상처를 하나씩 무대 위

---

9) 이 텍스트에서는 "여학생들이 무슨 일을 하려는지 모르지만 우리가 어려운 일을 하고 유인물은 여학생들한테 맡기는 것이 어떨까?"라고 하는 남성 등장인물의 대사가 등장한다.

10) 예를 들어, 김현장이 김은숙에게 하는 대사 중 "약도 한 장 달랑 들고 생면부지의 남학생 자취방을 찾아가는 여학생이 어딨냐"라든가, 신부에게 "요즘 애들 큰일입니다. 여자애들이 더 법석을 떤단 말입니다"라는 표현에서 잘 드러난다.

에서 재현하여 치유해가는 형식을 취했다. 그러나 주인공인 여성
등장인물은 항쟁의 중요 역할을 한 주체로서 출소 후 주변의 감시
와 생활의 불안정, 시댁의 몰이해와 백안시, 허탈감에서 오는 우울
증 등 내면에 도사리고 있는 상처를 무대 위에 재현하여 그 강박관
념이나 공포의식, 불만의식으로부터 벗어나고자 하는 내용을 재현
하였다.

연출자 박효선은 ≪모란꽃≫의 주인공이 "광주 5월의 대표적
활동인물 전옥주를 비롯한 몇몇 여성투쟁 사례를 모아 만들었다"
(한겨레신문, 1994.1.8.)고 말했다. 공장생활로 돈을 모아 전문대학
에 입학한 늦깎이 대학생 이현옥이 진압군의 총탄에 쓰러진 임산
부의 죽음을 본 뒤 확성기를 들고 시민군에 합류했다든지, 계엄군
의 도청 진입 뒤 체포되어 간첩으로 조작하려는 정보당국의 잔혹
한 고문을 받았다든지 하는 일화들이 좁은 무대에 차곡차곡 쌓여
간다. 주인공 여성 등장인물은 항쟁에 참여했다가 체포되어 모진
고문과 모욕, 추행을 당했고, 이로 인해 아이를 낳을 수 없을 뿐 아
니라 늘 불안해하는 등 끔찍한 육체적 정신적 장애를 겪고 있다(박
광수, 1993: 27-8). 그러나 이러한 재현내용은 여성을 성폭력(성고
문), 구타·폭력의 희생자로서 이미지화할 우려가 있다. 또한 아이
를 낳지 못하는 사실에 대해 여성이 괴로워하는 내용은 여성의 정
체성을 모성으로 이미지화할 가능성이 있다.

또한 한 여성의 체험을 통해 그려지는 5·18항쟁의 한은 관객에
게 커다란 감정적 호소력을 가지고 다가온다. 더욱 구체적으로 이
여성은 항쟁의 후유증으로 먼저 간 동료에 대한 죄책감, 불임으로
잃어버린 자아의식, 흔들리는 부부관계 등을 적나라하게 고백하여
한 개인의 차원에서 5·18항쟁이라는 역사적 사건을 재구성한다.
그리고 여성은 교수와의 심리치료 과정이 끝나갈 무렵 '미래를 새
로 꾸미고 싶다'는 새로운 삶의 의지를 표시한다. 교수 역시 항쟁

이라는 과거의 역사적 사건을 '희망'이라는 단어로 새롭게 해석하면서 그 의미는 '광주가 완전한 만남의 공동체'였음을 상기시킨다.

그런데 이 항쟁장면의 압도적인 형상화가 심리극이라는 관점에서는 오히려 극적 효과를 반감시키는 결과를 가져왔다. 즉 배우는 물론 관객들까지도 항쟁장면의 재현에 전력을 쏟아버렸고 결과적으로 주인공 이현옥이 자신의 내면의 그림자와 징글징글한 정도의 갈등을 통해 현실을 인정하는 지점에서 치올려야 할 힘을 축적하지 못한 것이다.[11] '여성의 눈'을 빌려서 그려본 5·18항쟁의 재현체계 속에 여성 억압의 경험이 좀더 구체적으로 강조되었더라면 더욱 의미가 있었을 것이다.

≪그대에게 보내는 편지≫는 여성/남성의 성역할체계를 재현하는 데 5·18항쟁 당시를 묘사할 때는 남성 등장인물을 주체로서 도청항쟁지도부, 즉 시민군으로서 총을 들고 싸우는 이미지로 재현하였다. 반면에 여성 등장인물은 주변적 인물로서 이미지화된다. 그리고 항쟁 이후 묘사된 노동운동에서도 남성이 노동운동의 지도자로서 재현되고 여성은 남성의 지도와 명령을 받는 인물로 재현된다. 뿐만 아니라, 같이 노동운동을 하지만 여성 등장인물인 인하는 남성 등장인물인 익서의 자취방을 찾아가 청소하고 밥하는 모습을 보여줌으로써 고정화된 여성/남성 성역할체계를 재현하고 있다.

여성 등장인물이 주인공이라는 점에서 동일한 ≪청실홍실≫은 실존인물인 시민군 남성의 아내(김순덕)가 남편이 체포와 고문의 후유증으로 정신병원에 있게 되자, 아내로서 어머니로서의 여성의 삶을 재현하고 있다. 도청항쟁지도부 기획실장이었던 시민군 남성

---

11) 이는 결말 부분에서 주인공 여성이 자신의 상처를 극복하는 방향으로 "앞으로 못다한 아내 역할을 잘 하도록 하겠다"라는 점을 제시하는 데서 잘 드러난다. 여성 등장인물이 상처를 극복하고 여성으로서 진정한 자아찾기과정이 생략되었다.

의 삶 이면에 존재하는 피해자 여성의 삶을 이미지화하고 있는 것
이다.

≪춤추는 시간여행≫은 사실의 고백과 진정한 사죄를 통한 과
거청산을 강조하고 있다. 그러나 이 연극 텍스트는 그러한 화해와
청산이 끝내 이루어지지 않는다는 결말처리를 하고 있다. 그런데
계엄군에게 한 평범한 가정주부가 강간을 당했다는 사건이 5·18항
쟁의 보편적 피해형태를 재현하는가? 아내가 강간당함으로써 가정
의 행복을 파괴당한 피해자 남편은 원수를 갚으려는 것이 아니라
연극을 통해서 그 강간사건을 재현하고 그로부터 진정한 고백과
사죄를 듣고자 한다. 그래서 역에서 한 남자를 납치해 감금해놓고
외부와 단절되어 있는 그 공간에서 고백과 사죄의 연극을 완성시
키려고 한다. 그런데 연습이 진행되면서 납치된 그 남자가 바로 강
간한 계엄군이었음이 어렴풋이 밝혀진다. 그러나 그 남자는 끝까
지 자신이 강간범이 아니라고 우기고 고백과 사죄는 이루어지지
않는다. 그 연극은 여기에서 중단되고, 남편은 미쳐서 또 다른 남
자를 구하러 헤매고 다닌다(이영미, 1993: 230-1).

이 연극 텍스트는 항쟁에 보편적이지 않은 강간이라는 개인적
소재와 그것의 풍부하지 못한 형상화 탓으로 풍부한 사회적 의미
를 갖지 못했고, 주인공 남성 등장인물을 단지 과거에 집착하여 자
기 한풀이에 골몰하는 인간의 모습으로 보이게 했다. 또한 '여성=
(강간)피해자'로 이미지화할 뿐 아니라, 연극 텍스트 내에서 여자의
비명소리, 남자의 고함소리, 여자와 남자가 엎치락뒤치락하는 모습
등 성폭력 장면을 재현함으로써 여성의 성을 대상화하는 데서 남
성 관객에게는 볼거리를 제공하고 있다.

이렇게 여성 등장인물이 폭력과 강간의 희생자 또는 피해자로
재현되는 것은 ≪못다 부른 그 해 오월의 노래≫에서도 마찬가지

다. 이 텍스트에서는 주인공 남성(김형섭)이 5·18항쟁 당시 계엄군
으로서 자신의 모습을 재현하는 장면이 나오고, 군가와 시가 낭송
될 때 김형섭과 그 아내의 '격렬한 정사' 장면이 재현된다. 항쟁과
부부의 '정사'장면이 별 상관관계도 없이 텍스트에서 재현되고 있
다는 것은 연극 텍스트가 상업적 볼거리를 제공하는 것에 다름아
니다.

　그리고 ≪봄날≫과 ≪오월의 시≫에서도 여성을 철저하게 피해
자 또는 희생자로 재현하고 있으며, 모성이미지를 부각시키고 있
다. "사랑하는 내 아들, 하나밖에 없는 내 아들을 대검으로 난자해
죽였답니다. 내 어머니의 가슴을 도려내고, 머리채를 질질 끌어다
가 팽개쳐서 죽이고 말았답니다"라는 대사를 통해 확인할 수 있다.

　≪오월의 신부≫는 강혁·오민정·김현식 등 시민군 지도부의
애달픈 러브스토리로 진행되며, 도청에 남게 된 사람들 개개인의
사연과 심리적 번뇌를 조명한다. '인물' 설정은 신군부나 계엄군을
철저히 배제한 채 시민군 내부로 한정되었다. 이 텍스트에 등장하
는 대부분의 남성 등장인물은 실존 인물로서 도청항쟁지도부의 시
민군이었다. 따라서 남성 인물들은 항쟁의 주체로 이미지화된다.
그러나 여성의 경우는 철저히 타자화된다.[12] 남성의 경우 영웅으
로 이미지화되는 반면, 여성의 경우 연인(사랑)으로 이미지화되고
있다.

---

[12] 인용하고 있는 시의 내용을 보면, "누이야 봄이면 앞 산에 꽃 보러 가
　　자던 누이야 길바닥에 꽃도 없이 쓰러져 버린 지금 넌 무엇이 그예 볼
　　게 있다고 핏발선 두 눈 치켜 뜨고 있느냐 … 누이야 밤마다 흐드러진
　　별 떨기로 피어나는 누이야 네 부푼 젖가슴이 봄날의 미친 거리에서
　　한 송이 꽃봉오리로 잘려나갈 때 누이야 넌 메마른 벌판 때리는 바람
　　이 되었다"에서 '누이'(여성)는 희생자이자 피해자로 재현된다.

〈표 3〉 젠더 이미지 분석

작 품 명	남성=주체(영웅) 여성=타자(주변)	남성=공적 영역 여성=사적 영역	여성=피해자, 희생자	여성=모성이미지
금희의 오월	○	○	×	○
일어서는 사람들	○	○	×	○
부미방	○	○	×	×
그들은 잠수함을 탔다	○	×	×	×
모란꽃	×	○	○	○
춤추는 시간여행	○	×	○	×
그대에게 보내는 편지	○	○	○	○
청실홍실	○	○	○	○
못다 부른 그 해 오월의 노래	○	○	○	×
봄 날	○	×	○	×
오월의 신부	○	×	○	×
오월의 시	○	×	○	×
찬란한 슬픔	○	×	×	○

'5월 연극' 텍스트의 젠더 이미지 재현에 관한 내용은 <표 3>을 통해 확인할 수 있다. 13개의 '5월 연극' 텍스트들이 여성의 의식을 거의 소홀하게 다루고 있거나 아예 무시하고 있는 점은 매우 위험한 일이다. 설령 다루고 있다고 해도 그 수준은 매우 낮다. 즉 연극 텍스트에 등장하는 여성 인물들은 여성의 문제, 여성의 희망, 여성의 삶 등을 보편적으로 보여주지 못하고 그런 문제들은 거의 남성에 의하여 일그러져 있다. 위에서 분석한 바와 같이, 등장하는 여성의 가정에서의 지위, 항쟁에 관한 참여도, 여성의 가치관과 역할 등은 남성의 그것과는 비교할 수 없을 정도로 언급되고 있지 않다. 남성 등장인물들은 대개 지식인, 대학생, 용기있고 결정을 내리는 사람으로 나오지만 상대적으로 여성 등장인물에 관한 것은 제한적

이고 종속적이며 상투적이다. 이는 사회와 정치적 영역 등 공적 영역이 모두 남성적인 것이고 여성은 이에 대해서 주변적인 것이라는 견해가 지배적인 탓이다.

따라서 연극 텍스트 재현체계에서 주변적인 부분이기는 하지만 젠더와 관련된 연극의 태도와 관련해 매우 중요한 문제를 보여준다. 결론적으로 13개의 '5월 연극' 텍스트 모두가 지배적 이데올로기로서의 남성중심의 가부장제에 대해서, '권력-남성-폭력'을 연결 짓는 거대 담론의 부분에서는 저항적이지만 젠더와 관련된 부분이나 일상 영역의 부분에서는 기존의 남성중심 이데올로기를 그대로 재생산하는 문제점이 있다.

5. 여성 삶의 연극적 재현 방향

여성들은 은폐되고 생략되어 온 5·18항쟁 역사의 빈자리에 주체로서 재현되었다고 말할 수 있는가? 이 글이 주목한 바는 '5월 연극'이 문화예술로 승화되기 위해서는 연극적 재현을 위한 반성과 점검이 선행되어야 한다는 사실에 있다. 공연예술은 텍스트가 지닌 내적인 의미 외에 현재라는 시점과 소통함으로써 창조적인 가치를 생산하기 때문이다. 그 가운데 젠더 이미지의 연극적 재현에서 지적 가능한 가장 큰 문제는 단순한 플롯 구성과 동어반복적 담론의 구성이다. 또한 감상주의와 피해의식 역시 극복되어야 할 부분이다. 그 원인으로 '여성' 문제가 문화예술적 상상력이 불가한 남성중심적 관점에서 재현되고 있다는 것을 지적할 수 있다.

다시 말해서, '5월 연극' 텍스트에서 재현된 여성과 남성은 철저하게 성별구조 위에 구축되어 있다. 남성을 주체화하기 위해 여성은 타자화, 대상화되면서 남성간의 관계 사이에서 움직이는 기표로 존재하고 있다는 것을 알 수 있다. '5월 연극' 텍스트에서 재현된 남성은 다양하고 구체적이며 역사를 갖지만, 여성은 관계하는 남성과의 관련 속에서만 그 형태를 부여받는다. 이렇게 타자화된 형태로 재현되는 여성은 성별위계체계 위에 구축되어 있는 연극 밖의 현실을 반영하는 것이다. 성별관계를 전혀 정치적으로 문제화하지 않는, 그래서 여성을 역사 밖에 위치시키는 여성 재현방식은 남성과 여성을 성별 이분법으로 본질화 시키는 것이다.

결론적으로 '5월 연극' 텍스트들은 여성의 삶을 왜곡시키고 있다. 여성들은 늘상 항쟁의 주변에 머무는 존재이고 변두리에서 '쓸 데 없는' 역할만을 맡는다. 그리고 남성의 권위에 짓눌려 자기의 표현과 의견을 내세우지 못하고 기다리고, 결정되는 대로 따라가는 수동적인 인물들로만 등장한다. 이러한 여성의 희미하고, 불분명하고, 억압당한 모습은 계속해서 공연으로 이어져 관객들의 여성에 관한 고정적인 관념들을 정당화시키는 위험을 내포하게 된다. 이는 연극 텍스트가 보다 구체적인 삶의 리얼리티를 지닌다고 했을 때 연극 텍스트의 수용에 매우 중요한 문제가 된다. 그리고 연극 텍스트에 등장하는 여성을 변두리적 존재로 표현하는 것은 5·18항쟁의 진실과도 분명 모순되는 일이다.

따라서 '5월 연극' 텍스트에 등장하는 여성의 삶에 대하여 새로운 인식이 필요하다. 즉 연극 텍스트에 등장하는 여성 인물들을 개개의 분리된 존재로 여기기보다는 남성과 의식을 공유하는 존재로 보아야 할 것이다. 이러한 전망은 나아가 성의 구별과 부권에 대한 모권의 평등, 사회구조와 여성의 이데올기의 관계뿐만 아니라 새로운 대안문화로서의 기능을 가능하게 할 것이다.

제 2 부

노동 주체로서 여성

제 4 장
간호전문직 여성노동의 감정노동 상품화

1. 간호전문직 여성노동의 변화

서구사회는 경제위기 이후 1980년대부터 경영합리화와 구조조정을 가속화하고 있다. 이에 따라 병원에 기업조직의 경영전략이 도입되면서 비용효율성과 경영이윤의 극대화를 제고하기 위해 '의료서비스'를 강조하였다(Olesen & Bone, 1998). 한국사회 또한 1990년대 후반 이후부터 보건의료산업에 많은 변화가 나타나고 있다. 2000년 7월 1일부터 의약분업이 시행되었고, 의료보험이 건강보험으로 개편되면서 그 역할이 확대되었다(김윤미·전경자, 2000). 이러한 양적 확대와 더불어 보건의료산업은 의료서비스의 질적 개선이라고 하는 변화를 시도해 왔다. 다시 말해서, '고객'으로서 환자의 요구를 반영한 서비스 제공을 통해 고객을 사로잡는 전략이 병원의 경쟁력을 강화하고 이윤을 확보할 수 있다는 판단 하에 서비스 경제화를 추진한 것이다.[1]

---

1) 자본주의경제의 확대, 발전으로 1970년대 이후 산업재구조화(restructuring),

이처럼 과학기술의 발전과 의료정책의 변화를 통한 의료서비스의 강화는 보건의료산업의 여러 직업 중에서도 간호전문직 노동의 성격에 영향을 미칠 수 있다. 왜냐하면 간호전문직은 환자와의 직접적인 대면 속에서 끊임없이 상호작용하며, 다른 직업에 비해 친절, 미소, 보살핌과 같은 특질이 요구되기 때문이다. 특히, 이 글에서 주목하는 부분은 의료서비스의 강화에 따른 간호전문직 노동의 변화양상에 관한 것이다.

간호전문직은 여성이 절대적인 다수를 차지한다. 또한 사회적으로 요구되는 여성적 역할과 밀접한 직무특성으로 구성되어 있는 소위 '여성적 직업'이다.[2] 의료서비스의 질적 개선을 위해서 간호사들은 '친절'과 '보살핌'이라는 서비스의 향상을 요구받고 있다. 간호전문직으로서 간호사는 사회적으로 구성된 감정, 즉 즐거움, 슬픔, 분노, 비통함, 당황 등 감정 전반에 의해 수행되는 삶과 죽음, 희망과 절망 등의 감정표현을 관료화된 병원조직 내에서 표출한다 (Olesen & Bone, 1998: 313).

따라서 간호사의 노동과정은 구조로서의 병원조직과 환자와의 상호작용을 통한 감정 사이의 관계를 분석할 수 있는 기회를 제공

서비스 경제화 등 산업구조와 경제구조의 전환이 일어났다(다케나카, 1996: 16-7). 이로 인해 발생한 몇 가지 변화 가운데 서비스 경제화는 서비스 직종의 확대를 초래하였다. 주유소, 편의점, 슈퍼마켓, 호텔, 패스트푸드점, 항공사, 보험회사 등 서비스 직종에 종사하는 노동자뿐만 아니라, 변호사, 의사, 간호사 등 전문직종에 이르기까지 감정표현을 통한 서비스가 일의 일부분을 이루는 직업이 확대되었다(Hochschild, 1983; Rafaeli & Sutton, 1989; Ashforth & Humphrey, 1995).

2) 한국사회의 경우, 공식적인 보건의료분야에 참여하여 서비스를 제공하는 여성인력은 전체 보건의료인력의 약 3/4에 이른다(보건복지부, 2000). 그러나 이들은 대부분 간호전문직이나 보건의료체계의 하위직에 몰려 있다. 이에 관한 자세한 내용은 제6장 한국 보건의료노동영역의 여성배제와 성차별구조를 참고할 것.

해 준다. 구조와 감정의 상호작용은 사회학에서 핵심적인 관심거리였다(Olesen & Bone, 1998: 313; Treweek, 1996: 115). 그렇다면, 다음과 같은 문제를 제기할 수 있다. 사회구조적 수준으로서의 병원조직에서 감정관리 또는 감정통제, 감정규칙이 존재하는가? 존재한다면, 간호사가 수행하는 노동과정에서 보살핌과 같은 감정노동에 대한 구체적인 특성이 파악될 필요가 있지 않는가? 간호사는 변화하는 병원조직구조에서 의료서비스의 질적 향상을 위한 감정통제를 받는가? 감정노동은 간호사의 노동강도의 강화를 초래하였는가? 간호사들은 감정노동에 대해 어떻게 느끼며, 이에 어떠한 대응을 하는가?

이 글은 점차 인간의 감정 표출행위가 노동의 일부로서 강화되어가고 있는 구조적·조직적 맥락 속에서 감정노동에 대한 문제를 이론적으로 탐색하고, 경험적 연구를 통해 간호사의 보살핌이라는 감정노동을 구체적으로 살펴보고자 한다. 이를 위해 먼저, 한국사회 보건의료체계의 구조적·조직적 변화양상과 간호전문직의 특성에 대해 살펴볼 것이다. 다음으로, 간호사의 노동과정에서 드러나는 일의 특성과 감정노동에 대해 구체적으로 분석해 보고자 한다. 그리고 효율성과 이윤증대를 위한 병원의 구조적 요구와 감정관리에 대한 간호사의 대응방식을 살펴보고자 한다.

병원의 구조조정과 경영합리화에 의해 여성이 집중되어 있는 간호전문직에서 여성적 특질과 감정표현이 더욱 중요한 노동요소가 되는 간호전문직 노동에 대한 연구는 한편으로는 경영합리화 이후 간호사의 노동의 변화를 밝혀낼 수 있다는 점에서, 다른 한편으로는 간호사 노동과정의 여성적 노동과 감정노동에 대한 평가를 할 수 있다는 점에서 연구의의가 있다고 할 수 있다.

2. 감정노동에 대한 이론적 논의와 방법론

1) 기존 연구 쟁점 및 이론적 자원

감정노동은 가사노동과 양육노동 수행에서 요구되는 여성적 특질, 즉 인내심, 세심한 배려(caring), 부드러움, 친절함 등이 노동과정에서 강조되는 노동유형이다. 감정노동은 노동자의 감정상태와 감정적인 표현을 조절하고 통제하는 것으로서, 이에 대해 문제제기 하는 것은 노동문제를 이해하는 데 있어서 매우 중요하다.

그런데 이러한 감정노동에 대한 평가는 연구자에 따라 엇갈린다. 먼저, 감정적 조화를 경험한 노동자들은 심리적 안녕(well-being)과 자아효능감(self-efficacy)이 높아져 과업에서 높은 성과를 올리게 되고 결과적으로 높은 경제적 보상을 얻게 될 것이라는 주장(Rafaeli & Sutton, 1987, 1989; Ashforth & Humphrey, 1995)이 있다. 반면에 감정노동을 수행하는 노동자들은 '진정한 자아(real self)'에 대한 손상을 입게 되어 심각한 자기소외(self-alienation)를 경험하게 된다는 비판적인 견해(Hochschild, 1983; Mumby & Putman, 1992)가 있다. 이 주장에 따르면, 육체노동자의 노동소외와 마찬가지로 감정노동자(emotional worker)의 삶이 후기 자본주의사회에서 일어나는 새로운 형태의 노동소외라는 것이다.

경쟁을 통해 이윤을 추구하는 자본주의적 기업에서 인간의 진정한 자아와 내면으로부터 우러나오는 긍정적 감정보다는, 상품화되어 팔려나갈 수 있는 감정표현이 중요시된다. 결국 감정노동에서 발생하는 인간소외의 문제는 자본주의적 노동과정에서 노동자의 삶에 강요되는 억압적 기제들과 동일선상에 있는 것이다. 왜냐하면 감정노동은 노동자들의 직무수행을 위해서 없어서는 안되는 필수적인 요소이고 나아가 기업의 이윤창출에 결정적인 영향을 미치기 때문이다. 기업은 노동자들로 하여금 규범적 감정을 고객에게 일관성 있게 표출하도록 모집 및 선발, 사회화, 보상과 처벌 등 다양한 통제수단을 활용한다(Hochschild, 1983). 이러한 규범적 감정을 느낌규칙으로 수용하여 규범적 감정과 동일한 내적 감정을 가진 상태에서 감정노동을 수행하도록 노동자에게 강제한다.

호츠쉴드(Hochschild, 1979, 1983)는 노동자가 기업조직의 규범에 따라 자신의 감정을 통제하고 정해진 표현규칙에 따라 감정을 표현해야 하는 현상에 대하여 '인간감정의 상품화(commercialization of human feeling)'라고 하였다. 감정노동은 사회구조의 산물이며, 특히 후기 자본주의사회에서 나타나는 서비스직업들은 노동자들이 감정규칙을 학습할 것을 요구한다는 것이다. 결국 감정노동을 수행하는 노동자들이 표현하는 감정은 자기 자신의 것이기보다는 조직에 속한 것으로서 고객과의 거래에서 팔려나간다. 그들은 더 이상 자신의 감정에 대하여 완전히 통제할 수 없게 되는데, 이러한 맥락에서 호츠쉴드는 감정노동을 수행하는 노동자들이 자신의 감정에 대해 소외되고 있다고 주장하는 것이다.

따라서 이 글에서 사용하는 감정노동(emotional labour)이란 "공식적으로 파악할 수 있는 사실적이고 육체적인 행위를 창조하기 위해 감정의 조절을 하는 노동"(Hochschild, 1983: 167)으로 정의하고자 한다. 즉 다른 노동과 달리 고객과 마주치는 노동과정에서 자신의 욕구보다는 고객의 필요와 욕구에 따라 자신의 감정을 조절해야 하는 상황에서 노동하는 것이다. 그래서 감정노동은 고객과 접촉하는 노동에 종사하는 노동자가 서비스 제공을 위해 감정관리를 수행하고 또한 감정을 통제당하게 되는 노동이다. 노동자들로 하여금 감정노동을 수행하도록 하기 위해 모집 및 선발, 교육·훈련 등에 이르기까지 다양한 노동통제가 이루어지기 때문에 이는 노동과정에 필수적으로 요구된다.

특히, 이 글에서 주목하는 것은 여성의 감정노동이다. 즉, 이 글의 연구대상은 여성적 특질에 근거하여 성립되는 노동과정 및 노동조직에서 여성들이 수행하는 감정노동이다. 개인들간의 관계에서 기술이 요구되는 대규모 조직의 성장과 더불어, 지위향상에 대한 여성적인 기술과 감정노동은 더욱 더 공적인 것으로, 더욱 더 체계화된 것으로, 그리고 더욱 표준화된 것으로 요구되어지기 때문이다.

이러한 측면에서 감정노동과 보살핌(emotional labour and caring)에 연결된 개념인 간호(nursing)는 일반적으로 간호사들이 감정노동을 수행하는 것을 의미하기 때문에 감정노동과 여성노동의 특성을 동시에 고찰할 수 있다. 감정조절은 간호사들의 '전문적인' 업무의 일부분이다. 즉 어떻게 환자의 신체를 돌보는지에 대해서 배우고, 그 업무 중에서 간호하는 다른 기능으로서 환자에 대한 보살핌이라는 감정노동을 수행한다(Meerabeau and Page, 1998: 296-7).

많은 연구들은 감정을 관리하는 간호사의 노동특성을 강조하는데, 그 가운데서도 '보살핌(care)' 태도에 주목한다. 간호사의 감정관리의 의미로서 노동과정을 설명하는 연구(Dent et al., 1991), 간호사의 감정노동이 어떻게 '힘든(고된)' 노동이면서 '생산적' 노동으로서 설명될 수 있는지를 보여주는 연구(James, 1989, 1992, 1993), 어떻게 간호사가 유능한 '감정노동자'가 되도록 배우는지를 설명하는 연구(Smith, 1988, 1991, 1992) 등이 있다. 이러한 연구들은 간호사의 감정노동이 자발적이기 보다는 병원기업에 의해 강제되는 힘든 노동임을 밝히고 있다.

그리고 간호노동의 특성상, 그것의 감정적 요소는 다양한 방식으로 개념화되었다. 예를 들면, 상징적 상호작용론(Strauss et al., 1982), 노동과정 분석(Dent et al., 1991), 호츠쉴드(Hochschild, 1983)의 '감정노동' 개념(James, 1989, 1992; Phillips, 1996; Smith, 1988, 1992) 등이다. '감상적 노동(sentimental work)'이나 감정노동/육체노동간의 관계에 주목하는 연구(Dent et al., 1991; James, 1992, 1993; Strauss, 1982)들은 숙련과 고된 노동을 요구한다는 점, 그리고 성별노동분업 지배를 받는다는 점을 지적하고 있다. 이들은 감정노동이 간호전문직 노동과정의 절대 필요한 부분이며, 그것은 여성 전문직이 '선천적'으로 지니고 있는 기술(skill)로 인식됨으로써 사회적으로 무시되는(가치절하되는) 경향이 있다는 것을 보여준다(Aldridge, 1994; James, 1989, 1992, 1993; Lawler, 1991; Smith, 1988, 1991, 1992; Staden, 1998).

특히, 노동시장에서 여성들의 감정에 대한 상업화와 매매에 대한 연구결과는 상당히 축적되어 있다. 승무원의 감정노동에 대한 호츠쉴드의 선구적인 연구 이후로, 다양한 서비스 업종, 예를 들면 슈퍼마켓 점원, 사무직 노동자, 간호사 같은 직업의 노동자들이 감정노동을 필요로 한다는 것을 확인하였다. 연구자들은 전통적인 여성직업에서 기업의 이윤을 위해 감정－편안함, 인내력, 동정심(간호사), 쾌적함(슈퍼마켓 점원), 재치, 신중함(비서), 성적 매력(flight attendant)이 사고 팔린다고 주장한다. 전통적인 남성 직종에서 감정노동은 주변적이지만, 전통적인 여성 직종에서 감정노동은 직업의 결정적이고 중심적인 요소이다(Firth & Kitzinger, 1998: 302).

그런데 한국사회에서는 감정노동에 관한 체계적인 경험연구가 거의 없는 실정이다.3) 연구가 빈약하다는 사실은 한편으로 감정관

---

3) 감정노동이라는 사회적 현상에 대해 국내에서는 고미라(1995), 김은민

리가 노동자에게 초래하는 영향에 대한 명확한 평가가 이루어지지 않았다는 점을 의미하기도 한다. 따라서 감정노동 이론의 발전을 위해서 그리고 무엇보다도 노동자들의 노동현실을 정확히 파악하기 위해서 사회학적 연구에서 체계적으로 획득되고 분석된 자료들로부터 이론을 정립하려는 노력이 절실히 요청된다. 특히, 노동문제를 다루는 기존의 연구들은 노자간의 관계를 경제적인 측면에 초점을 맞춰 접근함으로써 감정표현에 대한 통제문제를 간과해 왔다.4) 기업조직이 계획적인 의도로 노동자의 감정표현을 관리할 것이라는 추측은 했지만 구체적인 증거를 제시하지는 못했다.

따라서 이 글은 감정노동에 대한 이론적 논의를 진전시키는 계기가 될 뿐만 아니라, IMF 구조조정에 따른 경영합리화 이후 노동자들이 직면하고 있는 노동현실의 변화를 분석할 수 있을 것이다. 다시 말해서, 자본주의사회에서 노동하는 인간의 감정이 상품화되는 과정을 간호전문직 노동의 사례를 통해 구체적으로 살펴봄으로써, 기업조직이 노동자의 감정표출행위에 개입하는 과정과 노동자들이 자신의 감정으로부터 소외되고 있는 현실을 분석하고자 한다.

(1995), 박홍주(1995, 2000), 김민주(1998), 정고미라(2000)의 연구를 제외하고는 이에 대한 이론적 정립이나 경험연구를 통해 감정노동이 수행되는 구체적인 맥락을 들여다보려는 시도가 거의 없었다. 특히, 여성의 성역할과 밀접한 관련성을 가지고 있는 동시에 임노동화되어 수행되고 있는 감정노동에 관한 비판적 연구는 매우 미비한 상황이다.
4) 기존의 노동영역에 관한 연구에서는 여성의 경험과 현실이 배제되어 있다. 기존 연구는 노동이 생산중심적이면서 시장영역에 한정됨으로써 남성중심적으로 이루어져 왔다. 많은 페미니스트 연구들(Benston, 1969; Gardiner, 1974; Molyneux, 1979; Fox, 1986)은 자본에 생산적인 노동만을 노동으로 보게끔하는 전제들이 자급적 생계노동과 가정내 노동, 그리고 여성의 사회적 노동의 가치를 분석틀에서 제외시키고 있다고 비판하였다.

2) 방법론

감정노동자가 감정노동의 수행과정에서 고객에게 표현하는 감정은 매우 다양해서 이를 유형화하기는 어렵다. 감정유형을 몇 개로 정한다고 하더라도 개별 감정간의 경계를 설정하기가 쉽지 않다. 이와 같은 감정노동의 특성으로 말미암아 감정노동에 대한 일반이론을 개발하는데 설문조사와 같은 양적 방법(quantitative method)의 유용성은 매우 제한적일 수밖에 없다(김상표, 1995: 208).

라파엘리와 서튼(Rafaeli & Sutton, 1989)은 구조화된 관찰에 의존한 자신들의 연구에서 매우 높은 신뢰도를 확보할 수 있었음을 언급하면서, 감정노동 연구에 구조화된 관찰방법을 사용할 것을 제안하였다. 구조화된 관찰은 미소, 인사말, 시선교환, 감사의 말 등 명백히 겉으로 드러나는 감정표출행위를 포착해낼 수 있는 방법이다. 하지만 구조화된 관찰에 의한 감정노동연구는 경험된 감정에 대한 접근을 배제하고 단지 표현된 감정만을 연구할 수 있을 뿐, 조직생활에서 표현되는 포괄적인 감정을 포착하기 어렵다.

그래서 감정노동에 관한 기존 연구들은 질적인 방법에 의존해 왔다. 특히, 호츠쉴드 이래의 연구들은 참여관찰(participant observation)과 심층면담(in-depth interview)이라는 두 가지 방법을 가지고 수행해 왔다. 이를 통해 연구자는 현장에서 얻은 경험이나 관찰, 일상의 사례 등을 있는 그대로 기술하는 것을 통하여, 양적 방법의 세계에서 접근하기 힘든 감정표현의 미묘한 차이와 맥락을 밝혀낼 수 있다(Atkinson, 1990; Rafaeli & Sutton, 1989; Van Mannen, 1988).

특히, 간호사의 감정노동은 간호사와 환자 사이에 이루어지는 인간관계로서 간호노동의 핵심이 되고, 또한 이런 보살핌에 대한 지각은 결코 타인에 의해 직접 관찰될 수 없고 경험하는 사람의 언어적 표현이나 행동을 통해서 간접적으로 유추될 수 있다(김애경·김문실, 1993: 6).

<표 1> 면접대상자 특성

	나 이	근무경력	직위(직급)	근무병원	면접일시
사례 1	32세	8년	평간호사	A병원	2001년 12월
사례 2	33세	10년	평간호사	A병원	2001년 12월
사례 3	27세	5년	평간호사	A병원	2001년 12월
사례 4	26세	3년	평간호사	A병원	2001년 12월
사례 5	39세	16년	책임간호사	B병원	2002년 1월
사례 6	32세	10년	평간호사	B병원	2002년 1월
사례 7	26세	5년	평간호사	B병원	2002년 2월
사례 8	36세	13년	평간호사	C병원	2001년 12월
사례 9	32세	11년	간호조무사	C병원	2001년 12월
사례 10	34세	10년	평간호사	C병원	2001년 12월
사례 11	29세	7년	평간호사	C병원	2001년 12월

따라서 이 글에서는 참여관찰, 면접 인터뷰와 같은 질적 연구방법을 사용하였다. 병원에서 일하는 간호사들과의 면접 인터뷰를 통해 어떻게 간호사들이 만족스러운 얼굴이 연출될 때까지 그들 자신의 감정적 요구를 속일 수 있는지, 그리고 이를 위해 감정통제와 감정관리를 병원으로부터 어떻게 요구받는지를 살펴보고자 한다.

이 글에서는 간호전문직 노동을 분석하기 위해 3개의 사례 병원에서 일하고 있는 10명의 간호사와 1명의 간호조무사를 면접 인터뷰하였다(<표 1> 참고). 사례 A병원은 1910년 개원하여 현재 지역 최대규모의 국립대학병원으로서, 총 1,101개 병상수와 1,534명의 직원이 고용되어 있다. 사례 B병원은 1971년 개원하여 현재 지역 최대규모의 사립대학병원이다. 총 650개 병상수와 800명의 직원이 고용되어 있다. 사례 C병원은 1905년 개원하여 현재 민간종합병원으로서, 총 600여 병상수에 780명의 직원이 고용되어 있다.

간호사와의 면접 인터뷰는 2001년 12월부터 2002년 1월까지 필자가 직접 실시하였고, 내용은 준구조화된(semi-structured) 질문으로서 노동과정에서 감정노동과 간호사가 느끼는 감정노동에 대한 평가 등을 중심으로 하였다.

3. 간호전문직 노동과정의 특성

1) 간호전문직 노동의 성격과 그 변화양상

서구사회에서 1990년대는 비용절감대책과 새로운 관리전략으로서 간호시스템을 재구조화 하는 등 병원에 커다란 변화가 일어났던 시기이다. 이러한 변화는 특히 병원 내에서 간호사가 환자(고객)에게 간호서비스를 전달하는데 많은 영향을 미쳤다(Olesen & Bone, 1999: 318). 즉, 병원의 비용절감대책으로 간호인력을 줄이거나 동결함으로써 간호사가 환자들을 보살피는 간호시간이 줄어들었다. 이에 따라 환자의 감정을 관리하는 감정노동은 간호사에게 가중되어 부과되었고 간호사가 보살펴야 하는 환자의 수도 증가하여 간호사들의 노동강도는 그만큼 가중되었다. 이처럼 간호사들은 병원 노동조직의 구조변화에 빠르게 적응하도록 요구받고 있다.

보건의료체계 내에서 간호사는 병원조직의 고용인인 동시에 환자의 요구와 의사의 의료적 처방에 관한 지시를 따를 것이 기대되는 의사의 보조자인 동시에 환자의 주된 보호자이면서 대변자라는 3중의 역할을 가지고 있다. 이러한 3중의 역할이 의료과학기술의 발전, 환자의 노령화로 인한 만성 및 퇴행성 질환의 증가, 병원에 의사가 머무는 시간이 줄어드는 것, 의료서비스의 증가 요구와 같은 의료환경의 변화와 맞물려, 간호사들로 하여금 더 큰 책임과 기술적·사회적으로 더 복잡한 보살핌이라는 의료서비스를 수행해야 하는 구조적 긴장상태(Fox, 1990: 131)에 놓이게 하는 것이다. 사례 대상 간호사들과의 인터뷰 내용에서도 이들 스스로가 간호노동에 대해 어떻게 생각하는지를 알 수 있다.

> 간호사가 주로 하는 일은 의사의 진료오더에 따른 진료업무보조다. 그리고 환자를 보살피는 일이다. 그러나 환자 보살피는 업무는 지나친 업무량 때문에 소홀해지기 쉽다. 환자 70명당 간호사 3~4명이 배치된다. 이는 중노동이다. 특히, 야간에는 70명당 간호사가 1~2명에 불과하다.   <사례 8>

간호사의 주요 업무는 의사의 진료처방에 따라 환자를 처치하는 것이며 환자를 돌보는 일(<사례 1>~<사례 11>)이지만, 간호사의 업무내용이 상당히 반복적으로 이루어진다는 것(<사례 4>, <사례 10>, <사례 11>)과 격무에 시달리고 있기 때문에 많은 환자 돌보기가 이루어지지 않는다는 점(<사례 1>~<사례 11>)을 지적하였다. 그러면서 한편으로는 간호사로서의 전문직종이라는 자부심을 가지면서도 다른 한편으로는 반복적인 업무와 의사의 명령에 의한 업무수행에서 오는 어려움 사이에서 갈등하고 있었다.

따라서 간호사는 전문가적인 판단력, 주의력과 처치기술을 필요로 하는 전문직업이면서 환자의 요구와 필요에 부응하는 서비스를 동시에 제공해야 하는 복합적인 노동을 수행한다. 이 외에도 간호사의 노동과정을 살펴보면, 육체적으로는 의료처치 준비과정, 환자처치과정, 라운딩, 빠른 업무처리, 환자 보살피는 일뿐만 아니라, 병실관리까지 다양한 업무 내용으로 구성되어 있다.[5)]

이러한 과다업무에도 불구하고, 간호사들이 받고 있는 열악한 임금수준은 간호사의 이직을 부추기는 요인이 되고 있다.6) 실제 노동부에서도 직종별 임금실태조사결과 병원에 근무하는 간호사들의 실질적 임금이 적정 급여수준에 훨씬 못 미쳐서 적정급여의 73% 정도 수준임을 제시하고 있다(정진주, 2000: 6).

또한 간호사는 3교대 근무를 하는데 이로 인한 근무시간의 불규칙으로 수면장애, 만성적인 위장장애 및 두통 등 여러 가지 종류의 건강장해를 보이고 있는 것으로 나타났다.7) 특히, 보건의료산업노조(1999)가 산하 조합원을 대상으로 실시한 조사결과를 보면, 기혼 여성들 중 자연유산(조산, 사산 포함) 경험을 묻는 질문에서 22.8%가 '있다'고 답해 일반적인 자연유산율 10~12%의 2배 가까운 수치를 보였다. 유산의 원인으로는 본인이 진단을 정확히 할 수 없는 한계 때문에 '잘 모르겠다'가 51.4%로 가장 많았고, '일이 너무 힘

---

5) 이러한 사실은 필자가 3개의 사례 병원을 여러 차례 방문하여 간호사들을 인터뷰하는 과정에서 그리고 이들이 간호업무를 담당하는 노동과정을 참여관찰함으로써 확인하였다.

6) 김미영(1995)의 연구에 의하면, 간호사의 경우 이직에 미치는 가장 큰 요인은 업무의 중요성에 비해 보수가 적다는 것이다. 또한 보건의료산업노동조합(1995)에서 자체적으로 실시한 병원근무에 불만족한 이유에서도 '일이 너무 힘들어서'(30.1%)와 '근무형태(교대제 등)가 싫어서'(30.0%), '급여가 적어서'(28.2%), '인간관계가 어려워서'가 15.1%, '현재 업무가 싫어서', '병원 자체가 싫어서' 순으로 나타났다. 이러한 조사결과에서도 간호사들이 과중한 업무에 시달리지만 임금이 적기 때문에 힘들어하는 것을 알 수 있다.

7) 간호사의 노동시간은 1일 3교대 주 44시간이고, 필요시 48시간 연장노동이 가능하도록 되어 있다. 감독간호사는 3교대 근무를 하지 않고 오전(day)근무만 한다. 그러나 병실에 근무하는 평간호사의 경우, 오전(day)근무(오전 7시~오후 3시 30분), 오후(evening)근무(오후 3시~오후 11시 30분), 밤(night)근무(오후 11시-익일 7시 30분)라는 3교대 근무를 해야 한다.

들어서'가 23.2%, '교대근무-야간근무 영향'이 13.4%였으며, '몸이
약해서'가 12%였다. 야간근무가 유산에 미치는 영향을 묻는 질문
에 '약간 영향을 미쳤다'가 58.8%, '크게 영향을 미쳤다'가 22.8%로
81.6%의 응답자가 야간근무와 유산이 연관이 있다고 하였다. 임신
여성의 교대근무폐지에 대해서는 75.1%가 찬성했다. 사례 병원들
의 간호부 인사규정과 내부규칙에도 간호노동과정에서 임신과 출
산으로 인한 직무전환배치를 명시하지 않았을 뿐만 아니라, 간호
사들의 인터뷰 과정에서도 임신·출산과 관계없이 3교대근무와
야간근무를 그대로 수행하고 있다는 사실을 확인할 수 있었다.

2) 간호사의 감정노동과 노동통제

간호사의 주요업무는 앞에서도 살펴보았듯이, 보살핌이라는 의
료서비스 영역이다. 때문에 과다한 업무량과 이에 따른 스트레스
로 인해 힘이 들더라도 보살핌의 역할을 다해야 하는 것으로 병원
경영자측과 환자 및 보호자로부터 기대되고 있다. 따라서 보살핌
의 역할이 간호사의 주요 업무라고 해서 간호사의 희생이 자연스
럽게 요구되는 노동조건이 되고 있다. 간호사가 자신들의 업무인
환자에 대한 보살핌을 잘 수행해 나갈 수 있도록 하기 위해서는 병
원에서 간호인력의 증가와 지원을 증대시키는 방향으로 나아가야
함에도 불구하고, 인력감축과 의료서비스의 확대라는 이중고를 간
호사에게 감내하도록 요구하고 있는 것이다.

특히, 1990년대 이후 병원경영에 관리주의(managerialism)와 시장
경쟁이 도입되면서 이윤을 위해서라면 간호사에게 그들의 노동특
성에 부가하여 직접 대면(face-to-face) 노동자로서 행동해야 하고 감
정을 관리할 것을 더욱 요구하고 있다(Meerabrau, 1998; Phillips,

1996; Smith, 1992; Staden, 1998; Wilkinson, 1995; Bolton, 2001). 다시 말해서, 시장경쟁과 이윤의 논리가 병원을 지배하게 되면서 이러한 병원경영의 변화는 간호사의 의료서비스가 더욱 중요한 자원이 되고 있음을 보여주고 있는 것이다. 따라서 병원경영자는 간호사의 최대의 가치를 뽑아내고자 하는데, 그것은 환자수의 증가라는 의미에서 객관적인 가치뿐만 아니라, '고객'만족이라는 의미에서 주관적인 가치까지 포함한다(Bolton, 2001: 90).

A병원은 "새천년 환자감동 한번 더하기 운동"을 전개하고 있다. 환자 및 내담자 <웃으며 맞이하기>를 통해 병원 이미지를 제고한다는 것이다. 여기에는 ① 업무과다로 환자질문에 사무적이고 형식적인 응답, ② 환자 개개인에 대한 배려나 인사예절이 부족, ③ 자세한 설명부족으로 환자들의 오해나 불만을 유발하는 사례가 많다, ④ 환자를 사랑하는 마음부족으로 인한 인간관계가 소홀하다는 병원경영자측의 입장을 나타내고 있다. "한번 더하기 운동" 가운데 <한번 더 보살피기>는 한번 더 자신업무를 반성하기, 한번 더 설명하기를 통해 최상의 의료서비스를 제공하고 간호의 질을 향상시켜야 한다는 점을 간호사에게 부과하고 있다. 또한 <퇴원환자에게 엽서보내기>를 간호사가 담당하도록 함으로써 과다한 업무량 이외에도 간호서비스와 관련된 새로운 업무가중이 심화되었다. B병원은 친절한 서비스로 환자중심주의를 실현한다는 목표로 "말보다는 실천으로 옮기는 친절의 향기, 아픔을 함께 나누는 품격 높은 친절, 환자를 주인으로 모시는 800여 교직원의 병원사랑"을 내걸고 간호사에게 간호서비스를 강조하고 있다. C병원도 "한국의 경제상태가 IMF 한파로 어렵고 모든 분야가 무한경쟁시대에 돌입했는데 저희 병원도 예외가 될 수 없으며 모든 직원이 합심하여 기도하면서 어려운 환경에 좌절하지 않고 공격적이고 적극적인 경영마인드를 도입하여

신뢰받는 병원, 친절한 병원, 쾌적하고 편안한 병원을 만들기 위하여 지속적으로 노력하고 있다"고 밝히고 있다.[8]

이와 같이, IMF 이후 병원들은 경쟁을 통해 더욱 간호서비스를 강조하게 되었는데, 먼저 더 많은 환자(고객)를 확보하기 위해 더 나은 의료서비스 또는 간호서비스를 제공하면서 경쟁한다. 더욱 중요해진 간호서비스는 병원들 사이에서 경쟁력의 중요한 요소가 되고 있으며, 간호사에게 고객(환자) 확보를 위해 일할 것을 노골적으로 요구하고 있다. 따라서 간호사는 환자의 요구를 만족시키기 위해 더욱 강화된 감정노동을 수행해야 한다.

이처럼 간호사의 일상적 노동생활에서 감정노동이 강화되고 있는데, 감정노동에 대한 병원경영자의 관리와 통제를 통해 이들이 어떻게 착취되는지를 살펴볼 필요가 있다. 먼저, 간호사에 대한 병원의 교육·훈련체계는 환자치료를 위한 현장에서의 임상실습 외에도 감정조절의 능력에 대한 교육으로 여성에게 기대되는 일반적인 태도를 직무요건으로 규정하여 친절과 봉사정신, 인내 등을 강조하고, 구체적으로는 정해진 말투와 행동법을 제시하여 이를 교육하고 있다. 그래서 간호사 노동과정에서 제일 중요한 것은 환자에게 '마음에서 우러나오는 의료서비스'를 제공하는 것이다. 사례대상 병원에서는 간호사에게 환자에 대해 최대의 의료서비스를 제공하도록 하면서 판매서비스직에서 주로 이루어지는 서비스교육을 실시하였다. 예를 들어, 환자나 보호자를 만나면 허리를 깊숙이 숙여 인사하는 법, 상냥한 목소리로 응대하는 법 등을 간호사들이 의무적으로 교육받도록 했다. 이 때 서비스정신은 어떤 상황에서도 친절한 돌봄이 가능한 자세를 의미한다. 웃는 얼굴로 간호사는

---

8) 병원경영변화에 따른 간호서비스의 강화에 관한 자료는 필자가 간호사 인터뷰를 위해 수시로 사례 대상 병원들을 방문하면서 병원 내부의 관찰 결과와 인터뷰 내용을 토대로 하였다.

인내심과 친절함, 봉사정신을 교육받고, 이는 여성이라면 누구나 가지고 있는 타고난 특성이라는 점을 강조한다. 최근 병원이 강조하는 '전문적 의료서비스 제공을 통한 고객 감동'도 병원의 고객들을 상대로 만족을 제공하는 것을 의미한다.

> 항상 환자를 대할 때 '웃는 얼굴'로 대해야 한다고 강요받는다. 역지사지(환자의 입장에서 생각하라)를 통해 환자에게 최대한 배려해야 한다는 교육을 받는다. 환자나 고객에게 인사하는 태도와 말씨를 배우고, 환자에게 친절과 봉사해야 한다는 것을 인지하게 된다."
>
> <사례 1>과 <사례 5>

<사례 1>과 <사례 5>의 인터뷰 내용에서뿐만 아니라, 인터뷰 대상자인 간호사 모두가 이러한 교육·훈련을 받은 경험이 있으며, 특히 병원경영합리화 이후 더욱 친절한 의료서비스를 환자에게 제공할 것을 요구받고 있다고 하였다. 또한 간호사 채용시 외모가 기준이 되며, 고용된 이후에도 외모를 관리할 것을 지속적으로 강조한다. 그 내용을 살펴보면, ① 용모단정, ② 화장은 화사하게, 그러나 요란한 장식은 금한다, ③ 항상 웃어야 한다, ④ 색깔있는 매니큐어는 금한다 등 간호부의 내부규칙에 명확히 제시하고 있다.[9] 이처럼 병원이 간호사의 외모, 말투, 행동에 걸쳐 여성성과 여성적인 역할에 대해 끊임없이 강조하는 것은 간호사의 외모와 태도가 환자와 그 보호자의 호감을 사는 데 결정적인 역할을 한다고 인식하기 때문이다.

특히, 환자의 권리가 강화되고 고객(소비자)으로서 이들의 권리

---

9) 화장을 화사하게 하도록 요구받는 이유로, 간호사들은 환자가 육체적·심리적으로 아프기 때문에 이들을 배려하는 차원에서 화장을 화사하게 하고 미소띤 얼굴로 환자를 대해야 한다고 병원측으로부터 교육받고 있음을 지적하였다.

와 질적 서비스를 간호사에게 강조하고 있다. 이처럼 '상업적으로 고취된 감정규칙(commercially-inspied feeling rules)'(Bolton, 2001: 93)은 보살핌 전문직인 간호사에게 도입되었다. 간호사들은 그들의 노동에 부과된 이러한 특성을 매우 잘 알고 있으며, 환자에 대해 웃음 띤 얼굴을 연출하도록 그들을 길들이는 병원측의 요구에 불만을 표시하였다. 이는 환자에 대한 간호사의 책임 수준이 증가하는 반면에 직접적인 환자 보살핌에 투입되는 간호사의 수는 감소함으로써 간호사의 업무량을 증대시켰기 때문이다(Olesen & Bone, 1998: 320).

이로 인해 간호사들은 항상 모든 환자들에게 친절하게 보살피는 것은 힘들다고 한다. 친절하게 대하려고 노력하지만 많은 업무로 인해 피로가 쌓여 힘들 수밖에 없음을 강조하였다. 또한 하루에 많은 환자들을 대하다보니 점점 지치고 자신에게 의지하려 하는 환자들이 부담스럽기도 하다고 한다. 그 때문에 가끔 환자나 보호자들에게 짜증을 내고 불친절하게 대한다는 것이다.

> 보살핌은 노동이다. 보살피고 돌보는 일이 업무과정 속에서 스트레스를 받게 한다. 적절한 인력구조상에서는 간호사로서 당연한 노동이라고 생각할 수도 있지만, 부족한 인력구조 속에서는 과중한 업무부담으로 작용한다.   <사례 1>

> 최근 들어 심한 노동이구나 하는 생각이 든다. 보살핌을 '서비스'라고 생각하는 경우가 많아지면서 (환자들의) 요구나 강요하는 것이 많아 신체적으로든 정신적으로든 매우 힘든 노동이라는 생각이 든다.   <사례 3>

간호사들은 가장 힘든 일이 '항상 웃고 잘 보살펴야 하는 일'이라고 한다. 노동과정에서 간호사들은 자신의 감정보다 환자의 감

정과 요구에 부응하여 의료서비스를 제공해야 한다는 것을 인식하
고 있다. 그러나 환자로 인해 유발된 짜증과 분노를 인내하면서 웃
고 상냥하게 대해야 하는 것은 상당히 어렵다고 인정하였다. 환자
나 보호자가 간호사를 대하는 태도 중에는 욕설이나 하대를 하는
경우부터 몸이 불편하면 짜증이나 화를 내고 심하면 폭행·폭언을
하는 경우도 있다. 이러한 어려움을 참아내고, 간호사가 항상 환자
를 친절하게 보살피기 위해서 끊임없는 감정통제 및 감정관리를
한다. 그 때문에 사례대상 간호사들은 병실을 들어가기 앞서 심호
흡을 하고 어떤 상황에서도 참아야 한다는 다짐을 마음 속으로 하
고 들어간다고 하였다.

> 감정불일치에 의한 상황이 스트레스를 많이 주기 때문에 직업에
> 대한 회의가 일기도 한다. 그래서 최대한 환자와의 (감정) 불일치(갈
> 등)를 줄이고 치료를 잘 해낼 수 있도록 노력한다. 문제가 생기면 민
> 원발생의 소지도 있으며 인사고과시 점수에 반영될 수 있는 평가를
> 염두에 두기 때문이다.   <사례 2>

환자와 직접 마주치는 노동과정에서 간호사들은 환자를 접할 때
자신의 요구보다는 고객의 요구와 필요에 맞추어 자신의 감정을
조절해야 한다. 직무수행시 감정처리의 문제는 주로 직무스트레스
로 이어진다. 이러한 감정노동은 직업에 따라 정도의 차이, 혹은
이들의 감정노동에서 어느 측면이 상대적으로 중요한지의 차이
(Hochschild, 1979, 1983)는 있지만, 상처받는 경험의 일상화와 환자
의 기분맞추기를 위한 끊임없는 감정조절, 혹은 억제로 구성된다.

> (문제가 발생하면) 일단 참는다. 그리고 그 상황을 잊어버리려고 애
> 쓴다. 그러나 마음 속 깊은 곳에는 남아있다. 스트레스는 업무 이외의

다른 일로 풀려고 한다. 취미생활이나 봉사활동 등을 통해 잊으려고
한다.   <사례 9>

간호사들은 환자와의 감정불일치로 인한 갈등상황을 <사례 9>
처럼 혼자서 잊어버리려고 노력하거나(<사례 1>, <사례 4>, <사
례 5>, <사례 6>, <사례 10>), 화장실에 가서 운다거나(<사례
11>), 수다로 해결하는 경우(<사례 2>, <사례 3>, <사례 7>, <사
례 8>)로 나타났다. 환자와의 상호작용에서 갈등이 발생하면 인
사고과에서 불이익을 당하기 때문에 문제상황에 대처하는 방법
에서 개인적으로 해결방법을 찾는 것이지 외부에 알려서 적극적
으로 해결하려 하지 않는다. 오히려 외부로 알려지는 것에 대해
서 경계한다.

또한 환자에 대한 보살핌이라는 의료서비스는 간호사의 당연한
업무라는 인식이 내면화되어 있기 때문에 갈등상황이 발생하면 이
에 대한 책임을 간호사가 지는 것이 당연하다는 공통된 인식기반
이 존재한다. 그러나 보살핌노동이 여성노동이라고 생각되어지는
사회적 특성과 여성노동에 대한 낮은 가치평가 때문에 간호사들이
수행하고 있는 보살핌노동이 평가절하되는 것 역시 그들의 보살핌
노동이 특별한 기술이 없어도 할 수 있는 것이라는 잘못된 평가 때
문이다.

　　보살핌은 기술(skill)이나 숙련이 있어야 한다. 무조건 잘해주는 것
　　만이 잘 보살피는 것은 아니다. 환자가 요구하는 부분을 잘 파악할 수
　　있는 능력이 요구된다. 그리고 환자의 성격이나 감정상태에 따라 환
　　자를 다룰 수 있는 기술이 필요하다. 근무경력에 따라 이러한 기술이
　　증가한다. 다루기 힘든 환자들을 능숙하게 다룰 수 있는 노하우가 있
　　어야 한다.   <사례 1>

마음만으로 되는 것은 아니라고 생각하며 특별한 기술이나 전문적
인 지식도 갖춰야 한다고 생각한다.   <사례 7>

<사례 1>과 <사례 7> 뿐만 아니라, 인터뷰 대상 모든 간호사
들이 지적하고 있듯이, 간호사의 보살핌노동은 근무경력에 따라
환자를 보살피거나 다루는 기술과 숙련이 증가한다는 것이다. 이
렇게 간호사의 감정노동은 장기간의 교육 및 훈련을 필요로 하며,
지속적인 임상경험을 통해 획득되는 숙련을 바탕으로 한다. 따라
서 간호사의 서비스향상을 위해 구체적인 지침들과 훈련과정들이
시행되고 있는 것이다. 병원에서는 환자에 대한 서비스향상을 위
해 매주 간호사들에게 지침이 하달되고, 간호사들은 매일 근무시
작 전 그 지침을 읽는 것으로 업무를 시작한다. 간호사의 감정노동
은 숙련으로 인정되지 않는 노동이지만, 병원의 요구에 부응할 정
도로 완벽하게 수행하기에는 노동환경이 상당히 열악하다고 할 수
있다.

그러므로 노동요소로 평가되지 않았던 간호사의 특정 감정이 주
된 노동요소가 되는 노동유형으로서, 이 때 간호사의 보살핌은 병
원에 대한 신뢰감, 안정감 그리고 환자에 대한 보호의 의미를 반영
하기 위해 훈련될 뿐 아니라, 병원의 구조조정과 경쟁력으로 인해
그 중요성이 부각되고 있다.

그러나 환자는 고객으로서 감정을 느끼는 것이 허용되지만, 그
들은 간호사로부터 숙련된 역할수행을 기대하고 만족을 기대한다.
환자는 '감정과 표현에 대한 특별한 권리를 쥐고 있다'(Hochschild,
1983: 86). 간호사는 고객으로서 환자들의 만족이라는 시장경쟁적
생산품을 생산하기 위하여 간호노동과정의 일부분으로서 미소띤
얼굴을 제공해야 한다(Bolton, 2001: 93).

또한 직무 및 직무요건에 대한 세세한 규정들은 외모에 대한 규정 및 이에 대한 규제, 의료서비스에 대한 규정 및 OJT교육, 말투와 행동법까지 설명하고 있다. 그리고 이러한 규칙을 기준으로 하여 관리감독이 이루어지게 된다. 관리감독 역시 분화되어 구성되는데, 간호사에 대한 감독은 주로 간호부의 감독자에 의해 간호사의 노동과정 전반에 관한 관리 및 인사고과를 담당한다.

> 유니폼을 단정하게 착용했는지를 감시하는 것에서부터 환자에게 친절서비스를 하고 있는가를 간호감독에게 매일 체크 당한다. 심지어는 '친절서비스 문구를 매주 받아서 인지하고, 이것을 매일 반복해서 읽는다. 모든 업무과정은 간호부에 의해 통제가 이루어진다. 매일 1회 간호부장이 병동순회를 하면서 환자불만사항과 노동과정을 감독한다. 이를 토대로 1달에 1회 수간호사 미팅을 통해 규칙(지침)을 하달한다.
> <사례 5>

간호사들이 치료행위를 제대로 수행하고 있는가에 대한 감독뿐만 아니라, 간호사들의 행동이나 걸음걸이, 옷차림, 표정, 눈길, 화장상태 및 머리손질까지 그 감독대상이 된다. 그리고 간호사의 실수나 잘못이 나타나면 감독간호사의 하대 섞인 질책이나 꾸지람을 듣게 되지만, 간호사들은 자존심이 상하거나 불쾌감을 느끼면서도 적절한 대응을 하지 못한다.

더구나 대부분의 병원들은 구조조정 과정에서 간호사를 포함한 병원직원들에게 다양한 교육적·조직적 인센티브를 도입하였다. 그러한 전략의 하나가 TQM(Total Quality Management)로서 '질적 간호'이다. 특정한 성과기준에 따라 평가되고 모니터되는 노동과정에서의 경영합리화전략이다. 고객과 고객만족의 평가자로서 개념화된 환자는 간호의 질(quality)을 결정하는 데 이용된다(Olesen & Bone, 1998: 320).

1990년대 중반 이후부터 병원 경영합리화와 함께 '질적 보장제도 (QI)'가 도입되었다. 의료의 질을 한 단계 높인다는 전략으로 병원환경과 의료서비스, 특히 보살핌과 친절을 강조하는 내용이다. 또한 간호사가 고객으로부터 걸려오는 전화에 친절하게 응대하는 방법을 교육받는데 이를 모니터링 한다. 만약 불친절하게 전화응대를 했을 경우, 질책을 받을 뿐만 아니라, 인사고과에 반영된다. 매달 1회 '친절직원상'을 뽑아 상을 주고 여행을 보내준다.   <사례 6>

일상의 감정상황과 작업장에서 경험하는 감정의 정도에 개인차뿐만 아니라 상황적 맥락이 결부되는 문제이므로, 친절한 서비스 제공을 위해 효율적인 감정통제를 하기는 어렵다. 따라서 병원에서는 TQM제도 뿐 아니라, 동기부여를 통해 노동자 스스로 통제할 수 있는 방안을 모색하였다. 이를 위해 다양한 시상제도와 인사고과에 반영하는 방법이 시행되고 있다. <사례 6>의 인터뷰 내용에서도 확인할 수 있듯이, 간호사가 스스로의 감정을 조절하고 관리해야 하는 감정노동을 수행하기 때문에 통제의 어려움뿐만 아니라 항상적인 감독과정이 존재하게 된다.

4. 간호노동의 평가와 대응양상

간호사의 최우선적 업무가 환자를 보살피는 것이지만, 병원들 사이의 경쟁적 분위기에서 강조되는 친절이라는 한 수단으로 모든 것이 집중되고 있다. 따라서 환자에 대한 모든 책임은 간호행위와 관련된 것 이외에도 불친절로 인한 환자의 불평까지도 업무의 일부분으로서 책임을 져야 한다.

기업병원의 등장으로 무분별한 기업 경영방식이 추구되고 있기 때문에 업무의 주체인 간호사에 대한 배려보다는 우선적으로 환자에 대한 배려만을 강요하고, 획일화된 교육을 통해 병원 이윤추구에 급급하다. 때문에 간호사들은 병원의 경영전략에 대해서 부정적인 평가를 내리고 있다.

항상적 친절서비스가 중요한 병원에서 간호사의 감정관리는 장기적인 고객확보와 병원이윤을 보장한다. 그러나 간호사가 직무수행을 위해 스스로 감정을 관리하는 것은 쉬운 일이 아니다. 작업장에서 의료서비스를 제공하기 위해 이루어지는 감정관리는 지속적일 수밖에 없고, 병원의 방침에 따라 관리되고 통제당하게 되는 '힘든' 노동인 것이다.

따라서 감정노동은 간호사의 전체적인 노동과정에서 항상적으로 '친절'과 '미소'를 강제당하는 억압적 노동과정이다. 그래서 간호사들의 경우 '뭔지 모르지만 힘들다'라는 인식을 하고 있다. 그러나 더욱 심각한 문제는 직접적으로 감정노동을 수행하는 노동주체임에도 불구하고 인터뷰 대상 간호사들 중 단 한 명도 자신들의 이러한 노동을 감정노동으로서 인식하지 못하고 있다는 점이다.[10] 특히, 간호사의 노동과정에서 직접적으로 와 닿는 문제는 3교대 근무제, 임금과 같은 노동환경의 문제이기 때문에, 비가시적인 감정노동의 강화와 같은 노동환경의 평가문제는 심각한 문제로 부각되지 않는 상황이다.

> (감정노동이) 힘들다. 더 많은 스트레스를 받는다. 그러나 병원 관리자측에서는 '참으면 된다'는 식으로 강요한다. 환자와의 상호작용

---

10) 실제 인터뷰 대상 11명의 간호사들은 '감정노동'이라는 용어를 처음 들어보았다고 인정하였다. 환자를 보살피고 미소띤 얼굴로 친절하게 대하는 것과 환자와의 상호작용이 상당히 힘들다고 느껴왔지만, 이를 '노동'으로서 인식하지 않았던 것이다.

에서 갈등이 발생하거나 부딪히면 힘들다. 가장 힘든 부분이다.

<사례 8>

병원측에서는 간호사의 열악한 노동환경의 문제를 쉽게 인식하고 있지만, 간호사가 친절한 서비스를 제공하는 것을 당연한 일로서 특정 '노동'으로 인식하고 있지 않다. 따라서 간호사의 직무수행과정에서 많은 비중을 차지하는 감정관리 및 감정이입의 측면이 드러나지 않고 있으며, 구체적으로 평가되어 등급화 되고 있지 않음을 알 수 있다. 이와 같이, 감정노동을 포함해서 보살핌노동, 간호에 관련된 일상적이고 여성적인 업무는 평가절하 되고 하위적인 것(Olesen & Bone, 1998: 318)으로 인식되어 왔다.

따라서 감정은 선천적으로 타고나는 것으로 노동력의 요소로 인식되지 않으며, 교육되고 훈련되어지는 숙련(skill)의 구성요소로 포함될 수 있다는 점도 간과하게 한다. 결국 감정노동은 일반적 통념에 근거하여 평가절하 되는 것이 아니라 평가조차 되지 못한다고 할 수 있다. 그러나 사회적으로 교육되고 훈련될 수 있는 인간의 사회화과정을 통해 감정을 관리하고 있을 뿐만 아니라 통제 당하고 있기 때문에 이는 숙련이다. 특히 간호사의 노동과정에서 감정관리 및 감정통제가 중요한 비중을 차지하고 있어, 감정노동은 노동요소로서 간호사의 노동경험을 설명하는데 필수적이다.

간호사의 보살핌은 여성으로서 선천적인 자질이라고 생각하지 않는다. 교육이나 환경 때문이다.

<사례 6>

요즘은 의료기관이 많아지면서 간호사가 증가하고 있는데, 학습되고 교육받아서 감정노동이 수행된다. 남자들도 데려다 교육시키면 할 수 있다고 생각한다.

<사례 5>

인터뷰 대상 간호사들은 그들의 노동과정에서 나타나는 미소와 보살핌이라는 간호서비스가 여성으로서의 선천적인 특질이 아니라, 병원에 의해 표준화된 위계적 노동규칙 및 노동통제를 통해 강제되고 있음을 말해준다. 이러한 사실은 오랜 근무경력에서 획득되는 간호사의 '환자 다루는' 기술이 숙련으로 인정되지 않지만, 병원이 고객확보를 통해 이윤증대와 직결되는 중요한 문제임을 알고 있다는 데서도 확인할 수 있다.

그러나 간호사의 노동과정에서 감정노동은 은폐되고 있고 감정노동이 '오랜 경험이 요구되는 어렵고 힘든 일'로 평가되지 않고 있다. 따라서 간호사의 힘든 노동은 감정적인 전환이나 적극적인 사고방식으로 해결될 수 있는 문제가 아니다. 이는 3교대 근무제도의 변화 등 육체적인 피로를 감소시킬 수 있는 방법의 모색을 통해서만 친절한 서비스가 될 수 있다는 것이다. 즉, 간호사의 보살핌이라는 간호서비스는 개인 인성 및 성역할에 기인하는 것이 아니라 근본적으로는 쾌적한 노동환경과 노동강도의 조절을 통해 이루어진다고 할 수 있다.

간호사들의 경우도 열악한 노동조건에 대해서는 적극적 저항에 해당하는 노사분규나 노동쟁의에 참여하지만 감정노동에 대한 간호사의 적극적인 대응이나 저항은 존재하지 않는다. 이러한 현실에서 간호사들은 감정노동에 대해서 전반적으로 소극적인 저항을 하고 있는데, 왜냐하면 이에 대한 고민보다 일상에 관한 대화 및 적당히 대처하는 요령을 공유하게 되면서 스스로 감정노동을 어쩔 수 없이 해야 하는 노동으로 내면화하기 때문이다.

지금까지 '감정노동'이라는 개념도 인지되지 않았다. 여러 가지 규제를 당하지만, 당연한 것으로 내면화해 왔다. 그래서 자기 스스로 감

시하고 집단 내에서 상호감시가 이루어진다. 그러나 당연하다고 생각
했기 때문에 노조를 통한 대응은 하지 않았다.   <사례 11>

따라서 노조에서 직무분석을 통해 적절한 간호인력의 요구, 업
무특성으로 인한 수당조정, 근무시간대를 택할 수 있는 여지를 마
련하는 등 간호사의 노동환경 개선을 위한 노력을 기울여야 한다.
특히 간호사처럼 감정노동에 '끊임없이 시달리는'(정진주, 2000: 7)
것이 업무의 중요 특성으로 나타날 때 이에 대한 분석과 대응은 더
욱 시급하다.

5. 감정노동에 대한 재평가

오늘날 빠르게 변화하는 의료환경에서 노동하는 간호사는 감정
적 기술과 유연성에 대한 중첩된 요구에 직면해 있다. 증가된 표준
작업량을 잘 수행해야 하고, 예민한 환자 다루기, 빠른 직무수행
등을 강제 당하고 있다. 간호사들은 그들 자신의 감정(feelings)을 관
리해야 하고, 자신이 돌보는 환자의 감정과 다른 간호사들의 감정
도 관리해야 한다. 병원의 서비스관리는 전통적으로 수행해 왔던
간호사의 보살핌노동에 대한 병원측의 구조적 지원을 감소시키고
있으며, 동시에 환자만족과 고객관계에 대한 강조를 질적 수단으
로 증가시키고 있다(Olesen & Bone, 1998: 321). 다시 말해서, 조직재
구조화로 간호사와 환자간의 상호작용에 이용되는 많은 시간을 감
소시키면서 고객만족을 증진시키기 위한 노력의 일환으로 환자 각
각의 요구에 대한 의료서비스로서 친절과 보살핌 태도를 간호사에
게 더욱 강조해 왔다.

이 글은 변화하는 병원구조에서 간호사의 감정노동과 몇 가지 노동특성에 대해 분석하였다. 이를 통해 감정노동이 간호사의 노동과정 동안과 그 이후에도 수행되어진다는 것을 밝혀냈다. 감정노동과 감정규칙간의 관계가 일반적으로 간호사의 노동과정에 적용되고 있음을 알 수 있다. 다시 말해서, 간호사가 느끼는 감정과 그들에게 느끼도록 허락되는 것간의 불협화음(Hochschild, 1979, 1983)을 간호사들의 인터뷰를 통해서 확인하였다.

이러한 간호사의 보살핌 행위가 사회적 규범을 통해 의무화되어 있는 현실에서 간호사가 제공하는 의료서비스는 종종 자발적인 듯한 외양을 띠지만 실제로는 '강요받는 느낌' 속에서 구조화되어 있다. 간호사가 행하는 보살핌의 행위들은 상호적인 배려의 차원에서가 아니라 일방적인 배려가 의무화되어 있는 상태에서 자발성 자체가 구조적으로 강제되어 있다. 이러한 노동과정에서 간호사들은 열악한 노동환경에서의 과다한 업무수행과 환자에 대한 간호서비스의 증가라는 중첩된 고통 속에 처해 있는 것이다.

그럼에도 불구하고, 간호사 개인적인 수준에서든 노동조합과 같은 집단적인 수준에서든 감정노동의 증가에 의한 간호사들의 '힘든' 노동현실을 문제제기하지 않고 있다.

이 글은 노동자의 감정까지도 경쟁력 확보와 이윤증대를 위해서 노동의 일부로 강화되어가고 있는 구조적·조직적 맥락에서 간호사들이 '힘든' 감정노동을 강요받고 있음을 비판하였다.

따라서 이러한 간호전문직 감정노동에 대한 재평가가 이루어져야 하며, 이를 위해서는 첫째, 감정노동을 노동요소로 포함시켜야 한다. 감정노동은 육체적·정신적 노동으로서 힘든 일이라는 점 외에도 간호전문직 노동에서 필수적인 업무로 구조화되어 있기 때문이다. 따라서 감정노동은 '노동'이며 특별한 기술과 숙련이 요구된다는 점을 재평가해야 한다.

둘째, 감정노동이란 노동과는 무관한 것으로 인식하고 병원경영 조직이 감정노동의 가치를 인정하지 않기 때문에 간호사들이 행하는 감정노동은 지불되지 않은 비용으로 남게 된다. 따라서 감정노동이 엄연한 '노동'으로서 노동의 대가로 지불될 수 있는 대안모색이 필요하다. 이와 더불어, 감정노동 수행과정에서 발생하는 노동소외의 문제는 감정노동을 하게 하는 일체의 억압적 기제들을 지양하는 과정에서 해결될 수 있어야 한다.

셋째, 주로 여성이 대다수를 점하는 간호전문직 노동에서 감정노동이 은폐되는 또 다른 중요한 이유는 감정노동을 여성에게 고유한 속성으로 규정하는 이데올로기 때문이며 이러한 이데올로기는 가정에서 보살핌을 담당하는 여성의 역할을 재생산시키는 가부장제적 구조에 기인한다. 호츠쉴드(1979, 1983)는 남성과 여성 모두 감정노동을 수행하지만, 남성노동자보다 여성노동자에게 감정노동이 더욱 강요되고 있음을 지적하고 있다. 그래서 감정노동에 대한 재평가는 반드시 여성노동에 대한 재평가와 함께 이루어져야 한다.

제 5 장

대공장 노동조합의 불평등구조:
'비정규 여성노동'의 배제

1. 비정규 여성노동문제

개별 기업차원에서 비정규 노동력의 도입이 가시화된 것은 1980
년대 말부터였다. 그런데 1997년 IMF 경제위기를 거치면서 신자유
주의가 전면적으로 도입되었고, 이에 따른 구조조정이 본격화됨에
따라 노동유연화 전략이 전면화 되었다. 정리해고에 따른 대량 실
업이 확산되었고, 정규직의 비정규직화와 더불어 비정규직 노동력
사용이 급속히 증가하였다. 기업은 노동유연화를 통해 비용절감
및 효과적인 노동통제의 필요성에 의해 비정규직을 사용하기 때문
에, 비정규직 노동자의 노동조건은 정규직 노동자에 비해 차별적
일 뿐 아니라, 노동조합 활동, 단체교섭 등 기본적인 노동3권의 보
장조차 이뤄지지 않고 있다. 비정규직 노동자들이 기존의 노동법
이 규정한 정형적인 노동관계에서 벗어나 있다는 이유 때문에 법
제도에 따른 보호를 전혀 받지 못하고 있는 것이다.

이러한 현실로 인해 비정규 노동문제는 사회문제화 되었고, IMF

경제위기 이후 한국사회에서는 비정규 노동문제가 연구자들의 가장 핵심적인 논쟁의 대상이 되었다. 특히, 비정규 노동의 개념과 그 범위, 규모의 파악을 위한 현실적인 기준들에 대한 다양한 접근과 조사가 이루어졌다. 그럼에도 불구하고, 비정규 노동의 적확한 개념정의나 규모의 정확한 산출에 대해서는 여전히 이견(異見)이 존재한다. 또한 비정규 노동문제에 대한 전략을 비정규 고용의 확산을 막으려는 전략이어야 하는지, 아니면 비정규 노동자의 존재를 인정하고 이들의 고용조건을 개선하려는 전략이어야 하는지에 대한 이론적·실천적 합의가 도출되지 않은 상태이다. 그러므로 비정규 노동문제에 관해서는 앞으로도 지난한 관심과 논쟁이 필요하다고 보여진다.

특히, 비정규 노동문제 중에서도 여성노동자의 비정규 노동자화는 이미 1980년대 말부터 '고용불안정' 문제가 제기된 이후 여성노동자의 고용조건을 악화시키는 요인으로 많은 연구자들에 의해 지적되어 왔다(조순경, 1994; 강이수, 2000).[1] 이를 통해 비정규 노동의 핵심에 여성노동자가 위치한다는 사실을 확인할 수 있다. 다시 말해서, '비정규직화는 곧 여성노동자문제'라는 인식이 공감대를

---

1) 여성노동자의 62.7%가 5인 미만 사업체에 고용되어 있어 근로기준법의 보호조차 받지 못하고 있으며(통계청, 2002), 이들은 경제위기 이후 성차별적 정리해고에 의해 실업자로 전락하거나 비정규 노동자화되고 있다. 여성노동자의 70% 이상이 임시·일용직이라는 사실은 이들의 비정규화가 얼마나 심각한지를 나타낸다. 또한 민주노총이 소속 단위 노동조합에 대하여 실시한 조사결과(2002)에 의하면, 비정규 노동자는 115,545명으로 조사 사업장 전체 노동자의 34.8%로 나타났다. 이는 통계청(2001.12) 경제활동인구조사의 52.0%에 비해서는 낮은 수준이지만 경제활동인구조사 부가조사(2001.8)를 분석한 노동부의 27.0% 보다는 높다. 남성노동자는 전체 노동자의 20.1%가 비정규직이며 여성노동자의 경우에는 전체 여성노동자의 67.8%가 비정규직이다. 그리고 전체 비정규 노동자 중에서 여성의 비율은 68.0%이다.

형성할 만큼 비정규 노동은 여성노동자의 고용조건을 위협하는 가장 중요한 문제이다. 이는 노동시간이나 노동력 수요·공급의 조절이 용이하고 불황시 해고가 자유로운 노동력을 필요로 하는 기업측이 여성노동자를 비정규 노동자로 고용하는 것을 선호하기 때문이다. 이러한 상황은 여성노동자의 고용불안정성을 심화시키며 고용조건을 악화시키는 결과를 초래하였다. 또한 비정규 여성노동자가 정규 노동자와 같은 노동조합에 가입하여 활동하는 것은 대단히 어려운 상태이다. 정규직 남성노동자 중심의 노동조합에서 비정규 여성노동자를 배제하는 문제가 발생하기 때문이다.

따라서 이 글에서는 비정규 여성노동자들의 노동권이 개별 기업의 작업장에서 어떻게 침해받고 형해화되고 있는지를 구체적인 사례, 즉 노동조합이 조직된 제조업 대공장의 경우를 통해 살펴보고자 한다. 비정규 여성노동자들의 노동권 침해실태 속에서 노동조합이 비정규 여성노동자의 노동권을 보호하는 것으로 기능하는 것이 아니라, 기업측에 의한 노동권의 위기를 오히려 정당화하는 쪽으로 작용하고 있음을 밝혀보고자 한다. 이를 통해 남녀노동자들 간의 이해대립의 성격과 그 표출양상, 노동조합운동의 뿌리깊은 남성중심성을 밝히는 한편, 이러한 문제를 극복하기 위해 한국사회 노동조합운동을 비판하고자 한다.

2. 노동자 내부의 불평등에 관한 연구

1997년 경제위기 이후 정리해고제 허용과 근로자파견법 제정 등 노동법 개악과 기업구조조정이 진행되면서 고용불안정과 고용형태의 다양화가 확산되었다.[2] 비정규 노동에 대한 문제가 사회적

쟁점으로 가시화됨에 따라 그 발생원인을 둘러싼 논쟁과 개념정의
를 어떻게 할 것인가의 문제가 부각되었다. 그러나 정확한 개념 규
정에 대한 합의를 도출해내지 못하고 있으며,3) 그 원인에 대해서
도 고용불안정 현상을 바라보는 주체에 따라 입장이 첨예하게 부
딪히고 있다.4)

---

2) 고용형태와 관련한 논의는 이미 1990년대 초반부터 진행되었다. 왜냐
 하면, 기업의 신경영전략에 의해 80년대 후반부터 비정규 노동이 도입
 되었기 때문이다. 이와 관련된 연구로는 임시직과 일용노동자 문제에
 초점을 맞춘 연구(윤진호, 1994), 1997년 경제위기 이후 항상적인 고용
 불안에 직면해 있는 노동자들을 '불안정노동자(precarious porker)'라고
 개념 정의한 연구(사회진보연대 불안정노동연구모임, 2000), 97년 경제
 위기 직후 자본측이 강경배제적 고용조정을 선택한 원인은 기존의 대
 립적 노사관계 관행의 연장에 서서 행위를 선택했던 것이 중요한 요인
 이라고 보는 연구(정이환·이병훈, 2000; 이종선, 2002), 이러한 구조조
 정이 신자유주의적이라는 평가를 내리는 연구들(김영범, 2001; 이종선,
 2002), 신자유주의적 노동시장 유연화의 부정적 결과를 지적한 연구들
 (Bentolila and Dolado, 1993; Lindbeck and Snower, 1998), 비정규 노동자들
 의 저임금과 노동조건의 열악성에 대해 지적한 연구들(Clark, 1996; 윤
 진호, 2001)이 있다.
3) 바로 이러한 이유 때문에 고용불안정 노동자층의 범위와 규모를 정확
 하게 파악하지 못하고 있다. 정부의 통계조사, 민간연구소의 조사결과,
 노동단체의 조사결과가 판이하게 다르다. 범위와 규모를 정확히 파악
 하지 못함으로써 이들 노동자의 구체적인 생활실태에 대한 조사와 분
 석도 나오지 않고 있다.
4) 고용불안정과 고용형태의 다양화 현상의 발생원인을 둘러싼 논쟁은 노
 동계, 경영계, 그리고 정부의 입장이 서로 다르다. 노동계는 노동자권
 리의 침해와 생존권에 대한 위협의 문제라고 바라본다. 노동자들은 적
 게 받으면서 더 많이 일하고 여러 가지 복지혜택에서 제외되며 항상적
 고용불안에 시달린다는 주장이다(김선수, 2000). 특히, 노동자들의 고용
 불안 원인은 자본측이 이를 통해 노동비용 절감, 해고의 용이성, 노동
 자 분할지배와 노동조합의 무력화를 통해 노동통제의 강화를 위한 기
 업유연화전략에서 기인한다고 본다. 반면, 경영계는 다양한 고용형태
 를 적극적으로 활용하고 앞으로 더욱 개발해야 할 대상으로 이해하고

비정규 노동의 증가와 관련하여 한국사회의 연구는 그 추이와 개념정의, 그리고 주요 실태를 분석하고 있다. 그러나 개별 기업차원에서 새로운 불평등 문제를 등장시키고 있는 정규 노동자와 비정규 노동자간의 사회적 관계에 대해서는 거의 관심을 기울이지 않고 있다.

이에 비해 서구사회에서 노동문제와 관련된 연구의 핵심 쟁점은 노동자 내부에서의 불평등 문제에 관한 것이다(Smith, 1998). 자본주의사회에서 자본은 노동자분할전략을 이용해 왔으며, 상당히 지속적으로 발전시켜 왔다. 특히, 이러한 노동자분할전략은 노동자들의 저항을 극복하고 그들의 동의를 획득하기 위해 이용된다(Edwads, 1979). 자본의 분할전략은 기술(Blauner, 1964; Gartman, 1986), 탈숙련화(Braverman, 1974), 핵심노동자를 중심으로 한 노동조합의 동의(Burawoy, 1979)에 기반해 조직된 내부노동시장의 발달에 의해 효과적으로 이용되었다(Halle, 1984; Hodson, 1996; Kalleberg et al., 1996; Rubin, 1995, 1996).

한국사회에서도 1987년 노동자대투쟁을 계기로 노동조합운동이 활성화되면서 기업측은 임금, 노동시간체계의 변화와 함께 '비정규 노동'을 체계적으로 도입하기 시작했다. 또한 독점대기업을 중심으로 중소영세기업을 재편하는 수직적 하청계열화가 완성되었

있다. 기술혁신의 속도가 빨라지고 시장변화에 능동적으로 대응하기 위해 노동력 이용방식도 유연화되어야 한다는 것이다(김정태, 2000). 정부는 이와 같은 노사의 입장을 절충하여 고용형태를 다양화하되 노동자권리를 보호하는 방향으로 진행되어야 한다는 입장을 취하고 있다. 노동계·경영계·정부 3주체의 각각의 입장과 관점에 대해서는 정이환(2001), 이병훈·윤정향(2001)을 참조할 것. 이 연구들은 자본축적의 변화과정에서 자본-노동간의 고용관계가 변화되고 있다고 지적하고, 이를 정규 노동-비정규 노동으로 구분한다. 이러한 구분을 자본과 국가권력이 의도적으로 가속화시키고 있음에 주목하고 있다.

다. 1990년대 초반부터는 '신경영전략'에 의한 고용 불안정화에 맞선 노동조합의 저항을 효과적으로 기업조직체계에 편입시키기 위한 다양한 전략들로 이루어졌다. 이러한 과정을 거치면서 노동자 내부의 분절화 문제가 더욱 가시화되었다. 그러나 1997년 이전까지 노동자 내부의 분절화는 기업별 임금격차의 문제를 제외하고는 크게 주목받지 못했는데, 그 이유는 정규직 노동자가 핵심노동력을 차지하고 있었고 대기업 노동조합의 투쟁이 노동운동에 핵심적 역할을 차지했기 때문이다.

그러나 구조조정, 다운사이징, 공장폐업 등 기업환경의 변화는 내부노동시장을 위협하였고 노동자의 평생고용안정은 기업측의 입장에서 보면, 유연성과 기술혁신에 장애요인이 될 뿐이었다 (Harrison, 1994; Heckscher, 1995; Osterman, 1996). 이에 따라 광범위한 노동영역에서 하층(low-level)노동자들, 즉 비정규 노동자가 증가함으로서 노동자 내부의 분할은 보다 다양화되고 보다 구체화되었다(Rodgers, 1995; Smith, 1998).

특히, 서구사회에서 나타나는 노동자 내부의 분할현상에 대한 사례연구(Smith, 1998)는 분석을 통해 불평등한 노동관계와 노동의 주변화가 노동자들 내부에서 합리화되고 강화되고 있음을 밝히고 있다. 작업장 내에서 이러한 불평등이 더욱 깊어지고 있는데, '정규직'을 위한 노동자간 경쟁은 노동자 분열을 증가시키고 결국 노동자 연대를 깨뜨리고 있다는 점을 강조하는 것이다.

1997년 IMF 경제위기 이후 한국사회에서도 비정규 노동자의 급격한 증가는 여러 가지 심각한 사회적 문제를 드러내고 있는데, 첫째, 비정규 노동자의 임금과 노동조건이 악화된다는 점, 둘째, 동일노동을 하는 정규 노동자에 비해 차별 받고 있다는 점, 셋째, 해고에 대한 두려움으로 인해 노동자로서 정당한 권리를 주장하지 못하며, 넷째, 사회적 법·제도로부터 배제되고 있다는 점이다. 이러한 상황은 불평등을 심화시킬 뿐 아니라, 사회적 불이익 집단인 비정규 노동자의 '사회적 배제(social exclusion)'를 확산시키는 것이다(Silver, 1994; Rodgers, 1995).[5]

노동자 내부의 불평등이 심화되고 이로 인해 이들간의 사회적 배제가 확산되고 있다면, '어떤 형태로 배제가 이루어지는가'에 대한 분석과 '왜 이러한 배제가 나타나고 있는가'에 대한 분석이 필요하다. 이를 위해 이 글에서는 '사회적 배제' 개념을 "한 노동자로서 누려야 하는 당연한 권리를 누리지 못하면서 특정 노동자집단에 의해 수평적 연대에 기초한 '노동사회'의 영역 밖으로 내몰리는 현상"이라고 규정하고자 한다.[6] 사회적 배제는 차별(discrimination)의 결과라고 할 수 있다.

---

5) 이병훈(2002)은 정규-비정규 노동자의 사회적 관계를 규명하고 있는데, '도덕적 배제(moral exclusion)'이라는 분석개념을 적용하고 있다. 이 때 도덕적 배제는 특정 개인이나 집단이 도덕적 가치, 규칙, 그리고 공정성의 고려가 적용되는 경계 밖에 있는 것으로 간주될 때 발생한다는 것이다. 그 결과, 내부자들은 외부자들과의 사회적 관계에 대해 도덕적 책임감을 거의 느끼지 못하거나, 후자의 권리와 존엄성 그리고 자율권을 부인하기까지 한다고 비판한다. 사례연구를 통해 확인하고 있는 도덕적 배제의 유형은 세 가지이다. 첫째, 비인간적 모멸주기, 둘째, 신분 구별짓기, 셋째, 자기중심적 이용하기이다. 이러한 정규-비정규 노동자의 '도덕적 배제'에 대한 연구결과는 노동자계층 내부의 사회적 관계를 연구하는 데 많은 시사점을 얻을 수 있다.

6) 서구사회에서 '사회적 배제'는 구조조정의 부정적인 사회적 효과를 이해하는 데 핵심적 개념이 되고 있다. 로저스(Rodgers, 1995: 44-5)는 '사회적 배제'의 유형을 다음의 세 가지로 구분하고 있다. 첫째는 노동시장으로부터의 배제로서 장기실업자를 포함한다. 둘째는 정규 노동으로부터의 배제로 비정규 노동자를 포함한다. 셋째는 재화와 공공서비스로부터의 배제로 빈곤층을 포함한다. 이 글에서는 특히 두 번째 유형의 '사회적 배제'에 초점을 맞춘다.

이러한 개념적 정의를 토대로 이 글에서는 정규 노동자와 비정규 노동자간의 차별과 배제양상을 살펴보고자 한다. 뿐만 아니라, 비정규 노동자에 대한 차별과 배제가 단지 자본의 분할전략 때문만이 아니라, 정규 노동자 중심의 노동조합에 의해 수용되고 있음을 비판하고자 한다. 내부노동시장의 보호를 받고 있는 정규 노동자들은 고용불안정의 위험을 비정규 노동자에게 전가하기 위해 자본의 분할전략에 이해관계를 같이하기 때문이다(Kochan, 1994).

노동조합의 추상적 이념과 목적만으로, 또는 노동조합운동의 결과 노동조건의 산술적 평균치를 어느 정도 높여 왔다는 사실만으로 노동조합이 항상 '전체' 노동자에게 변화와 해방의 장으로서 의미와 역할을 지닌다고 볼 수는 없다. 노동자집단의 다양한 이해관계의 갈등과 조정과정에 의해서 노동조합운동의 결과 노동자집단 간에 상이한 영향을 미칠 수 있기 때문이다. 노동조합이 다양한 집단 간의 이해관계를 어떻게 해석하는가, 그리고 그 해석이 어떠한 집단의 이해를 주로 반영하는 것이며, 또 노동조합의 주도세력이 어떠한 집단을 대표하고 있는가에 따라 특정 노동자집단 혹은 그들의 이해관계가 주변화되거나 배제될 수 있다. 결과적으로 이렇게 배제된 노동자집단에게는 기존의 노동조합이 더 이상 변화와 해방의 수단이 아니라 오히려 또 다른 억압의 장으로서 경험될 수 있다(최성애, 2000: 268-9).

비정규 노동자집단 중에서 비정규 여성노동자들은 노동조합에서 이러한 소외와 배제를 경험해 온 대표적인 노동자집단이다. 서구사회의 경우, 남성노동자가 주도한 초기 노동운동에서 여성의 노동시장 참여에 가장 저항적이었던 집단이 바로 남성조합원이었다는 사실은 많은 연구자들에 의해 밝혀져 왔다(Milkman ed., 1985; Hartmann, Kraut and Tilly, 1986). 이 연구들은 가부장제사회에서 노동조합이 여성노동자에 대해 기존의 가부장적 통념과 관행으로부터 결코 자유롭지 못하다는 사실을 강조한다. 이러한 서구사회의 경험적 연구결과들을 통해 가부장적 남성중심문화가 지배하고 있는 한국사회에서 여성노동자들 또한 이와 유사한 경험을 공유하고 있다는 연구(최성애, 2000; 박태주, 2000)가 있다.

이러한 이론적 배경 하에서 이 글이 주목하고자 하는 점은 노동조합이 정규 남성노동자와 비정규 여성노동자들간의 분절적 관계성을 심화시키는 방향으로 작용하고 있는가 하는 점이다. 특히, 노동조합이 정규직 남성조합원의 이익대변에만 주력한다면 비정규 여성노동자에 대한 차별과 배제가 유지될 수 있기 때문이다.

따라서 이 글에서는 여성주의적 시각에서 남녀노동자들 간의 이해대립의 성격과 그 표출 양상, 노동조합운동의 뿌리깊은 남성중심성과 정규직 중심성을 밝히고자 한다.[7] 이를 통해 한국사회의 노동조합운동에서 전통적으로 무시되어 온 '성(gender)' 변수와 '고용형태(정규-비정규)' 변수를 포함시켜, 비정규 여성노동자들이 직면한 특수한 상황을 사례연구를 통해서 구체적으로 분석할 것이다. 특히, 이 글은 비정규 여성노동자의 고용을 둘러싼 기업의 경영전략과 이에 대한 노동조합의 대응에 의해 틀지어진 개별 기업의 구조적 조건 하에서 '정규 남성노동자와 비정규 여성노동자' 간의 관계가 어떻게 그리고 왜 분절화 되고 있는가를 살펴보는 데 연구목적이 있다.

이 글의 연구방법은 첫째, 제조업 대공장 노동조합을 사례조사하였다. 사례대상 기업 현황과 노조에 대해서는 기업 및 노조의 내

---

7) 여성주의적 시각은 단순히 여성이라는 집단의 주변적인 삶에 대한 이해가 아니라 여성집단의 경험에 기초한 새로운 시각을 가지고 사회구조를 설명하려는 시도이다(Harding, 1992).

부자료와 노조지부 남성 간부의 인터뷰 내용을 중심으로 분석하였다.[8] 둘째, 비정규 여성노동자에 대한 심층면접을 주된 연구방법으로 택하였다. 이들의 인터뷰 내용은 본문에 직접 인용하였다. 셋째, 전국여성노동조합 지역지부 간부와의 인터뷰 내용과 내부자료를 분석하였다.

3. 노동조합에서 비정규 여성노동자의 차별과 배제

1) 사례 기업의 현황 및 노동조합 개관

사례연구 대상인 ○○기업의 정식명칭은 ○○산업(주)으로서, 타이어사업부, 건설사업부, 렌터카사업부라는 세 개의 사업부로 구성되어 있다. ○○산업(주)의 자본금은 2002년 현재 2,670억 원으로서 매년 그 규모가 성장하고 있으며, 경상이익증가율 또한 큰 폭의 흑자를 기록하고 있다.[9] ○○산업(주)의 타이어사업부는 타이어를 제조, 판매하는 기업으로서, 1991년 이후부터 타이어 제조·판매 부문 세계 10위일 정도로 지속적인 성장을 거듭해 왔다.[10] 전

---

8) 인터뷰 대상자였던 남성 노조지부 간부의 경우, 노조의 입장을 대표한다고 볼 수 없다. 노조의 공식적인 대응과는 달리, 노조지부 간부는 비정규 여성노동자의 노조가입에 대해 우호적인 입장을 취해왔기 때문이다.
9) ○○산업(주)의 내부자료에 따르면, 매출액 증가율은 1997년 2.3%, 98년 18.9%, 99년 55.8%, 2000년 10.2%, 2001년 현재 4.8%를 나타냈다(○○산업 내부자료).
10) ○○타이어는 1960년 설립되어 61년부터 최초로 타이어 생산에 들어간 기업이다. 1970년 ▲▲공장을 설립하였다. 1999년 그룹차원의 구조조정을 통해 건설(주)과 타이어(주)를 합병, ○○산업(주)로 변경하였다.

체 고용인은 5,354명인데, 1999년 이후 기업의 급성장세에 의해 구
조조정을 거치면서도 정리해고가 이루어지지 않았다.

○○산업(주)의 타이어사업부는 2000년 현재 타이어▲▲공장과
타이어△△공장을 가동하고 있으며, 각각 타이어▲▲공장 노동조
합과 타이어△△공장 노동조합지부가 조직되어 있다.[11] 노동조합
원은 모두 정규직 남성노동자로 구성되어 있고, 4조 3교대 근무형
태로서 하루 8시간 근무에 근로기준법에 따른 각종 수당이 지급되
고 있다. 정리해고가 이루어지지 않은 대신 점차적으로 비정규 노
동자들의 고용을 증가시키고 있는데, 비정규 고용형태로는 촉탁직
과 용역직이 있다(○○타이어 노동조합 내부자료). 전체 노동자 중
에서 여성노동자는 직접생산공정인 타이어 제조부서(일명 비드부
서)에서 일하고 있는 23명의 촉탁직 여성노동자들 뿐이다.[12] 이 부
서에는 120여명의 정규직 남성노동자가 일하고 있으며, 모두 노조
조합원이다. 노동조합 규약상 정규직, 비정규직 구분 없이 입사와
동시에 조합원이 된다고 하지만, ○○타이어 노동조합에 비정규
노동자는 가입할 수 없다.[13] 따라서 ○○타이어 노동조합은 지부
를 포함해 2,300여명의 조합원이 가입되어 있는데, 모두 정규직 남
성노동자들이다.

타이어▲▲공장에서는 1972년 전국화학노동조합 ○○타이어

___

11) 이 두 노조를 통칭해서 ○○타이어 노동조합이라 한다.
12) 비정규 고용형태 중에서 임시직은 노동자와 사용자가 일시적인 고용
    계약을 맺고 일을 하는 형태이다. 임시직의 고용방식은 다양하지만 일
    반적으로 계약직과 촉탁직의 방식이 이용된다. 계약직은 기업에서 외
    부의 신규노동력을 채용해 일정기간 이용하는 형태이고, 촉탁직은 기
    업 내부의 기존 노동력을 재고용하는 형태이다.
13) ○○타이어 노동조합 규약 제7조는 조합원 자격을 '본 조합의 조합원
    은 입사와 동시에 조합원이 된다'고 명시하고 있다. 따라서 노동조합
    규약에는 비정규직이 제외된다는 규정이 없다.

분회로 설립되었으나 노동조합법에 의한 설립신고를 행정관청에 신고하지 않아 인정을 받지 못했다. 그러다가 74년 노사 쌍방의 이해와 협조를 통하여 노사공동이익에 관한 사항을 합의하고 노사협의회를 설치하였다. 그러나 1987년 8월 전국적인 노동자대투쟁의 영향으로 노사분규가 발생하였는데, 1,500여명의 조합원이 참가하여 임금인상, 어용노조 퇴진, 보너스 인상을 요구하면서 농성하였다. 이후 노동조합이 민주화되어 타이어▲▲공장 노동조합이 조직되고, 92년에는 타이어△△공장 노동조합지부가 조직되었다(○○타이어 노동조합 내부자료).

1987년 노동자대투쟁 이후 ○○타이어 노동조합은 임금협상이나 단체협상을 통해 협상이 결렬되면 파업이나 농성을 하는 등 기업측과 대립적인 노동조합운동을 벌여나갔다. 94년에는 임금협상이 결렬되자 파업을 하였지만, 공장내부로의 공권력 투입에 의해 조합원들이 인근 대학으로 옮겨가기도 하였다.

> 94년 파업 이전까지는 과도기였다. 왜냐하면 조합원들은 87년 이후 민주노조가 들어섰으니까 조합원들의 뜻에 따라주기를 바랬다. 그런데 회사는 위원장과의 관계를 긴밀히 하면서 위원장에게 직권조인을 하도록 했다. 조합원들은 찬반투표를 해서 조합원들에게 물어주기를 바랬고, 조합원들의 의사를 물어서 반영해주기를 바랬는데, 그 당시 직권조인을 하면 노동조합에 조합원들이 쫓아가서 노조를 뒤엎고 위원장은 도망가고 … 이런 식으로 일년에 한번씩 위원장이 바뀌었다. 94년은 선거를 해서 새로운 집행부가 탄생했는데 그 집행부가 파업을 했다. 이 때 회사에서는 노조위원장하고 교섭을 못한다고 했다. 자기가 직권으로 싸인하지 못하는 위원장하고는 교섭을 할 수 없다는 것이었다. 그래도 파업을 하고 이 때부터 조합원들에게 찬반투표로 물어서 임금협상과 단체협상을 체결하게 되었다. 이를 계기로 해서 회사의 노무관리가 많이 바뀌었다. 노조와의 협조적인 노무관리로 바뀌

었다. 그 전에는 말 안 들으면 무조건 해고했는데 …(<△△공장 노동
조합지부 남성간부> 인터뷰 내용).

앞의 인터뷰 내용에서 확인할 수 있듯이, 87년 노조민주화투쟁
이후 여러 차례의 노조불신임과정을 거치면서 ○○타이어 노동조
합은 96년 민주노총에 가입하였고 지역사회에서는 대립적인 노사
관계를 보이는 대표적인 사업장으로 규정되었다. 그러나 IMF 경제
위기 이후 구조조정설이 나돌면서 조합원들 사이에 위기의식이 팽
배해져 노사협조적인 관계로 변화되었다. 특히, 고용불안정에 따른
위기의식이 정규직 남성노동자들 사이에서 확산됨으로써 노조활
동이 위축되었고 대립적인 노사관계보다는 타협적 노사관계를 지
향하는 성향이 나타났다(○○타이어 노동조합 내부자료).

2) 정규 남성노동자와
비정규 여성노동자의 분절화 양상

(1) 비정규 여성노동자에 가해진 이중적 차별

○○타이어 23명의 여성노동자는 1994년 ○○타이어 노동조합
파업 당시 타이어 제조부에 촉탁직으로 입사했다. 대공장 남성중
심사업장인 ○○타이어의 직접생산공정에 여성노동자들이 고용된
것은 처음 있는 일이었다. 이 제조부서에는 120여명의 노동자가 일
하고 있는데, 23명의 여성노동자를 제외하고는 모두 남성노동자들
이 일하고 있다. 2000년 현재 여성노동자들의 평균 근속연수는 6년
이며 업무의 내용은 남성노동자와 구분 없이 동일노동이다. 이들
의 평균 나이는 41세이고 자녀는 2~3명 정도인데, 이들 중에는 실
질적으로 생계를 책임지고 있는 가장이 6명이나 된다. 남성노동자

들과 똑같은 일을 하면서도 이들 임금의 80%밖에 받지 못했으며, 각종 수당 등의 혜택도 받지 못하는 열악한 노동조건에서 일하고 있다(여성노동자들의 인터뷰 내용 중에서).

이렇게 비정규 여성노동자들은 고용형태가 다르다는 이유로 임금, 각종 수당, 휴가, 사회보험에서 차별 당해 왔고, 근로기준법상의 노동자 권리조차 제대로 보장받지 못하였다. 비정규 여성노동자들의 임금과 노동조건, 고용불안에 대해 기업측은 물론 '노동자'들 내에서도 차별을 당연시하였음을 알 수 있다(노조지부 남성간부의 인터뷰 내용 중에서). 이는 작업장 내에서 남성노동자와 여성노동자간의 고용형태 분절화를 통해 남녀불평등을 구조화하는 결과를 초래하였다. 결국 여성노동자들에 대한 성차별이 고용형태에 의한 차별로 정당화되고 있는 실정임을 확인할 수 있다.

그런데 비정규 여성노동자에 관한 문제가 제기된 계기는 2000년 ○○타이어 노동조합 대의원이 남성조합원들을 대상으로 "그 동안 촉탁직 여성노동자로 인해 어떤 피해를 받고 문제점은 무엇이었는가"라는 내용의 설문조사 실시결과를 노동조합회보에 게시하면서부터다. 노보 내용은 "주부사원 신입남자사원으로 교체 희망 92.4%, 2부2과 비드공정 주부사원문제 뜨거운 감자"란 제목 하에 주부촉탁사원을 기업측이 일방적으로 추진했으므로 기업측이 책임져야 한다는 주장이었다. 또한 비드반 남성조합원의 요구와 이에 대한 투쟁을 지지한다는 선언내용을 발표하고 '남녀차별'이 아니라고 강조하면서 기업측의 신경영전략의 일환으로 촉탁직 여성노동자의 고용문제를 바라보았다.

이러한 인식은 남성조합원만 보호하고 존중해야할 노동자가 아니라 촉탁직 여성노동자도 같은 노동자로서 기업측에 의해 일방적으로 고용되어 이용당했음을 인식하지 못하고 있는 것이다. 그리

고 촉탁직 여성노동자를 '남성노동자'로 대체해줄 것을 기업측에
요구한 점은 명백한 남녀차별이다.

더구나 노동조합측은 여성노동자들이 비정규직인 촉탁직이라는
이유로 노조가입을 허용하지 않았다. 노조원들은 여성노동자들의
입사를 94년 파업 당시 가장 투쟁적이고 적극적인 활동을 했던 타
이어 제조부(일명 비드반)를 무력화시키려는 기업측의 '음모'로 받
아들이면서 이들 여성노동자들과 갈등을 빚어왔다.[14]

> 일반적으로 대기업에서 비정규 노동자를 바라보는 시각이 똑같다.
> 비정규 노동자들이 사실상 대기업 노동자들의 방패막이 역할을 했고,
> 작업장에서도 좀 더 힘든 곳에서 일하는 사람들이다. 실제로 ○○산
> 업(주) 타이어 사업부에서도 남성조합원들이 싫어하는 부분, 예를 들
> 어 힘든 곳이라든가 지저분한 곳에 들어가는 것은 비정규 용역노동자
> 들이 하고 있다. 이런 노동자들에 대해 똑같은 조합원으로 인정하지
> 않듯이, 비정규 여성노동자들에 대해서도 인정을 하지 않고 있다. 남
> 성조합원들은 (비정규 여성노동자들을) 우리하고 모집형태부터 다르
> 다는 식으로 생각한다. 남성노동자들은 공개모집을 통해서 들어오는
> 데, 비정규 여성노동자들은 회사에서 알음으로 채용했기 때문에 정규
> 노동자로 볼 수 없다고 생각한다. 문제는 조합원들이 받아들일 수 없
> 다, 인정할 수 없다 해서 노조에 가입하는 것을 남성조합원들이 반대
> 하고 있다(<△△공장 노동조합지부 남성간부> 인터뷰 내용).

2000년 단체협상에서는 비정규 여성노동자들과 아무런 사전협
의 없이, "촉탁직 사원을 다른 부서로 전환배치하고 비드반에 남성
정규직 사원을 충원한다"고 노사가 합의하였다. 여성노동자들이

---

14) ○○타이어의 경우 94년 파업이 발생했을 때, 기업측은 노조의 파업에
대한 대응의 일환으로 23명의 촉탁직 여성노동자들을 입사시켰다. 이
후 여성노동자들이 노조에 대해 비협조적이라는 이유로 남성조합원들
과 갈등이 존재했다(노동조합 지부 남성간부와의 인터뷰 내용 중에서).

이러한 결정에 반발하면서 전국여성노동조합15) 지역지부에 가입하여 적극적으로 대응하였다.16) 이에 대해 기업측은 전국여성노조 지역지부의 ○○타이어지회를 복수노조금지 조항을 들어 인정하지 않았다.17) 또한 노동조합측은 "여성노동조합에서 탈퇴, 비드반에서 다른 부서로 전환배치할 경우" 노조에 가입할 수 있다는 입장을 내놓았다.

대공장 작업장에서 비정규 여성노동자들이 노동조합 가입을 원했으나 노동조합이 이를 거부함으로서 임금과 노동조건 등에서 차별과 불이익을 받고 있던 비정규 여성노동자들을 배제한 것이다.

---

15) 전국여성노동조합은 대공장 남성 정규직 중심의 노동조합 운영과 조합내 남성간부의 보수성 등으로 여성의 능동적 참여를 만들어 내지 못하고 있는 기존 노동조합 활동의 한계를 극복하는 조직으로 활동하고 있다.

16) 2000년 1월 ○○산업(주) 타이어사업부 ▲▲공장 제조생산공정에서 일하는 23명의 여성노동자들이 고용불안을 호소하며 전국여성노동조합 지역지부를 찾았다. 상담내용은 ○○타이어 노사고용안정위원회가 '제조생산공정(비드공정) 여성촉탁직원을 1년에 8명씩 3년 이내에 정규직 남성노동자로 대체한다'는 내용에 대해 남녀차별적인 합의사항이라며 받아들일 수 없다는 것이다(전국여성노조 지역지부 간부와의 인터뷰 내용 중에서).

17) 그러나 전국여성노동조합 지역지부는 기업측이 기존 노조와 중복되어서 교섭에 임할 수 없다고 하는 것은 잘못된 판단이라고 비판하였다. 우선, 조직형태가 다르다는 점에서 전국여성노동조합은 직장과 직종, 지역에 관계없이 일하는 여성이면 누구든지 자유롭게 조합에 가입할 수 있기 때문에 기존 노동조합과는 다르다는 점이다. 다음으로, 조직대상에 있어서도 ○○타이어 노동조합은 정규직 남성노동자만으로 구성되어 있어 비정규 노동자들은 조직대상에서 제외되어 왔기 때문에 비정규 여성노동자들 또한 조직대상에서 제외되었다. 실제 노조구성원의 실체와 구성범위가 ○○타이어 노동조합과 전국여성노동조합 ○○타이어분회는 그 조직대상이 다르다. 그럼에도 불구하고, 기업측이 교섭에 임하지 않는 것은 명백한 부당노동행위라고 강조하였다(전국여성노동조합 지역지부 내부자료).

남성조합원들은 비정규직, 비조합원인 여성노동자들이 노동조합에 적대적인 활동을 하지 않았으나, 여성노동자들을 심리적으로 부담스러워했다(노동조합지부 남성간부 인터뷰 내용). 특히, 아래의 노조 남성간부 인터뷰 내용에서 확인할 수 있듯이 기업측에 의해 신기계 도입이 진행되면서 정규직 남성조합원들의 고용불안에 의한 위기의식이 팽배해짐으로써 여성노동자들에 대해 이러한 적대적 감정은 더욱 심화되었다.[18]

회사측에서 자꾸 신기계를 도입하면서 전에는 2명의 노동자가 작업하던 것을 이제는 1명의 노동자가 작업을 하게 되니까, 이런 과정에서 남성조합원들의 일자리가 점점 좁혀지게 되고 이들이 위기의식을 갖게 되었다. 그런데 비정규 여성노동자들이 정규직이 되면 이들이 임시직으로 있을 때는 이 사람들이 먼저 나갈 수 있는데, 조합원들이랑 똑같은 고용형태에서 일자리를 차지하게 되니까 … 조합원이 아니라면 여성노동자들이 먼저 나갈 수 있는데(해고될 수 있는데), 이들을 조합원으로 받아들이게 되면 남성조합원들이 먼저 나갈 수도 있다라는 위기의식을 가지고 있다. 고용문제와 비정규직을 바라보는 문제들이 맞물리다 보니까 조합원으로 가입하는 문제를 조합원들이 계속 반대하고 있다. 지금까지도 반대하고 있다(<△△공장 노동조합지부 집행부 남성간부> 인터뷰 내용).

○○타이어에서 비정규 여성노동자는 '비정규' 노동자로서 동

---

18) ○○산업(주) 타이어부서 내부자료에 따르면, "비드반 인원에 대해 연간 8명씩 인원조정토록 한 이유는 비드APEX부착 자동화계획이 연 4대씩 12대가 계획되어 연 8명씩 3년간 인원절감토록 되어 있다. 이러한 절감인원이 여자사원으로 선정된 이유는 94년 분규로 인한 사원들의 상처가 너무 커서 회사는 과거의 상처를 치유하고 노사화합을 위해 노력하여야 하는 입장이기 때문이다"고 밝히고 있다. 이는 기업측이 노조와의 원만한 타협을 유지하기 위해 여성노동자들의 희생을 요구한 것으로 보인다.

일노동을 수행함에도 불구하고 임금, 노동조건 등 모든 부분에서 고용형태상의 차별을 감수해야만 했다. 더 나아가 '여성' 노동자로서 남성노동자들로부터 전환배치를 요구받으면서 남성노동자로 대체해야 한다는 성차별을 경험해야만 했다.

(2) 노동조합으로부터 여성노동자의 배제

남성노동자들이 여성노동자들의 노조가입을 반대한다는 이유 때문에 사례연구 대상 기업인 ○○타이어 노동조합은 여성노동자들이 수 년째 조합가입을 희망하고 있으나 조합원들의 반발이라는 이유로 노조가입을 거부하였다. '노조원들의 정서'를 이유로 조합원 가입원서를 접수받고도 가입 승인을 거부한 것이다.

여성노동자들은 비정규직인 촉탁직원이라는 신분 때문에 당당하게 자기주장 한번 펼쳐보지도 못하고, 남성노동자들과 똑같이 밤낮을 가리지 않은 채 일을 했습니다. 그런데 '마른 하늘에 날벼락'이 이런 일을 두고 하는 표현이구나! 글쎄 이 정든 일터를 떠나달라는 남성노동자들의 싸늘한 요구사항 … 94년 임단협 파업 이후 회사에서 노동조합의 단결력을 저하시키기 위해 채용했던 비정규직 여성노동자라는 이유로 저희더러 그 자리를 떠나달라더군요. 회사도 아닌, 같이 일하고 있는 남성노동자들의 높은 언성에 우리 23명 여성노동자들은 할 말을 잊은 채, 서로가 얼굴을 마주한 채 어찌할 바를 모르고 있었습니다. 밤낮을 가리지 않고 이마에 굵은 땀방울을 맺혀가며 같이 일해온 노동자로서 몇 명되지 않은 힘이 약한 노동자를 탄압하는 것일까? 여자라고 탄압하는 것일까? 같은 노동자로서 서로 이해하지 못하고, 감싸주지 못하고, 우리를 떠민다면 이곳이 아닌 다른 곳의 노동자들은 우리를 환영하며 맞이해 줄까? 그렇다면, 우리 23명은 어디로 가야하나?(<여성노동자 사례1>의 인터뷰 내용).

노조와 남성노동자들은 기업측의 노조약화를 위한 노동통제전략과 비정규직화 의도를 비판하면서도 그 해결방법이 비정규 여성노동자들을 정규직 남성조합원의 방패막이로 삼아 이들을 쫓아내야 하는 것으로 인식하였다. 이러한 결과는 기업측이 비정규직으로서 촉탁직 여성노동자들을 고용한 것은 저임금을 통한 노동비용 절감이라는 효과 이외에도 노동조합운동을 보다 효과적으로 통제하고자 하는 노동통제전략이 관철된 것이며, 동시에 정규직 남성노동자에 의한 비정규 여성노동자의 배제가 작업장에서 관철되고 있는 것이다. 남성조합원만 보호하고 존중해야 할 노동자가 아니라는 점, 그리고 촉탁직 여성노동자도 같은 노동자로서 기업측에 의해 일방적으로 고용되어 이용당했음을 인식하지 못하고 정규직 남성조합원의 이익만을 추구한 것이다.

이에 대해 ○○타이어 여성노동자들은 기업측에 두 가지 요구사항을 제시하였다. 첫째는 안정된 직장, 평생직장에서 일하고 싶다는 것으로 '정규직화'를 요구하였다. 여성노동자들은 정규직 남성노동자들과 동일한 사업장에서 동일노동을 수행했는데도 비정규 촉탁직 노동자라는 이유로 차별적인 대우를 받았다.[19] 둘째는 남녀차별적인 부당한 전환배치 조치 철회를 요구하였다. 노사고용안정위원회에서 비정규 여성노동자들을 전환배치 하도록 협의한 내용은 인원수와 인원선정에 대한 합리적인 원칙이 제시되어야 함

---

19) 여성노동자들의 집단적 문제제기에 의해 ○○산업(주)는 지방노동청으로부터 동일가치 동일노동에 대해 시정지시를 받게 되었다. 그 내용은 "사업주는 사업 내의 동일가치의 노동에 대해서는 동일한 임금을 지급하여야 하는데 공장내 비드공정에 근로하는 여성근로자에 대하여 동종의 남자 근로자에 비하여 차등지급한 사실이 있으므로 이를 2000년 임·단협 임금 소급적용 시점인 3월 21일 이후 임금부터 남녀간에 동일한 임금을 지급하라"는 것이다.

에도 불구하고, 일방적인 전환배치를 강제한 것으로서 부당한 대우이다.

> ○○타이어 노동조합 규약상 우리도 노조가입대상이 된다고 하여 몇 번이고 노조를 찾아가 노동조합 가입원서를 달라고 했지만 매번 거절당했습니다. 우리도 노조에 가입하여 정당하게 우리의 권리와 의무를 다하고 싶었습니다. 회사 또한 근로기준법과 남녀고용평등법을 어기고 노조의 강력한 요구라며 원칙과 기준없는 남녀차별적인 전환배치를 이행하려 하고 있습니다. 이제 우리 촉탁사원들은 당당하게 우리의 요구와 권리를 찾기 위해 열심히 투쟁하고 있습니다. 남녀차별적인 전환배치를 즉각 철회하라, 비정규직 차별철폐하고 평등노동권 보장하라, 여성노동자 단결하여 법적 권리 쟁취하자 등이 우리의 요구사항이었습니다(<여성노동자 사례 2>의 인터뷰 내용).

비정규 여성노동자들이 정규직화와 전환배치 철회라는 요구사항을 제시했음에도 불구하고, 기업측이 교섭에 응하지 않자 여성노동자들은 회사내 대자보 붙이기, 노동위원회에 부당노동행위 구제신청, 노동청에 진정, 회사앞 피켓시위 등을 통해 저항하였다. 여성노동자들의 저항에 의해 기업측은 2001년 4월 23명의 여성노동자 전원을 정규직화 하였다. 그리고 여성노동자들에 대한 임금을 남성노동자들과 동일하게 지급하도록 변경하였다. 고용불안과 임금차별의 조건에서 일했던 촉탁직 여성노동자들은 정규직 여성노동자로 일하게 되었다. 그러나 여전히 노동조합 가입은 거부되고 있다.

> 노동조합에서 계속 고민하고 있다. 조합원들에게 설명하는 집회를 몇 번했다. 비정규 여성노동자들이 일하고 있는 작업장에 가서 조합원들에게 설명하면서 비정규 노동문제를 같이 설명했다. 비정규 노동

자도 우리하고 똑같은 노동자들이고, 이후에는 산별노조로 가면 똑같은 조합원일텐데, 여성노동자들이 이미 정규직화 되었음에도 (조합원으로) 못 받아들이는 것은 문제가 있다고 설명했다. 아무튼 이 부분에 대해서는 조합원들에게 계속 설명하고 있고, 일부러 더 감정이 쌓일까봐 설문조사는 최근에는 하지 않았다. 처음에는 90%정도가 반대했는데, 지금은 60%정도가 반대하고 있다(<△△공장 노동조합지부 집행부 남성간부> 인터뷰 내용).

비드공정 대의원 2명이 저희 여성노동자들을 쫓아낸다는 공약을 내걸고 당선되었고 현장조합원의 요구사항을 수렴한답시고 설문조사를 실시하였습니다. 결국에는 정든 일터를 떠나라고, 우리의 생존권을 위협하고 있습니다. 어떻게 노동조합운동을 한다는 간부가 싸워야 할 문제와 대상도 구분 못하고 비정규직 여성노동자를 쫓아내는 사안을 가지고 당선될 수 있는지 도저히 묵과할 수 없는 일입니다. 노조운동에서 하루빨리 극복되어야 할 일입니다(<여성노동자 사례 3>의 인터뷰 내용).

남녀노동자의 직접적 이해관계의 대립에서 비롯되는, 여성노동자의 요구에 대한 철저한 배제는 노동조합의 소극적 대응에서 더욱 용이하게 이루어질 수 있음을 확인하였다. 결국 ○○타이어 노동조합의 경우, 노조가 정규 남성노동자와 비정규 여성노동자들간의 분절적 관계성을 심화시켰다. 기업측의 노동비용절감과 노동통제의 효율성 때문에 비정규 노동이 활용되는 것뿐만 아니라, 정규직 남성조합원 중심의 노조에 의해 작업장에서 여성노동자의 차별과 배제가 유지된 것이다.

남녀노동자의 이해관계에 대한 분절적 관계에 대한 인식은 무엇보다 먼저 성별분업 논리와 가족임금이데올로기(최성애, 2000: 277)에 의해 더욱 정당화되고 재생산된다. 여성의 노동은 한시적인 것이고 부차적이기 때문에, 더욱이 노동조합운동에서도 역시 생계

책임자인 남성노동자들의 이해가 우선적으로 반영되어야 한다는
논리는 노동조합운동 내에서 남성들에 의한 여성 배제를 합리화하
는 근거로 작용한다. 이러한 남성노동자들의 분절적 관계 인식은
구조조정과 신기계 도입에 의한 고용조정이 필요할 때 여성노동자
들은 해고될 수 있지만, 남성노동자들은 해고되어서는 안된다는
○○타이어 노조 남성조합원의 인식과 밀접한 연관성이 있다.

또한 남성노동자의 이해를 중심적으로 반영하는 노동조합은 신
기계 도입에 의한 생산기술 및 직무성격의 변화가 남성 우위의 작
업장 질서를 유지하는 방향으로 전개되는 데 적극적 역할을 한다.
위계적 조직에 익숙한 남성노동자들이 노동조합을 주도함으로써
여성노동자에 대한 차별과 배제가 더욱 효과적으로 유지되고 있는
것이다(Hartmann, 1981).

따라서 ○○타이어 노동조합의 사례에서 노동조합운동의 관점은
사실상 여성노동자가 배제된 노동조합으로서 남성노동자의 조직,
남성노동자의 관점을 대표할 뿐이다. 많은 남성조합원들이 여성노
동자 문제에 관해서 '회사의 관점에 선다'는 점에 대해서는 대부분
의 인터뷰 대상 여성노동자들이 지적하였다. 더구나 여성노동자들
의 대응을 통해 이들이 모두 '정규직화' 되었음에도 불구하고, 노조
가입을 허용하지 않은 것은 명백한 여성차별이라고 할 수 있다.

이렇게 여성노동자들이 노동조합운동에서 소외되고 배제당하는
이유는 남녀노동자들의 이해관계를 대립적이고 경쟁적인 것으로
인식하여, 남성의 이해관계를 여성의 그것에 우선하는 것으로 바
라보는 시각이 지배적인 데서 나타난다. 남성노동자들의 저항과
노동조합의 보수성은 과연 기존의 노동조합, 노동조합운동이 한국
사회의 양성평등적 노동운동을 이끌어갈 수 있는가에 대한 심각한
의문을 초래한다. 특히, 여성노동자를 이해관계를 달리하는 집단으

로 규정하거나 노동조합이 정규직 남성노동자만을 대표하는 역할
을 하기 때문에, 여성노동자들은 노동조합으로부터 배제되어 주변
화되었다.

　결국, 상이한 특성을 지닌 다양한 노동자집단들이 상호간의 이
해관계를 대립적으로 받아들인다면 성・고용형태 등으로 노동시
장이 더욱 분절되어 가는 상황에서 상대적으로 열악한 위치에 있
는 비정규 여성노동자들의 이해가 노동조합에 온전히 수렴될 가능
성은 없어 보인다. 이는 결과적으로 노동자집단 내부의 분절적 관
계를 심화시키는 것으로 볼 수 있다.

4. 정규직 남성노동자 중심의 노동조합운동 비판

　개별 기업차원에서 ○○타이어 노동조합의 정규직 남성노동자
중심성과 비정규 여성노동자의 배제양상을 분석하고, 이에 대해
비판하였다. 그렇다면, 한국사회의 여성노동운동과 노동조합운동
이 이러한 문제점을 극복할 수 있는 대안이 될 수 있는가에 대한
진지한 성찰이 필요하다.

　먼저, 1990년대 중반 이후 여성노동운동은 주로 임금, 고용, 승진
등에서의 성차별 금지에 초점을 맞춰왔다. 그 성과로서 남녀고용
평등법의 개정, 직장내 성희롱 방지법과 모성보호법의 제정 등을
통해 여성노동자의 노동조건 향상을 도모하였다. 그러나 이러한
성과에도 불구하고, 여성노동운동의 방향이 전체 여성노동자의 고
용조건을 개선하는 데에는 한계를 드러낼 수밖에 없었다. 성차별
금지에 초점을 둔 여성노동정책의 내용이 IMF 경제위기 이후 급격
히 변화하고 있는 여성노동시장의 현실을 제대로 반영하지 못했기

때문이다. 즉, 여성노동시장은 비정규 여성노동자 수가 대다수임에
도 불구하고, 모집·채용·임금·승진 등에서의 성차별 금지는
이미 소수가 되어버린 정규 여성노동자에 한정될 뿐이다.

뿐만 아니라, 노동조합원 중에서 여성노동자가 차지하는 비중은
민주노총의 경우 20%에 불과한데(민주노총, 2002), 그나마 대부분
의 여성조합원들이 정규직에 한정되어 있기 때문에 비정규직 등
취약계층에 속해 있는 여성노동자의 문제를 접근하는 데 있어 여
성노동단체들보다 적극적이지 못한 것이 사실이다. 더욱이 조합원
이 아니거나 노조에 친밀감을 느끼지 못하는 여성노동자들이 이용
하는 데 있어 한계를 극복하지 못하고 있는 상태이다. 여성노동조
합의 설립, 다양한 지역 일반노조의 설립, 비정규직 조직화, 비정규
노동자나 저임금 노동자를 위한 법제도 개선 등의 노력이 추진되
었으나, 가시적인 성과는 아직까지 드러나지 않고 있다.

이러한 상황에서 기존의 민간여성노동단체 혹은 여성운동단체
들의 상담역할은 정부나 사법서비스, 혹은 노동조합의 비어있는
부분을 채워 온 주요한 영역이었다. 특히 여성단체들이 가지고 있
는 상담 수요자들의 문제의식에 대한 공감과 사회문제화에 대한
기능은 다른 영역에서는 찾아보기 어려운 강점을 가졌다. ○○타
이어 여성노동자들의 경우도 자신들이 처한 문제를 가장 먼저 지
역여성노동단체 상담실에 도움을 청하였던 사실에서 확인할 수 있
다. 그러나 각 여성단체들의 본연의 역할이 모두 여성노동자들, 그
중에서도 특히 취약계층에 있는 여성노동자에 대한 법적 보호에
초점을 두었던 것은 아니라는 점을 인정해야 한다. 또한 민간여성
단체가 갖는 지역적 한계, 예산상의 영세성, 전문성의 부족, 활동가
의 부족 등의 문제는 여성 고용구조의 악화에서 고통받는 여성노
동자들을 법률적으로 지원하는 데 있어 가장 큰 제약이었음을 지

적할 필요가 있다(전국여성노동조합 지역지부 간부의 인터뷰 내용 중에서).[20]

다음으로 한국사회의 노동조합운동은 외형적인 민주주의 확대에도 불구하고 상당한 관료주의 체계를 나타내고 있다. 이러한 위계적 관료주의와 비민주화의 위험으로 인해 노조조직이 경직화될 가능성을 안고 있다. 노조조직의 관료화는 일반적으로 효율성을 중시하는 조직체계로서 규약·절차에의 집착, 조직의 집중화 및 위계적인 조직구조 등을 특징으로 한다. 이러한 관료화는 노동조합의 민주주의라는 명제를 전면에 제기하게 만드는 주요한 요인이 된다. 더욱이 이러한 관료화는 남성우위문화(masculinity)와 밀접하게 결합되어 여성노동자의 조직화 및 참여, 그리고 동원을 막는 중요한 요인으로 작용하고 있다(박태주, 2000).

이는 결과적으로 노동자집단 내부의 분절성을 초래하고 기업측의 노동통제 효과만을 높여줄 뿐이다. 상이한 특성을 지닌 다양한 노동자집단이 상호간의 이해관계를 대립적인 것으로 받아들이는 한, 상대적으로 열악한 지위에 놓여있는 비정규 여성노동자들의 이해가 기존의 노동조합조직에 온전히 받아들여질 가능성은 없다.

따라서 여성노동자의 노동권에 대한 기존 노동조합의 배타성을

---

20) 기존의 노동조합 조직 내에서 모색해 볼 수 있는 몇 가지 방법, 예컨대 노동조합 여성부의 강화나 여성간부 할당제 혹은 비례대표제, 노동조합간 여성연대조직으로서 여성협의체 결성 등도 고려해 볼 수 있으나 이들은 다음과 같은 한계를 지닌다. 첫째, 현재와 같이 여성이 고용평등요구에 대한 조직 내 경계와 배타성이 지배하는 상황에서는 여성들의 독자적인 사업 확대와 조직화가 현실적으로 가능하지 않다. 둘째, 여성부나 여성협의체 등은 기업에 대한 독자적인 교섭권이 부여될 수 없다는 한계 때문에 적합한 대안이라 보기가 어렵다. 일본의 경우 '여성의 이슈'에 관한 한 노동조합 여성부가 사용자와 독자적인 교섭권을 갖도록 제도화한 사례가 있다(최성애, 2000: 295-6)고 하나 그 한계는 분명하다. '여성의 이슈'가 늘 '여성만의 이슈'인 것은 아니기 때문이다.

고려할 때 비정규 여성노동자가 직면하는 다양한 차별과 배제에 노동조합이 적극적으로 대응할 것인가는 회의적일 수밖에 없다. 여성노동자를 중심으로 더욱 심화되고 있는 고용위기를 남성노동자들이 자신의 문제로 간주하는 것을 기대하기 어렵기 때문이다. 성차별적인 노동시장 조건하에서 고용위기가 악화되어 노동자간 경쟁이 치열해질수록 노동조합 내의 성차별 정책은 더욱 강화되어 왔다는 사실은 이와 같은 우려를 뒷받침해 준다(최성애, 2000: 294). 뿐만 아니라, 비정규 여성노동자의 노동조합 가입이 기존 노동조합에 의해 허용되지 않고 있다는 점은 기존의 노동조합을 통한 여성노동자 문제의 해결 가능성을 더욱 어렵게 하는 것이다.

결국 노동조합운동이 상대적으로 노동시장에서 우위를 점하고 있는 특정 노동자집단의 이해에 의해 주도될 경우, 노동자 상호간의 직접적 이해관계는 더욱 이질화될 것이다. 그리고 이는 노동자들의 분절성을 가속화함으로써 장기적으로는 하나의 계급으로서 노동자가 자본에 대해 갖는 근본적 이해관계가 크게 손상되는 결과를 낳게 될 것이다.

5. 양성평등적 노동자조직을 향하여

IMF 경제위기는 여성노동자들에게 더 큰 희생을 강요해 왔다. 신자유주의, 규제완화 및 민영화, 그리고 유연화가 새로운 화두로 등장한 그 이면에는 노동조합운동의 위기가 논해지고 있다. '낡은 푸대에 새 술'을 담을 수는 없기 때문이다. 노동조합운동이 직면하고 있는 변화된 상황은 노동조합으로 하여금 새로운 대응을 요구하고 있다. 여성노동자가 노동력구성에서 차지하는 비율이 증가하고 있지만, 이들 대부분이 비정규 노동자라는 점, 더불어 비정규 여성노동자의 이해가 남성노동자의 이해와 반드시 일치하지 않는 다는 점, 그리고 비정규 여성노동자가 가부장적이고 위계적인 노동조합에서 차별받고 배제되고 있다는 점을 인식할 필요가 있다.

이러한 문제의식 하에서 이 글에서는 사례대상 기업에 대한 분석을 통해 비정규 여성노동자의 차별과 배제, 정규 남성노동자와 비정규 여성노동자의 분절적 관계가 어떻게 심화되었는지 그 양상을 살펴보았다.

먼저, 정규 남성노동자들이 비정규 여성노동자를 바라보는 시각에 문제가 있다는 점이다. 정규 노동자만의 입장에서 자신들이 소수화되고 비정규 노동자가 다수가 될 것이라는 심리적 불안이 도사리고 있다. 이미 비정규로 고용된 여성노동자의 입장은 전혀 배려되지 않고 자신들을 불안하게 하는 위협적인 존재로만 파악하고 있다. 사례대상 기업인 ○○타이어의 경우, 대부분 정규직이 퇴사할 경우 빈자리를 비정규직으로 채우기 때문에 정규 남성노동자와 비정규 여성노동자간에 교류도 적고 같은 처지에 있는 노동자로 인식하지 않는 경향이 있었다. 이러한 심리적 거리감뿐만 아니라, 작업장 내에서 정규 남성노동자에 의한 비정규 여성노동자의 차별과 배제가 관철되고 있음을 확인할 수 있었다.

노동조합운동은 정치·경제적으로 탄압받고 착취당하는 약자의 편에 서 있었다. 한국사회에서 약자는 노동자이며 그 중에서도 저임금과 차별대우, 만성적인 고용불안의 3중고에 시달리는 것은 비정규 여성노동자들이었다. 그런데 노동조합은 비교적 신분이 안정되고 노동조건이 우월한 정규 남성노동자를 중심으로 조직되고 그들의 이익을 대변하고 있어 노동조합의 보호를 필요로 하는 비정규 여성노동자의 권익을 대변해 주지 못하고 있다. 오히려 비정규 여성노동자를 부담스러워하고 차별대우를 묵인해주고 있다.

특히, ○○타이어의 경우 이해당사자들의 감정의 골이 비정규 여성노동자에 이중으로 작용하였다. 기업측의 노조약화와 비정규직화 의도를 논의하면서도 결론은 비정규 여성노동자를 자신들과 똑같은 피해당사자로 보지 않고 쫓아내야 하는 것으로 해결방법을 찾았다. 기업측의 장기적인 비정규직화 계획을 어떻게 저지할 것인지에 초점이 맞추어지지 못하였다. 노동조합 또한 이들 정규직 남성조합원의 심정에 동의하고 있으며, 노동자 전체의 시각에서 비정규 여성노동자문제를 바라보고 풀어야 한다는 것으로 이끌지 못하고 있다.

정규 남성노동자들의 경우 비정규 여성노동자를 자신들의 고용 유지의 안전판으로, 노동강도 강화의 완충제로 사고하는 경향이 노골화되고 있다. 결국 노동의 불안정화는 노동자집단 전반의 노동조건을 악화시키고 정규직의 고용을 위협하는 것이긴 하지만, 그 효과가 불균등할 뿐 아니라 정규직-남성 노동자들의 경우 비정규직-여성 노동자들의 희생을 바탕으로 일시적인 노동조건 개선을 얻어낼 수도 있다는 점에서 노동자 내부의 '성'과 '고용형태'에 의한 분절화와 양극화를 가속화시키고 있다. 사례 기업의 노동조합이 비정규 여성노동자의 노조 가입을 허용하지 않거나, 남성노동자로의 대체를 기업측에 요구한 것은, 노동자집단이 분할되는 상황에서 조직된 노동자들의 이해관계에만 입각해있는 노동조합이 노동조합으로서 대표성도 갖추지 못하는 소수 노동자들의 이익집단으로 전락하게 되고, 조직된 조합원들은 노동조합이 자신들만의 이익을 대표하도록 하는 것을 자연스러운 것으로 받아들이게 만든다.

그러므로 기존 노동조합으로부터 배제되어 있는 비정규 여성노

동자들도 쉽게 노동조합에 가입하고 그 권리를 보호받고 활동할
수 있도록 하기 위한 조직적 대안이 필요하다. 정규 남성노동자
중심의 노동조합운동이 소외계층인 비정규 여성노동자의 조직화
에 보다 관심을 갖고 지평을 넓혀나가는 적극적인 변화가 필요하
다. 여성이면서 노동자로서의 특수한 경험이 여성노동자로 하여금
그 어떤 노동자집단보다도 적극적으로 전체 노동자의 이해를 위해
투쟁할 구조적 역량으로 작용할 수 있다. 여성노동자가 중심이 되
는 조직적 대안은 이러한 여성노동자의 구조적 역량을 조직적 역
량으로 구체화시키는 효과적인 조직 대안이 될 수 있을 것이다.

　일상적인 임금, 단체협상은 물론이고 노동조합으로부터도 배제
받는 대공장의 비정규 여성노동자들이 존재하는 한, 대공장 노동조
합운동이 한국사회 노동운동의 대안이 될 수 있는지에 대해서는 이
론적·경험적 연구의 축적을 통한 더 많은 성찰이 필요할 것이다.

제 6 장

한국 보건의료노동 영역의 여성배제와 성차별구조

1. 보건의료노동 영역과 젠더 연관성

한국사회의 경우 역사적 경험으로 볼 때, 서구사회의 보건의료 체계가 이식되어 발전해 온 기간은 100년 정도에 불과하다. 이 기간 동안 한국사회는 보건의료영역을 다른 영역에 비해 상대적으로 신비화한 경향이 있으며, 이러한 신비화의 경향은 전문주의와 맥을 같이 하면서 나름대로의 성역을 쌓아왔다고 할 수 있다(정경균·김영기·문창진 외, 1991; 조병희, 1999). 특히 한국사회는 보건의료영역에 대해서 자유방임상태를 유지함으로써 특별한 통제를 행사하지 않았다고 할 수 있다.

그러나 1970년대 후반 의료보험제도가 실시되면서 보건의료영역에 대한 국가의 통제가 이루어지기 시작했으며, 이를 계기로 국민들이 보건의료영역에 느끼고 있는 문제들이 사회문제로 부각되기에 이르렀다. 의료보험을 선두로 하여 진행된 보건의료문제의 사회문제화는 많은 사람들로 하여금 보건의료영역의 성역을 하나씩 넘어서게 했으며, 80년대 후반에 들어와서는 전국민 의료보험제도의 실시를 계기로 보건의료영역에 대한 국민의 관심과 직접적인 영향력의 행사 등이 점차 증대되어 왔다.

이러한 상황에서 보건의료환경은 급속히 변화하고 있다. 의료보험제도가 실시된 후 건강에 관한 관심이 증가하고 환자들의 권리주장도 높아지고 있다. 뿐만 아니라, 각종 대중매체를 통한 보건의료정보의 공유가 가능해지고 있다.1) 또한 사회적으로 여성의 참여와 권리가 점차 증가하면서 보건의료인력 중 여성의 비율도 늘어가고 있다. 한국사회에서 비교적 여성들의 직종 분포가 많은 곳이 보건의료영역이라고 할 수 있다.2) 의사, 간호사, 약사 등과 같은 전문인으로서만이 아니라 조산사, 유급 간병인이나 산후 조리원 등 그 범위가 넓기 때문이다.3) 그리고 섬세함과 애정을 필요로 하는 보건의료영역의 특성이 여성인력에 대한 수요를 창출하고 있는 것이다. 하지만 이러한 사실이 곧 보건의료영역에서 여성인력의 양

---

1) 의료(health care)는 근대과학의 발달과 더불어 인간 생활의 여러 측면들까지도 그 범위 안에 포함하기 시작했다. 즉, 출산, 육아, 죽음 등 생활사(life cycle)의 각 단계들에서부터 식사, 음주, 흡연, 운동, 정신적 상태 등 매일 매일의 일상적 측면에 이르기까지 광범위하게 나타나고 있다.

2) 현재 한국사회에서 법으로 정하고 있는 보건의료인력은 의료법 제2조에서 의료인으로 규정된 의사, 치과의사, 한의사, 조산사 및 간호사를 비롯하여 의료기사법 제2조에서 규정하고 있는 의료기사(임상병리사, 방사선사, 물리치료사, 작업치료사, 치과기공사, 치과위생사)와 의무기록사 및 안경사가 있으며, 그 밖에 의료법 제58조의 간호조무사가 이에 포함된다(보건복지부, 2000).

3) 특히, 병원에 근무하는 보건의료인력의 직업은 병원조직이 분업화됨에 따라 매우 다양화되었다(정경균 외, 1991). 병원은 직종을 크게 나누어 의무직, 사무직, 간호직, 약무직, 보건직, 기술직, 전산직, 의공직, 별정직, 기능직, 고용직, 임시직 등으로 구분하는데 각 직종별로 다양한 기술과 자격수준별 구분이 가능하다. 예컨대 의무직은 전임의사와 레지던트, 인턴으로 나누고, 간호직은 간호사와 간호조무사로 나눌 수 있다. 보건직은 임상병리사, 방사선사, 물리치료사 등 많은 의료기사들로 구성되어 있다.

적·질적 증가를 가져오고, 성평등이 관철되고 있다고 보기는 어렵다.

역사적으로 여성들은 의료와 밀접한 관계를 맺어왔다. 예를 들어, 여성 자신의 생식 또는 출산과 관련하여 남성중심적인 사회에서 받는 크고 작은 정신적·심리적·육체적 고통으로 인해 또는 전통적으로 아이, 노인, 병자 등을 '돌보는' 일을 전담해 옴으로 해서, 여성들은 의료행위와 훨씬 더 자주 대면하였다.

그러나 의사를 중심으로 한 현재의 보건의료영역은 압도적으로 남성중심적이다. 여기서 남성중심적이라 함은 일차적으로 그 성비구성에 있어 남성이 압도적인 다수를 차지함과 동시에 실제적인 독점을 형성하고 있음을 뜻한다. 예를 들어, 대학, 병원, 연구기관 등의 보건의료체계 내에서 영향력 있는 지위로 올라갈수록 여성을 찾아보기는 더욱 힘들어진다. 또한 압도적 다수가 남성인 보건의료체계가 '남성적인 문화'를 형성하고 있는 것과도 무관하지 않다(조정진, 1997; 오조영란, 1999: 73).[4]

그렇다면 보건의료영역과 젠더(gender)의 관계는 어떻게 보아야 하는가? 서구사회의 여성 연구에서는 역사를 통틀어 가장 성차별의 뿌리가 깊은 분야 중의 하나가 보건의료영역이었다는 결론을 내리는 데 주저하지 않는다(팍스, 1993; 사라 네틀턴, 1997; 조정진, 1997; 오조영란, 1999).

이러한 문제의식과 연관되어 서구사회에서는 기존의 제도권 내

---

4) 이 때문에 보건의료영역에 관한 연구는 주로 남자 의대생 및 병원수련의에 집중되어 있다. 이것은 1970년대 이전 주요 보건의료영역에 관한 연구가 수행되었을 때, 여성의 비율이 의대 신입생의 9%에 불과했다는 사실에 일부 기인한다. 더구나 연구자들은 의료적 훈련을 받는 여성이 증대하거나 남성과는 다른 특징을 고려해야 한다고 생각하지 않았다(팍스, 1993: 151).

에서 진행되어 오던 보건의료영역의 문제인식방법이나 문제해결
방식 등에 대한 반성과 함께 1980년대 후반 제도권 밖에서 보건의
료문제에 대한 인식과 그 해결방법에 대한 새로운 접근이 구체적
인 모습으로 나타나기 시작하였다. 이 접근방법은 보건의료문제를
보건의료영역 내부에서 바라보지 않고 보건의료 밖에서, 그리고
보건의료를 포함하는 사회전체를 총체적으로 바라보려는 의도에
서 진행된 논의구조로 이루어진다.

그러므로 보건의료영역과 젠더의 관계를 분석하기 위해 여성주
의적 시각을 대안적인 설명틀로 제시하고자 한다(사라 네틀턴,
1997). 여성들은 일생을 통하여 독특한 경험을 하게 되며, 여성의
삶에 대한 경험은 매우 다양하게 이루어진다. 그러나 이러한 다양
하고도 독특한 여성의 경험들이 여성만이 겪게 되는 사회문화적
관계와 맥락 속에서 형성된다는 점을 주목해야만 한다. 여성에게
주어진 역할, 여성의 사회적 지위 등 여성이 겪게 되는 경험의 공
통된 의미와 기원을 공유하고 이해하기 위해서는 여성주의 시각에
서의 재구성이 필요하다고 여겨진다.

그러나 여성주의적 시각과 이론이 한국사회 각 분야의 담론에도
문제를 제기하면서 그 영향을 미치고 있지만 보건의료영역의 여성
차별구조에 관한 본격적인 논의는 부족한 편이다. 따라서 보건의
료영역과 젠더가 어떻게 연관되어 있는가 하는 문제를 다각적으로
분석할 필요가 있다. 한국사회에서 아직까지 성차별주의가 횡행하
고 성차별의 이데올로기가 만연한다면 보건의료영역은 그로부터
얼마나 자유로울 수 있을 것인가? 한국사회의 보건의료영역에서
성차별구조와 성별분업의 고착화 현상이 존재한다면 이는 어디에
서 연유하는 것일까?

이 글은 한국사회의 여성 보건의료인력이 어떻게 자리매김 되고

있는가를 분석하는 데에서 시작하여, 보건의료영역에서 성차별구
조를 극복하고 여성의 평등한 참여를 위한 대안을 모색하는 것을
목적으로 하고 있다. 보건의료영역에서의 여성의 역할과 지위를
밝히는 작업은 학문적으로 유의미할 뿐만 아니라, 여성의 보건의
료영역 진출이 한국사회의 발전에 현실적으로 중요한 의미를 지닌
다고 믿기 때문이다.

이러한 분석은 보건의료영역이 궁극적으로는 급변하는 정치적,
사회적 상황과 기대를 기반으로 보건의료가 여성을 지배하거나 배
제하는 이데올로기나 제도로서가 아니라 여성의 참여와 평등을 위
해 진정으로 공헌할 수 있는 것으로서 젠더와 상호작용하면서 변
화해가기 위해 반드시 필요한 연구작업이다. 이 글의 연구방법은
여성주의적 시각을 통한 질적 내용분석법(feminist qualitative content
analysis)이다. 여성주의의 시각에서 이루어지는 질적 내용분석법이
란 연역적이고 해석적인 틀로서 여성주의 이론을 적용시키는 분석
방법으로 이는 역사를 통해 지속적으로 간과되어 왔던 여성의 경
험을 '자기의식(self-conscious)'을 가지고 새롭게 분석하고자 하는 시
도라고 볼 수 있다.

2. 보건의료영역의 성차별구조에 관한 이론적 논의

1) 보건의료영역에서 여성배제의 역사

근대적 의료체계가 형성되고 의료전문직이 출현하기 이전, 질병
과 그에 대한 대책에 대해서 가장 많은 지식을 가지고 있던 사람은

'여성'이었다. 여성들은 자신이 대부분 출산을 경험하였고 다른 사람의 출산을 도와주었던 경험이 있었다. 따라서 아픈 사람을 돌보아주고 출산을 도와주는 것은 최초의 전문적인 의료행위였고 이는 여성의 역할이었다. 이는 '치료'(doctoring)와 '간호'(nursing)의 혼합형태였다고 할 수 있다. 그 이후 보건의료의 역사에서 여성은 꾸준히 의료제공자로서 중요한 역할을 담당하였다. 남성만이 의사로서의 역할을 해낼 수 있다는 생각은 20세기 이후 근대적 의료체계의 확립 이후 생기게 된 것이다.

근대적 의료체계가 확립됨에 따라 출산은 주로 병원에서 이루어지게 되었다. 출산의 의료화·병원화는 의사들에게 많은 이익을 가져다 주었다. 즉, 병원에서 의사들은 자신의 환자를 보다 통제하기가 쉬워졌으며, 더욱 다양한 의료기술을 사용할 수 있었고 높은 진료비를 청구할 수 있었으며 많은 환자를 볼 수 있었다(Wertz, 1983). 병원에서의 출산은 산과학이 전문분야로 발전하는 데 기여하기도 하였다. 병원에서 출산을 하는 현상의 증가는 출산이 여성 중심적인 가사활동의 범주를 벗어나 남성이 지배하는 영역으로 옮겨졌다는 사실을 드러낸다고 할 수 있다(앤더슨, 1989).

또한 여성들은 '치료자로서의 역할'로부터 제외되기 시작하였는데, 이는 전문직화(professionalization) 과정에 기인한다. 전문직화란 경험에 바탕을 두고 누구나가 할 수 있던 일반적인 인간의 기술이 폐쇄된 집단의 소수에 의해서만 시행될 수 있다는 배타적인 기술로 전환해 가는 과정이라 할 수 있다. 특히 의학의 여러 분야 중 산과 전문의와 산파의 갈등에서 산과전문의의 궁극적인 승리는 보건의료체계 전반에서 여성들의 배제와 밀접한 연관을 갖게 되었다.

이러한 여성산파들의 배제과정은 전문가적 독점의식에서 비롯되었을 뿐만 아니라, 의료전문인들의 성차별주의를 나타낸다고 할 수 있다.[5] 보건의료체계에서 여성이 배제된 사실은 매우 중요한 의미를 지닌다. 가장 분명한 것은 이 과정을 통해 산과의사들에게 성차별주의적인 편견을 심어주었다는 것이다. 즉, 남성은 '안전'을 수행하는 사람이 되었으며, 여성은 남성의 의학적인 통제를 받아야 할 사람이 되었다(Wertz and Wertz, 1990: 158-9).

이렇게 해서 여성들은 의과학 그 자체의 역사보다 훨씬 오래된 뿌리 깊은 성차별주의에 의해 제도적으로 배제되어 갔으며, 남성 전문의료인들의 권위를 확립해 나가는 과정 속에서 점차 이차적인 지위를 부여받게 되었고, 사회가 제시하는 여성적 역할이 이를 더욱 정당화시켜 주었다.

이상에서 살펴보았듯이, 서구사회의 경우 보건의료영역에서 남성전문의료인들이 주도권을 쥐고 여성의 '몸'을 지배하고 통제하게 된 과정은 배타적이고 성차별적이며, 남성의 지배력을 강화하려는 이데올로기에 의해서 형성되어 왔기 때문에 근본적인 변화를 요구하는 젠더에 의한 투쟁이 계속되었다.

보건의료체계로부터 여성배제에 대한 비판은 여성주의적 이론과 여성운동의 성장과 더불어 '여성건강'에 대한 관심이 생기게 되면서 시작되었다. 1960년대 말 서구사회에서 시작된 여성건강운동은 여성들이 자신의 몸과 건강에 대한 지식과 경험을 더 많이 공유하고, 자신의 건강을 주체적으로 관리하고 책임지자는 내용을 포함하는 것이다. 이 운동은 피임과 낙태에 대한 관심으로부터 시작하여 보건의료체계에 대한 불만과 문제점을 여성주의적 시각에서

---

5) 의사들이 여성의 재생산과정을 독점하게 된 것은 중상계층 여성들의 출산을 바라보는 시각의 변화, 의사들의 경제적인 이익, 그리고 여성산파가 수행하는 출산은 부적절하다는 성차별주의적 관념의 발달이 서로 맞물려서 이루어진 결과라고 할 수 있다. 이에 관한 보다 구체적인 내용은 정경균 외(1991)을 참조할 것.

비판하고, 나아가 여성의 자율성을 존중하는 의료체계를 만들고자
노력했다. 즉, 이 운동은 소수 '전문가'들의 정보와 지식의 독점에
반대하고, 치료보다는 총체적인 '예방'에 초점을 맞추며 남성중심
적, 병원중심적인 의료에 문제를 제기하였다.[6)]

그러나 한국사회에서는 보건의료영역에 있어서 젠더에 의한 충
돌과 투쟁의 역사는 거의 찾아볼 수 없다. 여성의 출산을 위해 존
재했던 산과학적 치료는 의료행위를 담당하는 사람의 지위와는 관
계없이 엄격한 관습적 규범, 즉 남성의 참여를 금기하는 문화로 인
하여 주로 출산경험이 있는 여성들에 의해서 제공되었다. 그런데
근대 이후, 여성들이 전유해 왔던 이러한 의료행위들이 남성전문
의료인집단으로 넘어가게 된 것은 기존의 의료행위자를 배제시키
고자 하는 전문의료인들의 정치적인 활동의 결과라기보다는 의과
학(medical science)을 통해 사회를 보다 효과적으로 통제하고자 했던
국가정책의 산물로 이해할 수 있다(정경균 외, 1991; 오조영란,
1999; 조병희, 1999).

그럼에도 불구하고, 한국사회에서 여성들은 근대의학의 보건의
료체계가 출현하기 이전까지 사회내의 중요한 의료제공자였지만,
일단 보건의료체계가 남성의 주도하에 놓이면서 공식적인 분야에
서 의료제공자로서 여성의 역할은 상당히 축소되었다. 단지 이 과
정이 국가정책에 의해 주도되면서 서구사회와 같은 여성운동의 저
항을 받지 않았다고 할 수 있다.

---

6) 서구사회의 여성건강운동 조직들은 보건의료체계 내의 성차별주의를
   비판하고, 여성중심의 대체의료를 창안하는 데 집중하였다. 이들의 활
   동은 여성건강센터와 대체 출산센터(birthing center)의 설립, 가정분만운
   동, 조산사의 공식적 인정을 위한 지원 등을 포함하였다(오조영란,
   1999: 83-4).

2) 보건의료영역의 성차별구조에 관한 이론

보건의료영역의 성불평등에도 불구하고 젠더와의 연관성이나 성차별구조에 관한 연구는 상당히 미흡하다고 할 수 있다(팍스, 1993; 사라 네틀턴, 1997). '치료'의 역할이 여성의 손에서 남성의 통제로 넘어가는 역사적 과정과 전문의료직의 출현은 보조를 같이한다. 위츠(Witz, 1992)는 치료행위에서 여성의 참여가 배제된 것이 '의료'가 제도적으로 가정의 영역에서 시장의 영역으로 전환되었기 때문이라고 설명하고 있다. 역사적으로 환자를 보살피는 것이 대부분 여성의 몫이었다는 점에서 여성이 계속 치료행위에 참여한 것이지만, 보건의료체계에서는 여성이 남성의 통제하에 속하게 되었다.

따라서 보건의료영역에 대해서 관심을 보이게 된 연구에서는 전문인(health professionals), 특히 의사에 대해서 연구하였다. 그러나 보건의료전문직(medical and health professions)에 관한 사회학적 연구는 꽤 축적되었지만, 그 연구주제나 범위는 한정적이다. 다시 말해서, 간호사보다 의사에 대해 훨씬 더 많은 연구를 수행하였고,[7] 그 이외의 보건의료직에 대해서도 거의 관심을 나타내지 않았다(팍스, 1993).

보건의료영역의 성차별구조에 관한 문제의식과 연구수행은 여성주의적 시각을 가진 페미니스트들에 의해 진행되었다. 먼저, 급진주의 페미니스트들은 보건의료영역이 가부장적이고 여성억압적이라고 보며, 이는 남성이 여성의 몸을 통제해 온 방식으로 증명된

---

7) 의사에 집중된 사회학적 연구와 분석도 제한된 주제에 집중되어 있다. 특히, 의사의 '전문적 지배'(professional dominance), 의사의 조직적 자율성 및 권위, 의료분쟁처리 등이다.

다고 주장한다. 이들에 의하면, 바람직한 의사-환자 관계는 성차
별과 동성애에 대한 편견이 없는 환경에서 '여성에 의한 여성을 위
한' 보건의료가 제공될 때에만 비로소 이루어질 수 있다고 한다.
이에 비해 사회주의 페미니스트들은 '가부장적' 체계를 내부로부
터 바꿀 필요가 있다고 주장한다. 즉, 더 많은 여성을 의사와 보건
관리자로 만들고, 전문가가 환자에 대해 더욱 책임을 지도록 유도
하며, 의료인이 권력과 구조적 불이익의 문제를 더 많이 인지하도
록 만들자는 것이다(사라 네틀턴, 1997).

　그러나 급진주의 페미니스트들은 이러한 사회주의 페미니스트
들의 주장에 대해, 단순히 여성을 더 많이 진출시킨다고 하더라도
그들이 의료제도를 내부로부터 본질적으로 변화시킬 가능성은 희
박하고, 남성 의료인에 비해 여성이 크게 다르다는 보장이 없기 때
문에 별다른 효과가 없다고 비판한다. 즉, 산부인과의 여자의사가
환자에게 불친절하고 성차별적인 언어를 사용하며, 여성문제에 대
한 문제의식이 부족하기는 남자의사와 마찬가지라는 사실을 지적
하고 있다. 급진주의 페미니스트들은 성불평등적 보건의료체계에
대항하여 자조집단과 같은 의료기관이 미래의 대안모델이 될 수
있다고 제시한다.

　보건의료체계의 권력과 경제적 보상의 분배 등에 있어서 성차별
구조와 위계질서는 사회 전체 영역의 남녀간의 상대적 지위를 반
영하는 것이다.[8] 그러므로 급진주의 페미니스트들의 주장대로 성

---

8) 보건의료영역의 성차별구조와 위계질서는 가정영역에서의 남녀불평등
현상을 반영하는 것이다. 중산층의 이상적 가족이 갖게 되는 모델은 가
장인 아버지가 의사결정의 주체자이고 어머니의 역할은 수동적이고 서
비스를 제공하는 것이며, 특히 남편의 지시를 따른다. 반면 아이들은
부모에게 복종하고 부모의 보살핌을 받는 것이며, 이들의 요구는 부모
에 의해서 평가되어지고 충족되어진다. 이러한 모델은 병원에서 일어
나는 의사-간호사-환자의 관계와 유사하여 부-모-자녀의 관계에서도 각

차별적 보건의료영역의 외부에서 대체 의료기관을 설립하여 이러한 성차별문제를 극복하는 대안도 필요하지만, 보건의료영역 내부에서 가부장적 체계를 성평등적으로 바꾸어내는 대안도 필요하다. 왜냐하면 보건의료영역의 성차별구조는 가부장적 사회 전반의 성차별구조와 긴밀하게 연관되어 있기 때문이다.

이러한 보건의료영역 내부에서의 성차별구조에 대해서 위츠(Witz, 1992)는 성별로 구분된 직업전략의 모델을 제시하고 있다. <그림 1>에서 살펴 보면, 네 가지 직업적 폐쇄전략을 개념화시키고 있다. 보건의료영역 내부에서 지배적인 집단은 두 가지 전략을 행사한다. 첫째는 외부인의 전문직 접근을 제한하면서 내부 사안을 자체적으로 처리하는 직종 내부적 통제인 배제전략(exclusionary strategies)이며, 둘째는 관련있는 준전문직에 대해 직종간의 통제를 행사하는 구획전략(demarcatory strategies)이다. 의료 전문직 교육기관에 여성입학을 제한하는 것이 성차별적 배제전략(gendered exclusionary strategies)의 한 사례이다. 또한 의사와 간호사의 경우에서처럼 지배적인 집단이 여성의 업무영역을 포위해서 한정하는 것은 성차별적 구획전략(gendered demarcatory strategies)이다. 이와 대조적으로 피지배집단은 자신을 배제한 직업의 구성원이 되기 위해 노력하는 포괄전략(inclusionary strategies)을 행사한다. 예를 들어, 여성이 의료전문인이 되는 것을 의미한다. 또한 피지배집단은 지배집단이 자신들의 능력에 대해 가하는 직종 내부통제에 반발하면서, 역으로 배제전략을 행사하여 자신의 지위를 강화하는 (예를 들어, 조산사의 경우) 이중적 폐쇄전략(dual closure strategies)을 행사한다. 따라서 여성은 보건의료영역에서 구조적으로 취약한 자신의 위치로부터 이러한 두 가지 전략을 추구하였다.

각 상응하는 역할들을 수행함으로써 관계를 유지시켜 나간다.

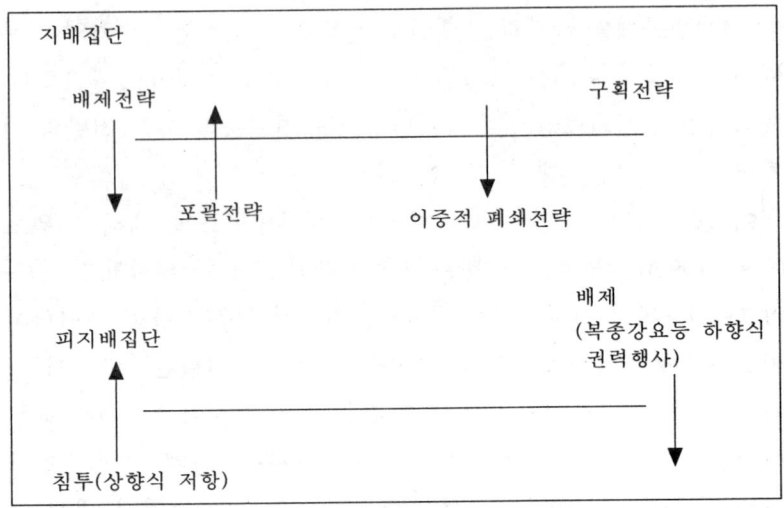

자료: Witz(1992 :42).

〈그림 1〉 직업영역 폐쇄전략 : 개념적 모형

따라서 서구사회의 경우, 의사 내부의 강한 응집력과 강력한 유대감을 바탕으로 국가나 기업의 의료에 대한 간섭을 저지하고 의료의 자율성을 확보하는 과정에서 보건의료영역의 직업적 폐쇄전략이 형성되었다(조병희, 1999). 그렇다면 한국사회의 보건의료영역에서 성차별구조의 특성과 이에 대한 전략적 대응과정은 서구사회의 경우와 차별적인가? 이에 대한 구체적인 내용은 다음 절에서 살펴보겠다.

3. 여성 보건의료인력의 현황과 여성배제적 특징

1) 보건의료영역의 여성배제적 특징

한국사회에서 보건의료인력은 1980년대 이후 빠른 속도로 증가하고 있다. <표 1>에서 살펴 보면, 1999년 12월 말 현재 의사 종사자수는 5만 949명, 치과의사 종사자수는 1만 2천 287명, 한의사 종사자수는 7천 735명, 간호사 종사자수는 5만 7천 411명이다. 최근 10년 동안 의사수는 약 2.3배, 치과의사수는 3.5배, 한의사수는 2.6배 정도로 늘어났다. 보건의료인력의 급증은 한국사회의 보건의료영역에 대한 수요의 증가와 맞물려서 진행되었음을 알 수 있다.

1998년 현재 한국사회 주요 보건의료인력의 직종별 분포를 서구사회와 비교하면 <표 2>와 같다. 인구 1인당 의사, 치과의사, 간호사 비율은 주요 선진국에 비하여 낮지만, 약사의 비율은 더 높다. 한국사회의 경우 인구 1인당 의사 비율에 한의사가 포함되었고, 주요 선진국의 비교자료가 1990년대 초, 중반의 통계수치임을 감안한다면, 서구사회에 비하여 아직까지 부족한 실정이다. 그럼에도 불구하고, 1980~90년대를 통해서 보건의료인력이 빠르게 증가하였음을 알 수 있다.

뿐만 아니라, 여성들의 지위향상과 더불어 여성들의 불모지로 인식되어 오던 보건의료영역에서 간호부문을 제외한 다양한 직종에 여성들이 진출하고 있다. 여성의 비율은 시기적으로 달라지고 있는데, 이러한 변화추세를 구체적으로 살펴봄으로써 보건의료영역에서 여성이 차지하는 역할과 지위를 가늠해 볼 수 있다. 연도별, 직종별 여성 보건의료인력의 수와 비율은 <표 3>과 <표 4>에서 살펴볼 수 있다.

〈표 1〉 보건의료인력 현황

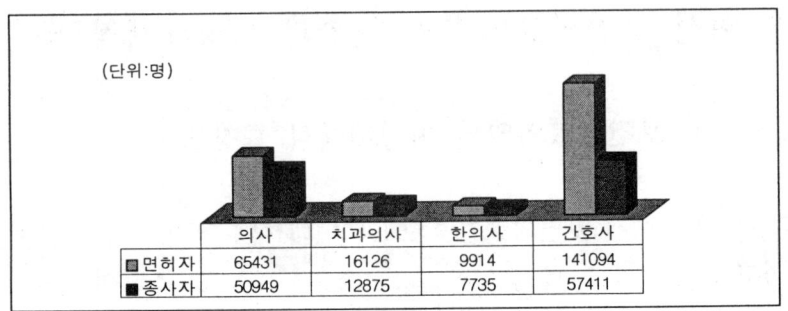

(단위:명)

	의사	치과의사	한의사	간호사
면허자	65431	16126	9914	141094
종사자	50949	12875	7735	57411

주: 1999년 12월말 현재.
자료: 보건복지부. 2000.4.『보건복지주요행정통계』. p.12에서 인용.

〈표 2〉 보건의료인력 국제비교 (단위: 명)

연도별	지표	의 사[1] 1인당인구	치과의사 1인당인구	약 사 1인당인구	간 호 사 1인당인구
한 국	1990	887	4,457	1,155	482
	1992	791	3,869	1,104	432
	1993	746	3,620	1,080	408
	1994	714	3,436	1,057	389
	1995	681	3,278	1,036	372
	1996	663	3,169	1,022	358
	1997	644	3,007	1,009	345
	1998	618	2,880	988	329
주 요 선 진 국	일본('94)	542	1,543	878('92)	140
	미국('94)	396	1,646	1,614	143
	스웨덴('95)	325	990	1,478	97
	독일('95)[2]	298	1,346	1,826	197
	영국('93)	648	2714	1,691	234[3]
	프랑스('94)	351	1,466	1,028	172
	오스트리아('95)	377	2,192	1,976	117
	이탈리아('92)	605	182	1,394	82
	덴마크('92)	353	1,910	5,292	149
	캐나다('94)	464	1,937	1,626	1,108

주: 1) 한의사 포함, 2) 독일은 서독에 한함, 3) 간호조무사 포함.
자료: 보건복지부. 1999.『보건복지백서』. p.272에서 인용.

〈표 3〉 면허 의사·치과의사·한의사수 (단위: 명)

연 도	의 사			치 과 의 사			한 의 사		
	계	남	여	계	남	여	계	남	여
1975	16,260	14,044	2,216	2,595	2,284	311	2,788	2,739	49
1980	22,074	19,028	3,046	3,620	3,226	394	3,015	2,943	72
1985	29,151	25,122	4,029	5,436	4,882	554	3,789	3,655	134
1990	42,458	36,238	6,220	9,619	8,133	1,486	5,792	5,452	340
1995	57,096	46,911	10,185	13,681	10,921	2,760	8,714	8,007	707
1996	59,307	48,613	10,694	14,371	11,378	2,993	9,299	8,511	788
1997	62,517	51,243	11,274	15,383	12,128	3,255	9,289	8,501	788
1998	65,339	53,460	11,879	16,126	12,654	3,472	9,914	9,015	899

주: 해외 거주자 포함.
자료: 보건복지부 보건자원정책과 자료에서 구성.

〈표 4〉 면허 약사수 (단위: 명)

연 도	계	남	여
1975	19,750	10,211	9,539
1980	24,366	12,091	12,275
1985	29,866	14,118	15,748
1990	37,118	15,832	21,286
1995	43,269	17,996	25,273
1996	44,577	18,344	26,233
1997	45,820	18,672	27,148
1998	46,998	19,023	27,975

주: 해외 거주자 포함.
자료: 보건복지부 보건자원정책과 자료에서 인용.

〈표 5〉 면허 자격등록 조산사·간호사·간호조무사(단위: 명)

연 도	조산사	간호사	간호조무사
1975	3,773	23,632	43,433
1980	4,833	40,373	61,072
1985	6,247	59,104	106,340
1990	7,643	89,032	135,714
1995	8,352	120,415	188,714
1996	8,447	127,145	197,788
1997	8,516	133,920	207,484
1998	8,590	141,094	218,718

주: 해외 거주자 포함.
자료: 보건복지부 보건자원정책과 자료에서 인용.

〈표 6〉 면허 의료기사, 의무기록사 및 안경사수 (단위: 명)

연 도	총 계			임 상 병 리 사			방 사 선 사		
	계	남	여	계	남	여	계	남	여
1975	4,295	3,383	912	2,001	1,445	556	1,093	1,015	78
1980	8,955	6,001	2,954	4,197	2,587	1,610	2,018	1,765	253
1985	22,077	11,271	10,806	8,586	3,813	4,773	3,994	3,233	761
1990	57,224	29,993	27,231	16,220	5,667	10,553	8,194	6,562	1,632
1995	85,313	40,357	44,956	21,792	6,945	14,847	11,277	8,342	2,935
1996	90,866	42,594	48,272	23,310	7,200	16,110	12,114	8,843	3,271
1997	98,649	45,306	53,343	25,086	7,689	17,397	13,176	9,634	3,541
1998	106,570	48,068	58,502	26,735	8,121	18,632	14,360	10,490	3,870

연 도	물 리 치 료 사			작 업 치 료 사			치 과 기 공 사		
	계	남	여	계	남	여	계	남	여
1975	318	112	206	4	-	4	839	811	28
1980	787	324	463	14	1	13	1,440	1,315	125
1985	2,553	1,006	1,547	46	4	42	3,827	3,119	708
1990	6,281	2,523	3,758	140	16	124	7,696	5,937	1,759
1995	9,924	3,849	6,075	289	33	256	11,509	8,443	3,066
1996	10,611	4,060	6,551	319	36	283	11,940	8,832	3,108
1997	11,960	4,496	7,464	347	39	308	12,587	9,175	3,412
1998	13,028	4,854	8,174	370	46	324	13,259	9,507	3,752

연 도	치 과 위 생 사			의 무 기 록 사			안 경 사		
	계	남	여	계	남	여	계	남	여
1975	40	-	40	-	-	-	-	-	-
1980	499	9	490	-	-	-	-	-	-
1985	2,675	21	2,654	396	75	321	-	-	-
1990	6,310	25	6,285	2,123	274	1,849	10,260	8,989	1,271
1995	11,170	35	11,135	4,681	886	3,795	14,671	11,824	2,847
1996	11,277	37	11,240	5,349	971	4,378	15,946	12,615	3,331
1997	12,356	39	12,317	6,142	1,073	5,069	16,995	13,161	3,834
1998	13,769	40	13,729	6,811	1,180	5,631	18,220	13,830	4,390

주: 해외 거주자 포함.
자료: 보건복지부 보건자원정책과 자료에서 인용.

먼저, <표 3>의 직종별 여성비율을 살펴보면, 의사, 치과의사, 한의사에서 여성의 수는 1998년 현재 각각 1만 1천 185명, 3천 472명, 899명이다. 비율상으로는 여자 의사가 18.2%, 여자 치과의사가 21.5%, 여자 한의사가 9.07%로서, 전체적으로는 여성의 비율이

18%를 차지하고 있다. 여성수가 증가하고 있다고 하지만, 아직까지 한국사회 의사직종에서 여성비율은 20%에도 미치지 못하고 있다. 반면 약사는 1998년 현재 2만 7천 975명으로 60%가 여성이다. 그리고 조산사, 간호사, 간호조무사의 경우 대부분 여성이며, 특히 간호조무사는 간호사보다 1.5배 정도 많은 21만 8천 718명으로서 빠른 증가를 나타내고 있다(<표 4>와 <표 5>를 참고). <표 6>의 의료기사 직종에서는 평균 55% 정도 여성이 차지하고 있다. 이를 좀 더 세분해서 살펴 보면, 여성은 방사선사 중 27%, 치과기공사 중 28.3%, 안경사 중 24.1% 정도의 비율을 나타내고 있지만, 임상병리사 중 70%, 물리치료사 중 63%, 작업치료사 중 88%, 치과위생사 중 99.8%, 의무기록사 중 83%로 여성비율이 압도적이다. 남성은 주로 기계, 기술 관련 직종에, 여성은 의료와 행정의 보조적인 직종에 집중되어 있음을 알 수 있다.

이상에서 살펴보았듯이, 의사·치과의사·한의사 등은 여성의 비율이 20% 미만으로 대부분 남성인력이다. 그러나 약사·간호사·임상병리사·치과위생사 등의 직종에서는 여성의 비율이 작게는 60%에서, 크게는 99.8%까지 차지함으로서 여성인력이 압도적으로 많다. 이러한 사실은 보건의료영역 내에 '성별분업' 현상이 심각함을 나타내주는 것이다.

더욱이 보건의료영역의 의료인력은 그 내부에서 고급, 중급, 저급으로 분류되는 계층구조를 형성하고 있는데, 여성인력이 압도적으로 많은 직종이 대부분 중급이나 저급 인력에 포함되고 있다는 점에서 성차별적 분업이 이루어지고 있음을 알 수 있다.[9] 보건의료영역의 핵심을 이루는 직종에서 여성비율은 절반에도 훨씬 못

---

9) 이러한 분류 기준은 일반적으로 대학졸업 수준의 인력을 중급, 그 이상 교육훈련을 받으면 고급인력으로 분류한다.

미친다는 사실은 아직도 한국사회의 보건의료영역이 남성중심적
이라는 것을 나타내 준다. 특히 보건의료영역 내에서 권력구조는
남성우위, 여성종속의 사회계층구조를 그대로 반영하는 것이다(정
경균 외, 1991; 조정진, 1997; 오조영란, 1999).

<표 7> 보건의료인력의 분류

분 류	직 종
고급인력	정신과와 신경과의사, 생체물리학자, 생화학자, 의사와 외과의사, 병원 등 보건기관 관리자, 치과의사, 임상심리학자, 검안의사, 수의사, 약사, 보건교육전문가, 생명과학자, 족병의사, 위생공학자
중급인력	사회사업사(정신, 임상), 기타 치료사, 재활상담사, 임상병리사, 언어치료사, 위생사, 산업위생사, 물리치료사, 작업치료사, 영양사, 의무기록사, 방사선기사, 치과위생사, 치과기공사, 안경사, 조산사, 간호사
저급인력	치과보조원, 간호조무사, 의사보조원, 병원 및 보건기관 참관인, 의무기록 정리기사

자료: 유승흠(1987: 23-8).

이는 성평등화 현상이 일정 정도 이루어지고 있는 현재의 경우
에도 예외가 아니다. 1998년 대학의 의약분야 학생수와 전문대학
보건의료학생 수에서의 성비를 살펴 보면, 아직도 구조적 성불평
등이 존재하고 있으며 앞으로도 계속될 수 있다는 사실을 보여준
다. <표 8>에서 의약분야 학생수를 살펴 보면, 의예과와 의학과,
치의예과와 치의학과, 한의예과와 한의학과에서 남학생의 비율이
여학생의 비율보다 훨씬 높게 나타나고 있다. 또한 <표 9>의 전문
대학 보건의료 관련 학생수를 살펴 보면, 남성-여성의 비율이 확연
히 차이가 나는 분야가 있다. 간호과의 경우는 전통적으로 여성이
우위를 차지하고 있다. 그러나 방사선과나 의 공학과, 안경광학과,
치 기공과 등 일반적으로 기계 기술직 전문직의 경우 남성이 대다
수를 차지하고 있다. 반면 실무행정 분야인 의무 행정과의 경우 여

성이 두 배 가까이 된다. 특히 치 기공과와 치 위생과의 관련된 두 분야의 비율을 보면, 확실한 차이를 알 수 있다. 일반적으로 '보조적 지위'라고 여겨지는 치 위생과의 경우 여성의 숫자가 압도적으로 많다.

〈표 8〉 대학교 의약분야 학생수 전공 및 학년별 분포

(단위: 명)

구 분	학과수	학 생 수										
		총 계			1 학 년		2 학 년		3 학 년		4 학 년	
		계	남	여	계	여	계	여	계	여	계	여
계	247	48,244	27,555	20,689	15,046	5,764	15,199	5,715	9,374	4,649	8,830	4,561
의학 및 보건	212	44,150	25,979	18,171	14,284	5,389	14,414	5,278	8,328	4,005	7,329	3,499
간호학과	51	8,064	32	8,032	2,149	2,139	1,899	1,893	2,226	2,218	1,790	1,782
건강관리학과	5	386	134	252	117	56	99	41	56	46	114	109
공중보건학과	1	211	91	120	24	4	67	40	67	37	60	39
물리치료학과	2	421	207	214	91	55	131	51	112	52	87	56
보건과학과	3	367	278	89	2	-	62	-	207	62	96	27
보건관리학과	6	444	94	350	50	39	174	144	172	135	48	32
보건학과	1	210	104	106	46	30	74	21	47	31	43	24
산업안전보건학과	2	214	158	56	3	-	95	28	73	11	43	17
언어치료학과	1	208	48	160	47	43	65	46	46	31	50	40
의예과	39	7,009	5,141	1,868	3,492	960	3,511	908	6	-	-	-
의용공학과	2	572	444	128	130	30	233	47	134	36	75	15
의학과	36	12,941	9,817	3,124	3,921	954	3,332	864	2,868	656	2,820	650
의학공학과	2	444	322	122	189	57	190	45	28	10	37	10
임상병리학과	3	260	104	156	-	-	51	39	112	51	97	66
재활치료학과	2	439	247	192	100	53	136	42	104	49	99	48
재활학과	4	496	204	292	141	85	126	70	126	64	103	73
직업재활과	2	213	67	146	59	44	63	36	54	37	37	29
치의예과	11	1,672	1,212	460	827	223	845	237	-	-	-	-
치의학과	11	3,266	2,236	1,030	903	267	813	263	792	246	758	254
한의예과	11	2,054	1,691	363	704	109	1,350	254	-	-	-	-
한의학과	11	3,240	2,695	545	877	156	754	119	818	131	791	139
환경보건학과	6	1,019	653	366	214	85	344	90	280	102	181	89
약학	35	4,094	1,576	2,518	762	375	785	437	1,046	644	1,501	1,062
약학과	20	2,858	1,100	1,758	520	282	580	327	747	457	1,011	692
위생제약학과	1	78	35	43	-	-	-	-	40	19	38	24
제약학과	11	954	298	656	122	68	161	96	219	146	452	346
한약학과	3	204	143	61	120	25	44	14	40	22	-	-

자료: 교육부. 1998. 『교육통계연보』에서 구성.

〈표 9〉 전문대학 의료관련 학과 학생수 – 전공별

(단위: 명)

구분	학과수	학생수								
		총 계			1 학 년		2 학 년		3 학 년	
		계	남	여	계	여	계	여	계	여
계	262	71,201	21,665	49,536	27,864	19,156	27,748	17,816	15,489	13,100
간 호 과	78	26,960	193	26,767	9,876	9,773	9,036	8,974	8,048	8,020
물 리 치 료 과	23	5,264	2,055	3,209	2,019	1,211	1,980	1,161	1,265	837
방 선 선 과	24	7,372	5,529	1,843	2,700	693	3,177	677	1,495	483
보 건 위 생 과	3	493	204	289	247	142	246	147	-	-
산 업 위 생 과	1	256	164	92	154	56	102	36	-	-
산 업 안 전 위 생 과	3	833	601	232	374	133	459	99	-	-
안 경 광 학 과	17	3,579	2,248	1,331	1,842	699	1,737	632	-	-
응 급 구 조 과	13	1,972	1,174	798	936	412	936	412	-	-
의 무 행 정 과	13	1,956	701	1,255	886	619	1,070	636	-	-
의 공 학 과	3	745	618	127	374	67	371	60	-	-
임 상 병 리 과	25	7,164	2,433	4,731	2,571	1,687	2,667	1,604	1,926	1,440
치 기 공 과	16	5,007	3,406	1,601	1,909	641	2,294	582	804	378
치 위 생 과	30	6,720	93	6,627	2,465	2,427	2,304	2,258	1,951	1,942
환 경 위 생 과	13	2,880	1,746	1,134	1,511	596	1,369	538	-	-

자료: 교육부. 1998. 『교육통계연보』에서 구성.

2) 여성 보건의료인력의 역할과 지위

한국사회에서 여성은 남성에 비해 사회적 역할이나 지위가 낮다는 사실은 잘 알려져 있다(조정진, 1997). 이에 비해 간호사·약사·의료기사와 같은 보건의료직종은 여성에게 상대적으로 안정적인 소득과 지위를 제공한다고 할 수 있다. 또한 전문직종의 여성에게 다른 계층에 비해 상대적으로 좋은 노동조건에 있기 때문에 여성문제를 심각하게 느끼지 않을 수 있다.

그러나 보건의료영역 내에서 여성은 동일직종 내 임금차별, 보수와 지위가 낮은 직종별 차별, 불완전·불안정 고용형태, 다양한 고용차별관행, 임노동과 가사노동의 이중부담이라는 여성노동의 차별적 특성을 고스란히 안고 있다. 보건의료직종간의 위계적 역할분화는 성불평등한 '성별 노동분업'을 토대로 하고 있으며, 여성의 차별과 불이익을 정당화하는 메커니즘이다.

<표 10> 직종간 임금 비교

직 종	평균임금(초임)
4년제 대졸 사무직 남성	1,135,000
4년제 대졸 사무직 여성	904,000
4년제 대졸 간호사(종합병원)	1,060,880
4년제 대졸 간호사(병의원)	907,000

자료: 전국병원노동조합연맹. 1994. 내부 조사자료에서 인용.

<표 11> 전공과목별 여성의사의 남성의사에 대한 수입비율
(미국자료, 1973)

전 문 과 목	연 간 수 입 비
전체 평균	80.5
산부인과	76.0
정신과	78.7
외 과	78.7
소아과	80.8
가정의	81.8
방사선과	83.3
내 과	85.0
마취과	90.1

자료: 조정진(1997: 124).

특히, 여성의 비율이 낮은 의사, 치과의사, 한의사의 소득이 여성의 비율이 높은 간호사나 의료기사에 비해 높다는 사실은 잘 알려져 있다. 간호사의 임금은 <표 10>에서 보듯이, 다른 직종의 대졸 여성과 비슷하지만 다른 직종의 대졸 남성에 비해서는 낮다. 같은 보건의료 직종이라 하더라도 임금수준이 낮은 등급에서 여성이 차지하는 비율이 높다. 의사의 소득도 여성이 남성에 비해 낮은 편이다. 이러한 사실은 다소 오래된 자료이지만, <표 11>의 1973년 미국사회의 경우를 살펴 보면, 여자 의사의 수입이 남자 의사 수입의 80% 정도밖에 미치지 못한다는 사실에서 잘 나타나 있다.

동일직종 내에서의 성별분업 현상도 심각하다. <표 12>에서 보듯이, 전문의 중 여성이 차지하는 비율은 15.7%로 낮으며, 전문과목도 특정과에 편중되고 일부과에서는 철저히 배제되고 있다. 특히 인기도가 높은 성형외과, 이비인후과 등에서 배제되고 있다.[10] 여성은 주로 일차의료 담당 전문의, 즉 소아과, 가정의학과, 산부인과에서 비율이 높다. 뿐만 아니라, 같은 전공 내에서도 대학교수나 관리직 등 영향력 있고 안정적이며 사회적으로 인정받는 지위는 대부분 남성들이 차지하고 있는 반면, 상대적으로 보수가 적고 불안정하며 낮은 지위는 여성들에게 돌아가는 경향이 있다.[11]

여자 의사가 이렇게 비인기과에 집중된다는 사실은 전문의 직종에서 여성이 기피되고 있음을 의미한다. 여성이 배제되는 원인은 첫째, 의사의 역량에서 차이가 있다는 사회적 통념 때문이다. 이러

---

10) 의사 직종 내의 성별분업 현상에 대해 조정진(1997)은 '경제적 지위와의 상관성'을 지적하고 있다. 경제적 지위는 의료보험에서 어떤 의료행위에 어떤 가치를 부여하느냐에 따라 영향을 받는다. 특히 외과의 경우 여자의사가 거의 없고 일부과에서는 아예 응시조차 공공연히 제한하고 있다. 이비인후과의 경우 외과계라 하더라도 육체적 힘을 많이 요구하지 않고 섬세한 직종이어서 여자의사에게 오히려 적합할 수 있으나 고수익을 보장하는 관계로 여성의 비율이 저조하다. 이외에도 응급이 없는 과, 의료분쟁의 가능성이 적은 과가 인기가 있으며, 인기과에 여성의 비율은 낮게 나타난다.

11) 예를 들어, 교수진이 300명이 넘는 서울대학교 병원의 경우, 1997년 현재 여자교수의 수는 10명 미만(3.3%)이다. 전남대학교 병원의 경우도 1999년 현재 의사수가 643명, 간호조무 및 원무직이 234명이다. 임상진료과별 교수는 이와 크게 다르지 않다. 외과나 내과 등에는 남성이, 소아과나 산부인과 등에는 여성이 차지하고 있다.

한 담론은 여성의 능력 자체에 대한 평가라기보다는 한국사회에서 수련의 훈련과정이 안고 있는 모순점과 남성중심의 평가기준으로 보는 대인관계의 능력을 의사의 역량과 구분하지 않고 뒤섞어 평가하기 때문에 발생하는 문제점이다. 다시 말해서, 의사사회는 오랜 수련기간이 요구되며 그 조직구성 및 운영방식이 위계적인 질서로 형성되어 매우 긴밀한 인간관계를 유지하고 있다. 남자 의사들의 군대경험이나 군대식의, 소위 '탈의실 남성문화', '술자리 문화' 등은 여자 의사가 쉽사리 소외되게끔 하는 기제로 작용하며, 남성에 의해 왜곡된 여자 의사 담론을 생산하게 한다(치의신보, 1999년 7월 31일자). 둘째, 임신·출산과 관련된 생물학적 조건 때문이다. 생물학적 조건이 문제가 되는 것은 의사로서 가장 열심히 일할 수 있는 연령이 여성의 결혼·임신·출산 기간인 35세 전후라는 데에서 찾을 수 있다. 특히 남성중심적 문화에서 여성의 임신·출산에 대한 고려나 지원체계가 전혀 없는 상황이기 때문에 여성은 너무나 쉽게 배제되고 있음을 알 수 있다.

이를 통해서 의사직종에서 여성이 차지하는 비율도 낮지만, 그 내부에서의 성별 분업에 의해 여성의 역할과 지위는 대단히 제한적이라는 사실을 지적할 수 있다.

또한 보건의료영역에서 여성이 많은 비율을 차지하고 있는 직종은 그 내부에서의 지위가 상대적으로 낮다는 점도 지적할 수 있다. 간호사는 보건의료체계 내부의 독립적인 영역으로 인정받기보다는 의사의 '보조적 역할'이라는 종속적 지위로 인식되고 있다. 간호사들이 담당하는 업무 특성이 실제 의료과정에서 중요한 부분을 차지하고 있음에도 불구하고, 일반적으로 낮은 수준의 것으로 받아들여지고 있다.

〈표 12〉 전문과목별 전문의 현황

전문과목	자격등록전문의		전문의회원		남		여	
	명	%	명	%	명	%	명	%
1995	30,969		25,549		21,783		3,766	
1996	33,706		27,960		23,754		4,206	
1997	36,603		30,551		25,878		4,673	
1998	39,649		32,894		27,764		5,130	
1999	42,772	100.00	35,595	100.00	29,989	100.00	5,606	100.00
내과	6,284	14.69	5,252	14.75	4,625	15.42	627	11.18
일반외과	4,330	10.12	3,429	9.63	3,393	11.31	36	0.64
소아과	3,495	8.17	3,054	8.57	2,030	6.76	1,024	18.26
산부인과	4,088	9.55	3,455	9.70	2,668	8.89	787	14.03
신경정신과	345	0.80	288	0.80	263	0.87	25	0.44
정형외과	2,960	6.92	2,472	6.94	2,467	8.22	5	0.08
신경외과	1,340	3.13	1,121	3.14	1,118	3.72	3	0.05
흉부외관	732	1.71	615	1.72	610	2.03	5	0.08
성형외과	848	1.98	731	2.05	709	2.36	22	0.39
안과	1,528	3.57	1,253	3.52	1,055	3.51	198	3.53
이비인후과	1,933	4.51	1,656	4.65	1,531	5.10	125	2.22
피부과	1,061	2.48	870	2.44	743	2.47	127	2.26
비뇨기과	1,286	3.00	1,097	3.08	1,096	3.65	1	0.01
방사선과	300	0.70	248	0.69	192	0.64	56	0.99
마취과	2,061	4.81	1,647	4.62	1,244	4.14	403	7.18
재활의학과	441	1.03	350	0.98	264	0.88	86	1.53
결핵과	193	0.45	148	0.41	124	0.41	24	0.42
임상병리과	543	1.26	458	1.28	224	0.74	234	4.17
해부병리과	568	1.32	467	1.31	222	0.74	245	4.37
예방의학과	560	1.30	407	1.14	346	1.15	61	1.08
가정의학과	3,675	8.59	3,000	8.42	2,276	7.58	724	12.91
핵의과	135	0.31	128	0.35	106	0.35	22	0.39
산업의학과	359	0.83	317	0.89	260	0.86	57	1.01
응급의학과	124	0.28	108	0.30	102	0.34	6	0.10

주: 군진 제외, 2개 이상 전문의 자격취득자 1,777명.
자료: 보건신문사. 2000. 『보건연감』, p.461에서 구성.

그러나 간호사들은 많은 시간의 노동량과 여성으로서 누려야 할 권리를 상당히 제약 당하고 있다. 간호사들은 주야 3교대 근무와 같은 열악한 노동조건에 처해 있다. 민주노총 산하 전국보건의료노동조합은 설문조사 결과 병원에서 일하는 여성노동자들의 유산률은 22.8%로 일반 여성들의 유산률보다 2배 이상 높은 것으로 나타났으며 유산 위험에 내몰린 임신 노동자에 대한 보호대책을 시급히 마련해야 한다고 주장했다(전국보건의료노동조합, 1999).[12] 그리고 이들은 보직의 수시변동으로 인하여 전문적인 간호사로서 대우받지 못하고 기계의 부속품처럼 여겨지며 각 분야의 잡일에 거의 종사하는 정도까지 이르고 있다. 임산부의 경우 심야근무가 법적으로 금지되어 있음에도 불구하고, 많은 수의 여성들이 IMF 이후 직업에 대한 불안감으로 인하여 심야근무에 그대로 투입되고 있는 실정이다.[13]

---

12) 전국보건의료노동조합 자료(1999)에 따르면, 여성직원이 전체의 절반을 넘는 2,000여명인 서울의 ㅈ병원은 1998년 초부터 일부 부서에서 시작된 생리휴가 반납 움직임이 전체로 확대돼 대부분의 사람들이 생리휴가를 전혀 쓰지 못했으며, 1999년 들어서는 두 달에 한 번 정도 생리휴가를 쓸 수 있게 됐다고 밝히고 있다. 노동조합원이 4명밖에 안되는 ㅅ병원은 생리휴가 반납은 물론, 산전산후휴가조차 법정기한인 60일에 크게 못미치는 6주로 줄었다는 것이다. 또 전체 직원이 650여명인 ㄷ병원은 1996년부터 산전산후휴가가 50일이었으나, 이 마저도 1998년 들어 부서별로 30~40일로 줄어들었다. 보건의료노조는 조사 결과, 부서장 등 간부들이 개인면담을 통해 생리휴가 반납을 강요하거나 생리휴가를 쓰고 싶어도 상급자의 눈치와 위압적 분위기 때문에 스스로 포기하는 일이 곳곳에서 벌어지고 있다고 지적했다.

13) 여성이 보건의료영역에서 자신의 건강을 크게 위협받고 있는 경우가 생리휴가 및 산전산후휴가 문제이다. 병원에서 여성노동자들은 대개 생리휴가 반납 및 산전휴가 축소사용을 강요당한다. 이러한 부당행위를 당한 여성은 보건의료노조의 조합원 3만 6천명 중 여성 조합원은 75% 이상으로 여성이 대다수를, 아니 거의 이러한 피해를 입었다 할 수 있을 정도다. 법적으로 보장된 월 1회의 생리휴가를 아직도 제대로 쓰지 못하는 조합원이 15.2%나 되고 제대로 사용하는 비율은 60.4%에 불과하며, 15.8%는 그에 대한 수당을 받는다고 한다. 이러한 부당행위는 IMF를 맞아 심해졌고, 이러한 사업장에서 가장 약한 여성을 일차적 희생양으로 삼고 있는데 그것은 산전산후 휴가(60일)을 앞당겨 일찍

따라서 보건의료영역 내의 상대적으로 낮은 지위로 인해 직장생활에 대한 만족도는 남성에 비해 여성이 더 낮게 나타나고 있다. 남녀별 직업 만족도를 살펴보면, 남성이 57.7%, 여성이 46.2%로 만족한다는 응답률을 보이고 있다. 직종별로는 교대근무가 가장 많은 간호사가 43.0%, 사무행정직이 62.2%로 간호사의 만족도가 가장 낮다. 그리고 직업 만족도에 의해 영향을 받을 것으로 생각되는 '정년까지의 근무'를 보면 여성은 62.5%가 중간에 그만둘 생각을 하는데, 그 이유는 힘든 교대근무, 낮은 임금, 병원의 퇴직압력, 직장내 성차별과 성희롱, 육아와 자녀문제 등으로 나타났다(전국보건의료노동조합, 1999).

지금까지 살펴본 바에 따르면, 한국사회의 전체 의사 중에서 여성이 차지하는 비율은 매우 낮으며, 대부분의 여성은 간호사로서의 보조적인 역할에 집중되어 있다. 그래서 공식적인 보건의료체계에 대하여 갖는 여성들의 힘과 영향력은 매우 미약한 상태이다.

4. 보건의료영역의 성차별구조와 문제점

보건의료영역은 권위적인 위계질서와 고도로 집중화된 권력구조로 이루어져 있다(조정진, 1997; 오조영란, 1999; 조병희, 1999). 여기서 권위적 위계질서란 남성이 대부분인 의사가 여성이 상대적으로 많은 다른 보건의료직종에 대해서 권위적 위상을 갖고 있다

업무에 복귀하도록 강요하고, 월 1회 생리휴가를 반납토록 강제서명을 요구하고 있다는 것이다. 특히 병원고용주들이 자연 감소되는 인력을 충원하지 않은 상태에서 환자는 계속 늘어 여성노동자들은 휴가는 고사하고 모성을 보호하기 위해 생긴 이러한 휴가도 제대로 받을 수 없는 상황이다.

는 것이다.

남성중심의 권력구조가 나타나는 요인으로는 가부장적 틀에 따라 이분화된 성역할과 그 결과 형성된 성별분업 현상을 들 수 있다. 사회구조적으로 이분화된 성역할과 성별분업이 당연시되는 현실 속에서 여성은 교육기회의 차별, 가사와 양육의 이중노동, 임금구조의 차별 등의 한가운데에 서 있는 것이다.14) 또한 일차적으로 여성의 역할은 가정에 있다는 사회적 분위기 때문에 공식적인 노동시장에서 일하는 여성들의 역할과 지위는 열악해진다.15) 그 뿐만 아니라, 여성이 가정 밖에서 일할 때는, 남편보다 지위가 낮은 일을 하고 가정의 소득을 보조하는 정도만 일하도록 기대된다(조정진, 1997: 129).

특히, 한국사회의 경우 가부장적 사회구조는 사람들로 하여금 남성의 의료행위에 보다 신뢰감을 갖게 하기 때문에 여성 보건의료인력의 진출을 어렵게 만든다. 그래서 여성은 경제적·사회적 지위가 높은 의료직종에 진입하기 어렵고 자율성이 거의 없고 종속적인 업무를 수행하는 의존적인 직업을 갖게 된다. 또한 전체 여성의 수에 비해 보건의료영역에 진출하는 여성의 비율도 낮다. 그리고 같은 보건의료직종에 진입하더라도 관리직, 지도급 지위나

─────────────

14) 성별분업이나 양극화란 여성과 남성이 각자의 성에 기반한 노동영역으로 들어가는 과정을 의미한다. 어떤 직업(occupation)에 종사하는 사람들의 성이 거의 같고, 그렇게 되는 것이 정상이라는 기대가 있을 때, 그 직업은 성 정형화된 것으로 볼 수 있고, 이러한 기대 때문에 업무와 직업의 성 정형화(gender-typing)는 지속적으로 재생산되고 있다.

15) 남성은 직장내에서의 업무만 수행하면 되지만, 여성은 업무뿐만 아니라 많은 시간을 필요로 하는 가사노동과 자녀양육까지 책임지고 있다. 따라서 여성 보건의료인력에게는 이러한 부가적인 책임을 수행할 수 있는 시간이 필요하게 된다. 이처럼 남성은 한 가지 역할만 하는 데 비해 여성은 여러 가지 역할을 해야 하는 성적 불균형이 존재하는 한, 보건의료영역에서의 성불평등구조는 쉽게 변화하지 않을 것이다.

의사결정과 정책을 형성하는 지위에 접근하는 정도가 성에 따라 다르다. 보건의료영역은 다른 영역에 비해 직종이나 지위에 따라 권위와 권력을 소유하는 정도가 현저히 차이가 난다. 이 때 여성은 권위적 위계질서의 하부에 위치하기 쉽다.

보건의료영역에서 젠더에 기반한 직업적 분리는 성에 따라 직업의 지위와 수행하는 역할, 그리고 자율성의 수준이 달라지게 된다. 직업적 분리로 인하여 남녀의 경력과 업무 비율이 달라지게 되고, 성에 따른 소득격차는 지속적으로 더욱 강화된다. 업무의 성별 분리는 전반적으로 여성에게 불리하게 작용한다. 여성들은 직업적으로 종속적인 지위를 갖게 되며, 상향이동과 자율권이 제한되고 임금이 낮아진다.

이렇게 보건의료영역의 젠더에 대한 편견은 여러 가지 측면에서 부정적이다. 젠더에 따른 고정관념은 사람들을 성역할에 따라 성별 분업화함으로써 개인의 능력과 선택을 부당하게 제한하게 된다. 이 고정관념이 여성의 선택의 자유를 제한하고 보건의료영역에서 여성의 위치에 불리하게 작용할 것은 명백하다. 또한 의사와 간호사의 관계는 그 권력의 불균형으로 인해서 전문직 동료로서보다는 위계적인 질서로 유지되기도 한다.

뿐만 아니라, 성에 대한 고정관념은 전체 사회구조의 통념과 이데올로기를 반영하는 것이지만, 보건의료영역의 성별분업과 고정관념이 전체 사회구조에 강한 성적 편견을 확대시키기도 한다. 예를 들어, 간호사와 의사의 위계적인 관계는 의료 소비자와 제공자 모두에게 젠더의 사회적 서열을 강화하는 것이다. 또한 젠더에 따른 직종간의 고정관념은 여성들 사이의 갈등을 유발하기도 한다. 흔히 의사(=남성)는 '치료'하고 간호사(=여성)는 '간호'한다는 고정관념의 부담은 주로 여성들에게 전가되어 여자 의사와 간호사 모두에게 혼란과 긴장을 낳기도 한다. 여자 의사들은 종종 간호사로 취급되어 '간호'의 일이 맡겨진다고 불평을 하며, 간호사들은 간호사들대로 여자 의사들에게 남자의사에게는 기대하지 않는 진료 후의 뒤처리나 사무처리를 기대하기 때문에 불만을 가지게 된다.

그러나 보건의료영역의 성차별구조는 여성들에게 다양한 불이익을 가져다 주며, 이 때문에 여성들의 불만이 제기됨으로써 궁극적으로는 보건의료업무의 효율성을 저하시킨다. 먼저, 여자 의사들이 겪는 어려움 중의 한 가지는 임신·출산의 경험과 수련의 과정의 상충이다. 수련의 과정은 과중한 업무와 수면부족으로 인한 피로가 뒤따른다. 이렇게 고된 수련의 과정은 여자 의사가 임신할 경우 그것을 지속하기가 매우 어렵다. 여성에게 아내와 어머니됨을 강요하는 한국사회에서 여자 의사의 임신·출산은 의사로서의 경력에 장애요인이 될 뿐이다. 이러한 상황에서 임신한 여자 의사에게는 전문직에 대한 헌신성에 의문이 제기되고, 여러 가지 기회를 박탈당하게 된다.[16]

간호사들의 경우에도 의사 - 간호사의 관계가 위계적인 권력관계에 놓여 있기 때문에 간호사의 사기저하와 직업불만족도의 증가를 초래하게 되고, 때로는 간호사들의 집단적인 반발을 불러일으키게 된다. 그리고 간호사가 되고 간호사로 계속 남는 것의 경제적

---

16) 미국사회의 여자 의사 10명 중 3명이 자신의 직업에 불만을 갖고 있는 것으로 나타났다. 여자 의사 4천 5백 1명을 대상으로 자신의 직업에 대해 설문조사한 결과 84%가 자신의 직업에 만족하고 있는 편이지만, 응답자 31%는 다시 직업을 갖게 된다면 다른 직업을 택하겠다고 답하거나 택할 생각이 있다고 답한 것으로 나타났다. 또한 가정에서 스트레스를 덜 느끼는 여자 의사가 그렇지 않은 여자 의사보다 만족도가 더 높은 것으로 나타났다. 더욱이 여자 의사 50% 정도가 성차별을 경험하고 37%는 직장내 성적 괴롭힘을 당한 경험이 있는 것으로 나타났다(치의신보, 1999년 7월 31일자).

보상이 직업에서의 많은 제약점에 비해서 너무 빈약하다는 사실도 간호사들이 이직이나 가정으로의 복귀를 결정하도록 하는 원인이 되고 있다. 이는 간호사들의 직업적 헌신을 유지하는 데 장애요인으로서, 그들의 사기와 행동에 부정적인 영향을 미치고 있다.

이와 같이, 보건의료영역의 성차별적 권력구조로 인한 가장 큰 문제점은 준전문직 여성들의 사기가 낮고 결과적으로 이직률이 매우 높다는 점이다(정경균 외, 1991; 조병희, 1999; 보건복지부, 2000.4). 한국사회의 경우, 간호사의 높은 이직률은 대부분 여성인 간호사가 결혼으로 인한 퇴직률이 높다는 점과 함께, 그들이 전문직으로 교육훈련을 받지만 그 전문성이 사실상 인정받기 힘든 병원구조, 그리고 더 이상의 지위상승을 할 수 없는 폐쇄적인 조직구조의 특성으로 인한 이직도 중요한 요인이다.

이러한 폐쇄적 권력구조는 한국사회의 남성의사들이 다른 경쟁자들을 배제함으로써 형성되었다. 근대의료체계가 성립된 이후 의사들은 그 성원으로서 의학교육을 이수한 자만을 받아들였고 조금이라도 '출신성분'이 다르면(조병희, 1999: 261), 의료업무에 참여할 기회를 배제하였다. 일차적으로 한의사들이 배제되었고, 다음으로 약사들이 배제되었으며, 또 간호사들도 배제되었다.[17] 간호사의 경우 그들의 전문성이 병원 내에서 발휘되도록 돕는 것이 아니라 의사의 지시 하에서 단순반복적인 업무만 수행하도록 규제함으로써 간호사들은 의사가 관장하지 않는 영역에서 자신들의 독자적인 영역을 구축하게 되었다.

의사들의 배제전략에 대응해서 병원 내에 조직되는 노동조합에서 간호사들이 주도적인 역할을 담당하고 있는데, 이 현상은 전문

---

17) 근대의료체계의 역사적 과정에서 한의사, 약사, 간호사의 배제의 역사에 관해서는 조병희(1999)의 글을 참조할 것.

직으로서의 생애발전(professionalization) 전망이 차단된 상황에서 간호사들이 노동조합을 통해 자신들의 이해관계를 실현하고자 시도하는 것으로 보인다. 전문화는 노동분업과정에서 자율성과 업무의 통제력을 보유하는 특권적 지위로의 상승을 의미하고 노동자화는 자율성과 업무통제력을 상실하는, 탈숙련화하는 지위의 하강을 의미한다. 간호사의 노동조합 조직화는 결국 전문직으로서의 발전에 대한 기대를 포기하고 노동자로서 연대를 통한 '이중적 폐쇄전략'(Witz, 1992)을 채택한 것으로 볼 수 있다.

5. 성차별구조에의 대응전략: 여성노동의 재평가와 조직화

한국사회에서 여성 보건의료인력의 특징은 몇 가지로 요약된다. 첫째, 여성 보건의료인력의 수와 분포가 매우 낮다는 점이다. 특히, 전문의사, 치과의사, 한의사와 같은 직종에 여성의 진출이 상당히 저조하다. 둘째, '여성적'이며 여성에게 '적합'하다는 성역할과 성별분업구조가 보건의료영역 내에서도 그대로 관철되고 있다는 점이다. 따라서 여성들은 의사직종 내에서도 소아과, 산부인과, 가정의학과에 집중되어 있고, 이 외에 간호사나 간호조무사와 같은 '보조적인' 직종에 위치하고 있다. 셋째, 조직의 위계질서상 상대적으로 하위직이나 권력이 주어지지 않는 종속적 위치에 집중되어 있다. 예를 들어, 상급직 보다는 중급직이나 하위직에서 여성 비율이 훨씬 높으며, 권력구조 내의 영향력 있는 직책을 맡고 있는 경우는 드물다.

그러나 한국사회의 보건의료영역에서 여성참여의 비율이 극히 불균등한 데 대해 거론조차 되지 않고 있다. 몇 년 전부터 의과대학에서 여학생 수가 증가하고 있고, 보건의료영역에서 전문적 지위를 획득한 여성들의 비율이 조금씩 증가하고 있지만, 이러한 문제점에 대해서는 아직까지 공론화되지 못하고 있다.

따라서 보건의료영역의 성차별구조와 성별분업을 감소, 제거하기 위한 방안은 적극적으로 모색되어야 한다. 성적 편견이 없어야 환자들에게 더 나은 진료를 제공할 수 있기 때문이다. 이러한 개혁 노력의 일환으로, 1980년대 말 이후 미국사회에서는 의대생 선발과 의사자격시험 과정에 인성평가제도를 시행하고 있다(오조영란, 1999: 111). 과거에는 환자에 대한 동정심 등 감정적인 요소가 흔히 '여성적인 특성'이라 여겨졌고, 감정을 배제하고 객관적이며 '과학적'이어야 할 진료에 방해가 되는 것으로 생각되었지만, 점차 애정을 갖고 환자를 돌보는 것이 궁극적으로 치료에 도움이 되는 중요한 특성으로 평가받고 있는 것이다.

이처럼 권위적인 의사보다 친절한 의사─간호사를 선호하는 경향이 증대함에 따라 여성성에 대한 가치가 재평가되고 있다. 이렇게 해서 여성성의 특성을 지닌 보건의료직종에 대한 가치도 현재보다 높아질 수 있다. 또한 사회전반에 남녀 모두가 가사와 육아에 대한 책임을 분담하는 분위기와 제도, 정책이 마련된다면, 여성만이 지고 있는 이중노동의 부담 때문에 남성보다 업무 헌신도가 떨어지며 업무수행도 미덥지 못하다고 생각하는 사회적 통념이 제거될 수 있을 것이다.

그리고 공식적·비공식적 보건의료영역에서 활동하고 있는 여성의 정치적·경제적·사회적 지위를 개선시켜야 한다. 이를 위해서 여성들이 보건의료제공자로서 교육훈련을 받을 수 있도록 보장해야 한다. 공식적 보건의료영역에서 일하는 여성들이 역할, 지위,

임금, 책임, 권위 등에 관하여 어떠한 차별도 받지 않도록 보장하는 것이 필요하다. 이렇게 해서 상대적으로 열악한 노동조건이 개선되고, 평가절하된 간호업무가 제 위상을 찾을 수 있을 것이다.

마지막으로 노동조합의 설립을 통해 권위적 위계질서에 변화를 가져와야 한다. 권위적 위계질서의 해체는 보다 민주적이고 수평적인 보건의료영역의 조직구성을 가능하게 한다고 볼 수 있다. 이는 간호사 등이 노조를 통하여 의사들의 처분권에 일정한 제한을 가하고 그들의 권력을 견제할 수 있다면 가능하다(조병희, 1999). 병원경영자와 의사가 연합하여 조직구조 내의 권력지배적 위치에 서면 간호사, 의료기사, 행정직원이 노조를 통해 이에 맞서는 것이 필요하다.

제 7 장
여성실업의 일상화와 여성의 삶

1. 여성실업을 어떻게 볼 것인가?

IMF 이후, 짧은 시간 동안 그 영향의 파고는 상당한 수준에 이르렀다. 실업과 고용불안이 심각하게 나타났고 점차 확산되었다. 한국사회는 최악의 실업사태에 직면하였고 일할 의사와 능력이 있음에도 불구하고 일자리를 구하지 못한 실업자가 거리에 넘쳐흘렀다. 이런 상황에서 여성들은 불평등한 노동시장에서 가장 열악한 위치를 차지하고 있으며, 여성차별적 우선해고로 직장에서 가장 먼저 쫓겨났지만 재취업의 가능성이 희박한 집단이다. 이 시대를 살아가야 하는 여성들이 직면한 문제는 이처럼 중첩적이다. 다시 말해서, "경제위기" 논리 하에서 여성들은 한편으로는 노동시장에서 배제되고, 다른 한편으로는 노동시장의 주변으로 내몰리고 있다.[1] 그러나 이러한 '여성실업문제'에 대해 사회적 담론은 형성조

---

[1] 급속한 자본주의발전을 경험한 지난 30여년간 노동시장에서 여성의 지위는 점진적으로 향상되어 왔다. 1963년 경제활동인구 중 34.4%를 차지했던 여성노동자는 그동안 꾸준히 양적으로 성장하여 IMF 상황 이전

차 되지 않거나, '실업문제'라는 이름 속에 은폐되어 있다. '실업문제'는 '생계부양자'로서 남성의 어려움과 실업현실을 이슈화하고 부각시킬 뿐이다.

따라서 여성실업문제는 더 적극적으로 제기되어야 할 필요가 있다. 여성의 '노동권'에 대한 발본적인 주장으로서 여성실업의 문제는 바로 생존의 문제와 연결되기 때문이다. 자본주의사회에서 여성은 사회노동을 수행하는 생산자이면서 동시에 가사노동을 수행하고 자녀를 출산, 양육하는 재생산자이다. 그런데 IMF 이후 상황은 생산자로서의 여성을 고용불안과 실업의 위험에 빠뜨렸고, 재생산자로서의 여성을 빈곤이라는 생존자체의 위협에 노출시켰다. 노동시장 외부에 있는 여성의 일부가 은폐된 실업자로 파악되어야 한다는 사실(강이수, 1999; 신경아, 1999)과 이미 노동시장에 참여한 여성의 다양한 고용형태 불안정성 및 불완전성을 종합하면, 대다수 여성이 실업을 일상적 삶의 한 부분으로 경험하고 있다고 볼 수 있다. 이렇듯 취업과 실업을 반복해 온 여성 현실은 이들의 삶을 빈곤하고 불안정하게 만드는 핵심적 요인이라고 할 수 있다.

따라서 이 글은 IMF 이후 여성실업이 여성문제의 핵심이 되고 있는 현실에 주목하여, 실업으로 인한 빈곤으로 더욱 고통받고 있는 여성들의 현실을 경험적으로 분석해 보고자 한다. 즉 여성실업의 문제를 적극적으로 문제제기하면서, 이의 해결을 위한 선행작업으로서 지역차원의 분석을 수행할 것이다. 그리고 경험적 분석을 토

에는 40%를 넘는 수준에 이르렀다. 또한 여성경제활동인구의 고학력화, 전문화, 다양화 등 질적으로도 많은 변화를 보여왔다. 그러나 여성노동자의 증가비율이 1997년 말 이후 하락하고 있고, 여성평등과 보호조치는 다시금 퇴보하고 있다. 이에 대해 여성의 지위를 향상시키기 위해 쏟았던 그 동안의 모든 노력이 헛수고로 되는 것은 아닌가 하는 지적(김태홍, 1998; 왕인순, 1998; 신경아, 1999)이 나오고 있다.

대로 문제 해결방안을 다각도로 모색하고자 한다. 정확한 현실분석
이 보다 바람직한 대안을 내놓는 데 기여할 수 있기 때문이다.

지역사례연구의 대상은 광주지역으로 한정시킨다. 그 이유는 다
음과 같다. 첫째, 지역차원의 여성실업문제를 실증적·경험적으로
분석한 작업이 양적·질적으로 부족하다. 대부분의 여성실업관련
기존연구들은 전국적 차원의 실업문제를 분석대상으로 하고 있다.
그래서 지역 여성실업의 특성과 그 실태에 대한 구체적 연구가 시
급하다. 둘째, 광주지역에서 나타나는 여성실업의 문제는 이 지역
이외의 다른 지역 특성에 관한 시사점을 얻을 수 있다(이성균,
1998). 셋째, 여성실업문제는 여성의 일상적 삶이나 가족구성원의
생존문제와도 밀접히 연관된다. 따라서 여성실업자 개인과 그 가
족의 생존문제를 가장 정확히 파악할 수 있는 기초적인 단위가 지
역이다. 넷째, 한국사회에서 지역의 사회경제적 변화는 동일한 모
습으로 이루어지지 않았다. 지역간 산업구조의 불균형에 의해 지
역의 생산활동이 달라질 뿐만 아니라, 인구이동에도 영향을 미쳤
다. 그런데 인구이동은 여성보다는 생계부양자로 인식되는 남성을
통해서 보다 쉽게 이루어졌으며, 여성의 지역간 이동은 어려운 상
황이었다. 이러한 이유 때문에 여성실업은 남성에 비해 지역경제
의 특성에 의해 보다 많은 제약을 받는다고 할 수 있다. 이와 같은
네 가지 이유에 의해서 지역 여성실업의 실태와 그 특성을 연구하
는 작업은 매우 중요하다.

이 글에서 광주지역의 여성실업문제를 분석하기 위한 연구방법
은 첫째, 통계자료를 이용하였다. 통계자료는 여성실업에 관한 양
적 구성을 포함해서 그 현실에 대한 총체적인 파악을 구체적으로
보여줄 수 있기 때문이다(法政大學日本統計研究所, 1993).[2] 둘째,

_____

2) 정부가 공식적으로 발표하는 실업통계 및 관련 고용통계는 실업의 심

여성실업과 관련된 상담자료를 분석하였다. 상담자료는 광주여성
노동자회 여성실업대책본부가 1998년 7월부터 1999년 3월까지 구
직상담을 통해 작성한 구직표를 중심으로 분석하였다. 이는 총 376
개의 사례가 포함되며, 실업의 유형, 전직의 산업별, 직업별, 고용
형태별 특성, 퇴직사유, 취업동기 등의 내용을 파악하였다. 셋째,
실업과 관련된 여성의 구체적 경험은 심층면접을 통해 분석하였
다. 심층면접은 1999년 3월부터 6월까지 필자가 직접 면접대상자
를 만나서 인터뷰하였고, 필요한 경우 그 내용을 본문에 직접 인용
하였다.

2. 여성실업에 대한 이론적 논의

1) 기존 연구동향의 검토

서구사회에서 노동문제를 연구하는 데 '성(gender)'이 중요한 변
수로 다루어진 것은 1960년대 이후이다. 이 시기는 여성의 노동시
장 참여 증가가 전체 노동시장구조를 재구조화하는 데 결정적인
요인으로 작용했기 때문에 많은 주목을 받으면서 연구쟁점이 되었

각성과 고용불안정의 실태를 은폐하거나 극히 보수적으로 파악하게 한
다. 이러한 통계자료는 거의 실업상태에 가까운 다수의 무급가족종사
자와 파트타임 저임금노동자 및 실망실업자는 제외되어 있다. 이들 중
여성들이 다수를 차지한다는 의미에서 실업률 자체는 큰 의미가 없을
수도 있다. 그럼에도 불구하고, 통계자료를 분석하는 것은 필요하다.
그리고 앞으로는 여성과 관련된 통계지표가 한편으로는, 노동력재생산
이라는 점을 고려하고, 다른 한편으로는 고정적 성역할 분담에 대한 비
판적 관점을 가지고 지금까지 과소평가되어 온 영역에서 여성활동을
지표체계에 포함시키는 방향으로 나아가야 할 필요가 있다.

다. 그 중에서 가장 쟁점이 되었던 것은 서구사회에서 여성의 노동
시장 참여가 급격히 증가했음에도 불구하고, 여전히 불평등한 지
위에 놓이게 된 근본적인 원인이 무엇인가라는 문제였다. 이에 대
한 설명은 크게 두 가지로 요약할 수 있다. 그 하나는 여성노동자
의 불평등이 '자본의 이해' 때문이라고 보는 입장이며, 다른 하나
는 그것이 '가부장제' 때문이라고 보는 입장이다.

첫번째 입장은 노동시장 내에서 임노동 여성의 불평등이 결정된
다는 관점(Beechey, 1983)이다. 자본측과 노동조합의 전략이 노동비
용을 감소시키고 남성노동자의 노동조건, 기술수준, 상대적 고임금
을 유지하거나 증가시키는 수단으로서 작업장 내에서 성불평등을
창출하고 강화시킨다고 강조하였다. 두번째 입장은 노동시장에서
여성의 불평등이 '불평등한 가사노동분업'으로부터 발생한다는 관
점(Walby, 1986)이다. 가족 내에서의 여성의 지위, 남편내조, 자녀양
육 등은 노동시장에서 그들의 종속적 지위를 결정하는 주요한 원
인으로 작용하기 때문이라는 것이다. 가부장제적 성역할 이분법에
의해서 여성차별이 정당화되었다는 설명이다.

이와 관련해서, 노동시장에서의 여성불평등의 구체적 실태를 서
구사회를 중심으로 경험적 분석을 수행한 연구들(Lewis and Bowlby,
1989; Cobble, 1993; McFate, 1995)은 노동력의 여성화와 임시화를 지
적하였다. 서구사회 여성노동시장의 변화는 2차 대전 이후부터 파
트타임 직무의 확대라는 차원에서 서서히 진행되었으나, 지난
1970~80년대 경제불황 시기를 경험하면서 노동력의 지속적인 여
성화(feminization)와 여성고용의 임시화(casualization)를 증가시켰다
는 것이다.3) 따라서 여성고용이 증가하였음에도 불구하고, 이들 여

---

3) 서구사회 여성노동시장의 변화와 관련하여 강이수(1999)는 그 특징을
네 가지로 정리하고 있다. 첫째, 노동의 여성화이다. 경제적 침체가 여

성은 고용불안정과 저임금을 항상적으로 경험함으로써 빈곤상태에 처하게 되었다고 설명하고 있다. 다시 말해서, 경제침체 시기이후 서구사회의 빈곤화 경향은 "공유된 궁핍화"가 아니라 계층의 양극화(palarization)라는 현상(Room, 1990; Beck, 1992)을 심화시켰으며, 여기에 '성'이라는 문제가 더욱 복잡하게 얽혀 있는 것이다.4)

지금까지 지난 30~40년간 서구사회의 경험을 토대로 이루어진 여성고용·실업문제에 관한 다양한 연구결과들이 축적되어 있음을 살펴보았다. 그 내용은 서구사회에서 이 기간 동안 지속적으로 노동력의 여성화가 진행되어 왔지만, 대부분의 여성노동은 파트타임의 형태로 채워지고 있다는 점을 지적하고 있다. 그리고 여성고용의 불안정 심화와 실업으로 인해 빈곤의 핵심에 여성이 위치하고 있다는 점에 대한 우려도 적지 않다.

여성실업과 관련된 한국사회에서의 경험과 연구동향은 크게 두

성고용을 감소시키지 않았으며, 오히려 지속적으로 여성노동력이 증가해 왔다는 것이다. 둘째, 노동의 유연화와 그에 따른 파트타임 노동자의 증대이다. 셋째, 여성노동의 양극화 현상이다. 여성노동시장이 몇개의 층으로 수직분화되고 있다는 점이다. 여성내부의 임금격차가 심화됨으로써 양극화되며, 대다수의 여성들이 빈곤상태에 처해지게 되었다. 넷째, 여성노동시장의 재구조화로 인한 가정-노동관계의 재편이다. 여성은 가정에 갇혀 있지 않고 공적 영역에 진출하였지만, 여전히 불평등한 위치에 있다는 점이다. 그러나 여기에서 첫 번째와 두 번째의 지적은 많은 연구결과들이 공유하고 있는 부분이지만, 세 번째와 네 번째의 지적은 연구자들 사이에서 아직까지 논란이 되고 있는 부분이다.
4) 미국의 경우, 임금삭감의 물결이 풀타임노동자들에게까지 확산되었고, 1979년 10.5%였던 빈곤선(poverty line)의 저임금 발생빈도가 1990년에는 17%에 이르렀다. 여성의 경우, 이 비율은 거의 두 배에 달하였다. 킴 무디(1999: 309)는 비록 쇠퇴하고 있지만, 유럽의 복지정책은 증가된 빈곤의 충격을 미국보다 적극적으로 완화시키고 있다고 밝히고 있다. 그러나 빈곤의 확장이라는 추세는 이들 국가에서도 예외는 아니라고 지적하였다.

가지 관점에 의해 상이한 분석결과를 보여준다. 한 가지 관점은 실업률 증가의 원인을 근대경제학적 관점에서 수요·공급의 논리로 설명하는 입장(김길섭, 1997; 한국노동연구원, 1998.)이다. 특히, 실업증가의 원인은 일자리에 대한 수요초과에 있으며, 그 원인을 여성노동자의 경제활동 확대에서 찾고 있다. 그래서 실업문제를 해결하기 위해서는 기업구조조정과 개혁을 추진하여 경쟁력을 회복하고 고용창출을 증대시켜야 한다는 것이다.[5] 더 나아가 구조조정을 실행하는 과정에서 대량실업의 발생은 불가피하다고 보고 있다.

결국, 신자유주의적 시장경제논리에 입각해서 실업문제는 수요초과 부분을 해결하면 되는 것이고, 이 때 수요초과 부분을 차지하는 여성의 경제활동참여를 억제하면 된다는 것이다. 그러나 이 관점은 시장의 수요·공급 논리에서 벗어나지 못했을 뿐만 아니라, 실업과 빈곤에 처해 있는 여성의 현실을 철저하게 외면하고 있다는 점에서 그 한계를 찾아볼 수 있다.

다른 한 가지 관점은 여성실업의 원인을 '자본과 가부장제'의 중첩결정으로 분석한다. 그러나 한국사회의 특성상 가부장제의 영향이 보다 강하게 작용했다고 보는 입장(조순경, 1998; 한국여성노동자회협의회, 1998; 강이수, 1999; 신경아, 1999)이다. IMF 이후 여성은 노동시장 유연화의 일차적 대상이 되었고, 가부장제는 여성의 영역을 '가정'으로 규정하면서 여성의 '가정으로의 복귀'를 정당화했다는 것이다. 따라서 자본에 의한 비용절감전략으로 여성노동력이 더욱 선호되는 서구사회의 경험이 한국사회에도 보편적으로 적용될 수 없을 것이라고 예측한다. 왜냐하면 유교적 가부장제와 가

---

5) 또한 이들은 실망실업자가 비경제활동인구로 전환되면 실업률을 낮추는 완충역할을 한다고 보면서, 실망실업자의 대부분을 차지하는 여성을 어떻게 비경제활동인구로 묶어두는가가 실업대책의 중요한 관건이라고 설명하였다.

족주의 이념의 보편화 때문이라는 것이다.

이러한 관점은 여성실업에 대한 근본적인 재검토와 인식전환의 중요성 및 여성의 입장에 충실한 대안 마련이 중요함을 지적하고 있다는 점에서 의미가 있다. IMF 이후 여성실업의 특성과 그들의 삶에 대해 경험적으로 분석하는 작업은 시급하고도 중요하다. 구체적 현실에 대한 경험적 분석이 현실에 부합된 대안모색을 가능하게 하기 때문이다.

2) 경제위기가 여성고용·실업에 미치는 영향

서구사회의 경험을 바탕으로 자본축적위기가 여성고용·실업에 어떠한 영향을 미치게 되었는가에 대한 이론은 세 가지 가설을 중심으로 그 타당성을 검증하고 있다. 첫째는 안전판 가설(buffer hypothesis), 또는 산업예비군 가설이다. 여성노동력은 경기주기의 변동에 민감한 산업예비군적 노동력으로서, 경기상승국면에서는 충원되고 하강국면에서는 축출된다고 보는 이론이다. 즉 여성노동력은 경기변동의 충격을 흡수하고 안전판으로서 불안정한 노동력임을 강조하는 입장(Bouillaguet-Bernard and Gauvin, 1988)이다. 둘째는 직무분리가설(segregation hypothesis)이다. 여성노동자들이 특정 직무나 산업에 고용되는 성별직무분리로 인하여 여성의 고용추이는 경제주기의 변화에 영향받지 않으며, 경기하강 국면에서도 상대적으로 보호될 수 있다고 보는 입장(Milkman, 1976, 1987; Bettio, 1988)이다.[6] 따라서 여성고용은 경기순환적 요인보다는 직업구조와 산업구

---

6) 이 가설을 입증하는 연구(Safa, 1995)는 유럽 여성노동자를 분석하였는데, 이를 근거로 안전판 가설의 부적절함을 강조하였다. 즉, 노동시장에서 성별에 따라 직무별로 성적인 경계가 존재한다는 사실은 남성과 여성이 다른 종류의 노동력이며 손쉽게 대체될 수 없다는 것이다.

조에서의 변화와 보다 관련되는 경향이 있다. 셋째는 대체가설 (substitution hypothesis)이다. 불황시기 자본은 비용절감과 생산의 유연성 증대를 위해 여성을 남성노동력에 대체하여 사용하기 때문에 여성고용은 완만하게 증가한다고 보는 입장(Humphries, 1988)이다. 즉, 여성고용은 경기순환주기와 반비례하는 경향이 있다.[7] 그러나 주요 원인은 파트타임 직무의 증가 때문이라는 것이다.

서구사회의 역사적·경험적 자료에 의해 분석된 사례를 살펴보면, 위에서 언급한 세 가지 가설이 양립가능하다는 것을 알 수 있다. 즉, 직무분리가설은 안전판 가설 및 대체가설과 연관된다. 성별 직무분리는 상대적으로 불안정한 직무나 기업에 여성을 집중시키는 것과 결합되고, 안전판 기제는 직무분리를 통하여 작동하는데 자본이 비용을 삭감하는 수단으로 여성을 특정부문에 집중적으로 고용하기 때문이다.

따라서 서구사회의 경험적 연구결과들은 경제불황의 초기 국면에 여성고용은 감소하지만 불황이 심화되어감에 따라 자본은 고임금·고용안정적 직무들을 저임금·고용불안정 직무로 전환시켜 비용을 절감하고 유연성을 증대시키려는 전략을 사용하게 됨으로써 여성고용이 증가한다는 점을 밝히고 있다.

이상에서 살펴본 기존 연구동향과 이론적 자원을 토대로 이 글은 가장 열악한 현실에 처해 있는 여성실업문제와 그들의 삶을 적극적으로 문제제기하면서, 이의 해결을 위한 선행작업으로서 지역 차원의 분석을 수행하고자 한다.

---

7) 미국사회의 사례연구(킴 무디, 1999)를 보면, 일반적인 성별분업구조에 따라 도축업이 전혀 "여성적인 일"이라고 인정될 수 없음에도 불구하고 1980년대 들어 미국의 포장육 회사는 남성이민노동자와 여성노동자를 적극적으로 고용했다.

3. 광주지역 경제구조와 노동시장의 특성

1) 광주지역 경제구조 현황

한국사회에서 지역의 사회경제적 구조와 그 변화과정은 동일하게 이루어지지 않았다. 이렇게 지역불균등발전을 겪어 온 광주지역은 산업화가 지체된 대표적인 지역 중의 하나이다. 이에 따라 경제구조가 다른 지역과는 상이한 특징을 보이며, IMF 이후 경제상황도 차별성을 지니고 있다. 광주지역 산업구조는 제조업 기반이 상대적으로 취약하고 오히려 서비스업 위주의 3차 산업이 강세를 보이고 있다. 이를 보다 구체적으로 <표 1>에서 살펴보면, 1997년 현재 농림어업이 2.2%, 광공업(제조업)이 23.3%, 전기가스수도 및 건설업이 15.4%, 서비스업 및 기타 부문이 59.1%로 나타났다.

〈표 1〉 광주지역 산업구조 변화추이

(단위: %)

구 분	1992년	1993년	1994년	1995년	1996년	1997년
농림어업	3.0	2.9	2.8	2.6	1.9	2.2
광공업 (제조업)	24.4 (24.3)	25.6 (25.5)	25.4 (25.5)	25.4 (25.4)	25.6 (25.5)	23.3 (23.3)
전기가스수도 및 건설업	16.5	15.2	14.8	16.3	15.3	15.4
서비스업 및 기타부문	56.2	56.2	57.0	55.7	57.3	59.1

자료: 통계청 전남통계사무소. 1999.8., "1997년도 지역내 총생산"에서 구성.

그리고 1997년 제조업체 현황을 살펴보면, 제조업체수는 2천86개이고 제조업체에 고용된 노동자수는 4만3천554명이다. 특히 대기업보다는 중소기업의 비중이 99.28%에 이르고 있으며, 그 중에서도 50인 이하의 영세소기업 비중이 95.97%를 차지하고 있다(<표 2> 참고).

〈표 2〉 광주지역 제조업체 현황(1997년)

구 분	계	대기업 (300인이상)	중기업 (300~50인)	소 기 업			
				소계	50인이하	20인이하	5인이하
업체수	2,086	15	69	2002	241	629	1132
구성비	100	0.72	3.31	95.97	11.55	30.15	54.27
종업원수	43,554	20,221	6,343	16,990	6,876	6,746	3,368
구성비	100	46.4	14.6	39.0	15.8	15.5	7.7

자료: 광주광역시 내부자료에서 구성.

그러나 300인 이상 대기업에 고용된 노동자수가 2만221명으로 전체 노동자수의 46.4%에 이르고 있다. 이는 광주지역 산업구조의 특징이 제조업체수나 규모별로는 중소기업 중심이지만, 노동자수에 있어서는 소수의 대기업에 의존적이라는 사실을 나타내고 있다. 따라서 광주지역 산업구조가 지역에 기반을 둔 특화산업이 없기 때문에 자동차, 전기전자 등 소수 대기업의 존망에 따라 지역경제가 좌우되는 것이 현실이다.

이러한 구조적 특징을 가지고 있는 광주지역 경제는 1997년 말부터 전국적으로 영향을 받은 IMF가 발생하기 이전 지역 최대 기업인 아시아자동차 부도와 대형 건설업체의 잇따른 부도로 이미 곤란을 겪고 있다가 IMF 이후 더욱 침체되었다. 또한 1998년 광주지역 부도업체수는 710개로 1997년에 비해 44.0%(217개) 증가하여 5대 광역시 중 가장 높은 부도율(1.20%)을 나타냈다.[8] 또한 산업생산 증가율 추이를 보면, 전국 평균 산업생산은 1998년 초부터 하향세였다가 중반 이후 상승세로 이동하고 있지만, 광주지역의 경우

_____

8) 1998년 주요 도시 부도율은 서울 0.13, 부산 0.74, 인천 0.72, 울산 0.60, 대구 0.53, 대전 0.30%였다(광주광역시, 『광주경제』, 각월호).

는 IMF 이전인 1997년 중반부터 전국평균을 훨씬 밑도는 생산감소율을 보였다. 이러한 경향은 1999년 5월 현재까지도 전국평균 이하의 증가율을 보이는 데서도 알 수 있다(<그림 1> 참고).9)

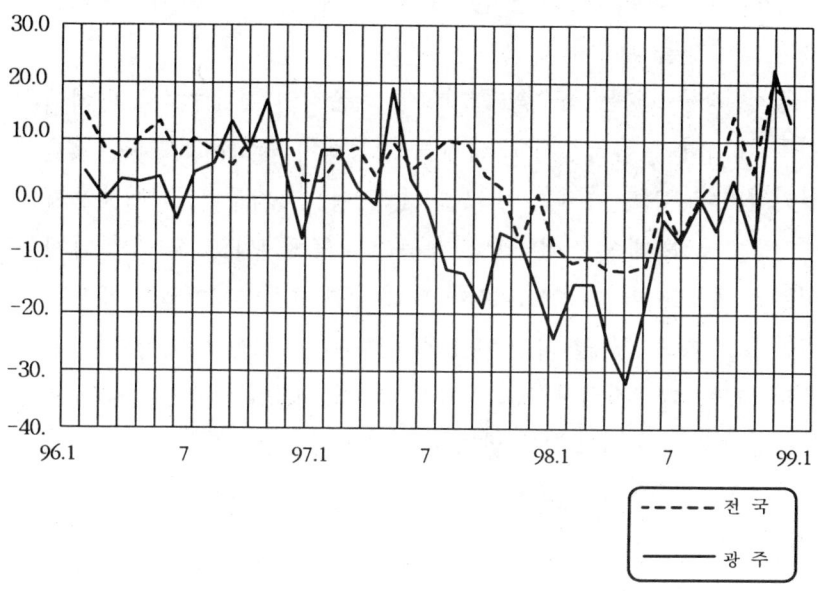

〈그림 1〉 산업생산 증가율 추이

자료 : 광주상공회의소. "광주지역 경제동향." 각월호에서 구성.

재무구조가 취약하고 영세한 중소규모 사업체가 타지역에 비해 상대적으로 많기 때문에 경제위기의 영향이 더욱 심각하였다. 이같은 사실은 광주지역 중소제조업체 10개 중 9개 업체가 IMF 이후 판매부진, 원자재 가격상승 등으로 가동률이 크게 떨어졌으며 지

---

9) 1999년 5월 현재 광주지역 산업생산은 지난달에 비해 3.5% 감소하였으나, 지난해 같은 달에 비해서는 12.9% 증가하였다. 이렇게 증가추세를 보이는 것은 기아자동차(주) 광주공장 생산차량의 국내수요 및 수출증가세와 반도체 및 기계장비 등의 수출호조에 기인한다.

역중소기업의 60%이상이 이미 부도를 당했거나 부도위기에 직면하는 등 극심한 경영난에 시달린 데서도 나타났다. 또한 대부분의 중소기업들이 경영위기 타개방안으로 인력을 감축하거나 임금을 삭감했으며 감원을 예정한 업체도 11.8%에 달해 광주지역 실업문제의 심각성을 보여주고 있다.[10)]

결국, 광주지역은 소수의 대기업에 의존적인 경제구조로 인하여 이들 대기업이 지역경제에 미치는 영향력이 상당히 크다는 것을 확인하였다. IMF 이전인 1997년 중반 아시아자동차, 기아자동차(주) 광주공장, 대형 건설업체인 무등건설 등의 부도로 이미 침체상태였던 광주지역 경제는 IMF 이후 대다수 중소영세기업의 부도와 가동률 저하로 경제악화의 과정을 겪었다. 이러한 지역경제의 침체는 다른 어느 지역보다도 심각한 것이었고, 이는 광주지역의 노동시장구조에 그대로 반영되어 나타났다.

---

10) 이는 광주광역시 지방자치단체가 중소기업 지원을 위한 정책자료로 활용하기 위해 1998년 7월 6일부터 10일 동안 광주 하남, 본촌 공단 등 5백 64개 업체를 대상으로 실시한 중소기업 경영실태 설문조사 결과에서 나타났다. 조사결과 IMF 이후 가동률이 현저히 떨어진 업체는 가동률 50%이하 1백 55개 업체(27.48%)를 포함, 5백 5개사(89.54%)에 달했으며 정상 가동중인 업체는 45개사(7.7%)에 불과했다. 정상가동을 못한 이유로는 판매부진 및 재고누적(23.97%), 원자재 가격상승에 따른 채산성 악화(19.16%), 거대기업의 부도로 인한 타격(18.8%), 고금리(12.04%) 등을 꼽았다. 또 지역기업들은 IMF 이후 7개월여동안 32개 업체(5.67%)가 이미 부도를 경험했고 3백 13개사(55.6%)가 1-3차례의 부도위기에 직면하는 등 조사대상기업의 61%가 극심한 자금난으로 불황을 겪은 것으로 드러났다.

2) 광주지역 노동시장구조

지역의 산업구조와 기업규모, 노동시장구조 등 지역적 특성에 따라 지역실업의 성격은 차별성을 갖는다. 특히 광주지역은 IMF 이후 20%이상의 산업생산감소를 경험하였고 높은 부도율을 나타냄으로써 실업증가의 중요한 요인으로 작용하였다. 이는 생산감소가 기업부도를 통해 공장폐쇄로 이어지는 경우 실업발생이 증가하기 때문이다.

또한 광주지역의 실업증가에 따른 문제는 경기변동에 민감한 건설업과 제조업 중소영세업체의 비중이 높기 때문에 더욱 심각하게 나타났다. 건설업 비중이 다른 지역에 비해 상대적으로 높은 광주지역의 경우 10%이상의 높은 건설업 취업비중은 이 지역 실업률 증가에 중대한 영향을 미치는 요인이다. 그리고 지역내 생산에서 제조업의 비중이 같더라도 경쟁력이 취약한 업종이 주력업종인 동시에 수출산업이기 때문에 이들 업종의 수출감소에 따라 실업이 증가하였다.

이와 같이, 광주지역은 경제침체로 수많은 노동자가 직장을 상실하고 신규채용이 극히 제한적으로 이루어짐으로써 취업자가 감소하고 실업자가 크게 증가하였다. 광주지역 취업자는 1999년 1/4분기 현재 47만7천명으로 97년 후반부터 지속적으로 감소하였다. 이를 <표 3>에서 산업별로 살펴보면, 전체적인 취업자 감소경향에서도 제조업, 건설업, 도소매음식숙박업의 감소추세가 두드러지게 나타나고 있다. 직업별 취업자는 모든 직종에서 감소추세를 보이고 있다. 1999년 1/4분기 현재 IMF 이전인 1997년 4/4분기와 비교해 보면, 서비스직이 2만1천명으로 가장 많이 감소하였으며, 그 다음으로 사무직과 기능·기계조작·단순노무직이 각각 1만5천명씩 감소하였다. 종사상 지위별 취업자의 경우는 비임금노동자와 임금노동자 모두 IMF 이후 지속적으로 감소하였다. 특히, 상용직 노동자는 1999년 1/4분기 현재 15만7천명으로 1997년 3/4분기의 16만9천명보다 1만2천명이 감소하였다. 이에 비해서 일용직 노동자는 IMF 이후 감소하다가 1998년 4/4분기 이후 증가하고 있으며 이는 IMF 이전보다 더욱 증가하였음을 보여준다. 이러한 사실은 취업시간별 취업자의 특징에서도 잘 나타난다. 36시간 미만 취업자는 급속히 증가한 반면, 36시간 이상 취업자는 1997년 3/4분기에 비해 10만명이 감소하였다(통계청 전남통계사무소 DB).

이를 통해 알 수 있는 사실은 광주지역 노동시장의 고용불완정성과 불안정성이 심화되어 가고 있다는 것이다. 뿐만 아니라, 실업문제도 더욱 악화되고 있다. 이 지역 실업률은 1997년 4/4분기부터 높아졌으며, 1999년 1/4분기 현재 10%에 가까운 9.7%를 기록하였다(<표 4> 참고). 이러한 실업률은 전국 평균보다 높을 뿐만 아니라, 다른 지역의 경우 경기회복세에 의해 실업률의 증가가 주춤하거나 다시 하락하고 있음에도 불구하고 광주지역의 경우 오히려 증가하였다. 결국 이 지역 실업문제는 쉽게 해결될 수 없는 구조적인 성격이 강하다는 것을 알 수 있다.

4. 광주지역 여성실업의 현황과 문제점

1) 여성실업문제의 특성

성차별적, 성불평등적 고용이 일상화되어 있는 한국사회에서, IMF 이후 여성들은 노동시장에서 제일 먼저 배제되고 퇴출되었다.

〈표 3〉 산업별 취업자 추이　　　　　　　（단위: 천명, %）

연도/분기별 내용	1997				1998				1999
	1/4	2/4	3/4	4/4	1/4	2/4	3/4	4/4	1/4
전　　체	541	546	546	545	505	493	485	493	476
<산업별>									
농림어업	26	29	29	28	29	34	34	32	26
광 공 업	67	67	65	64	71	66	65	64	60
(제조업)	66	66	64	63	71	66	65	64	60
SOC 및 기타	448	450	452	453	405	393	386	397	390
(건설업)	77	76	74	71	60	52	49	47	42
(도소매음식숙박)	176	171	175	176	157	150	146	151	152
(사업개인공공서비스)	136	143	144	148	129	133	135	143	140
(금융운수 등 기타)	59	60	59	58	59	58	56	56	56
<직업별>									
전문기술행정관리직		120	120	119	109	105	106	106	107
사무직		70	69	72	64	59	56	55	57
서비스판매직		141	145	144	126	122	119	126	123
농림.어업직		27	27	27	26	30	30	27	23
기능·기계조작· 단순노무직		186	183	183	182	176	173	177	168
<종사장 지위별>									
비임금근로자		199	199	172	169	168	168	166	
(자영 및 고용)		151	152	133	131	131	131	130	
(무급가족종사)		48	47	39	38	37	37	35	
임금근로자		347	346	335	323	316	324	312	
(상시)		305	304	298	288	277	277	269	
·상용		169	170	174	165	161	161	157	
·임시		136	134	124	123	116	116	111	
(일용)		42	42	36	35	39	47	43	
<취업시간별>									
36시간 미만		30	25	40	43	59	55	58	
(1 -17시간)		8	5	9	9	14	12	17	
(18 - 35 시간)		22	20	31	34	45	43	41	
36시간 이상		511	518	461	446	415	433	411	
(36-53시간)		223	234	211	199	207	203	195	
(54시간 이상)		288	284	250	247	208	230	216	
임시휴직자		4	1	7	4	11	5	7	
평균취업시간		54.9	55.3	52.8	53.1	50.0	52.3	51.0	

주: 직업별 취업자의 1997년 1/4분기와 종사상 지위별·취업시간별 취업자
　　의 1997년 1/4분기, 2/4분기 통계자료는 집계되지 않았다.
자료: 통계청 전남통계사무소 DB에서 구성.

여성은 실망실업자화되어 비경제활동인구로 퇴출되는 비율이 높으며, 무급가족종사자와 같이 거의 실업상태나 다름없는 준실업 활동인구로 남아 있게 된다. 그러므로 여성의 공식적 실업률에는 이러한 실망실업자, 무급가족종사자 등이 포함되지 않는다. 이런 의미에서 여성실업의 실태는 정부의 공식 실업통계만으로 정확히 파악할 수 없는 한계를 내포하고 있으며, 실업통계의 한계로 볼 때 여성실업이 은폐될 여지가 높다고 할 수 있다.

이러한 문제는 지역 여성실업의 구체적 실태를 분석할 경우, 더욱 심각하다. 통계자료조차도 중앙집중화되어 있어서 특정 지역의 실업에 관한 공식적 통계자료가 부족할 뿐만 아니라, '지역'과 '성'이라는 두 변수를 동시에 고려하여 구분한 실업통계는 전무하다시피 하기 때문이다.[11] 공식적인 통계자료의 남성중심적 관점이 지역으로 좁혀질수록 더욱 강화된 채 보수주의적 성향으로 나타나고 있음을 알 수 있다. 이는 지역차원에서의 여성실업문제에 관한 담론이 형성조차 되지 않았으며, 여성실업대책이 거의 존재하지 않는 지역실업정책과 결합되어 있다.

---

11) 지역 여성실업문제에 관한 인식을 제고시키기 위해 필자는 "여성과 사회" 전공과목 수강학생들에게 이와 관련된 보고서를 제출하도록 하였다. 그런데 학생들이 제출한 대부분의 보고서에는 이 지역 여성실업자료를 구하기 힘들었음을 밝히고 있다. 다음은 학생들의 보고서 내용 중 일부를 인용한 것이다. "자료를 구하기 위해서 광주지방노동청 산하 인력은행, YWCA, 시청 등 가볼만한 곳은 모두 다녀 보았지만 고작 얻은 자료는 인터넷상에 올라와 있는 통계청 자료 몇가지였다. 그것도 지역 여성실업자료가 아니라, 전국의 여성실업자료였다. 그리고 정책을 맡은 부서는 얼마나 복잡하던지 시청에서 몇 가지 자료를 얻기 위해서 4곳을 옮겨다녀야만 했다. 지방자치화 시대라고 말은 하지만, 지방자치단체에서 이 지역 여성실업에 대해서 아무런 정책조차 내놓지 못하고 있는 실정이었다." 한 마디로 "여성실업문제"는 지역에 존재조차 하지 않는 것을 의미한다.

그럼에도 불구하고, 광주지역 여성실업의 실태는 경제활동인구나 비경제활동인구의 추이, 실업자 추이를 통해서 파악해 볼 수 있다. 비록 제한적이기는 하지만, 분석이 가능한 자료로서 이 지역 여성실업의 심각한 현실을 일정정도 파악하게 해주기 때문이다.

〈표 4〉 광주지역 여성고용·실업 현황

지역 내용	광	주			전	국
	98,1/4분기	98,4/4분기	99,1/4분기	99, 5	98, 5	99, 5
15세이상인구	978	995	999	1,004	35,188	35,572
남성	472	481	482	485	17,102	17,279
여성	505	514	517	519	18,086	18,293
경제활동인구	539	540	528	546	21,717	21,707
남성	324	321	316	324	13,010	12,903
여성	215	219	212	222	8,708	8,804
경제활동참가율	55.1	54.3	52.9	54.4	61.7	61.0
남성	68.6	66.7	65.6	66.9	76.1	74.7
여성	42.6	42.6	41.0	42.9	48.1	48.1
취업자	507	493	477	502	20,226	20,301
남성	305	289	282	293	11,995	11,932
여성	202	203	195	209	8,231	8,369
실업자	32	47	51	44	1,492	1,406
남성	19	32	34	31	1,015	971
여성	13	16	17	13	476	435
실업률	5.9	8.7	9.7	8.1	6.9	6.5
남성	5.9	10.0	10.8	9.3	7.8	7.5
여성	6.0	7.3	8.0	5.9	5.5	4.9
비경제활동인구	439	455	470	458	13,470	13,865
남성	148	160	166	161	4,092	4,376
여성	291	295	305	297	9,378	9,489

자료 : 전국은 통계청, 「고용동향」
    광주는 통계청 전남통계사무소 내부자료에서 구성.

먼저, <표 4>의 경제활동인구와 비경제활동인구의 증감 추이를 통해서 광주지역 여성고용·실업동향을 살펴보자. 광주지역의 15세 이상 노동가능인구는 1999년 5월 현재 1백만 4천명으로 꾸준히 증가해 왔다. 이 중에서 경제활동인구는 54만 6천명으로 IMF 이후 지속적인 감소추세를 보이다가 1999년 1/4분기 이후 약간 증가하였다. 이 시기 여성과 남성의 경우 모두 증가하였음을 알 수 있다. 그러나 노동시장에 참여하지 않고 퇴출된 비경제활동인구는 1998년 이후 크게 증가해 오다가 1999년 1/4분기 이후 그 증가폭이 주춤하기는 했지만, 1998년 1/4분기에 비해서는 여전히 높은 수준을 유지하고 있다. 광주지역 여성의 경우, 1997년 말 이후 1998년 1/4분기 29만 1천명, 4/4분기 29만 5천명, 1999년 1/4분기 30만 5천명으로 증가추세였다가 1999년 5월 현재 29만 7천명으로 8천명 감소하였지만 IMF 이전보다는 매우 증가하였다. 이러한 경제활동인구의 증가, 비경제활동인구의 약간의 감소 경향은 1999년 상반기 들어서면서 이 지역 산업생산의 증가세와 중소영세기업 가동률의 회복 조짐이 보이는 등 경제적 여건에 기인한 것으로 볼 수 있다.

다음으로 여성고용·실업의 실태를 알 수 있는 취업자수와 실업률을 살펴보자. 광주지역 여성취업자는 경제활동참가율과 유사하게 1997년 12월 이후 1999년 1/4분기까지 감소하다가 1999년 5월 현재 20만 9천명으로 증가함으로써 감소세가 반전되었다(<표 4> 참고). 그런데 이 지역 여성노동자의 고용현실과 그 형태를 보다 구체적으로 분석할 수 있는 산업별·직업별·종사상 지위별·취업시간별 고용추이에 관한 공식적 통계자료가 존재하지 않는다. 다만, 남성과 여성을 합한 취업자수 추이를 통해서 추론할 수 있을 뿐이다(<표 3> 참고).

이를 통해서 파악할 수 있는 사실은, 여성노동자들이 주로 집중되어 있는 산업과 직업에서 취업자수가 감소하였다는 점에서 IMF 경제위기가 여성고용·실업에 많은 영향을 미쳤다는 것이다. 이같은 사실은 광주여성노동자회 여성실업대책본부의 구직상담자료를 분석한 결과를 살펴보면 더욱 잘 나타난다. 구직상담 여성은 대부분 산업과 직업별로 건설일용직, 제조업 생산직, 도소매음식숙박업 서비스판매직, 그리고 고용형태별로는 상용직에 종사했던 것으로 나타났다.

따라서 특정 지역의 사례연구라는 한계에 따른 일반화의 위험에도 불구하고, 경제침체시기 여성들이 집중된 산업과 직업에 고용된 여성노동자는 보호될 수 있다는 '직무분리가설'을 광주지역 여성노동자들에게 그대로 적용하기는 어렵다고 할 수 있다. 이에 근거해 볼 때, 산업구조와 직업구조는 경기변동이나 구조조정과 밀접히 연관되기 때문에 두 가지 요인을 독립적으로 파악할 수 없다는 사실을 확인시켜 준다.

그리고 광주지역 여성들의 실업현실은 여성취업자수가 감소하는 것 뿐만 아니라, 여성실업률이 증가하는 데서 잘 드러나고 있다. 여성실업률은 1999년 5월 현재 5.9%로 남성실업률의 9.3%에 비해 낮은 수준이지만, 앞에서도 지적했듯이 여성실업자가 실망실업자화되어 비경제활동인구로 흡수된다는 점을 감안한다면, 이 보다 더 높은 수치일 가능성이 크다고 할 수 있다. 이러한 점은 전국의 경향과 유사하지만, 광주지역 실업률이 IMF 이후 전국평균을 훨씬 상회하고 있으며, 이는 여성실업률의 경우도 마찬가지라는 점에서 이 지역 여성들이 처해 있는 현실을 가늠해 볼 수 있게 해준다(<그림 2> 참고).

실업의 원인도 자발적 실업보다는 구조조정에 의한 실업이 더 높게 나타났다. 광주여성노동자회 여성실업대책본부의 구직상담자 376명 중 "퇴직사유"에 대한 질문에 응답한 208명의 사례를 분석해 보면, 자진퇴사가 45.7%, 정리해고가 25.5%, 부도 및 휴·폐업 25.0%, 임금체불이 3.8%로 나타났다. 그런데 자진퇴사의 경우도 그 구체적인 이유가 '가부장적 성역할'인 결혼, 출산, 자녀양육과 남편질병이나 시부모간병 때문이라고 응답하거나 '노동조건이 열악'하기 때문이라고 응답하였다.12) 이는 광주지역 여성이 가부장적인 남성중심이데올로기에 희생되거나 중소영세사업장 중심의 취약한 경제구조로 인해 더욱 열악한 고용조건에 힘들어하고 있음을 드러내준다.

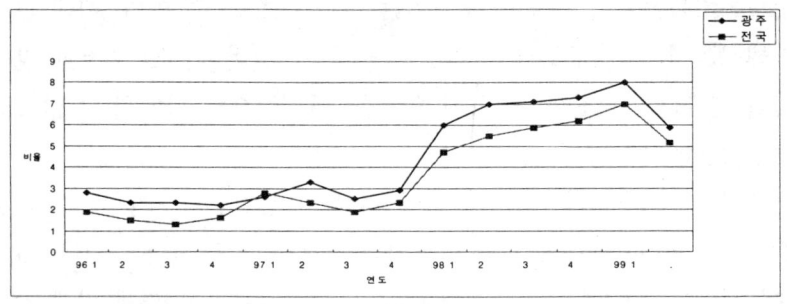

〈그림 2〉 광주지역 여성실업률 추이

자료 : 통계청 통계DB에서 구성.

이와 같이, 광주지역 여성들은 1997년 이후 보다 쉽고 빠르게 일자리를 잃음으로써 고용불안정과 실업상태에 처해 있다. 다시 말해서, IMF 이후 상황은 경제구조가 취약한 광주지역에 상대적으로 더 많은 영향을 미쳤으며, 이에 따라 이 지역 여성고용·실업의 현실은 더욱 열악할 수밖에 없다는 것이다. 이러한 측면에서 광주지

---

12) 여성실업자는 크게 신규실업자, 전직실업자, 비경제활동인구로 있다가 노동시장에 진입하거나 재진입하는 실업자(the employed in search of a job after a period of non-participation)로 구분된다. 광주여성노동자회 여성실업대책본부 구직상담자 376명 중에서 실업유형별로 구분하면, 신규실업자 8.5%, 전직실업자 74.2%(자영업 포함)인데, 재진입실업자는 17.3%에 이른다.

역 여성들은 경제침체시기 경기변동의 충격을 흡수하는 안전판으로서 산업예비군적 노동력(Bouillaguet-Bernard and Gauvin, 1988)으로 존재하고 있음을 알 수 있다.

그럼에도 불구하고, 1년 이상 계속되고 있는 경제침체로 남편의 실업과 소득감소 등 생계가 어려워지자 이를 보전하기 위해 30대 이상의 기혼여성들이 노동시장에 진입하거나 재진입하는 현상(김태홍, 1998; 왕인순, 1998; 장하진, 1998; 강이수, 1999)이 광주지역에서도 증가하고 있다. 1998년 7월부터 1999년 3월까지 광주여성노동자회 여성실업대책본부의 구직상담 내용을 보면, 구직상담자 중에서 기혼여성의 비율이 계속 증가하였다. 총 373명의 응답자 중에서 미혼여성이 25.2%인데 비해서 기혼여성은 74.8%에 이르고 있다. 이는 기혼여성들 자신의 실직이 증가했을 뿐만 아니라, 남편의 실직이나 소득감소로 구직을 희망하는 경우가 늘어나고 있음을 보여주는 것이다. 이렇게 노동시장의 재진입을 희망하는 여성실업자는 신규실업자나 전직실업자보다 연령이 높고 특별한 기술이나 훈련을 받은 경험이 없기 때문에 상대적으로 하향취업을 원하고 있다. 이들은 구직을 상당히 호소하고 있는데, 취업만 가능하다면 상용직이 아닌 일용직이나 파트타임도 상관없으며, 임금수준도 이전의 임금보다 더 낮아도 괜찮다는 반응을 보이고 있다. 한 마디로 '일만 할 수 있다면' 고용불안정이나 노동조건에는 개의치 않겠다는 것이다.

재취업이 어려울 뿐만 아니라, 실직 이후 여성실업자들은 퇴직금을 받지 못하거나 실업급여 등 정부의 실업대책으로부터도 배제되고 있는 것으로 나타났다. 구직상담자 중에서 퇴직금이나 실업급여를 받을 수 있었던 여성은 극소수에 불과하며, 그 혜택을 받았던 여성들도 대부분 100인 이상 규모의 전자업체 생산직에 근무하였던 경우에 해당한다. 특히 여성실업자 중에서도 저소득층, 저학력층, 고연령층이 당하는 실업의 고통이 훨씬 큰 것으로 나타났다.[13] 광주여성노동자회 여성실업대책본부 구직상담자료에 따르면, 30대 이상 여성실업자가 72%에 이르고, 이 중에서도 공공근로사업의 혜택을 받을 수 없는 65세 이상이 1.87%나 되었다.

또한 지방자치단체에서 실시하는 공공근로사업의 경우, 사회복지도우미나 방과후 아동지도 프로그램에 여성들이 참여할 수 있다지만, 이 또한 초대졸 이상이라는 학력제한으로 인해 고졸이하의 여성들은 참가자격조차 박탈되고 있다. 고학력 신규실업자만을 대상으로 한다는 비판을 면하기 어려운 부분이라고 할 수 있다.[14] 따라서 여성실업자에 초점을 맞춘 실업대책이 필요하고, 더 나아가 지역실정을 감안한 현실적인 여성실업대책이 요구된다고 하겠다.

---

13) 광주여성노동자회 여성실업대책본부 구직상담자 총 376명 중에서 학력에 대한 질문에는 365명이 응답하였는데, 초대졸 이상이 32.6%, 고졸이 35.1%, 중졸이 15.9%, 초졸 이하가 16.4%였다. 여성실업자의 67.4%가 고졸이하의 학력에 집중되어 있고, 중졸이하의 저학력층도 32.3%에 달한다는 점에서, 이들 여성의 실업과 재취업 문제가 훨씬 심각하다.

14) 저소득 방과후 생활지도 교사파견 프로그램에 대해 전국민주노동조합총연맹·한국여성노동자회협의회(1999)는 고학력 여성의 실업구제적인 면과 아동교육이라는 공익적 성격을 동시에 갖고 있는 공공근로사업이라고 평가하고 있다. 그러나, 보조교사의 전문성을 살려주고 사업의 지속성을 보장하여 공익적 성격을 강화할 수 있도록 배치하여야 함에도 불구하고 3개월짜리 실업구제 차원으로만 접근되어 그 성격을 살리지 못하고 있다.

2) 여성실업의 일상화와 여성 삶의 빈곤화

한국사회에서도 1997년 말부터 대량실업이 확산되고 실업기간
이 장기화됨에 따라 소득감소로 인한 빈곤의 사회적 분화(social
division of poverty)가 가속화되고 있다는 지적이 늘고 있다(류진석,
1998; 이상영, 1998).[15) 이러한 상황에서 광주지역 여성들의 삶의
양상도 변화하고 있다.[16) 여성 자신의 실업이나 남편과 가족구성
원의 실업으로 인해 삶의 조건이 많은 영향을 받고 있기 때문이다.

광주여성노동자회에 접수된 구직상담자료를 분석해 보면, 여성
구직상담자 중에서 여성세대주이거나 실질적인 여성가장의 비율
은 무려 49.2%에 이른다. 공공직업소개기관에 구직신청을 해도 몇
개월 째 취업을 못하는 여성가장들, 단기간의 공공근로로는 생계
를 유지하기 힘든 여성가장들, 생활보호대상자로 선정되지 못해
생계가 막막한 여성가장들이 상대적으로 많이 상담을 신청했기 때
문에 그 비율이 상당히 높게 나타났다. 여성가장들의 경우 남편이

---

15) 실제로 통계청 자료(『도시가계연보』, 1999.5.)를 살펴보면, 이러한 사실
   을 입증해 준다. 도시근로자가구의 1998년 가구소득을 5분위계층별로
   보면, 상위계층인 5분위계층의 소득은 4백24만4천원으로 1분위계층의
   소득 78만4천원의 5.41배로 나타났다. 저소득층일수록 소득감소폭이
   커 소득이 가장 낮은 20%인 1분위는 17.2%가 감소한 반면, 소득이 가
   장 높은 20%인 5분위는 0.3% 감소에 불과하였다. 저소득계층일수록
   가구주 근로소득의 비중이 높고, 고소득계층일수록 가구원 근로소득,
   재산소득, 사업 및 부업소득의 비중이 높게 나타났다.
16) 미국사회의 빈곤문제를 분석한 까스텔(Castells, 1996: 136)은 경제위기
   로 인해 소득에서의 평균적 하락이 계층에 따라 각각 다르게 영향을
   받았다고 주장하였다. 사회적 불평등은 증가하였고, 더 나아가 불평등
   은 양극화되어 빈곤은 확산되었다는 것이다. 빈곤선 아래의 소득자는
   1973년 11.1%에서 1994년 14.5%로 증가하였다고 한다.

실직을 당해 경제력을 상실한 사례와 이로 인한 가족해체로 모자
가정이 된 사례도 있었다. 또한 가족생계보조나 자녀교육비를 걱
정하는 사례뿐만 아니라, 가족생계를 책임지고 있는 여성가장도
있었고, 특히 부부가 모두 실직된 부부실직가정도 18가구에 이르
렀다. 상담자료에서 보여지는 이 지역 여성들의 사례를 인용하면
다음과 같다.

> 만40세인 ㄱ씨는 남편실직으로 인해 생계곤란을 겪는 데다가 이로
> 인한 부부간의 갈등이 심해져 결국 이혼했다. 이혼 후 여성세대주가
> 된데다가 17세, 15세, 8세인 자녀 세명 모두를 책임져야 하는 여성가
> 장이 되었다. 상담원이 '모자가정' 신청을 권유했지만, 주변에 알려지
> 는 것이 싫어 꺼려했다. 어떻게 해서든지 구직을 하고 싶어했다.

> IMF 이후 다니던 직장에서 정리해고를 당한 ㅇ씨는 아직까지 재취
> 업을 못하고 있다. 만48세라는 나이에 중졸의 학력으로 재취업이 가
> 능할까 걱정된다고 한다. 건설일용직에 종사하던 남편도 건설업의 불
> 황과 다리골절이라는 부상을 당해 일자리를 잃었다. 부부 모두 실직
> 상태여서 생계가 곤란하다. 가족들 최저생계비가 65만원 정도인데, 이
> 정도만이라도 받을 수 있는 곳에 재취업을 희망하고 있다.

이러한 현실은 여성의 경우 가부장적 사회에서 예외없이 적용되
는, "여성노동자는 주된 생계책임자가 아니고 가계보조적 취업자"
라든가, "남성=생계부양자, 여성=가사담당자"라는 논리를 일반화
시킬 수 없다는 것을 보여준다. 이런 맥락에서 남성이 생계를 책임
지고 있기 때문에 여성이 남성에 비해 우선적으로 해고되어도 상
관없다거나 남성도 일자리가 없는데 여성이 일자리를 찾는다는 것
은 안되며 '가정을 지켜야 한다'는 주장은 더 이상 설득력이 없다.
   더욱이 이 지역 여성 대다수가 사회적 안전망의 부재 또는 사각

지대에 놓여 있다는 점에서 이들의 삶의 질이 하락하고 있음을 확인할 수 있다. 이 같은 사실은 광주지역 여성들과의 면접조사 결과를 보면 드러난다.

남편은 인천에서 피아노 제조업체 하청을 하는 영세제조업체를 운영하다가, IMF 이전부터 피아노 제조업체가 공장을 중국으로 이전하기 시작하면서 일감이 줄어 1년 정도 적자를 보다 결국 부도를 냈어요. 광주로 내려와 비디오 총판 대리점을 내고 유통업을 시작했다가 IMF 직후 또다시 부도를 내고 가출하였지요. 아직까지 사업실패로 진 빚을 갚지 못한 데다가 남편가출로 인해 중2인 딸과 초등학교 5학년인 아들의 생계를 책임져야 하는 신세가 되었지요. 처음에는 남편가출에 대한 원망과 배신감으로 이혼을 수도 없이 생각했지만 당장의 생계를 위해서 직장을 구해야겠다고 생각했어요. 그러나 광주인력은행에 구직등록을 해도 나이가 많다는 이유로, 기술이 없다는 이유로 번번이 실패했죠. 실질적인 여성가장이지만 남편이 세대주로 되어 있다는 이유 때문에 공공근로사업에도 참여할 수가 없었죠. 동사무소 직원은 딱한 사정을 듣고 '편법'을 권유했어요. 남편의 주소지를 다른 곳으로 옮기라는 것이었죠. 하지만 가출한지 2년이 가까이 되도록 연락이 없는 남편이었지만, 편법을 쓰고 싶지 않았어요. 다행히 지난 5월 한시적 생활보호대상자로 선정되어서 애들 학비나 의료비 걱정은 덜게 되었지요. 그나마 이것도 12월까지인데 걱정이네요.

취업이 안되니까 소규모 자영업을 할까 싶어 실직자 대출을 알아봤지만 보증인(재산이 있거나 직장이 있는 사람)을 세워야 한다는 말에 이미 사업실패로 인해 형제나 친구들에게 빚을 진 상태에서 보증을 서 줄 사람이 없었죠. 그래도 겨우 겨우 보증인 1명을 구해서 데리고 갔는데 … 다른 곳에 보증을 섰다고 안된다고 해요. 취업도 안되고, 실직자 대출도 받을 수 없고 … 정부의 실업대책이 너무나 조건이 까다로워서 나같은 사람은 전혀 혜택을 받을 수가 없어요. 유명무실한 정책이라더니 그 말이 맞는가봐요.

가족 중에서 한 사람도 소득이 없으니 겪는 어려움은 말로 다할 수가 없죠. 그나마 한시적 생활보호대상자로 되어서 자식들 교육비는 걱정 안하지만, 사교육비는 엄두도 못내요. 애들 학원에 못보낸지 오래됐어요. 남편 가출후 채무자들이 집에 들이닥치고 … 여러 가지로 충격을 받았는지 딸아이가 학교도 잘 안가고 소위 '문제아'들과 어울려 다니는 등 갈등도 많았어요. 그나저나 우리 가족이 한 달에 50~60만원은 있어야 버틸 수 있는데 정부지원금으로는 너무 부족해서 살아가기가 막막하네요 … 부족한 생계비는 친구나 친척들이 가끔 와서 얼마씩 쥐어주고 가는데, 그것이 큰 도움이 되죠.17)

위에서 인용한 여성은 결혼 후 전업주부로 있다가 남편이 사업 실패로 가출하여 생계가 막막했지만, 특정한 기술도 없는 데다가 연령제한으로 취업할 수가 없었다. 한시적 생활보호대상자로 되었으나 '한시적'인데다가 공공근로도 할 수가 없어서 상당히 어렵게 생활하고 있다. 또 다른 여성의 사례도 실업과 빈곤으로 인해 힘들어하고 있다.

남편과는 처음부터 애정이 없었어요. 친정 아버지의 강요에 의해 어쩔 수 없이 한 결혼이라 … 8년을 살다가 하나 있는 아들을 내가 키우기로 하고 이혼했죠. 이혼 후 재혼을 했는데 구타가 너무 심해 도망쳐 나와 아이와 함께 친정부모님댁에서 얹혀 살고 있어요. 먹고 살기 위해 S전자 생산직으로 3년 정도 일했는데 IMF 여파로 1998년 7월에 폐업해서 일자리를 잃었어요. 월 27만원 정도 받아서 두 식구가 겨우 살았는데, 이제는 그 수입마저도 없어요. 재취업도 힘든데다 몸이 아파서 자살하고 싶은 생각이 들 때가 한두번이 아니에요. 이렇게 살아 뭐하나 싶은게 … 아들 때문에 그것도 여의치 않아서 억지로 사는 것이죠. 이제는 한시적 생활보호대상자여서 아이 등록금도 지원받을 수

---

17) 광주광역시 내방동에 거주하는 ㅇ씨는 만42세로 기혼여성이다. 면접은 1999년 6월에 실시하였다.

있고, 취로사업도 나가고 있어요. 몸이 아파서 빠지는 날이 더 많아 실제 소득이 거의 없지만 …18)

〈표 5〉 광주지역 공공근로사업 성별·연령별 신청 및 선발 현황

(단위: 명)

구 분	계	성 별		연 령 별					
		남	여	20세 미만	20대	30대	40대	50대	60세 이상
1998년 신청인원	15,026	7,240	7,786	147	1,874	3,173	3,841	4,195	1,796
1998년 선발인원	7,710	4,249	3,461	16	667	2,075	2,743	1,961	248
1999년 신청인원	44,689	17,507	27,182	245	4,255	8,439	12,481	15,613	3,656
1999년 선발인원	13,151	6,822	6,339	100	1,983	3,516	4,562	2,990	0

자료 : 광주광역시 내부자료에서 구성.

이와 같이, 광주지역 여성들은 실업의 확산과 재취업이 어려운 현실 때문에 여성 자신과 가족의 삶의 조건이 열악해졌음을 밝히고 있다. 이러한 현실은 광주광역시 지방자치단체에서 실시하는 공공근로사업의 내용을 분석한 자료를 통해서도 입증할 수 있다. <표 5>는 1998년과 1999년 공공근로사업 신청자를 비교한 결과이다. 공공근로사업의 신청자수가 전체적으로 증가한 가운데 특히 여성의 수가 3배 이상 증가하였고, 연령별로는 40~50대 신청자가 급증하였다. 이는 광주지역에서 실업이 장기화되면서 여성실업문제가 심각해졌음을 나타내는 것이다. 그러나 여성실업현실이 이러함에도 불구하고, 공공근로사업 선발대상자는 여성과 40~50대층을 배제하였다. 1999년 여성신청자는 2만7천182명에 달했으나 선

---

18) 광주광역시 두암동에 거주하는 ㅅ씨는 만38세로 초졸학력의 여성이다. 면접은 1999년 6월에 실시하였다.

발된 여성의 수는 6천339명에 불과한 데서 이를 확인할 수 있다. 결국 실업대책이 절대적으로 미흡한 상황에서 여성들은 그 혜택으로부터도 배제된 것이다.

이러한 처지에 놓인 여성실업자나 여성가장에 대한 사회적 관심이 여성단체를 비롯한 시민단체에서 지속적으로 확대되어옴에 따라 정부는 여성실업대책을 몇 가지 제시하였다. 첫째, 정부에서는 부양가족이 있는 여성가장을 채용하는 기업에 대해서는 고용보험기금에서 채용장려금을 지급하며 지급수준은 임금의 1/2(대기업은 1/3)을 6개월간 지급하겠다고 했다. 둘째, 생계유지 부담으로 정규훈련기회가 제한되어 있는 여성가장 실업자 3천명에게 특별훈련을 실시한다는 것이다(장하진, 1998).[19] 셋째, 공공근로사업을 신청하는 경우 우선 배정하며, 자영업 자금을 지원하는 프로그램도 제시하였다.

그러나 이러한 정부실업대책은 그 실효성에 대해 의문이 제기되었다. 채용장려금을 지급하면서 여성고용을 촉진하고 있지만, 실제 자본의 입장에서는 이를 별로 이용하지 않고 있다는 점이다(한국노동연구원, 1998). 실업자가 만연한 상황에서 야간근로나 유해작업을 시킬 수 없다는 이유로 자본측이 여성고용에 적극적이지 않기 때문이다. 또한 직업훈련의 경우도 제대로 실시되지 않을 뿐만 아니라, 직업훈련을 받고 자격증을 취득해도 여성에게 재취업의 기회는 극히 제한적이다. 광주여성노동자회 여성실업대책본부의 구직상담자료에서 여성상담자들은 직업훈련을 신청해도 "정원이 미달된다는 이유로" 훈련받을 수 있는 기회마저 박탈된 경험을 가

---

19) 일하는 여성의 집, 여성회관, 인정직업훈련원 등 전국 71개 여성훈련기관을 선정하여 취업가능 직종 중심으로 훈련을 실시하며 훈련비 전액을 국고로 지원하고 훈련수당을 월 25~40만원씩 지급한다.

지고 있다.[20) 그리고 여성을 대상으로 하는 대부분의 직업훈련이
재봉, 제과제빵, 조리사, 도배사 등 '여성적인 일'에 한정되거나 그
종류도 다양하지 못하다는 점에서 취업으로 연결되는 데 별 도움
이 되지 않는다는 것이다. 공공근로사업의 경우도 한시적 생활보
호대상자로서 생계보조비를 받으면 공공근로에 참여할 수 없기 때
문에 여성들은 둘 중 하나를 포기해야 하거나 '편법'을 사용해야
한다. 공공근로사업을 신청해도 우선 배정되는 것이 아니라, 우선
배제되고 있는 실정이다. 그런데 생계보조비의 액수가 매우 낮기
때문에 최소한의 생활을 유지하기에도 힘든 실정이다. 그리고 자
영업 자금 지원도 조건이 까다롭고 서류작성과 절차가 복잡해서
여성실업자나 여성가장이 꺼려하는 것으로 나타났다.

5. 여성실업의 대응전략

이 글을 통해서 광주지역 여성들은 IMF 이전부터 경제침체의 영
향을 받았으며, 이로 인해 삶의 질이 하락하고 있음을 확인할 수
있었다. 이러한 현실에 불구하고, 여성실업문제와 빈곤화의 문제를
해결할 수 있는 지역차원의 대안이 거의 전무하다는 사실은 이를
더욱 심각하게 만든다. 여성실업의 확대는 여성들의 노동권 위협
은 물론이고 필연적으로 여성들의 생존권과 삶의 질에 밀접히 관
련되기 때문에, 이들의 생계보장과 노동권에 대처할 수 있는 현실
적이면서 실질적인 대책이 절실하게 필요하다.

---

20) O씨는 광주지역의 한 직업훈련기관에서 실시하는 도배사 기술을 배
　　우려고 했으나, 20명의 정원에 8명만이 신청했다는 이유로 훈련자체를
　　취소해 버려서 결국 직업훈련을 포기했다고 한다.

그런데 <표 6>에 제시한 1999년 광주지역 지방자치단체의 실업대책과 그 예산배정 내용을 살펴보면, 여성들을 대상으로 하면서 이들에게 직접적인 혜택이 돌아갈 수 있는 정책을 거의 찾아보기 힘들다. 그렇기 때문에 여성실업의 문제를 해결하기 위해서는 지역차원에서 일자리창출을 통한 여성재취업의 가능성을 증대시키고, 사회적 안전망의 확충을 통해 이들의 생계보장을 우선적으로 지원해야 한다.

그러나 광주지역 지방자치단체는 독자적인 실업대책 관련사업을 수행할 수 있는 재정적 여유가 없다고 한다. 지방세의 부족으로 인해 실업대책 예산을 따로 편성하기가 어렵다는 것이다.[21] 그럼에도 불구하고, 광주광역시 지방자치단체는 실업자 생계대책사업보다는 지역경제활성화를 위한 사업에 훨씬 더 많은 예산을 배정하고 있다. 더욱이 실업자 생계안정대책 내용에서도 여성실업자나 여성가장을 대상으로 한 실업대책이나 생계대책이 없다는 점에서 문제는 더욱 심각하다.

대량실업문제가 확산된 후, '남성중심적 생계대책'에서 벗어나 여성들을 대상으로 한 몇 가지 정책이 실시되고 있다고는 하지만, 여성실업의 현실을 제대로 반영하지 못하고 있다는 점에서 그 한계가 명확하게 드러났다. 특히 광주지역의 경우 공공근로사업을 지방자치단체가 아닌 민간위탁기관에 일정 부분을 위임해서 저소득층 여성들이 그 혜택을 받을 수 있도록 함으로서 그 실효성을 살려야 한다는 여성단체들의 주장에도 불구하고, 이를 제대로 반영하지 않고 있다.

---

21) 광주광역시 지방자치단체 실업대책 관련 공무원과의 인터뷰 결과. 면접은 1999년 8월에 실시하였다.

〈표 6〉광주지역 지방자치단체의 실업대책 내용

사업내용	기 간	예 산	내 용
		실업자 생활안정대책	
공공 근로사업	1999.1.11~ 12.31	44,268백만원 (국비19,864; 지방비12,834)	- 정보화사업, 고학력자 미취업자를 위한 사업 중점
실직자 한시적 생활보호 사업	1999년	5,176가구 22040명 대상 6502백만원	○ 실직 등으로 추가 발생한 생활보호 대상자(거택.자.활)에게 생계비, 자녀학비 등 지원
자활보호 대상과 생계비특별 지원	동절기 6개월간 (1999.1~3월, 10~12월	21,682명 7,722백만원 (1인 월 79천원 ~6인 월 320천원)	○ 공공근로사업 또는 특별취로사업 참여자를 제외한 자활보호대상자 전원에게 생계비 특별지원
저소득층 특별취로 사업	1999년	6686세대 179980명 3680백만원	○ 근로능력이 있는 자활보호대상자를 대상으로 구호와 시행효과를 높일 수 있는 사업을 선정하여 지원 →용배수로 정비,소하천정비 등 19개사업 338개사업장.
노숙자 특별보호대책	1999년		○ 노숙자 쉼터마련->상담.무료급식(아침.저녁), 잠자리제공(현재12명 이용중) ○ 노숙자와 부랑인들 조기에 분리시키기 위해 지속적인 단속활동 강화
민간실업 대책 프로그램 지원	〃	560백만원 (위원들의 특별회비로 충당)	○ 실업극복대책위원회 운영->각계각층 대표시민 39명 ○ 실업자종합지원센터 개설운영지원
고용유지를 위한 기업지원	1999.8.17~8.31	○ 200억원 ○ 1722억원 ○ 400억원	○ 기아자동차 광주공장 경영정상화 및 육성지원 ○ 고용창출 중소기업 특별자금융자 지원 ○ 기업에 대한 자금지원확대 ○ 지역신용보증기금의 보증심사기준완화 기간 연장.
재취업 등 고용창출	1999년	○ 4049백만원 ○ 60백만원 ○ 142건 5316억원	○ 고용촉진훈련실시->정보처리,자동차정비,미용 등 37개직종 ○ 취업박람회 개최 ○ 구인.구직알선기능 ○ 귀농자 영농정착 지원 ○ 해외시장개척 활동 지원 ○ 공공사업조기 발주
고용창출 장기대책	1999년		○ 지역 과학기술의 혁신기반구축 ○ 외자 및 해외기업유치를 통한 고용촉진 ○ 대규모 건설사업의 추진 ○ 산업단지 활성화

자료 : 광주광역시. 1999, " '99 실업대책 및 고용창출 추진상황."

광주지방노동청·광주전남지방중소기업청. 1999, "실업대책추진상황."에 서 구성.

따라서 지역차원의 여성실업대책은 기존과는 다른 방향을 모색 해야 한다. 첫째, 지역의 여성·사회단체들이 실시하는 구제활동 을 지방자치단체가 행정적, 재정적으로 지원하면서 이를 공동으로 실시해야 한다. 광주광역시 실업대책협의회, 지방고용심의회, 시 민·사회단체 등 민·관 협력체계가 필요하다. 이를 위해서는 기 초자치단체에도 실업대책협의회를 확대, 설치하여 광역자치단체 와 연계하고, 여성·사회단체간의 연계도 마련될 필요가 있다. 민·민, 관·관 협력체계 구축을 기반으로 민·관 협력체계를 구 축하여 이를 활성화해야 한다.

둘째, 지방자치단체의 여성실업대책에 관한 정책결정과정과 집 행과정에 여성·사회단체의 참여기회를 확대해야 한다. 실업대책 이 보다 많은 여성들에게 실질적인 혜택이 돌아갈 수 있도록 이들 의 협력이 필요하다. 이는 지역단위의 여성실업대책이 결정과정과 집행과정에서 실효를 얻지 못하고 있는 가장 중요한 원인 중의 하 나이기 때문이다. 또한 지역단위의 여성실업대책 공청회 등을 개 최하여 노·사 및 여성·사회단체, 지역언론 등의 참여 보장이 필 요하다. 광주지역의 경우 이러한 상호교류가 제대로 이루어지지 않음으로써 여성실업문제가 지역사회의 핵심적 담론으로 자리잡 지 못하고 있기 때문이다.

이를 위해서 가장 중요한 것은 여성들의 '주체화'이다. 이러한 측면에서 비정규직과 미조직 여성노동자의 조직화, 여성실업자의 기초생계보장과 조직화를 위한 정책적, 조직적 대응 움직임은 바 람직한 현상이라고 할 수 있다. 남성중심적 조직의 한계를 딛고 여 성들의 어려운 현실을 변화시켜 낼 수 있는 광주지역 '여성노동조합'의 결성은 여성의 사회적 지위를 향상시킬 수 있는 조직적 대응이라는 점에서 그 의의가 있다.[22] 그리고 지역차원에서 여성실업 문제 극복을 위한 운동이 활성화되어야 한다. 여성실업과 관계된 모든 지역역량들, 즉 여성노조, 노동조합조직, 임금노동자, 실업자운동, 여성해고와 구조조정에 반대하는 조직, 진보적 지식인들 간의 광범위한 논의가 시급하고 이를 통해 여성실업과 관련된 지역사회 담론형성이 필요하다.

---

22) 서울지역과 경기남부, 용인, 충북지역에 5개의 여성노조가 이미 결성되었고, 광주지역 여성노조는 1999년 10월에 결성되었다.

제 3 부

성적 주체로서 여성

제 8 장

직장내 성희롱에 대한 대응과 쟁점

1. 직장내 성희롱의 사회문제화

지난 해 8월 20일 인터넷 신문인 <오마이 뉴스> 게시판에는 '제2의 장원 사건!'이라는 제목의 직장내 성희롱에 관한 폭로 내용이 실렸다. 실명을 밝히지 않은 채 '크레모아'라는 인터넷 ID를 쓴 이용자는 ○○지역 A방송국의 한 PD가 지난 1999년 초부터 2000년 7월까지 전·현직 여성 구성작가와 리포터, 실습생 신분의 프로그램 출연자 등 모두 6명의 여성을 성희롱한 사례를 공개하며 네티즌들에게 여론화를 요청했다. 이들 피해여성들은 사전에 ○○지역 여성단체를 방문해 상담을 거쳤고, 이미 대통령 직속 여성특별위원회에 구체적인 사례를 담은 진정서와 시정신청서를 제출한 상태였다.

다음 날인 21일 ○○지역 A방송국 홈페이지 게시판에는 "저로 인하여 상처를 입으신 당사자 여러분께 무릎을 꿇어 사죄합니다. 인터넷에 오른 글의 모든 내용을 시인하며 하늘 아래 머리를 둘 수 없는 부끄러운 마음으로 사직서를 제출했습니다"라는 OPD(44세, A방송국 편성국 TV부장대우)의 사과문이 올랐다(<시사저널>, 2000년 8월 31일자).[1]

피해여성들이 인터넷에 공개한 직장내 성희롱 공개고발 내용이 하루만에 사실로 드러난 것이다. 직장내 성희롱 가해자인 OPD는 ○○지역 방송계와 사회단체뿐만 아니라, 전국 방송노동조합 운동가들 사이에서도 이름이 널리 알려진 유명인사였던 까닭에 특히 지역사회에 던진 파문이 컸다. 그래서 다른 직장내 성희롱 사건보다 더욱 주목을 받았으며, 이와 관련해서 지역사회에 여러 가지 쟁점을 안겨주었다.[2]

1999년 개정된 '남녀고용평등법'과 같은 해 제정된 '남녀차별금지 및 구제에 관한 법률'에 따르면 직장내 성희롱에 대한 예방교육을 의무화하고 있고, 이를 어겼을 경우 또는 직장내 성희롱이 발생했을 경우 처벌하도록 되어 있다. 1990년대 이후 '서울대 신교수 성희롱 사건'을 계기로 직장내에서의 성희롱이 한국사회에서 중요한 사회문제로 부각되었고, 이를 해결하기 위한 하나의 방법으로서 이러한 법률을 제·개정한 것이다.

이를 계기로 사회적으로도 직장내 성희롱 문제가 더욱 이슈화되

---

1) OPD의 'O'는 직장내 성희롱 가해자인 PD의 영문이름 첫 글자 이니셜을 표기한 것이다.
2) 한 환경운동 지도자의 여학생 강제 성추행 사건을 둘러싸고 많은 논란이 있었다. 그 논란의 내용은, ① 시민운동 또는 시민운동가에 대한 음해가 아닌가, ② 여학생이 유발한 것 아닌가, ③ 개인적 문제이지 시민운동 전체의 문제가 아니다, ④ 여성단체의 대응이 너무 과격한 것이 아닌가 등이다. ○○지역 OPD 사건의 경우 '제 2의 장원 사건'이라 불리는 이유는 가해자인 OPD가 방송노동조합 위원장을 지내는 등 지역사회에서 명망이 있는 사람이었다는 점 외에도, 위와 같은 다양한 쟁점이 지역사회에서도 그대로 재연되었기 때문이다.

었는데, 이는 언론사의 보도건수 자료에 대한 분석을 통해서도 알 수 있다.3) <그림 1>에서 확인할 수 있듯이, '직장내 성희롱'이라는 단어가 신문에서 언급된 횟수는 1998년 이후 꾸준히 늘어나 2000년에는 비약적으로 증가하였음을 보여준다. 특히 1999년 이후 증가폭은 더욱 뚜렷하게 나타난다. 그만큼 사회적 관심이 증가했다는 사실을 보여주는 것이라 할 수 있다.

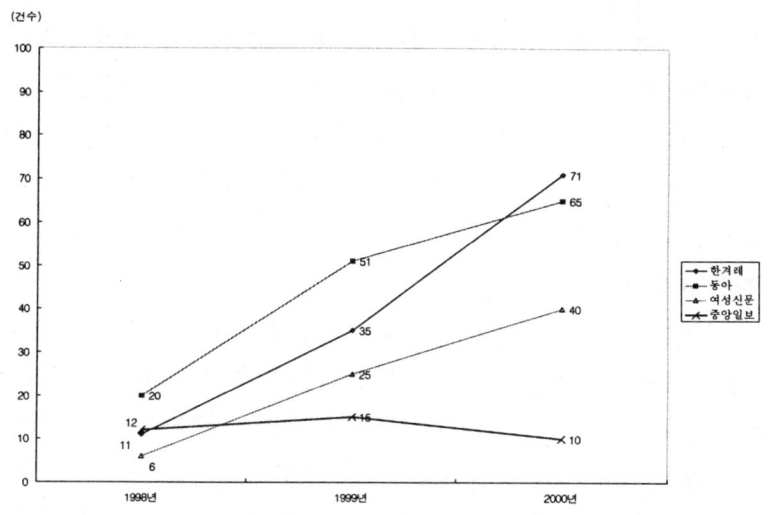

〈그림 1〉 시기별 '직장내 성희롱' 보도건수 추이

그럼에도 불구하고, 직장내 성희롱 발생은 한국사회에서 수그러들 줄 모르고 있다.4) 직장내에서 성희롱 예방교육이 제대로 실시

---

3) <그림 1>은 네이버라는 포털 사이트(www.naver.com)에서 <동아일보>, <중앙일보>, <한겨레신문>, <여성신문> 등 4개 신문의 검색을 통해 지난 1998년 1월 1일부터 2000년 12월 10일까지의 보도사례를 재구성한 결과이다. 단 단어검색('직장내 성희롱')을 통해 확인한 기사건수 분석자료이다.
4) 2000년 9월 12일 광주지방노동청에 따르면, 1999년 2월 '남녀고용평등

되지 않고 있을 뿐만 아니라(<여성신문>, 2000년 12월 8일자), 성
희롱은 여전히 남녀관계에서 '흔히 있을 수 있는 일'로 받아들여지
거나, '가볍고 사소한 일'로 여겨지는 것이 한국사회의 현실이다.

그러나 직장내 성희롱은 남녀간의 혹은 개인간의 사소한 언행에
국한되는 문제가 아니라 사회적인 성불평등 구조에서 발생하는 성
차별의 문제이다. 직장내 성희롱은 성적 자기결정권에 대한 침해
일 뿐 아니라 여성의 노동권 침해로서의 성격을 가진다(조정아 ·
조혜순, 1991; 조순경, 1994; 장필화, 1999). 이렇게 본다면 성희롱은
사소한 개인간의 문제라기보다는 여성의 성적 자기결정권과 노동
권을 침해하는 행위인 것이며, 불평등한 권력관계에 의해 발생하
는 것이다. 직장내 성희롱의 피해자인 여성노동자들 중에는 특히
불안정고용형태인 비정규직 여성들의 비중이 높다는 점에서 이를
확인시켜준다.5)

이 글은 한국사회에서 직장내 성희롱을 방지할 수 있는 법적 ·
제도적 장치를 마련하고, 여성운동단체의 주요 이슈로 주목을 받
아왔음에도 불구하고, 여전히 근절되지 않을 뿐만 아니라, 직장내
성희롱에 대한 잘못된 사회적 통념이 지배적인 현실을 구체적으로
살펴보고자 한다. 특히 ○○지역에서 발생한 A방송국 PD의 성희
롱 사건을 통해서 본 직장내 성희롱에 대한 지역사회의 대응을 비

법'을 개정한 이후 여성들의 고발건수가 높아졌으며, 올 상반기 광주여
성의 전화에 접수된 180건의 상담사례 중 성희롱 문제가 20%를 차지하
고 있다. 그러나 법개정 1년이 지났지만, 성희롱 예방교육은커녕 그런
법규정이 있다는 사실조차 모르는 사업체가 적지 않다(<광주일보>,
2000년 9월 13일자).

5) ○○지역 여성단체인 ○○여성노동자회의 고용평등상담실 상담건수
에서 직장내 성희롱에 관한 상담이 증가하고 있는데, 그 피해 여성들
대부분이 비정규직 여성노동자라는 점을 지적하고 있다. 이러한 사실
은 고용평등상담실 상담부장과의 인터뷰 내용에서 확인하였다.

판하고, 이 사건으로 인해 제기된 몇 가지 쟁점을 중심으로 직장내 성희롱에 대한 잘못된 인식을 비판하고자 한다. 이를 통해 직장내 성희롱의 문제가 한국사회의 불평등한 권력관계에 의해 발생하는 사회구조적 차원의 정치적 문제임을 밝힐 것이다. 그럼으로써 직장내 성희롱 문제에 대처하고 해결해 나가야 할 방향을 보다 다양하고 구체적으로 모색해 볼 수 있을 것이다.

연구방법과 분석자료는 직장내 성희롱에 관한 국내외의 연구결과와 조사자료를 검토하였고, 신문자료와 인터넷자료, 그리고 실제 피해여성들의 상담내용과 인터뷰자료를 분석, 인용하였다. 또한 ○○지역 여성단체 실무자와의 인터뷰 내용과 단체의 공식적·비공식적 자료를 분석하였다.

2. 여성의 노동권 침해로서 직장내 성희롱

1) 직장내 성희롱의 개념

'성희롱(sexual harassment)'이라는 용어는 'sexual harassment'에 해당한다. 이를 직역하면, '성적인 괴롭힘, 위협의 부과'인데 이 개념 속에는 상하위계질서에 의한 권력관계가 관철되는 정치적 의미가 내포되어 있다. 이러한 의미를 고려한다면, 한국사회에서 사용하고 있는 '성희롱'이라는 개념에는 정치적 권력관계가 빠져 있다. 즉, '성희롱'은 '성적으로 실없이 놀리는 것'을 의미함으로써, 'sexual harassment'라는 개념에서 가장 핵심적인 '권력'의 개념을 담아내지 못하고 있기 때문이다.[6]

─────────────

6) 1970년대 중반 이후, 서구사회에서는 '성적 강제'를 반대하는 여성운동

이런 문제점 때문에 직장내 성희롱에 관한 법률을 제·개정할 당시 '성희롱' 개념을 그대로 사용할 것인지, 아니면 권력의 의미를 포함하는 다른 개념으로 대체할 것인지에 대한 논란이 제기되었다. 결국, 한국사회에서 일반적으로 사용되고 있는 '성희롱'이라는 개념을 법률에 그대로 사용하기로 함에 따라 관련 법률에서 '직장내 성희롱'으로 정의하고 있다.

그러나 '성희롱' 개념에 권력의 의미가 포함되지 않음으로써 이와 관련된 논란의 여지가 많다고 할 수 있다. 실제로 ○○지역에서 발생한 A방송국의 직장내 성희롱 가해자인 PD와 피해자인 구성작가, 그리고 리포터의 관계를 '권력관계'로 봐야되는지 여부가 쟁점이 되었다. '성희롱' 개념이 가지고 있는 애매모호함 때문이다. 이러한 문제점을 해결하기 위해서는 앞으로 '성희롱' 개념에 권력의 의미를 포함함으로써 이 문제가 함축하고 있는 정치성을 보다 부각시킬 필요가 있다.

2) 직장내 성희롱의 내용과 범위

한국사회에서 '직장내 성희롱'에 관한 사회적 관심이 부각된 것은 1993년 발생한 '서울대 신교수의 여조교 성희롱' 사건에서 비롯되었다. 그 후 여성계와 노동계 등은 '직장내 성희롱' 규제 조항을 '남녀고용평등법'에 신설할 것을 요구해왔고, 1995년과 96년 여·야 국회의원들이 '남녀고용평등법' 개정안을 발의함으로써 1999년에 이르러 '남녀고용평등법'에 '직장내 성희롱' 규제 법령을 정하게 되었다. 또한 대통령직속 여성특별위원회는 1999년 7월 1일부

이 발전시켜 온 개념으로 'sexual harassment'를 사용하고 있다. 서구사회에서의 성희롱 개념의 발전과정에 대해서는 장필화(1999)를 참고할 것.

터 '남녀차별금지 및 구제에 관한 법률'에 성희롱을 남녀차별로 규정하고 이에 대한 법적인 대응과 예방교육을 의무화하고 있다.

이러한 법률이 만들어지기까지 성희롱의 의미와 내용, 그 범위를 어떻게 볼 것인가에 대한 논의는 다양하게 전개되었다. 두 가지 법률에 제시된 내용을 토대로 '직장내 성희롱'의 내용과 범위를 살펴보면 다음과 같다(노동부, 1999; 대통령직속 여성특별위원회, 1999).

첫째, '직장내 성희롱'은 "직장에서 일어나는 원하지 않는 성적 언어나 행위의 부과"로 규정하고 있다(Russell, 1984; Stanko, 1988; 남녀고용평등법 제2조의 2; 남녀차별금지 및 구제에 관한 법률 제2조 제2호). 그러나 현재 제·개정된 법률에는 '성적 행위'(sexual harassment)만을 직장내 성희롱의 범위에 한정시키고 있다. '성별에 기반한 행위'(gender harassment)는 제외하고 있는 것이다.[7] 서구사회의 경우 '성적 행위' 뿐만 아니라 '성별에 기반한 행위'까지 확대되어 규정하고 있는 현실(장필화, 1999: 200)을 감안할 때, '성별에 기반한 행위'까지 포함하는 방향으로 법률이 확대, 개정될 필요가 있다. 이러한 범위의 확대는 성희롱이 직장내의 성차별과 밀접히 연관되어 있는 문제이기 때문이다.

둘째, 직장내 성희롱의 형태는 '고용조건형'과 '노동환경형' 두 가지로 구분된다(프리드만 외, 1994; 노동부, 1999). 고용조건형이란 성적 행위에 대한 수용 여부가 명시적으로 또는 암묵적으로 한 개인의 고용에 대한 대가나 조건인 경우, 또는 이러한 행위에 대한 개인의 수용 또는 거부 여하가 당사자에게 영향을 주는 고용결정

---

7) '성별에 기반한 행위'(gender harassment)란 특정 성에게만 고정된 성역할을 강요하는 경우를 의미한다. 예를 들어, 여성에게만 커피심부름, 잔심부름을 시키는 행위 등이 포함된다. 또한 반말을 하는 행위, '아줌마, ○○야, 할머니' 등으로 호칭하는 경우를 말한다.

의 기초로 사용되는 경우이다. 예를 들어, 직장내에서 사업주가 노동자에게 성적인 관계를 요구했는데 이를 거부했다는 이유로 노동자를 해고시키거나, 부서를 배치 전환하는 것, 또는 승진에서 탈락시키는 등 고용상의 불이익을 주는 것을 의미한다. 노동환경형이란 성적 행위가 개인의 업무 능률을 저해하거나, 위협적, 적대적, 공격적인 업무환경을 형성할 의도를 띠었거나, 아니면 그 행위로 인하여 이같은 결과가 발생하는 경우를 말한다. 예를 들어, 성적 언어나 행위로 인해 노동자가 굴욕감을 느끼고 근로의욕이 저하되거나, 업무에 집중할 수 없게 하는 것을 의미한다. 그러나 이러한 구분은 이론적·법률적인 것이며, 현실적으로 두 가지 형태의 직장내 성희롱은 동시에 또는 복합되어 나타나고 있다.

셋째, 직장내 성희롱의 범위는 단지 상대방의 특정 신체 부위를 응시하는 행위에서부터 강간에 이르기까지 상당히 포괄적이다. 이를 구체적으로 살펴보면, 다음과 같은 네 가지 행위로 유형화할 수 있다. ① 시각적 성희롱으로서 불쾌한 응시나 시선, 성기를 드러내 보이는 것 등이다. ② 언어적 성희롱으로서 성적인 음담패설이나 농담, 성적인 비유 등이다. ③ 신체적 성희롱으로서 신체적 접촉이나 포옹, 성추행, 강간 등이다. ④ 성적 서비스를 요구하는 행위로서 과도한 성적 서비스나 애교의 요구, 술시중 요구 등이다.

여기에서 시각적, 언어적, 신체적 성희롱은 가해자의 일방적인 성적 행위이지만, 성적 서비스를 요구하는 행위는 '피해자의 자발성과 참여'까지를 요구한다는 특성을 갖는다. 따라서 직장내 성희롱의 범위를 단지 '일방적'인지 여부에만 초점을 맞추게 된다면 '피해자의 자발성과 참여'를 전제로 한 성적 서비스 요구 행위가 직장내 성희롱인지 아닌지의 문제가 발생하게 된다.

이 점 때문에 ○○지역 A방송국의 OPD 성희롱사건에 대해 지역사회의 담론화 과정에서 '강제적' 성희롱이 아니기 때문에 성희롱이 성립하지 않는다는 주장이 제기되었다. 그러나 성적 서비스를 요구하는 행위가 반드시 강제적이거나 일방적이지 않다는 점을 고려한다면 이 경우, 직장내 성희롱으로 성립할 수 있는 것이다.

넷째, '직장내 성희롱' 개념에서 '직장내'라는 것은 직장이라는 공간적 의미와 직장을 매개로 한 인간관계, 예를 들어 직장상사나 동료, 부하직원과의 관계를 의미하고, 직무를 수행하는 과정 모두를 포함한다.[8] 다시 말해서, 직장내 성희롱은 공간적으로 직장내에서 일어나지만, 직장이라는 공간 이외에 업무와의 연관성이 있는 곳 모두를 포함한다. 예를 들어, 퇴근 후 회식이나 야유회 등 업무 이외의 회사 모임이나 또는 개인적인 만남의 자리에서 발생했다 해도, 그것이 직장을 매개로 한 인간관계이거나 직무를 수행하는 과정이라면 직장내 성희롱이다.

이러한 의미에서 하그만(1991)은 직장내 성희롱이 '자연적인 성적 이끌림'이 아니라 가해자가 직장상사로서, 남자로서 의식적이든 무의식적이든 자신의 권력의 우위를 확인하고자 하는 권력 행사의 행동이라고 강조한다.

---

8) 일반적으로 직장내 성희롱은 직장상사나 동료, 거래처 직원 또는 고객 (주로 남성) 등이 상대방(주로 여성)이 원하지 않는 성적인 언어나 행동을 함으로써 상대방으로 하여금 모멸감, 모욕감, 수치심, 혐오감을 느끼게 하는 행위다. 그러나 한국사회의 경우 가해자의 범위가 지나치게 축소되어 있다. 한국여성단체협의회 등 8개 여성·노동단체는 2000년 9월 정기국회를 앞두고 성희롱 범위 확대 등을 골자로 한 '남녀고용평등법' 개정 청원서를 국회에 제출했다. 이들 단체가 제시한 '남녀고용평등법' 개정안은 직장내 성희롱 가해자의 범위를 사업주, 상급자에서 거래회사, 고객 등과 같은 직장밖 제3자까지 포함시켰다. 또 이들의 폭언, 폭행도 성희롱 못지않게 여성노동자의 업무환경을 악화시킨다고 보고, 처벌받거나 예방조치를 취해야 할 대상으로 삼았다(<광주일보>, 2000년 8월 25일자).

다섯째, 직장내 성희롱을 일상적인 남녀관계 혹은 인간관계에서 나타나는 친밀감의 표현과 구분시켜 주는 기준은, 그것이 '원하지 않는 행위의 부과'라는 것이다. 원하지 않는 행위란 피해자에게 바람직하지 않거나 불쾌한 것, 혹은 위협적인 것으로 간주되는 행위로, 스스로 자청하거나 부탁하지 않은 행위를 의미한다. 일반적으로 원하지 않는다는 것은 피해자의 직접적인 거부의사로 증명되지만, 명확한 거부의사를 밝히지 않았더라도 암시적인 말이나 거부를 시사하는 행동, 몸짓, 혹은 침묵이나 자리의 이탈 등 간접적인 방식으로도 나타난다. 따라서 직접적 거부의사를 명확히 밝히지 않았더라도, 간접적인 거부의사를 나타냈거나 피해자가 원하지 않았을 경우 성희롱 행위에 해당된다.

이 때, 성희롱 여부의 판단은 피해자의 관점을 기본으로 한다. 즉, 어떤 성적 언어나 행위는 받아들일 수 있고 어떤 것을 불쾌한 것으로 간주하는가를 결정하는 것은 피해자의 관점에서 결정된다는 것이다. 피해자 관점의 '주관성'은 여성의 독특한 경험을 고려한 합리적 판단이 될 수 있다(프리드만 외, 1994).

3) 직장내 성희롱의 발생구조

직장내 성희롱의 발생구조와 그 재생산구조는 권력관계를 핵심으로 한다. 여기에서 권력관계란 직장내의 지위와 위계질서에서 오는 성불평등과, 성별을 통해 문화적으로 부과되는 남성과 여성 간의 불평등이 중첩되어 나타난다(조정아·조혜순, 1991; 조순경, 1994; 장필화, 1999).

먼저, 직장내 성차별구조는 한국사회에서 직장내의 지위나 임금, 승진 등에서 성불평등 구조가 관철되고 있다는 사실을 나타낸다.

모집, 채용에서 성차별과 고용 이후의 임금, 승진, 교육이나 훈련,
배치 등에서 여성차별과 배제구조는 성차별 관행을 통해 구조화되
고 유지, 강화되고 있다. 이러한 직장내 불평등한 지위와 권력관계
를 기초로, 여성을 감독하고 통제하는 상위직에는 대부분 남성이
위치하고 있고, 감독받고 통제당하는 하위직에는 대부분 여성이
위치하게 된다. 따라서 남성은 여직원이나 부하직원에게 성희롱을
하거나 성적 요구를 할 수 있게 되고, 반면 여성은 성희롱의 피해
자가 되거나, 피해를 당하고도 침묵해야 하는 상황에 처해 있다.

　직장내 성차별과 관련해서 성희롱을 발생시키는 또 하나의 요소
는 '여성의 일'에 기대되는 성적인 역할이다. 남성중심사회에서 여
성이 노동시장에 취업한다는 것은 곧 여성의 섹슈얼리티(sexuality)
가 업무의 한 부분을 구성하게 됨을 의미한다(Stanko, 1988; 장필화,
1999: 212). 여성노동자에게 업무상의 능력발휘보다 보조업무나
'직장의 꽃'으로서의 정서적 역할을 기대하는 한, 여성은 성적 대
상으로 존재하게 되고 이러한 인식은 곧 여직원에 대한 일상의 성
희롱으로 나타나게 된다. 여성노동자를 동료노동자로 인식하기보
다는 '여성'으로 먼저 인식하기 때문이다.

　그리고 한국사회 성차별 문화는 성역할의 사회화를 통해 구조화
되고 재생산된다. 성역할 사회화는 남성은 성적으로 적극적으로
행동하는 반면, 여성은 소극적으로 행동하는 것을 정당화한다. 이
러한 성차별 문화 속에서 남성의 성희롱은 오히려 '남성다운' 행위
인 것으로 받아들여지고, 여성은 성희롱을 당해도 "혼자 삭이거나,
화장실에 가서 울거나, 불쾌해도 반드시 미소를 띠고 이야기하거
나 오히려 상대에게 더 잘해 주는"(장필화, 1999: 213) 반응을 보인
다.9) 심지어 성희롱을 자신이 유발한 것이 아닌가 하는 자책감까

---

9) 성희롱으로 인한 정신적, 육체적 스트레스는 여성의 자존감을 상실시

지 갖게 만드는 이유는 여성다움에 대한 고정관념과 성역할 사회
화에 원인이 있다. 여성들의 소극적인 대응이나 태도는 남성들로
하여금 성적 농담이나 신체적 접촉을 여성들도 은근히 즐긴다고
오해하게 만드는 요인이 된다. 결국 직장내 성희롱이 일어나는 상
황에서 남녀간의 의사소통 왜곡은 성희롱을 성희롱으로 인식하지
못하게 만들며, 나아가 또 다른 성희롱이나 더 심각한 상황을 초래
하게 만든다.

4) 직장내 성희롱의 피해구조

이렇듯 직장내 성희롱은 한국사회 전반의 성차별 문화와 직장내
에 구조화되어 있는 성차별구조를 기반으로 발생한다. 이렇게 해
서 발생한 성희롱은 피해 당사자의 개인적 피해는 물론 직장 전체
에도 부정적인 영향을 미치며, 더 나아가 사회적·국가적 측면에
서도 경제적 손실을 초래할 수 있다(노동부, 1999).[10]

가해자가 성희롱을 의도했는지 여부에 상관없이 성희롱은 피해
자를 성적으로 대상화한 것이며 피해자를 동등한 인격체로 대우하
지 않는 것이다. 즉, 성적 대상화는 상대의 의지나 의도를 무시한
채 자신의 성적 욕구나 의도를 일방적으로 상대에게 가하는 것을
말한다. 이러한 성적 대상화는 인권을 침해하는 것으로 그 과정에

키고 자기비하를 내면화시킨다. 특히 여성다움을 깊이 내면화한 여성
일수록, 성희롱의 경험으로 인한 분노나 불쾌감을 상대에게 표현하기
보다, 그 자체를 자신의 탓으로 자책하거나 안으로 삭이려고 노력하게
된다(프리드만 외, 1994; 장필화, 1999).
10) 직장내 성희롱으로 인한 사회적·국가적 손실을 양적으로 평가하는
연구결과는 아직까지 많지 않다. 다만, 성희롱이 여성 개인이나 기업
에 미치는 부정적 영향을 고려한다면 사회적·국가적 손실이 있음을
추측해 볼 수 있다.

서 피해자 개인은 정신적·심리적·육체적으로 위축된다.[11]

또한 피해자는 심리적으로 위축되므로 업무에 지장을 초래하게 된다.[12] 뿐만 아니라, 고용상의 불이익을 당하기도 하는 한편 퇴사 등의 방법으로 피해상황을 모면하려고 하기도 한다. 이는 결국 여성의 노동권을 침해하는 것이다.

기업이 받는 가장 큰 피해는 직장내 성희롱이 건전한 직장문화의 형성을 저해하는 요소이며, 결국 이로 인해 생산성이 저하된다는 점이다. 남성들은 성희롱을 흔히 '친밀감의 표현'이나 '직장생활의 활력소'(대통령직속 여성특별위원회, 2000)라고 생각한다. 그러나 서로를 인격체로 존중하고 따뜻하게 배려하며 친절하게 대우하는 행위와, 상대를 비하하고 성적 농담의 대상으로 격하시키고 불쾌하게 하는 행위는 분명히 차이가 있다. 경제적인 측면에서도 성희롱은 상당한 손실을 기업측에 초래하는 것으로 보고되고 있다. 외국의 연구결과들은 직장내 성희롱의 방치가 생산성 및 효율성의 저하, 높은 이직률 등으로 인한 다양한 형태의 비용을 부담하게 한다는 것을 강조하고 있다(조순경, 1994: 183).

이와 같은 직장내 성희롱의 문제는 사업주뿐만 아니라, 노동조합이 관심을 가지고 이의 해결을 위해 노력해야 한다. 노동조합은

---

11) 성희롱의 피해에 대한 서구사회의 연구결과들(Russell, 1984; Stanko, 1988; 프리드만 외, 1994)은 성희롱의 피해자들이 특정한 종류의 정신적·육체적 후유증을 겪을 수 있음을 지적한다. 정신적 후유증은 분노, 공포, 우울증, 불안감, 자존감의 상실, 자기비하, 무력감, 굴욕감 등을 포함한다. 그리고 육체적으로 두통이나 식욕상실, 위장장애, 불면증 등을 경험한다는 것이다.

12) 실제로 한국여성민우회의 직장내 성희롱 피해자에 대한 조사결과 (1999)를 살펴보면, '같은 공간에서 함께 일하기가 싫어진다'(57.2%), '일의 능률이 떨어진다'(14.6%), '위축감을 느낀다'(9.4%), '회사 가기가 싫어진다'(8.8%)로 나타났다. 이러한 사실을 보더라도 직장내 성희롱이 성적 자기결정권과 노동권을 침해하는 행위라는 것을 알 수 있다.

직접적인 성희롱 방지책 마련은 물론 직장내 성차별 폐지를 위한 다양한 방법을 모색해야 한다. 그러기 위해서 노조는 남성 노조원뿐만 아니라 여성 노조원의 이해를 적극 반영해야 한다.

그러나 한국사회에서 노동조합운동을 비롯한 시민운동은 공적인 영역에서 노사문제의 해결이나 사회개혁을 위한 활동에는 적극적이지만, 남녀간의 불평등한 권력관계에 기반한 이중적 성윤리의 문제, 성차별 문화에 대해서는 공개적인 담론형성을 기피하고 있다. 왜냐하면 이러한 문제를 개인적인 문제로 바라보기 때문이다. 환경운동가에 의한 여학생 강제성추행 사건에 대해서도 '개인적인 일탈의 문제'로 바라보고 오히려 사건을 축소하기에 급급한 데서도 잘 드러난다. 이는 ○○지역 A방송국 OPD의 성희롱 사건에 대한 방송국 노동조합과 지역시민운동의 대응에서도 그대로 나타났다.

한국사회 직장내 성희롱 문제에 대한 여러 가지 법률이 마련되었음에도 불구하고, 여전히 현실적 수준에서는 성희롱이 줄어들지 않고 있다는 사실, 그리고 직장내 성희롱을 사소하고 개인적인 문제로 치부해버리는 잘못된 인식은 이 문제에 대한 지역사회의 대응과 쟁점을 통해서도 확인할 수 있다.

3. 직장내 성희롱에 대한 지역사회의 대응과 쟁점

1) ○○지역 A방송국의
직장내 성희롱 발생과정과 지역사회의 대응

○○지역 한 여성단체가 실시한 조사결과에 따르면, 이 지역 직장여성의 80% 정도가 직장내 성희롱을 당한 경험이 있으며 가해

자는 직장상사인 경우가 가장 많은 것으로 나타났다. 또한 남성도 8.2%가 성희롱 피해 경험이 있는 것으로 조사됐다(○○여성의 전화, 2000). 하지만 1년에 1회 이상 실시하기로 되어 있는 직장내 성희롱 예방교육을 받지 않은 응답자가 49%나 되고 교육내용도 개념 정리 수준인 경우가 많아 구제절차, 법률조항 안내 등 실제적인 교육이 이뤄지지 않고 있다는 것을 알 수 있다.

직장내 성희롱 피해유형은 결혼과 관련해 퇴직을 권유하거나 아줌마라고 부르는 등 '성별에 기반한 피해경험'이 72.9%로 가장 많았고, 성적인 농담이나 음담패설, 외모에 대한 성적인 비유나 평가 등 '언어적 성희롱'을 당한 경우도 55.5%나 됐다. 또 안마나 애무 강요, 회식자리에서 술을 따르도록 하는 등 '성적 봉사 요구'를 받은 경우도 35.9%였다. 가해자는 직장상사가 62.4%로 가장 많았으며, 동료(44.6%), 고객(15.8%), 거래업체 직원(5%) 순이었다. 그 밖에 성희롱 관련 정책이 실효를 거두기 위해서는 피해자 사생활과 비밀 보장 규정 마련, 성희롱 예방과 처벌 조항을 사규나 단체협약 등에 명시하는 것 등이 필요하다고 응답했다(<광주일보>, 2000년 7월 7일자).

이러한 조사결과를 통해 ○○지역에서 직장내 성희롱의 피해 여성노동자들이 상당수 존재하고 있으며, 가해자의 대부분이 직장상사인 것을 알 수 있다. 이는 직장내 성희롱 관련법률의 제·개정 이후에도 이 문제가 지속적으로 발생하고 있으며, 불평등한 권력관계에서 비롯되고 있음을 보여주는 것이다.

이 글에서 분석하고자 하는 사례는 ○○지역 A방송국에서 발생한 직장내 성희롱 사건이다. ○○지역 A방송국의 전체 노동조합원 수는 51명이고, 이 가운데 여성 조합원은 단 1명에 불과하다. 비정규직 노동자는 청소, 시설관리 등의 용역직이 있고, 또한 구성작가, 리포터, 카메라 보조기사, 차량운전직이 있다.

A방송국의 직장내 성희롱 피해자는 모두 6명으로 드러났다. <사례 1>은 만 23세로 구성작가이며, 대학교의 추천으로 1999년 12월에 입사해서 현재까지 재직중이다. <사례 2>와 <사례 3>은 피해 당시 대학재학중인 실습생이었다. <사례 4>는 만 22세로 리포터였다. <사례 5>는 만 24세로 구성작가이며, 공개채용으로 1999년 6월에 입사, 2000년 6월에 퇴사했다. <사례 6>은 만 22세로 구성작가이며, 1995년 입사해서 퇴사했으나 1999년 9월 재입사하여 현재 재직중이다.

2000년 8월 초부터 A방송국의 피해 여성노동자들이 ○○지역 여성단체를 방문하여 이 문제를 상담하다가 본격적으로 지역사회에서 담론화되기 시작한 것은 피해사례와 내용을 인터넷 신문인 <오마이뉴스>에 올리기 시작하면서부터이다(<표 1> 참고). 이러한 사실이 알려지자, 8월 21일 OPD는 A방송국에 사표를 제출하였고, 이날 오후 A방송국은 '면직조치'를 내렸다.[13] 그러나 직장내 성희롱에 대해 OPD가 자신의 행위를 인정했다고 해서 곧바로 아무런 진상조사를 하지 않은 상태로 A방송국이 내린 '미온적' 조치는 사건을 축소하려고 한다는 의혹을 불러일으켰다. 이번 사건은 OPD가 A방송국에 근무했을 때 발생한 일이며 더구나 피해여성들 또한 A방송국에 근무한 직원들이기에 정확한 진상조사 없이 이루어진 조치에 대해서는 납득하기 어렵다는 것이 지역여성단체의 반응이었다.

---

13) A방송국의 OPD는 ○○지역 방송계에서는 상당히 알려진 인물이다. 1987년에는 그가 민중가요를 주제로 한 특집물을 제작했다가 방송국으로부터 '대기발령' 조치를 당하자 지역민들이 서명운동을 벌이기도 했다. 때문에 대학가 축제의 단골 초청인사였고, 사회단체가 주최한 각종 집회의 사회자로도 명성을 날렸다. 방송노조운동에도 활발하게 참여해 A방송국 노조위원장을 두 차례나 지내기도 했다.

〈표 1〉 ○○지역 A방송국 직장내 성희롱 사건에 대한
지역사회의 대응과정

일　　시	내　　용
2000년 8월 8일	° 피해자 여성들이 광주여성노동자회를 방문, 상담함. ° 신분노출을 꺼려 피해사례를 6건으로 정리하여 인터넷에 게시할 생각을 가지고 있음.
2000년 8월 9일	° <오마이뉴스> 인터넷 신문에서 취재. ° 여성단체와 법적 신청절차 상담함.
2000년 8월 10일	° 나머지 피해자들을 설득, 개인의 피해사실을 문서로 작성하기로 함.
2000년 8월 11일	° 대통령직속 여성특별위원회에 시정신청하기로 결정함.
2000년 8월 13일	° 피해사례 6건 31쪽 분량의 피해내용을 정리함.
2000년 8월 14일	° ○○지방노동청 담당자와 면담. 피해자들의 노동자신분상 논란의 여지가 있음을 밝힘.
2000년 8월 16일	° 대통령직속 여성특별위원회에 시정신청서를 발송함.
2000년 8월 20일	° 피해사례와 내용을 인터넷 <오마이뉴스>에 올리기 시작함.
2000년 8월 21일	° ○○△△여성단체연합 8개 단체가 '○○지역 A방송국 OPD 직장내 성희롱사건 대책위원회'를 결성함. ° OPD는 방송국에 사표를 제출했고, A방송국은 면직조치함. OPD는 A방송국 게시판에 사과문을 게재함.
2000년 8월 22일	° ○○ A방송국 OPD 직장내 '성희롱사건 대책위' 기자회견. ○○지역 방송·언론에서 이를 보도하거나 기사화하지 않음.
2000년 8월 23일	° 대책위는 ○○ A방송국에 공개질의서를 발송함.
2000년 8월 24일	° ○○지방노동청에 직장내 성희롱 예방교육을 실시하지 않은 ○○ A방송국에 대해 고발장 접수함. ° 대책위 활동을 인터넷에 게시함. ○○지역의 시민단체에 협조공문을 발송함.
2000년 8월 28일	° ○○ A방송국 공개질의서에 대한 답변 제출.
2000년 8월 29일	° ○○시의회에 진상조사요구서 발송함. 시민단체에 A방송국의 답변내용과 대책위 입장을 알림.
2000년 8월 29일 ~30일	° 대통령직속 여성특별위원회가 조사실시(A방송국과 피해여성들을 면담함).
2000년 8월 30일	° ○○ A방송국 노동조합 지부장 면담(<시사저널> 기사화).
2000년 9월 8일	° ○○시의회에 발송한 진상요구서 미접수(A방송국은 사업체이므로 시의회의 진상조사건이 되지 못한다고 대책위에 전화통보함).
2000년 9월 25일	° A방송국은 ○○지방노동청에 직장내 성희롱 예방교육 미실시에 대한 고발에 응할 수 없다고 통보함. 또한 피해여성은 A방송국의 정식직원도 아니라고 강조함.

뿐만 아니라, 직장내 성희롱 피해자들이 자신을 드러내기 두려
워한다는 것을 이용하여 A방송국이 성희롱 자체를 부정하고 나선

것이다. 이미 피해자들이 사건의 실체에 훨씬 못미치는 경미한 피해 사례를 공개한 것만으로도 가해자가 이를 즉각 인정하였고 A방송국 또한 이를 인정하고 가해자를 면직 처분하였음에도 불구하고,[14] 피해자들이 고소·고발을 주저하자 당사자간의 문제라고 발뺌하였다.

이 사건을 대하는 A방송국의 대응 태도는 '○○ A방송국 OPD 직장내 성희롱 사건대책위원회'의 기자회견에 방송·언론사가 참석하지 못하도록 A방송국 간부들이 지역사회의 각 방송·언론사에 보도자제를 요청하는 모습에서도 드러났다(<시사저널>, 2000년 8월 31일자). 대부분의 방송·언론사는 지역사회에서 발생했고 지역 시민사회에 담론화된 A방송국의 직장내 성희롱 사건에 대해 침묵해 버린 것이다.

---

14) <오마이뉴스>에 직장내 성희롱 내용이 게시되자마자 가해자인 OPD 는 즉각 이를 인정하고 사과하는 내용을 방송국 인터넷 게시판에 올렸고, A방송국 또한 이를 인정하면서 OPD를 면직조치했음을 알렸다. "○○ A방송을 사랑해 주시는 시청자 여러분 대단히 죄송합니다. 오늘 알려진 OPD의 추문에 관련해서 피해자들과 지역민들에게 진정으로 사과드립니다. 당사의 모든 구성원들 역시 OPD의 불미스런 추문에 대해 극심한 당혹감과 자괴감을 금치 못하고 있습니다. 당사는 추문의 당사자인 OPD를 오늘(2000년 8월 21일자)자로 면직조치하였으며, 담당 국장과 부장의 관리소홀 또한 엄중히 문책하기로 하였습니다.…" (○○ A방송국 게시판, 2000년 8월 21일). "저 자신의 불미스런 행위로 비롯된 최근의 사태에 대하여 진심으로 속죄하고 있습니다. 직위를 이용하여 제가 저지른 비행으로 인하여 피해를 입은 당사자 여러분께 다시 한번 정중히 무릎 꿇어 사죄합니다. 저는 이 사죄의 실천적 표현으로 이미 제 일터를 떠났습니다. 아울러 저의 이름으로 이 사회에서 맡아 왔던 일체의 공적 직분으로부터 사퇴했습니다. 이 밖에 피해자 여러분이 저에게 요구하시는 도의적이거나 법적인 피해보상에도 마땅히 응할 각오가 되어 있습니다"(○○ A방송국 게시판, 2000년 8월 22일).

앞의 <그림 1>에서 이미 살펴보았듯이, 전국적 차원에서의 중앙 언론에서는 직장내 성희롱에 관한 보도건수가 급증하고 있음에도 불구하고, ○○지역 언론사의 경우 보도사례가 극히 드물다. 1998 년 1월 1일부터 2000년 12월 10일까지의 '직장내 성희롱'(검색어) 검색건수는 ○○일보 총 13건, ▲▲일보 총 5건, △△일보 총 2건 등에 불과하다. 이는 ○○지역에서만 직장내 성희롱 사건이 거의 발생하지 않았기 때문이 아니라, 지역사회에서 이 문제에 대한 여론화, 담론화를 통해 이슈화되지 않고 있음을 보여주는 것이다.

더욱이 A방송국 간부들이 8월 21일 밤 피해자인 여성노동자들을 방문하여 사건을 무마하려고 하면서 피해자들의 신상을 공개하겠다고 협박하기도 하였다. 이러한 사실은 ○○지역 A방송국의 직장내 성희롱 사건에 대해 비교적 자세하게 보도한 한 언론사의 보도내용을 통해서도 확인할 수 있다.

A방송국은 8월 21일 OPD의 사표를 수리한 뒤, ○○△△ 지역 유력 언론과 방송에 보도자제를 요청하며 사건을 축소하기에 바빴다. 1년에 한차례 이상 전직원을 대상으로 실시하도록 하고 있는 성희롱 예방교육도 8월 24일에야 직원 수십명만 참석시킨 채 형식적으로 치렀다. 또 사건 초기 성희롱 사실을 익명으로 공개한 여직원들을 색출하려고 시도하다가 피해여성들이 강하게 반발하자 그만두기도 했다. 성희롱 사건의 진상을 파헤치고 예방하기보다는 방송사의 권위와 이미지 유지에 더 매달렸던 셈이다(시사저널, 2000년 8월 31일자).

피해 여성노동자들의 대응과 A방송국의 은폐, 축소 기도와 더불어 ○○지역에서는 '○○A방송국 OPD 직장내 성희롱 사건대책위원회'(이하 성희롱사건 대책위)가 구성되었다. '성희롱사건 대책위'는 2000년 8월 23일, A방송국에서 발생한 지속적인 직장내 성희롱

피해실태는 A방송국의 사업주가 직장내 성희롱을 예방하고 노동
자가 안전한 근로환경에서 일할 수 있는 여건조성을 하지 않음으
로 인해 발생하였다고 판단하고, A방송국을 남녀고용평등법 제8조
의 2 '직장내 성희롱 예방' 위반으로 고발하였다.15) 직장내 성희롱
예방에 가장 중요하고 일차적인 책임을 지고 있는 사업주가 그 역
할을 이행하지 않은 것에 대한 책임을 묻지 않으면 직장내 성희롱
문제의 해결은 요원해질 수밖에 없을 것이며, 법은 사문화될 것이
라는 지역여성단체의 판단 때문이다.

또한 지역여성단체들은 A방송국에 공개질의서와 사건진상요구
서를 보내고, 사업주 고발장을 ○○지방노동청에 접수하였다. 그
리고 지역사회의 공식적 담론화를 위해 '성희롱사건 대책위' 명의
로 성명서를 발표하는 기자회견을 통해 이 사실을 공개적으로 폭
로하였다.

이렇게 ○○지역 여성단체들이 직장내 성희롱 문제에 대해 적
극적인 대책을 촉구하고 나선 것은, A방송국이 근본적인 개선 노
력을 기울이기보다는 사태를 서둘러 봉합하기에 급급했다고 보았
기 때문이다. 그래서 '성희롱사건 대책위'는 A방송국과 노동조합
내에서 이 사건에 대한 진상조사를 실시할 계획이 전혀 없는 상황
에서 직장내 성희롱 근절을 위한 지역차원의 조사와 대책이 필요
하다고 보고 이 사건에 대해 시의회에 진상조사를 요구하였으나,

---

15) '남녀고용평등법 제8조의 2'는 '사업주는 직장내 성희롱을 예방하고
근로자가 안전한 근로환경에서 일할 수 있는 여건조성을 위하여 직장
내 성희롱 예방을 위한 교육을 실시하여야 한다'는 직장내 성희롱 예
방과 관련한 사업주의 의무조항을 이행하지 않았다. 이는 직장내 성희
롱을 예방하고, 해결하기 위한 일차적인 과제로 사업주는 성희롱 예방
교육을 반드시 실시해야 함에도 불구하고 A방송국은 이를 이행하지
않아 사업주로써 직장내 성희롱 문제에 대한 예방 조치 및 해결노력이
전혀 없었다.

시의회는 기업체가 시의회 소관이 아니라는 이유로 거절하였다. 시의회의 한 의원은 "언론·방송과 정치인은 공생관계이다. 언론·방송에 등을 돌리는 것은 곧 정치생명이 끝나는 것을 의미하는 상황에서 어떤 의원이 선뜻 이 사건의 진상조사를 요구할 수 있겠느냐?"라고 반문하였다.16)

뿐만 아니라, '성희롱사건 대책위'를 구성한 한 여성단체 간부가 기자회견 자료를 기자회견 하루 전날 외부에 유출시킨 사실이 밝혀지면서, 피해 여성들이 지역여성단체를 불신하는 상황에 빠지기도 하였다.17) 또한 지역여성단체들 간에 대응방법을 놓고 이견이 조절되지 않는 등 지역여성운동의 한계를 노출시키기도 하였다.

결국, 지역사회의 방송·언론사의 침묵, A방송국 노동조합과 사회·시민단체의 외면, 지역여성단체의 통일되고 적절한 대응의 부재, 그리고 A방송국 직장내 성희롱 사건에 대한 잘못된 인식이 지역사회에 확산되면서 이와 관련된 몇 가지 쟁점이 제기되었다.

2) 직장내 성희롱을 둘러싼 쟁점

쟁점 1: 성희롱인가? '화간'인가?

직장상사의 직장내 권위를 이용해 자행되는 직장내 성희롱의 경우는 일반인의 시각에 비춰볼 때 '강간'이 아니라 '화간'의 형식을 띠는 경우가 많다. 실제로 일부 피해 여성노동자들은 A방송국

---

16) 2000년 10월 24일, ○○지역의 한 여성단체 전문·자문위원 회의에서 나온 내용을 발췌한 것이다.

17) 앞에서도 언급했듯이, OPD는 지역사회에서 명망있는 인사였고 몇 개의 시민단체 간부였기 때문에 지역시민운동 내부에 광범위한 인맥이 형성되어 있었다. 이 인맥을 통해 기자회견 자료가 OPD에게 전달되었다.

OPD가 접근해 올 때 특별한 관심을 받는 것으로 미혹되어 이성적인 판단을 하기 힘들었다고 고백하기도 했다.

> 1995년 4월 소개로 A방송국에 입사하게 되었다. 입사시 나는 OPD와는 관계없는 다른 프로그램을 맡고 있었다. 따로 일할 책상이 배정되지 않았던 나는 함께 일하던 담당 PD의 책상에 앉아 일을 하곤 했다. OPD의 자리는 우연히도 그 맞은편 책상이었는데, 언제부턴가 일에 열중해 작업을 하다 문득 고개를 들어보면 OPD가 나를 뚫어지게 응시하고 있었다. 그건 약간 우수에 젖어 있기도 했고 왠지 안타깝기도 한, 하여튼 뭔가 감정이 섞인 끈적거리는 눈빛이었다. 그러나 난 단지 우연이라 생각했고 당시에는 별 의심을 두지 않았다. 몇 달 후 내가 일에 익숙해질 무렵 업무가 끝난 저녁시간에 그가 몇 번인가 내게 연락을 해왔다. 술자리가 있으니 와줄 수 없냐는 것이었지만 난 사정상 한번도 응할 수 없었다. 나는 별 의심없이 다른 프로그램의 작가임에도 불구하고 나를 챙겨주는 그에게 고맙다고 생각을 했고 나와 언젠가는 프로그램을 함께 하고 싶다고 말한 적이 있던 그에게 미안한 마음까지 가졌다. <사례 6>

이렇게 A방송국 사례의 경우, 강제적이거나 일방적으로 성적 서비스를 요구한 것이 아니라, '피해자의 자발성과 참여'까지 요구했다는 점이 특징적이다. 그러나 이를 이유로 해서 성희롱이 아니라, 피해자의 동의에 의한 '화간'이라고 판단해서는 안되는 문제이다. 다시 말해서, 직장내 성희롱의 범위에서 성적 서비스를 요구하는 행위는 '피해자의 자발성과 참여'까지를 요구한다는 특성을 갖는다는 점을 고려한다면, '일방적'이지 않았다고 해서 직장내 성희롱이 아니라고 할 수 없는 것이다.

또한 성적인 관계가 주로 낚시터나 그 외 장소에서 일어난 경우가 대부분이지만 여기에서 '직장내'라 함은 직장의 공간적 의미와 직장을 매개한 인간관계를 포함하는 의미이다. 따라서 이러한 장소에서 성적 접근이 행해진다 해도 고용문제에 영향을 미칠 수 있기 때문에 직장의 연장으로 파악되어야 한다. 그런데 지역사회에서는 '낚시터'까지 따라간 피해 여성들이 문제가 더 많았다고 하는 인식이 확산되었다. 이는 문제의 본질을 벗어나는 것이며, '직장내 성희롱'의 범위를 지나치게 축소시켜 버리는 문제를 초래한다.

그리고 성적인 언어나 행동이 있었는가의 문제는 상습적으로 신체적인 접촉이 있었음을 피해자들이 밝혔다는 사실에서 입증된다. 다만 이러한 성적인 언어나 행동이 피해자가 '원하지 않는 접근'이었는가 하는 것이 문제이지만, 이는 피해자가 가해자의 신체적 접촉시 수시로 거절을 표시했던 데서 피해자가 원하지 않았음을 나타낸다. 그러나 피해자가 직접적이고 전면적인 거절을 하지 못한 경우가 있는데, 이는 피해자가 가해자의 행위를 환영했다는 것을 의미하지 않는다. 직장내 성희롱이 가해자가 지닌 권력으로 인해 업무 존속 자체가 결정되기 때문에 이에 적극적으로 항의하지 못했던 것이다.

> OPD가 만나자는 문자 메시지를 보내왔을 때, 단 둘이 만날 이유가 없었다. 그래서 그 때 '얼씨구 학당'에 같이 참여했던 동료 두 명에게 물어보고 같이 만나자고 문자를 보냈다. 그러자 그는 콕 집어 '나는 네가 보고 싶다'라고 메시지를 보낸 것이다. 난 정말 소름이 끼쳐 그의 문자에 더 이상 응답하지 않았다. 이런 그의 모습은 그에 대한 내 첫인상과는 너무도 다른 것이어서, 실망도 컸다. 나중에 알게 된 일이지만, 그가 내게 이렇게 문자 메시지를 보내고 있을 때에도 그에겐 다른 내 또래의 여자가 있었다고 한다. PD로서 그리고 사회운동으로 많은 시민단체 활동가들과 대학생들로부터 존경을 받고 있는 그가 겉보기와는 너무도 딴판으로 이렇게 '사랑'이라는 무기로 순진한 여성들을 유린하고 있다는 사실을 알았을 때, 나는 참을 수가 없었다. 나는

이런 사람을 윤리적 측면에서 용서할 수가 없다. 내 경우는 그가 먼저 여성들에게 접근한다는 사실을 명백하게 보여주는 사례라고 생각한다. 아무리 사랑의 이름으로 그의 유혹에 넘어간 여성이 있었다고 할지라도, 여성들이 사랑으로 착각했던 것을 그는 쾌락의 수단으로 이용했다는 점에서 봤을 때, 그는 PD라는 권력과 존경을 이용해 많은 인간들의 삶에 큰 오점과 상처를 남겼기 때문에 그는 응당 이 사회에서 그만한 대가를 받아야 한다고 생각한다.   <사례 3>

이와 같이, A방송국 사례를 보면, 사회생활의 경험이 없이 대학을 갓 졸업한 부하 여직원에게만 주로 접근하여 '사랑'이라는 감정의 외피를 씌워 동의형식을 취하는 듯한 방법으로 직장내 성희롱이 발생하였음을 알 수 있다. 직장에서 상사가 성희롱을 하였을 때 성희롱 피해자의 대부분은 적절하게 대처하지 못하는 경우가 대부분이다. 더구나 처음으로 취업한 직장에서 그 의사표현을 하기가 더욱 어렵다는 것은 피해자들의 대부분이 보인 태도에서도 나타난다.

OPD는 직장의 상사로서 뿐만 아니라 그간의 사회운동경력과 시민단체활동을 하고 있는 소위 '진보적 인사'였지만, 자신의 지위와 명망성을 이용해서 직장내 부하여직원들을 성희롱하였다. 여성들은 성희롱을 당하면서 수치스럽고 굴욕적이라고 느꼈지만, OPD의 애정을 빙자한 관계 때문에 적절한 대처방법을 알지 못했고, 또한 직장생활이 처음인 피해자들로서는 올바른 판단을 하기가 어려웠다.

쟁점 2: 구성작가와 리포터는 노동자로 인정할 수 없다?

A방송국 구성작가의 채용은 방송국에서 대학교에 추천서를 보내 학교측의 추천을 받아 입사하거나 일간지 및 TV를 통한 공개모집으로 입사, 그 외 PD 등의 소개로 입사한다. 그리고 PD의 책임

하에 업무를 수행하기 때문에 PD가 계속 일을 하고 싶은 작가이면 일할 수 있고 그렇지 않은 경우 퇴사하게 된다. 즉, 이는 PD의 권한이 결정적이라는 것을 보여준다. 교육은 입사 후 바로 관련 실무 교육을 받고, 교육 후 구체적인 프로그램을 맡는다. 노동시간은 출근부가 없어 출근시간이 구체적으로 정해져 있지 않으나 구성작가가 하는 일을 제대로 해내기 위해서는 회사에 일정하게 출근할 수밖에 없다. 구성작가는 프로그램의 한 회가 진행될 때마다 출연료라는 이름의 서류에 영수증을 쓰고 임금을 지급받는다. 프로그램별로 제작비라는 항목에 책정되어 있고 매회 방영되는 것을 기준으로 하여 지급된다. 주로 한 달에 4회 주급으로 지급된다. 3개월까지 월 45만원 정도 3개월 이후 월 60만원 정도 지급받는다.[18]

이와 같이, 구성작가는 방송국에서 진행되는 구체적인 프로그램 하나 하나에 소속되어 그와 연관된 일을 한다. 프로그램은 PD의 책임 하에 진행되기 때문에 PD의 지시를 받을 수밖에 없다. 그러므로 직접적인 업무관련 지휘, 감독은 PD에게 있다는 것을 알 수 있다. 구성작가는 자기의 생각이나 글을 그냥 파는 것이 아니라 방송국의 프로그램 취지에 맞추어 일을 하고, PD의 지휘 감독을 받는다.

그러나 A방송국은 이들 피해자가 회사측에 고용된 노동자가 아니라고 주장하였다. 따라서 OPD의 성희롱 사건을 '직장내 성희롱'으로 볼 수 없으며, 이는 방송국의 책임이 아니라는 것이다. 그러나 방송사의 구성작가나 리포터는 특수고용형태를 가진 비정규직 노동자이다. 근로기준법 제14조 '근로자'의 정의에 의하면, "이 법

---

18) 방송국에 관련된 내부조건이나 구성작가와 리포터의 노동조건에 관한 구체적인 내용은 사례 여성들을 인터뷰한 결과와 ○○여성노동자회가 변호사, 노무사에게 법률 자문한 내용을 토대로 한 것이다.

에서 '근로자'라 함은 직업의 종류를 불문하고 사업 또는 사업장에 임금을 목적으로 근로를 제공하는 자를 말한다"라고 규정하고 있다.[19]

구성작가나 리포터가 개인사업자로 등록되었으나, A방송국에 채용되어 회사를 위하여 각 프로그램 담당 PD의 지시, 감독에 따라 일을 하며 이의 대가로 임금을 받기 때문에 이들은 노동자이다. 최근 들어 특수고용형태인 보험모집인과 골프장 캐디, 방송사 비정규직 노동자들이 노동조합을 결성하였으며, 정부가 근로기준법에 이들 특수고용관계에 따른 종사자를 '근로자에 준하는 자'라는 개념으로 도입할 방안을 검토하고 있다(<무등일보>, 2000년 10월 4일자).[20] 이는 이들 특수고용관계 노동자들이 실질적인 노동자이

---

19) 근로기준법 제14조에 의하면, "근로자란 사업 또는 사업장에 소속되어 임금을 목적으로 근로를 제공하는 자로 근로기준법상 제반 금품청구권과 권리가 보장되는 자이다." 판례는 '근로자' 여부를 판단하는 기준으로 7가지를 제시하고 있다. ① 주어진 업무를 그 자신이 아닌 다른 사람에게 맡겨서 처리할 수 있는 자유가 있는지 여부, ② 업무의 처리에 있어 지정된 시간 또는 장소에 구속을 받는지 여부, ③ 업무의 처리 방향이나 내용에 관한 조건이 이미 정해져 있어서 그러한 조건에 따를 수밖에 없는지 여부, ④ 업무의 처리과정에 있어서 정하여진 복무규율에 따라 지휘감독을 받으면서 업무에 종사하여야 하는지 여부, ⑤ 업무 처리에 필요한 시설이나 장비를 제공받는지 여부, ⑥ 업무처리에 대하여 주어지는 보수가 처리한 일의 성과에 전적으로 비례하는 것인지 혹은 그렇지 않고 일의 성과에 상관없이 주어지는 기본급 또는 생활보장적 성격의 급여가 포함되어 있는지 여부, ⑦ 징계의 대상이 되는지의 여부 등을 들고 있다. 즉 '근로자' 여부를 판단하는 데 있어서 가장 중요한 것은 사용자와 노무제공자 사이에 지휘감독관계의 여부, 보수의 노무대가성 여부라 할 것이다.

20) 노동부가 2000년 7월 22일 "근로자가 아니라는 이유로 그 동안 신분상 불이익을 받아왔던 생활설계사, 골프장 캐디, 퀵서비스 종사자, 학습지 교사 등을 근로자에 포함시키기로 했다"며 "현재 근로기준법 개정작업을 벌이고 있다"고 밝혔다(<내일신문>, 2000년 7월 22일자). 노동부

면서도 사용자의 인건비를 줄이려는 편법에 이용되고 있음을 금지
시키기 위한 것이다. 이번 사건에 대한 A방송국의 대응 또한 비정
규직 여성노동자의 고충과 처지를 외면하고 그 책임을 회피하기
위해 이들이 A방송국의 직원이 아니라고 주장하고 있는 경우이다.

그러나 구성작가는 방송사에서 진행되는 구체적인 프로그램 하
나 하나에 소속되어 있어 그와 관련된 일을 한다. 예를 들어, 시사
프로그램이라면 그 프로그램의 주제와 초점에 맞게 구성을 해야
하고, 그 내용도 PD의 책임 아래 진행되는 것이기 때문에 PD의 지
시를 받는다고 할 수 있다. 구성작가는 그 프로그램의 한 회가 진
행될 때마다 출연료라는 이름을 띤 영수증을 쓰고, 구성작가에게
주는 돈은 제작비라는 항목에 들어간다. 프로그램이 한 회 방송되
지 않으면 돈을 받지 못한다. 즉, 업무에 대한 대가로서 보수가 주
어진다는 사실이다. 또한 출근시간이 구체적으로 정해 있는 것은
아니지만 구성작가가 하는 일을 제대로 해내기 위해서는 회사로
출근을 하는 것이 불가피하다. 구성작가는 진행자의 원고만 만들
어내는 것이 아니라 출연자의 섭외, 프로그램 진행 보조(걸려온 전
화를 받는다거나, 음악을 골라 내보내는 일), 청취자(시청자)에게
상품을 보내는 우편 발송 업무까지 하고 있다.

구성작가가 회사와 근로계약을 직접 체결하는 경우는 전혀 없
다. 방송사를 통해 구성작가를 공개 모집하더라도 각 프로그램을
맡은 담당 PD선에서 뽑는 것이다. 이것도 구두로 "한번 해볼래?"
식이다. 그리고 일을 해서 그 프로그램에 적합하다는 판단이 서면
계속 일을 하게 된다. 그리고 출연료를 얼마줄 것인지에 대한 논의

는 이와 관련해 현행 근로기준법 제14조의 '근로자는 사업 또는 사업
장에 임금을 목적으로 근로를 제공하는 사람으로 한다'는 근로자 정의
를 '사업 또는 사업장에 근로를 제공하는 사람으로 한다'로 확대할 것
이라고 밝혔다.

는 없다. 그저 여타 프로그램의 수준을 생각해 그 사람의 능력이나 경력을 고려해서 준다. 따라서 구성작가들이 직접적으로 부딪히는 것은 PD다. 이와 같이, 구성작가, 리포터는 '임금을 목적으로 근로를 제공하는' 노동자이며, PD와의 업무상 위계서열관계에 있다고 할 수 있다.

쟁점 3: PD-구성작가, PD-리포터의 관계는 직장내 위계서열관계 또는 권력관계가 아니다?

○○지역 A방송국 직장내 성희롱 사건의 가해자는 부장대우 PD로서 방송사에서 일하는 다른 직원보다 일정한 권한을 가진 지위에 있다. 이에 대하여 A방송국측은 가해자가 맡고 있는 프로그램이 구성작가를 사용하지 않기 때문에 직장상사가 아니라고 하지만, 같은 직장내 다른 프로그램을 제작하는 PD일지라도 A방송국의 직장내 상사임은 명백한 사실이다. 피해자가 밝힌 사례에서와 같이 가해자는 "○○○는 리포터 출신인데 내가 DJ로 키웠다"라고 하면서 자신이 직장내에서 상당한 권력을 지닌 지위에 있음을 피해 여성노동자들에게 자주 밝혀왔다.

OPD의 프로그램 방청객으로 왔다가 고정출연자로 픽업됐다. 그는 전화를 걸어 만나자고 했고, 첫 번째 만남에서부터 낚시를 가자고 했지만 거절했다. 그 후에도 계속해서 그는 따로 만나자는 제의를 계속했고, 너만 특별히 예뻐한다는 말을 자주했다. 모 리포터의 얘길 꺼내면서, '그녀도 너처럼 처음에는 내가 픽업했고, 잘하니까 키워줬다. 그래서 지금은 모 방송국의 DJ로서 활동하고 있다'는 둥, 방송에 관심없냐며 은근히 만남을 종용했다. 두 번째 출연 전날, 전화해서 우리 단둘이 전야제를 하자며 만남을 요구한 적도 있다. 방송 출연 날, 빨간 립스틱을 바르고 왔는데, '방송 화면에는 적합하지 않지만, 내가 보기엔 예쁘다. 쭉 빨아먹고 싶다'고 말했다. 뒷풀이가 있던 날 밤, 1차가 끝나자 그는 조금 있다가 전화할테니 전화받으라는 말을 남기고, 사람들에겐 자신은 편집을 하러 간다며 먼저 일어섰다. 조금 후에 그는 전화해서 '편집하고 있는데, 혼자 있으니 와라'고 했다. 거절했고, 그 후에도 몇 번 더 편집하고 있으니 오라며 전화했다. 계속되는 그의 요구가 싫어서 어느 날 앞으로 연락도 하지 말고 개인적으로 만나지 말자는 말을 했다. 그러자 그는 알았다고 했고, 이 사실을 아무에게도 말하지 말라며 부탁을 했다. 그 약속이 있고 2주 후 그는 좀 쉬자는 말로 나를 프로그램에서 제외시켰다. 그 후 약 5개월 뒤, 그는 다시 출연하라는 제의를 했고, 현재 출연중이다. 하지만 7주째 출연료를 주지 않은 채 뭔가 여지를 남기고 있다.   <사례 4>

회사 안에서 커피를 마시며 하는 말들 중에는 언제나 자신의 사회적 지위를 자랑하는 말이 많았다. 회사 초창기 때 이야기를 해주면서 자신은 이곳에 특별한 사람이다라는 말을 했다. 또한 회사의 모임이라든가 회식자리에 대해 꼭 그런데 가지 않아도 나는 친구가 많다, 회사 아니어도 갈 곳과 만날 사람은 많다라는 말을 하며 당당한 모습을 과시했다.   <사례 1>

방송사에서 구성작가, 리포터는 PD와의 일방적인 권력관계 하에 있음은 주지의 사실이다. 직장내 성희롱으로 인해 이들 피해 여성노동자들은 자신의 원활한 업무 수행이 방해받음은 물론 경우에 따라서는 가해자가 지닌 권력으로 인해 피해자의 업무의 존속자체가 결정되기도 했다.

점심식사 때 OPD가 옆자리에 앉았다. 모두들 시끄럽게 떠들고 있어서 서로 무슨 이야기를 하는지도 잘 모를 정도였다. 그 때 OPD가 넌지시 밤낚시를 가자고 말했다. 안간다고 거절했으나 특유의 넉살로 두어번 밤낚시를 가자고 말했다. 예기치 않은 제의라 당황했다. 계속 거부하자 마음이 상한 듯한 행동-술을 많이 마시고, 과장된 행동을 하였다-을 하며 굉장히 차갑게 대했다. 그 때 그런 OPD의 모습을 보고 처음에는 미안했으나 화가 나기도 했다. 우선 ○○에서 너무 먼 곳이었고, 낚시는 낮에도 할 수 있는데 왜 밤낚시여야 하는지 알 수 없었다. 거절했음에도 불구하고, 그 거절을 제대로 이해하고 받아들여 주지 않아서 화가 났다.   <사례 1>

뒷풀이가 끝나고 사람들과 헤어진 후, 출연자들이 집에 안전하게 가도록 책임질 의무가 있는 OPD는 나에게 전대 후문까지 걸어가자고 제안을 했다. 오치에서 전대 후문까지 걸어가면서 술도 깰겸, 이야기도 할겸 좋지 않느냐는 제안이었다. PD의 제안이니만큼 거절하기도 그렇고 해서 같이 걸어가기로 했는데, OPD는 맨 처음 손을 잡더니, 한참 가다가 그 손이 어깨로 올라가고, 어깨로 올라간 손은 힘을 줘서 나의 몸이 그 쪽으로 와 닿게 꽉 끌어안았다. 나는 너무나 싫었지만, 그저 머리만, OPD의 반대방향으로 빼기만 했다. 그런 후 택시를 탔는데, 그는 택시 안에서도 역시 끌어안고 놓아주지 않았다. 그 다음날, 용기를 내 어제의 무례한 행동에 대해 사과를 받아냈다. OPD는 '후배를 너무 편하게 생각한 것 같다'는 말을 하면서 사과를 했다. 그 후 나는 더 이상 그 프로그램에 출연하지 못했으며, 라디오 방송으로 내려갔다. OPD가 보복조치를 취한 것이다.   <사례 2>

몇 주 후 나는 회사를 나와야했다. 모PD와 사이가 좋지 않았다. 이전의 작가들이 그런 이유로 회사를 나가야 했기에 나 또한 당연히 그래야 한다고 생각했다. 짐을 싸고 나온 뒤 나는 이상한 소릴 듣게 되었다. 모PD가 나를 내보내기로 결심한 날 아침, 가장 먼저 상의한 사람이 OPD라는 말을 들었다.   <사례 5>

OPD의 요구를 거부하거나 관계를 정리하고자 하는 등의 피해 여성노동자들의 반응이 있게 되면 OPD는 냉정한 태도를 보여 피해 여성들에게 고용상의 불안감을 갖게 만들고 또는 해고를 시키는 방법으로 직장내 지위를 이용하여 피해자들에게 고용상의 불이익을 주었으며, 여성노동자가 안전한 근로환경에서 일할 수 있는 권리를 침해하였다. 고용상의 불이익을 초래하거나 성적 굴욕감을 유발하여 고용환경을 악화시켰는가의 요건에 대해서는 이번 사건이 불이익과 고용환경 악화 두 가지 모두를 충족시키고 있다. 한 피해자는 굴욕감을 느끼고 이로 인해 방송국을 그만두었고, 다른 피해자의 경우는 가해자가 피해자와 함께 일하는 담당 PD에게 영향력을 발휘하여 프로그램에서 제외된 경우이다.

A방송국내 구성작가들의 채용과 해고 등의 인사권은 PD에게 있고 프로그램별로 근로계약을 하고 있어 구성작가의 고용불안정은 심각한 수준이다. 이러한 불안정한 고용상태에서 비정규직 여성노동자들은 직장내의 어떠한 부당함에도 쉽게 나서지 못하는 처지이며 성희롱의 피해 또한 이러한 불안정한 고용상태에서 지금까지 가시화되지 못하고 방치되었던 것이다. OPD는 오히려 피해 여성노동자들의 이러한 고용불안을 이용하여 그동안 드러나지 않고 지속적으로 직장내 성희롱을 해왔다.

쟁점 4: 우발적이고 일시적이다?

피해 여성노동자 모두에게 비슷한 시기(1999년 상반기-2000년 7월)에 동일한 방식(밤낚시, 고민상담)으로 접근, 유사한 패턴과 경로, 태도 등으로 지속적으로 직장내 성희롱을 하였음을 알 수 있다. OPD는 자신의 사회운동경력을 무용담처럼 즐겨 얘기하였고 직장생활의 선배와 상담자를 자처하며 얘기를 나누는 것으로 접근, 또는 회사내의 지위와 능력을 과시하였다. 방송국내 구성작가와 리포터, 실습생이라는 불안정한 고용상황을 이용하고 처음 직장생활을 시작하는 여성노동자들이 겪는 두려움을 이용하는 수법으로 접근하여 수시로 '만나자', '보고싶다' 등의 메일이나 핸드폰에 문자 메시지를 보내고 '낚시(주로 밤낚시)'하러 함께 가자는 식의 사적인 만남을 요구하였다.

5·18 전야제가 끝나고, 몇 주 후 담양에서 회사 체육대회가 있던 날, 나는 몇일 후 있을 프로그램 준비 때문에 체육대회에 가지 않았다. 그런데 그날 저녁 그에게서 전화가 왔다. 왜 오지 않았냐고, 지금 ○○로 가는데 만날 수 있느냐고, 나는 몸이 좋지 않다는 이유로 거절했다. 나중에 안 사실이지만 이날 다른 작가에게 낚시를 가자고 졸랐다고 한다. 그녀가 거절하자 이내 나에게 전화해서 만날려고 했던 것이다.　　　　　　　　　　　　　　　　　　　　　　　<사례 5>

A방송국 다수 여성노동자가 직장내 성희롱을 경험하였고 성희롱 실태가 장기적으로 이루어진 것으로 보아 직장내 성희롱으로 인한 여성노동자의 피해가 매우 심각하다는 것을 알 수 있다. 이는 여성노동자들의 근무환경을 열악하게 만들고, 직장내 성희롱에 대한 두려움 등의 정신적 피해를 주었다. 지속적이고 상습적인 직장내 성희롱으로 인해 이들 피해 여성노동자들은 1년을 넘기지 못하고 직장을 그만두었으며 고용환경에 심대한 불이익과 인권침해를 당했다. 이는 명백한 고용상의 성차별로 볼 수 있다.

이러한 사실에서 A방송국 OPD의 직장내 성희롱 사건은 우발적이고 일시적인 '하나의 사건'이 아니라, 지속적으로 이루어져 온 직장내 성희롱 문제가 피해 여성노동자들에 의해 가시화된 것으로 보아야 한다.

쟁점 5: 'OPD의 성희롱 사건'에 대한 대응은 지역시민운동에 부정적인 영향을 미친다?

지역사회에서도 직장내 성희롱은 사소하고 개인적인 문제라는 잘못된 인식이 존재하고 있고, 이러한 문제가 공론화되는 것은 곧 시민운동에 부정적이기 때문에 공론화보다는 개인적 차원에서 해결해야 한다는 주장이 제기되었다.

이 때문에 ○○지역 사회·시민단체에서는 A방송국 OPD 성희
롱 사건에 대해 어떠한 공식적인 논평이나 반응을 보이지 않은 채
침묵하거나 방관하였다. 뿐만 아니라, 시민단체의 한 간부가 이 사
건에 대해 지역 언론사에 언론보도 자제요청을 하였다. 더구나 한
쪽에서는 ○○지역 여성단체들이 '성희롱 사건 대책위'를 구성하
고 관련대책을 논의하던 중이었다.

이러한 사실은 한 신문 보도내용이 이를 구체적으로 밝힘으로써
지역사회에 상당한 파문이 일어났다. 이에 대해 시민운동단체의
간부는 "인터넷을 통해 OPD 사건이 시끄러워지던 날, 두 개의 지
역언론사에 보도자제 요청을 했다"고 인정했다. 보도자제를 요청
한 이유에 대해 이 간부는 "진상을 확인해야 했기 때문"이라고 설
명했다(<내일신문>, 2000년 9월 13일자). 그러나 '진상을 확인'하
기 위해 언론사에 보도자제 요청을 한 것은 납득할만한 이유라고
할 수 없다.

○○지역에서 이 간부는 대내외적으로 시민운동의 대표성을 갖
는 인물이다. 또 ○○지역 시민운동의 대표적인 인물로 공인된 사
람이기도 하다. 시민단체나 언론사 기자들이 문제삼는 것도 이 대
목이다. 당시 상황에서 그가 보도자제 요청을 할만한 근거는 어디
에도 없었다. 사건은 이미 공적 영역이 된 것인데, 이에 대한 보도
자제 운운한 것은 공사(公私)를 구분하지 않고 사적 관계에 우선해
자신의 영향력을 과시한 행위인 것이다. 또한 시민의 알 권리와 시
민 스스로가 판단하는 것을 막는 권력 횡포의 한 단면을 보여준 것
이다. 남에게는 부정과 비리에 대해 도덕과 양심의 칼날을 정도(正
道)처럼 휘두르면서 정작 자신에게는 관대한 배려를 요구하는 시
민운동 일부의 이중성이 이 사건에 대한 대응과정에서 여실히 드
러났다고 할 수 있다.

이제 지역시민운동 내부에서도 '자기돌아보기'가 필요하다. 시민운동에 부정적인 영향을 미친다는 이유 때문에 직장내 성희롱 사건을 은폐, 축소할 것이 아니라, 시민운동 내부의 비합리적이고 남성중심적 문화와 잘못된 성문화 등에 대해 진지하게 성찰해야 할 시점인 것이다.

4. 양성평등적 직장문화의 필요성

직장내 성희롱 예방 및 해결에 있어 공공기관의 역할이 증대하고 있는 현실에서 ○○지역 A방송국에서는 다수의 여성노동자들이 지속적으로 직장내 성희롱을 경험하였다. 뿐만 아니라, 성희롱 피해여성노동자들이 자신을 드러내기 두려워하는 것을 이용하여 A방송국은 성희롱 자체를 부정하였다. 당사자간의 문제로 폄하하여 예방교육을 실시하지 않고 직원들에 대한 평등한 노동권의 확보에 책임을 다하지 못했음을 인정하지 않고 있다.

더욱이 ○○지역 A방송국에서 발생한 직장내 성희롱은 대학을 졸업하고 사회에 갓 첫발을 내딛은 여성노동자들에게 무차별적으로 일어났으며, 이 사건의 피해여성들이 방송국 내에서 고용이 불안정한 상황에 있는 비정규직으로 고용되어 있다는 점이 더욱 큰 문제라고 할 수 있다. 따라서 직장내 성희롱의 발생이 직장내 성차별 구조와 밀접히 연관되며, 여성 노동자들이 정당하게 평가받고 대우받는 것이 성희롱 문제의 해결을 위해 필수적이라는 사실을 이 사례를 통해서도 확실하게 알 수 있다.

따라서 비일비재하게 일어나고 있는 직장내 성희롱 문제는 개인적인 차원에서 해결해야 할 사적인 문제가 아니라 지역사회와 시민사회가 적극적으로 개입해야 할 사회적인 문제이기도 하다. 지역사회의 시민운동 내부에서도 이 문제를 은폐하거나 축소시킴으로써 그 해결을 지향하는 것이 아니라, 문제에 대한 정확한 진단과 대안을 제시했어야 한다. 즉, A방송국 OPD의 직장내 성희롱 문제가 발생한 원인과 대책을 시민운동 내부에서 공유하고 이의 해결을 위해 적극적으로 대응하는 것이 바람직했다고 할 수 있다.

또한 여성노동자들의 고용안정과 평등을 위한 노력이 시급하다. 따라서 그 구체적인 실천으로 여성노동자들이 안전하게 일할 수 있고 여성노동자들의 노동권이 확보될 수 있도록 이 문제가 사회적으로 더욱 가시화되어야 하며, 노동운동과 시민운동의 차원에서 논의되고 개선되어야 한다. 그러나 노동운동과 지역시민운동 역시 성차별성을 탈피하고 있지 못한 상황에서, 노동운동과 지역시민운동이 성희롱 문제를 진지하게 다룰 수 있기 위해서는 내부의 성차별성 극복이 선행되어야 할 것이다. 더 나아가 예방교육의 실시 차원을 넘어 법적으로 감시하고 규제할 수 있는 다양한 방안과 구체적 실천이 지역사회 수준에서도 모색되어야 한다.

제 9 장
'젠더/섹슈얼리티'에서 여성 주체성 찾기

1. '젠더/섹슈얼리티'의 정치학

　페미니즘에서의 섹슈얼리티에 대한 논의는 1960년대 후반 급진주의 페미니스트들에 의해 본격화되었다. 급진주의 페미니스트들은 성폭력, 강간, 출산, 낙태, 포르노, 동성애(레즈비어니즘) 등에 대해 처음으로 문제제기하고 이에 대한 이론적 실천적 작업을 해왔다. 이들은 이전의 자유주의, 맑스주의 페미니스트들의 젠더와 관련된 설명에 한계를 느끼고 성(sex)이나 섹슈얼리티를 탐구하고 '사적인 것이 정치적이다'라는 슬로건 아래 이 문제와 관련된 실천을 활발히 전개해 나갔다. 이들은 가부장제 이론과 성억압에 대한 갖가지 문제제기와 관련된 논의를 발전시키고, 여성에게 잠재되어 있는 여성성과 여성문화를 개발하고 발전시키는 데 주안점을 두는 문화운동을 전개하게 되었다.

　성(sexuality)이 사회적 산물이고 그 사회의 규범과 가치에 의해 학습되고 표출된다는 점이 밝혀지면서 성에 관한 논의는 사적으로 은

밀하게 즐기는 주제에서 벗어나 점차 공적인 담론이 되고 있다. 인간의 성은 단순히 동물적인 본능에 의해 나타나는 것이 아니라 사회 구조 내에서 창조되며 통제된다. 따라서 성규범과 가치 체계는 그 사회의 정치, 경제, 사회의 흐름에 따라 변화하며 지배층의 권력을 반영한다. 푸코(Foucault)가 지적하듯이 권력은 쾌락을 생산하는 도구이며 성은 권력과 융합하여 발생하는 에너지를 통해 사회 전반을 통제하는 핵심으로 이용되고 있다는 점을 인식해야 한다.

1980년대 중반 한국사회에서 처음으로 페미니즘이 성을 학문적으로 다루기 시작한 이후 90년대에 들어서면서 성과 관련된 주제들은 학문적으로나 문화의 영역에서나 중요한 이슈로 부각되었다.[1] 이러한 변화와 아울러 한국사회의 성문화도 상당히 변화하고 있다. 1990년대 한국사회의 성문화를 한마디로 정리하기는 쉽지 않다. 그럼에도 불구하고 90년대 한국사회 성문화의 특징을 규정한다면 이제까지 소외되고 주변화 되었던 집단들의 다양한 목소리가 등장한 것을 들 수 있다. 한국사회는 오랫동안 성에 대한 주제들을 공론화하는 것을 금기시하였고 결혼을 벗어난 성을 일탈적인 성으로 규제해 왔다. 그러나 1990년대에 들어서면서 이성애자 성인 남성(heterosexual adult male) 중심적인 성에 도전하는 다양한 저항 담론들이 제각기 목소리를 내기 시작하였고 각각의 성적 관행들을 실천하고자 했다.

---

1) 초기에는 매춘이나 강간 등에 대한 논의들(김미경, 1986; 김선영, 1989; 박선미, 1989; 이명선, 1989)이 주로 석사학위논문 주제로 다루어졌고, 이어서 장필화(1989)와 조형의 성 경험에 관한 페미니스트적 비평문들이 발표되었다. 특히 추애주(1991)는 대중적 지면에 '성기 중심의 성'에 대한 문제제기를 함으로서 성을 일상적인 대화의 수준으로 끌어들이는 데 공헌했으며, 이후에 이지연(1994), 조윤정(1995), 엄연수(1997) 등이 성의 체험과 포르노그라피, 로맨스 등을 통해 젊은 세대의 성적 공간을 집중적으로 다루기 시작했다(조(한)혜정, 1998).

한국사회에서 페미니즘은 1980년대 중반 처음으로 성이라는 주제를 학문의 주제로 다루면서 여성의 성적 억압이 여성 억압의 핵심 기제가 된다는 사실을 강조하였다. 페미니즘은 이러한 문제 제기를 통해 여성들이 당하는 성적 억압들이 여성이기 때문에 당해야 하는 불가피한 것이 아니라 남성 우위의 사회 체제 아래에서 남성들의 권력을 유지하기 위한 것임을 드러냈다. 그러한 노력의 일환으로 페미니즘은 여성의 성적 주체성을 박탈하고, 여성을 성적으로 대상화하며, 여성에 대해 성적 폭력을 정당화하는 남성 중심적인 성문화에 도전해 왔다. 그 결과 성폭력 방지법을 제정하고, 성희롱 문제를 사회적 이슈로 부각시켰으며, 매매춘 법을 제정하는 성과를 올렸다.

하지만 이러한 노력들은 모든 여성들을 단일한 범주로 간주하여 남성은 가해자이고, 여성은 피해자라는 구도를 유지하고 있었으므로 여성들을 남성 중심적 성문화의 피해자로만 부각시키는 문제를 안고 있었다. 또한 성적 억압의 문제를 여성의 문제로만 다룸으로써 성별(gender) 억압과 성(sexuality)적 억압의 중층적인 억압을 다루는 데는 한계가 있었다. 이로 인해 여성들의 다양한 사회적 위치에 따라 억압의 내용과 정도에서 차이가 있다는 점을 다루지 못하였고, 여성들의 성적 주체성을 확보하는 데까지 나아가지 못하였다.

나아가 이는 여성을 성적으로 억압하는 문제를 다루면서 기존의 남성 중심적인 성규범과 본의 아니게 결탁하는 결과를 가져왔다. 한국사회에서 성폭력 문제가 다른 어떠한 여성의 성적 억압 문제보다도 가시적인 성과를 많이 거두게 된 데는 성적으로 순결한 여성을 아내로 삼고 싶어하는 남성들의 이해가 함께 관철되었기 때문이다. 그 동안 페미니즘에서는 매매춘, 포르노그라피, 성해방, 동성애 해방 등에 대한 종합적인 연구가 잘 이루어지지 않았다. 이는 이러한 성적 이슈들이 성별 억압 외에도 성적인 억압이 복잡하게 얽혀 있는데 이를 성별 억압이라는 단선적인 이론으로 풀어내려고 했기 때문이다.

급진적인 성정치학자들 역시 이러한 문제를 지적하였다. 이들은 페미니즘의 성연구는 여성이라는 성별 문제로 모든 여성의 성적 억압을 다룸으로써 결국 이성애 관계 내에 있는 정숙한 여성들의 성적 억압만을 문제시하게 되었다고 비판하였다. 또한 이러한 방식은 페미니즘이 기존의 전통적 도덕주의 담론과 결탁하게 되어 페미니즘의 급진성을 퇴색시키게 될 것이라고 경고하였다. 따라서 이들은 페미니즘에서 여성이란 범주만을 고집할 것이 아니라 주변화된 성적 소수자의 한 부분으로서 여성을 범주화할 것을 요구한다. 그리고 여성이라는 동질성에 기반을 둔 배타적 정치학을 펴기보다는 다른 성적 소수자들과 연대하여 지배 권력에 저항하는 정치학을 택해야 한다고 강조한다.

2. 사회적·역사적 구성물인 성

우선 '성'(sexuality)이 무엇을 의미하는가? 섹슈얼리티는 성별 구분을 의미하는 일반적 의미와 성행위, 성관계를 의미하는 특정한 의미를 함께 포함하고 있다. 섹슈얼리티는 19세기 이후 만들어진 용어로 섹스(sex)보다 포괄적인 의미를 갖고 사용되며, 이 때의 섹스는 성관계 또는 성교를 의미하는 것이다. 이 때 섹스는 주로 신체 구조에 기반한 성별을 의미하고, 젠더(gender)는 문화적 성을 지칭하는 것으로 사용되고 있다. 우리말에서는 이들을 구분하는 어휘를 찾을 수 없다.

섹슈얼리티는 성교, 성관계 등의 구체적인 성행위를 포함하지만 이보다는 훨씬 더 포괄적 개념으로 사용한다. 즉, 섹슈얼리티는 신체 구조와 심리 구조, 사회적 규범과 특정 사회 조직들에 의해 지지되고 있는 복합적인 스펙트럼으로 이해되어야 한다. 또한 가장 사적인 것 같으면서도 사실은 가장 공적이며, 가장 여리고 예민하면서도 가장 폭력적일 수 있다(Hearn & Parkin, 1987).

인간의 성적 욕망과 성적 행위 그리고 이와 관련된 사회제도와 규범들을 설명하고 분석하는 데 서로 대립적인 두 입장이 각축을 벌이고 있는데, 그 양대 입장이 바로 본질론과 구성론이다.

1) 본질론

본질론자들은 인간의 성은 자연적으로 타고난 본능이라는 본질적 속성을 갖고 있다고 본다. 이들은 인간의 성은 문화 독립적이며, 객관적이고, 내재적인 속성을 가진 본능의 영역이라고 전제한다. 본질론자들은 이와 같이 내재적인 본질적 속성으로 생물학적 요소를 든다. 따라서 이들은 개인 또는 집단간의 성적인 차이 등을 들어서 설명하고 때로는 이러한 신체적 구조의 차이에 따라 결정되는 정신·심리 구조로 설명하기도 한다.

이들은 인간의 성은 생물학적 요소와 같은 고정 불변의 본질이 결정한다고 본다. 즉 남성과 여성의 성인식의 차이나 동성애자와 이성애자의 성적 지향의 차이는 모두 생물학적 차이에 따라서 결정된다는 것이다. 그리고 이렇게 결정되어진 성적 정체성들은 사회 문화적인 변화와 무관하게 숙명적으로 받아들여야 하는 것으로 믿는다.

일반적으로 남성 중심 사회에서는 남성들은 강하고 억누를 수 없는 성적 욕망을 가지고 있어서 적극적이고 주도적인 반면, 여성들은 성적 욕망이 없으며 수동적이고 수용적이라고 간주된다. 본질론에서는 이러한 남녀의 성적 정체성의 차이가 생물학적 성차에 의해서 결정된 것으로 보고 이를 자연적인 것 또는 정상적인 것이라고 한다.

프로이트(Freud)는 남녀의 생식기 차이 때문에 성심리 발달과정이 다르게 나타난다고 하였다. 이 과정에서 남성들은 초자아가 발달하여 독립적이고 적극적이며 주도적인 심리적 특성을 갖게 되는 반면, 여성들은 초자아가 발달하지 못해 의존적이고 나약한 심리적 특성을 갖게 된다고 보았다. 그는 남성들은 성적 주체가 되고 여성들은 성적 객체가 되는 것을 이러한 성별 정체성에 기반을 두고 설명하면서 정당화한다. 또한 오이디푸스 갈등을 해결하면 이성애자가 되고, 이를 해결하지 못하면 동성애자가 된다고 설명하면서 성적 지향은 생물학적으로 결정되는 것으로 개념화한다.

남녀의 차이, 이성애자와 동성애자의 차이를 성호르몬 차이로 설명하는 경우도 본질론에 속한다. 남성은 남성 호르몬 때문에 성적으로 공격적이 될 수밖에 없으므로 남성이 여성에게 성폭력을 가하게 되는 것은 어쩔 수 없다고 본다. 동성애의 경우도 임신 초기에 안드로젠이라는 호르몬에 균형 있게 노출되면 이성애자가 되고 그렇지 못한 경우 동성애자가 된다고 설명한다.

이와 같이 본질론자들은 개인이나 집단의 성적 특성을 생물학적 요인으로 설명하여 성에 대해서도 성기 결합 중심으로 개념화하는 경향이 있다. 그리고 남성과 여성은 자연적인 성차 때문에 성적 정체성이 다를 수밖에 없다고 본다. 나아가 인간에게 바람직하고 자연적인 성은 남녀간의 이성애적 관계 안에서 이루어지는 성기 결합적 성이라는 견해를 갖고 있다.

본질론은 역사와 문화를 초월한 본질적인 속성에 기반을 두고 있기 때문에 이러한 특질들이 고정된 것으로 보는 결정론에 빠지는 데 문제가 있다. 생물학적 차이가 있는 한 남녀의 비대칭적인 특성은 운명과 같은 것이므로 사회, 문화적인 차원의 변화를 통해서 바뀔 수 없다는 것이다. 이러한 입장을 수용하면 여성은 남성의 성적 희생물이 되는 데서 결코 벗어날 수 없다. 이는 여성의 성적 행위성의 가능성을 차단하고 기존의 억압과 지배를 그대로 유지시키는 문제가 있다.

2) 사회 구성론

사회 구성론은 인간의 성이란 문화의존적이며, 관계적인 것, 비객관적인 자질이라고 말한다. 따라서 인간의 성적 정체성, 성적인 욕망, 성적 관행들은 고정된 본질에 따라 정해지는 것이 아니라 개인이 처한 사회관계와 문화적 맥락에 따라 구성되는 것으로 본다. 그러므로 개인들이 어떠한 사회적·문화적 위치에 있느냐에 따라 개인들이 표현하는 성은 다양해지고, 그것은 보편화할 수 없는 것, 즉 그 맥락 속에서만 의미를 가지는 특수한 것이 된다.

이러한 관점에서 보면 남성과 여성의 성적 정체성은 타고난 것이 아니라 다양한 사회 기제를 통해서 구성되는 것이 된다. 남성 중심 사회에서는 여성들을 성적으로 통제하기 위해 남성은 강한 성충동을 가진 것으로 규정하고 남성들의 성적인 자유와 성적 주체성을 보장하는 성문화를 가진다. 반면 여성들은 성적인 순결을 지킬 것과 남성의 성적 만족을 위해 도구화할 것을 강요받는 문화를 만들어 낸다.

남성과 여성은 어린 시절부터 학교 교육이나 가정 교육을 통해

서 이러한 남성 중심적 성문화를 당연한 것으로 받아들이게 될 뿐
만 아니라 대중 매체나 음란물을 통해서 비대칭적이고 왜곡된 성
인식을 습득하게 된다. 성인이 되어서도 남성은 동아리 모임이나
군대, 직장과 같이 남성만으로 이루어진 조직을 구성한다. 이러한
조직을 통해서 남성들은 성에 대한 정보를 독점하게 되고, 이를 토
대로 여성 비하적인 성을 즐기면서 남성들간의 결속력을 다진다.
　남성과 여성의 비대칭적인 성적 정체성은 바로 이러한 일련의
과정들을 거치면서 구성되는데, 이것은 성이 가치 중립적인 영역
이 아니라 권력이 작용하는 영역이라는 것을 보여준다.
　사회 구성론적 관점에서 보면 성에 대한 개념화가 본질론과는
달라지게 된다. 본질론이 성을 본능적이고 신체 중심적인 것으로
개념화한다면 구성론은 특정한 역사적·문화적 맥락에서 구성되
는 담론과 실천 체계를 가리키는 섹슈얼리티로 개념화한다. 섹슈
얼리티란 성기 결합을 의미하는 개념을 넘어서 성적인 감정 및 성
적으로 맺게 되는 관계들을 모두 포괄하는 개념이다. 따라서 개인
들이 갖게 되는 다양한 성적인 욕망들, 성적인 정체성 및 성적 실
천을 의미하는 것이다.
　섹슈얼리티는 성별뿐만 아니라 계급, 인종, 연령, 성적 선호, 규
범, 제도들에 따라 다양하게 구성된다는 점에서 성을 유동적이고
다원적인 것으로 본다. 섹슈얼리티의 관점에서 보면 성적 욕망이
나 성적 정체성들이 주체의 맥락적 위치에 따라 구성되는 일련의
'과정'이므로 남성/여성, 이성애/동성애, 게이/레즈비언과 같은 성
적 범주의 경계가 유동적일 수밖에 없다.
　그러므로 섹슈얼리티의 관점에서는 성적 억압의 문제를 여성/남
성의 구도로 풀어 가기보다는 성적으로 주변화된 집단의 억압을 정
치적으로 이슈화하는 데 우선을 둔다. 이들은 여성 억압(gender

oppression)으로서 성적 억압을 문제 제기하는 것이 아니라 성적 억압(sexual oppression)을 문제시하는 것이다. 성적 억압을 문제시한다는 것은 사회적으로 좋은 성/나쁜 성, 정상적인 성/비정상적인 성, 자연적인 성/일탈적인 성으로 위계화하는 데 도전하는 것을 말한다.

섹슈얼리티의 관점에서는 성적 위계화에 따른 성적 억압을 일차적으로 문제시하기 때문에 여성의 성적 억압의 문제도 여성을 성적 소수자의 범주에 포함시켜 해결하고자 한다. 즉 성적인 억압이 해결되면 여성으로서 겪는 여성의 성적 억압도 자연히 해결된다고 보는 것이다. 따라서 성별의 관점에서와 같은 페미니즘의 성연구를 비판하고 성적 소수자들과 함께 연대하여 여성의 성문제를 해결해야 한다고 주장한다.

사회 구성론적 시각에서 주장하는 섹슈얼리티 관점은 페미니즘 성연구에 새로운 지평을 연 것이 사실이다. 이는 이전의 고정화되고 이분화된 성별로 성을 연구하는 한계를 극복하고 여성 억압과 성적 억압을 중층적으로 다룰 수 있게 한다는 점에서는 의의가 있다.

하지만 이는 지금까지 성별에 치중하여 여성들간의 공통성을 강조해왔던 한국사회의 페미니즘 성연구와 충돌한다. 또한 이전의 사회 이론들이 그러했듯이 남성 중심 사회에서 여성이라는 변수를 강조하지 않고 성 중립적으로 나아갈 경우 결국 남성들만의 이해를 관철시킨다는 점에서 페미니스트들은 우려하고 있다.

이러한 우려에 대해 게일 러빈(Rubin)은 성별(gender)과 섹슈얼리티(sexuality)를 구분하되 이 둘을 상호 연관지어 분석할 것을 주장한다. 남성 중심적 사회에서 성별과 섹슈얼리티가 경험적 차원에서는 결합되어 나타날 수 있지만 개념적 차원에서는 성별과 섹슈얼리티를 구분해야 한다는 것이다. 그렇다고 해서 이 둘을 어느 하나로 환원하거나 어느 하나를 다른 하나의 부차적인 범주로 보아서는 안 된다고 강조한다(Rubin, 1984). 이는 여성의 성적 억압을 여성이라는 범주로만 분석해서도 안되고 동시에 섹슈얼리티의 하위 변수로 여성을 포함시키거나 여성이라는 범주를 완전히 포기해서도 안 된다는 것을 뜻한다. 아직도 남성 우월적인 사회에서 여성들은 남성보다 상대적으로 열악한 위치에 있기 때문이다. 따라서 페미니즘에서는 젠더와 섹슈얼리티가 통합된 관점(gender/sexuality)으로 나아가야 한다는 것이다.

3. 성의 이중 규범

사회적 구성물로서 성은 우리가 생활하고 있는 방식에 따라 말로 표현되고 형상화되며 환상으로 그려진다. 우리가 생각하는 성은 가족이나 동료 집단, 대중매체 등에 의하여 전이되거나 왜곡된 정의나 의미에 영향을 받는다. 즉 성은 신체 구조와 사회구조, 사회규범과 특정 사회제도의 복합적인 상호작용에 의해 그 개념의 폭과 깊이가 달라지는 것으로, 성행위뿐 아니라 임신, 출산, 양육으로 이어지는 일련의 연속 개념으로 보아야 한다.[2]

페미니즘적 관점에서 볼 때 현재 한국사회의 성은 이분화되어 있으며 가부장적이라고 지적된다. 여성과 남성에게 부과되고 있는 성행위는 불평등하게 분리되고 있는데 일반적으로 남성은 여성의 성을 착취할 수 있는 특권을 지니고 있는 반면 여성은 성적 자율성

---

2) 한 사회가 일정한 성개념과 규범을 갖고 있을 때, 사회구성원은 모두 직접, 간접적으로 성통제의 대상이 된다. 관념적인 차원에서의 규범은 구체적인 차원에서의 사회조직으로 밑받침되고 있다. 결혼 및 가족제도, 또한 이를 규정하는 법 제도 및 절차, 경제구조가 서로 결합하여 하나의 성 규범을 유지하는 것으로 보인다.

이나 즐거움을 억압받고 있는 경우가 많다. 이러한 성의 분화는 다음과 같은 가부장적 성문화에서 파생된 것이다.

우선, 가부장적 성문화는 이중적인 성윤리를 제공한다. 여성은 결혼하기 전까지는 생명을 걸고 순결을 지켜야 하며 결혼 후에는 정숙한 부인으로 성적 무관심을 나타내야 한다. 그러나 남성에게 성적 활력은 남성적인 매력이며 왕성한 성욕은 선망의 대상이 된다. 남성의 눈에 비친 여성은 이중적인 성규범에 따라 극단적인 여성상, 즉 순결한 어머니상인 성모 마리아와 방탕한 매춘부상인 막달라 마리아가 있을 뿐이다.

다음으로 이러한 이중적인 성윤리는 지배와 복종의 바탕에서 성행위를 구조화하기 때문에 남성은 지배적인 입장에서 주도권을 행사하는 반면 여성은 성적 자율권과 결정권을 박탈당한다. 여성의 성은 가장인 남성의 소유로 되어 있으며 남성간에 교환할 수 있는 대상이 된다. 지배와 복종의 성관계는 평등한 인격체를 지닌 인간 간의 성적 교류를 불가능하게 한다. 결국 이러한 성관계는 사회에서 규정한 전형적인 성역할을 강화하여 남성에게는 성적 주도권과 적극성을, 여성에게는 성적 수동성과 순종성을 정당화하고 있다. 또한 가부장적 성문화는 성기 중심적이고 남근 숭배의 특성을 지닌다. 여성에게는 성욕 표출이 금기시되어 자신의 성적 욕구에 수치심을 느끼게 한다.

그러나 섹슈얼리티에 있어 여성과 남성에게 다르게 적용되는 이중 규범이 성의 영역에만 국한되어 있는 것이 아니다. 이것은 성별, 즉 섹스와 젠더의 구별 그 자체에 배태되어 있고 성별 구분을 조직 원리로 하여 지탱되고 있는 가족 제도, 노동시장 및 정치, 경제, 지식 생산의 영역 등 제분야에서 지지되고 있기 때문이다. 성적 이중 규범은 성별 이중규범과 상호 보완적인 관계를 지니고 있을 뿐만 아니라 강한 연관관계를 맺고 있다.

성차별은 일차적으로 여성이 남성과 동등한 대접을 받는가라는 상대적 평등의 문제이지만 더 나아가서는 여성이 인간으로서 존엄성을 인정받으며 살 수 있는 사회구조가 갖추어져 있는가라는 근원적 물음을 제기하는 문제이다. 여성이 사회 구성원으로서 동등한 주체로 인정받는가 하는 일반적 물음은 윤리적으로는 평등한 도덕적 주체로 인정받는가라는 구체적 물음이 된다.

인간은 이성적 존재이면서 동시에 감성적 존재이며, 노동이라는 정신적, 육체적 활동을 하는 실천적 존재이다. 인간은 또한 성별을 가진 존재이다. 그런데 인간의 특성 및 활동과 몸에 대한 가치 평가에는 위계적 이원론이 지배적으로 나타난다. 즉 이성/감성, 정신/육체, 남자/여자라는 이항 대립은 짝을 이루는 양자를 반대 또는 대립되는 본질로 보면서 동시에 앞의 항이 더 우월한 것으로 보는 위계적 이원론으로 구성되어 있다.

가부장제 문화는 남성을 기준으로 하여 그에 비해 열등하고, 결격 사유를 가진 존재로서 여성을 보는 여성관을 갖는다. 다시 말하면 여성과 남성의 차이를 사회문화적으로 창출하고 유지시키는 구조를 갖추는 것이 가부장제이다. 가부장제 문화의 핵심은 성에 대한 금기와 통제를 갖는 데서 찾을 수 있다. 그런데 금기와 성통제는 여성에 대한 통제에서 비롯한다. 가부장제는 여성의 성이 통제되지 않으면 존속되지 못하기 때문이다. 물론 여성의 성을 통제하는 만큼 그렇게 통제되는 여성을 상대해야 하는 남성도 간접적으로나마 통제당할 수밖에 없다. 바로 그 점 때문에 가부장제의 성통제는 그 핵심을 여성에 대한 성통제에 두고 있다는 점이 은폐되기 쉽다. 남성들에게는 이러한 통제로부터 벗어나는 여러 가지의 출구, 그 중에서도 대표적으로 매매춘 제도를 제공하는 것이 가부장제 사회이다.

성통제가 남녀에게 다르게 나타나는 가장 중요한 기제는 여성의 미덕을 정숙함(정절)에 두고, 이 미덕을 중시하는 여성 집단을 가꾸는 동시에 이에 결격 사유를 갖는 여성을 또 하나의 집단으로 이분화시키는 것이다. 여성의 일차적 존재 의미를 남편의 정당한 상속인 및 가(家)의 계승자를 낳아서 가부장제를 유지 존속시키는 역할에서 찾는 것은 가부장제 사회에서는 매우 합목적적이다. 여성의 정절은 이렇게 여성 존재 의미의 핵심이 되기 때문에 여성을 평가하는 가장 중요한 기준으로서 그 여자의 능력이나, 인격, 품위 등에 우선한다.

'정숙하지 못한' '타락한' 윤락 여성에게 주는 사회적 낙인은 두 가지 효력을 갖고 있다. 즉 윤락의 낙인을 받고 탈출구를 찾을 수 없는, 그래서 더 취약하고 마음대로 다룰 수 있는 일군의 여성을 확보한다는 점에서 가부장제의 주인인 남성들에게는 편리하다. 그러나 그보다 더 중요한 것은 그 낙인이 '정숙한' 여자들에게 주는 경고의 효과에 있다. 낙인을 받지 않으려고 대다수의 여자들은 자발적으로 스스로를 통제한다. '화냥년'이라는 욕이 여자를 모욕하는 무기가 되는 데 반해 이와 대칭이 되는 남자를 모욕하는 욕은 없다. 정숙함과 비정숙함이 남자를 평가하는 기준이 된 적이 없기 때문이다.

가부장제 문화에서 여성이 일차적으로 남성의 성적 대상으로 규정되고, 이분화되고 있다는 것은 개개인의 행위나 경험과는 별개의 문제일 수 있다. 그러나 가부장제 문화는 우리의 의식과 무의식을 지배하고 있다. 우리의 일상 언어 속에서 여성은 끊임없이 타자화, 객체화된다.

정숙한 여성의 규범과 '섹시함'과 '아름다움'이 여성의 의무라고 선전하는 소비문화가 접합된 사회에서 여성은 분열하지 않을 수 없다. 정숙한 여성이란 성에 대해 무지한, 성욕을 아직 느껴보지 못한 순진한 여성상에서 출발한다. 이를 규범으로 하는 사회는 여자의 성적 호기심, 성적 정체성, 성적 주체로서 자기 결정권을 둘러싼 질문과 이를 추구할 자유를 금지하고 있다. 따라서 여성은 남성이 주도하는 관계에서 수동적 존재가 된다.

이성애가 규범인 사회에서 남성과 여성은 서로의 성적 대상이라고 할 수 있다. 성적 대상인 남녀는 남성 우월 문화의 맥락 안에서, 남성은 능동적이고 여성은 수동적이라는 성별 역할 고정 관념의 맥락에서 살고 있다. 또한 남성이 성 담론의 주체일 뿐 아니라 적극적 행위자가 되고 여성은 그 담론의 객체와 수동적 대상이 되는 사회에서 성관계는 성폭력과 동의어가 된다.

남성의 폭력적 성문화가 지배적인 성문화가 되고 그것이 여성을 황폐화한다는 것, 그리고 많은 여성들은(많은 남성들 역시) 현재 구성되어 있는 방식 때문에 성관계를 폭력으로 경험한다는 것이다. 이를 지적하는 목적은 궁극적으로 여성과 남성의 관계가 오늘 우리가 익숙하게 아는 것보다 훨씬 더 아름답고 즐거움을 줄 수 있다는 것, 그리고 그것을 위해 우선 여성이 자유로운 담론의 주체가 되어야 한다는 것을 인지시키는 데 있다.

4. 자본주의사회에서의 성 상품화

자본주의하에서 인간의 성은 시장경제의 원리에 의거하여 이윤 증대를 목적으로 상업 문화에 이용되면서 상품화되고 있다. 이러한 현상은 한국사회에서 향락 산업의 급팽창과 더불어 성문화의 아노미상태를 유발하였다.

여성이 성적 대상으로 취급되면서 이익을 보는 쪽은 자본가이다. 번창하고 있는 음란 외설물과 향락산업은 자본주의적 이익에 부합하고 있다. 자본가는 대중매체에 영향력을 행사하며 자신의 이익에 도움이 되는 한 성차별적인 이데올로기를 영속화한다. 이러한 현상은 소비를 위한 전략으로 성의 상품화가 빈번하게 이용되고 있다는 점에서도 잘 드러난다. 예를 들어 각종 소비 상품에 대한 광고는 성적 매력과 에로티시즘을 강조하기 때문에 인간은 인격체가 아닌 하나의 사물이나 신체의 특정 부위만 부각되는 성적 대상으로 전락한다. 인간의 성과 육체에 대한 물상화는 성에 대한 향락과 퇴폐성을 가중시키고 성의 인간적인 가치를 떨어뜨린다. 이렇듯 끊임없이 성충동을 자극하는 환경에서 인간은 갈망과 좌절을 동시에 느끼며 성의 쾌락을 추구할수록 자본주의에 예속되어 방황하게 된다.

1) 성매매

성매매는 과거부터 현재까지 세계 각 나라에서 그들의 전통적인 종교의 방조, 묵인 하에서 남성의 성매매 행위를 필요악으로 용인하는 한편, 매춘부의 행위는 철저하게 통제, 멸시하는 분위기를 형성해 왔다. 이것은 남성과 여성의 성행위에 대한 이중규범의 존속 아래 여성에 대한 성적 억압을 일반화시켜 왔던 그간의 관행을 반영하고 있는데, 특히 매춘부로 위치해온 가난한 여성에 대한 심각한 성적 통제의 단면을 보여준다.

성매매의 역사를 시대별로 살펴보면, 고대 시대에는 성매매가 종교와 밀접히 결합되어, 이스라엘에서는 사원매춘(여성이 매춘으

로 얻은 수입을 신전에 바치는 매춘 형태)의 형태로, 유대교 지역
에서는 세속 매춘의 형태로 널리 행해졌다. 중세시대 이래 기독교
사회에서 성매매는 대개 필요악으로 여겨졌다. 그러다 15~16세기
초 성병이 성행하면서 매춘에 대한 통제가 강화되나 17~18세기를
지나면서 성병에 대한 공포가 사라지면서 성매매가 더욱 성행하게
된다. 성매매의 성행이 사회를 타락시키자 19세기에는 공중위생운
동을 통해 성매매를 사회적으로 통제하는 한편 매춘부를 구제하려
는 움직임이 나타나게 된다. 이러한 공중위생운동은 매춘에 대한
의학계의 관심을 자극했고, 이로써 매춘과 성병의 상관성에 대한
과학적인 연구가 시작된다. 성병을 없애기 위한 의학적 노력이 본
격적으로 전개되는 과정 속에서, 2차대전 이후에는 매독과 임질을
치료하기 위한 페니실린과 다양한 의약품이 발명되기에 이른다.
현재는 피임기구의 발달, 성관념과 성생활의 변화, 과학의 진보, 종
교적 구속력의 약화, 효과적인 피임기구의 개발, 법률적 측면에서
여성해방, 성에 대한 정보 혁명 등으로 여성의 성에 대한 태도가
적극적이 되었지만 여전히 성매매는 남녀 성에 대한 이중규범 하
에서 지속되고 있다.

한국사회에서 남성의 성욕은 과대 포장되어 왔는데 성매매는 바
로 남성의 왜곡된 성욕에 근거를 두고 있다. 그렇기 때문에 성매매
하는 남성은 매춘 여성이 일반 여성과 차별성을 갖는 것과는 다르
게 특별한 취급을 받지 않는다. 다시 말해 남성에게 성매매의 경험
은 숨겨야 할 은밀한 것이라기보다는 떠벌일 만한 무용담이 된다.
그래서 남성에게 성, 사랑, 결혼은 일치되지 않으며 가부장적 성규
범은 이를 아무런 문제로 삼지 않는다. 많은 남성은 자신의 비합법
적인 성행위에 대해 크게 죄의식을 느끼지도 않으며 성을 매매한
다. 왜냐하면 '정숙한 여자'는 합법적인 성체계에서 아내로서 필요

한 존재이지만 다양한 성체험과 쾌락은 '야한 여자'와 은밀하게 이루어질 수 있기 때문이다.

대다수의 남성들은 성매매를 스트레스의 해결책이자, 순결하게 보호해야 할 아내(또는 미래의 아내감)에 대한 배려 행위라고 생각하고 있다. 어떤 남성들은 매춘 여성과는 부담없이 성행위를 해도 되지만 애인은 건드리지 않는 것이 진정한 사랑이라고 생각하기도 한다. 여성들조차도 남성들의 감정이 배제된 매춘 여성과의 성행위는 모르는 척하며 넘어가는 경우가 많다.

남성은 자신이 보호하고 먹여 살려야 하는 여성인 아내와 매춘 여성을 철저히 구별해서 생각한다. 성을 산 남성은 응분의 대가인 돈을 지불했기 때문에 죄의식에서 벗어나고 뒤돌아서면 깨끗하게 잊어버린 채 똑같은 일을 반복하게 된다. 결국 남성도 잘못된 성문화를 의식하지 못하고 함께 추락하고 있는 것이다.

급진주의 페미니스트들은 매춘 여성을 남성을 유혹하는 자로 규정하는 이데올로기가 매춘이 남성에 의해 강요된다는 점을 은폐한다고 지적한다. 또한 급진주의적 페미니스트들은 여성의 출산력보다는 성적 매력에 우선권을 부여하는 사회제도가 매춘을 강요하는 주된 요인이라고 보았다. 그렇기 때문에 가부장제에서는 결혼조차도 한 남자를 위해 자신의 성과 역할을 파는 성적 노예화 또는 매춘이라고 보는 견해도 있다(Jagger, 1992).

안드레아 드워킨은 매춘여성을 '웃는 질구멍'에 비유하기도 했는데, 남성들은 서로의 의사소통과 단합을 위해 집단강간과 성매매를 통해 여성의 육체를 사용하고 있으며, 여기서 여성들의 존재는 남성성을 위한 도구일 뿐, 그 이상의 아무것도 아니라는 것이다. 따라서 성매매를 통해 모든 여성들은 물건처럼 취급당하는 경험을 하며, 모든 남성들은 그 위에 서있게 된다. 많은 페미니스트들은 성매매가 이미 고도의 성산업화된 자본주의 체계에서 남성들에 의해 주도되고 있으며, 매춘여성의 대부분이 펨프 등의 통제 아래 있기 때문에 성매매를 매춘여성의 자의로 볼 수 없다는 입장을 견지하고 있다. 배리(Barry, 1995)는 성매매가 금지되는 영역뿐 아니라 비범죄화된 영역에서도 펨프의 교묘한 변화와 가부장적인 법률에 의해 매춘여성들이 착취되고 있음을 지적하면서 성매매의 완전한 합법화를 통해 이득을 얻는 집단은 매춘여성이 아니라 남성이라는 점을 강조하고 있다. 이들은 매춘여성에 대한 범죄화나 규제가 폐지되어야 하고 남성의 쾌락과 이익을 위해 여성의 몸을 지배하려는 손님과 알선자를 처벌하는 이른바 '차별적 범죄화'를 대안으로 제시한다. 매튜(R. Mattews)는 성매매를 탈범죄화하는 것은 대규모의 성산업을 창출하고 열악한 여성을 자본주의의 착취구조 속에 더욱 취약한 상태로 방치하는 결과를 가져온다는 사실을 지적하면서 기존의 보수적 또는 자유주의적인 정책과는 다른 '급진적 규제주의(radical regulation)' 정책 개발의 필요성을 역설한다.

(1) 성매매에 대한 기본적 관점

한국사회에서 성매매(prostitution)는 일반적으로 오입(誤入), 윤락(淪落), 매춘(賣春), 매음(賣淫), 매매춘(賣買春), 매매음(賣買淫) 등의 용어로 불린다. 이러한 용어와 규정에는 성매매 문제의 근본적인 원인을 어디에 두는가, 누구의 눈으로 다양한 성매매의 현실을 보는가 등의 관점이 그대로 투영되어 있다. 성매매 문제의 원인과 현실, 그리고 대안을 모색할 때 용어 사용은 중요한 정치적 의미를 갖는다. 따라서 우리가 기존의 용어들을 검토하고 새로운 관점을 담을 수 있는 용어를 선별하여 사용하는 것은 이 문제에 대한 관점을 드러내게 되며 그 자체로 하나의 실천력을 갖게 된다.

이제까지 주로 사용되어 온 용어들의 의미를 살펴보자. 한국사회에서 일반적으로 쓰고 있는 윤락이니, 매춘이니 매음 등은 '성을 파는 행위'만을 규정하는 용어들이다. 물론 이러한 용어들에서 '성을 사는 행위'는 제외되어 있다. 이러한 용어들은 성을 파는 행위에 문제의 초점을 맞추고 도덕적인 비난을 돌린다는 점에서 문제를 안고 있다. 예를 들어 법적인 용어로 사용되는 '윤락'이란 '스스로 타락하여 몸을 버린다'는 의미를 갖는데, 이런 무시무시한 낙인은 성을 파는 사람에게만 찍힌다. 한국사회에서 법이 정하는 윤락 행위자, 즉 스스로 타락하여 몸을 버리는 자는 성을 파는 사람이며, 손님은 윤락 행위자가 아닌 그저 '상대방'일 뿐이다.

대부분의 매춘부가 여성임을 감안할 때 윤락이란 결국 여성에게 부과되는 용어이며 상대가 되는 자는 도덕적 면죄부를 받는 셈이다. 이는 성을 사는 사람이 대부분 남성임을 헤아려 볼 때 이중 규범을 반영하고 있는 것이다.

이렇듯 윤락, 매춘, 매음 등의 용어는 성매매의 문제를 '파는 자'에만 초점을 맞추고 성을 파는 사람이 아니라 성을 사는 사람들의 필요에 따라 이루어지고 있다는 점에서 문제의 핵심을 놓치고 있다. 이러한 측면에서 슈레이쥐(Shrages, 1989)는 성매매를 "남성이 여성의 성적 서비스를 구입하는 것과 관련된 행위"로 정의하기도 하였는데 그것은 성매매 문제의 근원을 성을 사는 남성의 문제로 보기 때문이다.

이러한 용어 사용의 정치적 의미에 덧붙여 성이 '매매' 또는 '거래'되고 있다는 측면을 부각시키는 일은 의미가 있다. 왜냐하면 성매매는 범문화적이고 초역사적인 내용을 갖기보다는 서로 다른 역사와 문화의 조건에서 생성되고 변화되어 왔으며 변화될 수 있는 산물로 다루어져야 하기 때문이다. 특히 한국사회에서 성매매가 일어나는 특수한 맥락은 성이 상업화되어 있으며 자본주의 성산업의 메커니즘 속에서 주로 이루어지고 있다는 점이다.

(2) 성매매의 특징과 문제

남성 손님과 매춘 여성 사이에 이루어지는 성매매 행위의 전반적인 상황을 간단하게 설명할 수는 없을지라도 성매매는 남성 손님이 여성의 몸을 직접적으로 사용할 수 있다는 점에서 특징적이라 할 수 있다. 이러한 특성이 어떻게 성매매 공간에서 매춘 여성을 약자의 위치에 놓이게 하는가를 보도록 하자.

먼저 성매매는 화대 지불을 매개로 이루어지는 행위이기 때문에 매춘 여성은 자신에게 화대를 지불하는 남성 손님과 권력 관계에 놓이게 된다. 남성 손님은 여성의 선택에서부터 체위, 콘돔 사용 여부 등 성매매 행위 전반에서 '선택권'을 가지고 있는데 이러한 과정에서 매춘 여성은 성행위의 조건을 자발적으로 선택하지도 못할 뿐 아니라 자신의 몸에 대한 통제권을 상실하게 된다.

성매매 행위는 매춘 여성이 자신을 신체로부터 분리시키고 단편화된 신체의 일부에 대한 사용권을 남성 손님에게 위임하는 행위로서 인간의 기본권에 위배되는 것이라 할 수 있다. 성매매에서 남성이 여성의 몸을 임의대로 통제하고 사용할 수 있다는 사실은 강간의 특성과 같은 것인데, 매춘 여성에게 강간이나 폭력은 '화대 지불'의 유무에서 차이가 날 뿐 성매매 행위의 연속선상에 있다.

또한 성매매에서 남성 손님이 필요로 하는 성행위는 생물학적 성욕을 충족시키기 위한 단순한 '성기 접촉'에 있지 않고 여성의 '성적 서비스'의 연속선상에 존재한다. 이러한 사실은 매춘 여성의 연령과 수입이 반비례한다는 사실에서도 알 수 있는데, 성매매가 단순히 성기 사용만이 요구되는 행위라면 매춘 여성의 나이는 별 상관이 없기 때문이다. 성산업에서 업주나 남성 손님이 가장 관심 있는 것은 여성의 '몸'이고 이를 사용하는 성적 서비스이다.

남성들이 요구하는 것은 열등한 존재로서의 여성성이며 여성의 몸, 몸짓이다. 따라서 성매매에서 남성 손님이 매춘 여성에게 요구하는 비하적 행위들은 의도적이며 필연적인 것으로 이해될 수 있다. 성매매는 이러한 남성의 가학적 심리가 내재된 욕구를 만족시켜 주기 위해 존재하고 매춘 여성은 화대 지불을 대가로 자아를 자신의 몸으로부터 분리시키고 자신의 몸에 대한 사용·통제권을 일정 시간 남성 손님에게 위임하는 것이다.

남성 손님이 성매매를 필요로 하는 이유가 여성에 대한 지배와 여성 비하에 있는 한, 매춘 여성에게 요구되거나 가해지는 남성 손님의 폭력은 소멸되기 어렵다. 뿐만 아니라 남성이 화대를 지불하는 권력 관계에서 매춘 여성이 자신의 몸을 보호할 수 있는 권리를 확보하기란 아주 어려운 일이다.

남성들이 성매매를 이용하려는 욕구에는 '비밀보장'과 '새로운 여성에 대한 호기심'이 전제되어 있다. 익명적 성을 원하는 남성의 욕구와 전제는 남성들이 성매매를 필요로 하는 중요한 이유이기 때문에 성매매의 성격과 매춘 여성의 삶의 유형을 구성한다. 남성이 돈을 지불하고 성을 사는 이유는 익명의 상태로 거래가 가능하기 때문인데, 바로 그 익명성 때문에 성매매는 음성적 상태로 온존·유지된다. 따라서 성매매가 법적으로 양성화된다고 하더라도 성매매 자체의 음성적 성격으로 인해 법적 규제가 미칠 수 있는 영역은 극히 제한될 수밖에 없다.

특히 여성이 가족관계에서 고립되어 있는 조건은 익명적 특성에 부합하는 것으로 성산업의 착취자들에게 주요한 미끼가 된다. 매춘 여성의 대부분은 자신들이 받는 부당한 억압이나 폭력을 거부

할 수 없을 정도로 울타리 없는 가족 출신이거나, 폭력적인 환경 속에 무기력하게 노출되어 온 여성들이다. 아버지나 남편의 폭력, 근친상간, 성폭력의 경험 등 여성을 가정 밖으로 내모는 상황들은 여성이 성매매 공간을 익명적 '도피처'로 이용하게 되는 동기가 된다. 매춘 여성들의 많은 사례에서 드러나듯이 가출과 순결 상실은 여성이 성산업으로 유입되는 중요한 동기가 되고 있다.

한편 유입 이전의 경험들은 알선자들과 쉽게 친밀감을 가지는 미끼가 되고 매춘 여성에 대한 통제, 착취를 가중시키는 중요한 전제가 되고 있다. 업주는 남성 손님의 익명성을 보장하고 자신의 통제를 쉽게 하기 위해 매춘 여성들의 보호막이 될 수 있는 친밀한 관계, 사회적 관계로부터 그들을 '고립화, 원자화'하는 전략을 꾀한다. 사회적 관계나 친밀한 관계로부터 차단되고 고립된 매춘 여성은 쉽게 폭력이나 착취의 대상이 되지만 성매매의 익명적 특성 때문에 모든 사회적 관심의 영역 밖으로 밀려나게 된다.

또한 여성들은 사회적으로 부추기는 소비 욕구를 충족시키기 위해 쉽게 성산업으로 빠져들게 되는데 고리 대금 업자나 소비를 부추기는 이들 주변의 상권은 여성의 정체성을 더욱 소비적인 성향으로 길들여 실제 다른 경제적 대안이 없는 그들을 묶어 놓는 역할을 한다. 매춘 여성이 일단 성산업 시장에서 통용되는 씀씀이에 길들여지면 그 생활을 벗어나지 못하게 된다.

한편 매춘 여성은 유흥 업소, 사창가 등에 존재하기 때문에 성산업의 특성상 마약이나 약물뿐 아니라 노름이나 술을 쉽게 접하고 중독에 빠지는 경우가 많다. 마약이나 약물은 주로 주변의 폭력 조직이나 업주로부터 얻기 때문에 약물, 마약 중독은 매춘 여성을 효과적으로 통제하는 중요한 수단이 되기도 한다. 매춘 여성이 일단 습관성 약물이나 노름, 술, 마약 등에 빠지면 경제적 독립이나 미래에 대해 더욱 무력하게 되어 자포자기 상태가 되고 무절제한 낭비에 빠지는 것이다.

성산업의 비가시적인 착취 구조 때문에 매춘 여성은 가시적으로 버는 돈에 비해 착취되는 돈의 비중이 크다는 사실에 둔감해지면서 오히려 쉽게 탈매춘이 가능하다고 인식하게 된다. 특히 성산업 주변의 먹이사슬은 매춘 여성을 '미모'에 대한 투자나 퇴폐문화에 쉽게 젖어들게 하여 경제적 '자립'을 불가능하게 하고, 성산업에 길들여지게 함으로써 더욱 '무력한 존재'로 만들고 있다. 결국 성산업은 여성의 유입 동기(자발적/비자발적 선택)와는 별개로 매춘 여성을 '돈을 벌 수 없는' 구조 속에 몰아넣음으로써 유지되고 있는 것이다.

(3) 성매매 반대의 정치학

한국사회에서 매춘 여성은 돈을 주고 임의대로 사용할 수 있는 성적 존재로 취급되고 있다. 그러나 그 의미는 매춘 여성에게만 국한되지 않고 전체 '여성'의 정체성을 구성하는 중요한 기제로 작용하고 있다.

성매매가 남성 지배의 사회에서 담당하는 역할은 사회의 밑바닥을 확립한다는 것이다(안드레아 드워킨, 1992). 성매매를 통해 모든 여성들은 물건처럼 취급되는 경험을 한다. 그리고 모든 남성들은 그 위에 서 있다. 성매매는 남성이 지배적인 권력의 혈통을 이어나가려는 수단이다. 이 사회에서 모든 남성들은 그 남성이 실제로 매춘을 하든 안 하든 '여성들이 매춘을 한다'는 사실 그 자체로도 이익을 본다.

성매매는 단순히 사회의 '일탈적 행위'가 아니라 사회적 · 경제적으로 여성을 주변화하는 가부장적 신념과 가치를 집약하고 실행하는, 잘 조직된 사회적 행위이다. 매춘 여성은 성매매를 통해 약간의 경제적 이익을 얻을 수도 있다. 그러나 여성이 어떠한 개인적 이유와 의도에서 성매매를 선택하든지 간에 성매매를 하는 것은 결국 지배적인 가부장적 논리에 편승하는 결과를 초래한다.

남성에게 공공의 성적 대상으로 존재하는 매춘 여성은 '여성'의 주변화된 정체성을 구성하는 데 중요한 전제이다. 여성의 정체성을 '성애화 된 육체'로 규정하는 가부장적 권력은 성매매를 통해 여성을 생물학적 존재로 환원시킨다. 이로써 여성을 사회적 권력과 역사로부터 내몰고 주변화 함으로써 이를 모든 여성에게 보편화시킨다. 여성이 성적 존재로 규정되는 사회에서 여성은 개별 존재가 아닌, 남성과는 구별된 단일한 열등자 집단으로서 '여성'이 된다. 여성이 남성의 성적 존재로 대상화되는 사회에서 모든 여성은 자유로울 수 없는데, 성매매의 존재는 이러한 가부장적 신념을 확립하고 영속화하는 데 기여하기 때문이다.

성매매를 이야기할 때 잊지 말아야 할 한 가지 사실은 성매매는 성산업의 자본가와 남성들이 주도하고 있다는 사실이며 여기서 이득을 얻는 것은 매춘 여성이 아닌 자본가와 남성이라는 사실이다. 여성들이 성매매를 자발적으로 선택했든지 우리가 그것을 어떤 종류의 '일'로서 간주하든지 간에 성매매는 이를 필요로 하는 남성 손님과 업주, 그리고 이를 구조화하는 가부장제의 맥락에서 발생하면서 인간의 존엄성을 해치는 행위라는 사실을 바꿀 수는 없다는 것이다.

2) 포르노그라피

포르노그라피(이하 포르노)는 일상 세계에서 여성과 남성의 성적 인식과 욕망, 행동, 실천을 제한한다. 포르노는 가부장적인 성문화의 반영으로 존재하는 것일 뿐 아니라 문화적 과정을 통해 남성과 여성의 성적 경험을 매개하며, 특정한 욕망의 형태를 구성해 나가는 역할을 한다. 단지 섹스만을 보여주는 듯한 포르노는 이분화된 남녀의 성문화 속에서 남녀 각각에게 차별화 된 방식의 경험을 낳고 있다. 따라서 포르노에 대한 이야기는 포르노가 어떠한 성적 권력 관계 속에서 생산, 소비되며 일상 생활 속에서 포르노가 사람들의 성을 어떻게 조직하고 매개하며 변형시키는지를 중심으로 이루어져야 한다. 포르노를 왜 보는지, 왜 보고 싶어하는지, 어떤 경우에 보고 싶어지는지 포르노가 성에 대한 이미지를 어떻게 만들고 있는지, 포르노의 성이 어떻다고 생각하는지, 포르노는 자신의 성욕을 어떻게 만들고 지배하는지, 포르노가 없으면 성적 욕망은 어떤 모습일지, 그리고 이러한 질문들이 자신이 남성이라는 것, 여성이라는 것과 어떻게 관련되는지 등의 포르노를 문제화하는 핵심적 질문이 되어야 한다.

(1) 포르노그라피에 대한 페미니즘적 시각

'포르노그라피'는 그리스어로 'pornoi(창녀)'와 'graphos(문서)'의 합성어이다. 그리고 일반적으로 포르노그라피는 '인간의 육체 또는 성행위를 노골적으로 묘사하거나 서술하여 성적인 자극과 만족을 위해 이용되는 표현물'이라고 정의된다(Christine, 1990). 이와 비슷하게 1960년대와 70년대 서구의 논쟁에서 '포르노'는 성적으로 노골적인 것을 뜻했다. 즉 행위(일반적으로 자위를 뜻한다)를 유발하는 글이나 이미지가 '음란물(obscene material)'이라는 이름으로 분류되었다. 같은 것을 두고 '음란'이라는 도덕적 어감 대신에 '노골적 성표현물'이라고 하기도 한다. '음란물'이라는 전통적 보수주의자들의 개념에서 포르노는 혼외 성관계, 혼인 내의 질 이외의 성교, 자위 등으로 연결되기 때문에 음란하고 부도덕하다고 생각된다. 즉 포르노는 사회의 자연적인 선량한 성풍속을 해칠 수 있는 비자연적인 욕망의 산물로 간주되었다.

포르노는 처음 전통적 보수주의자들의 도덕적 관점에 의해 '음란성'으로 규정되면서 이에 대한 반대주장이 일기 시작했다. 이러한 주장은 기독교 문화의 영향 속에서 이루어졌는데, 신학자들은 생식이 목적인 성행위를 제외한 모든 성행위를 적절치 못하다고 생각했으며, 혼외성교 및 게이나 레즈비언의 성교, 전통적 결혼 이외의 모든 '비자연적' 성교와 구강, 항문 성교, 자위행위 등의 성행태를 금지시켰다. 1868년 영국의 히클린(Hicklin) 판결은 '부패와 타락성'을 음란성의 기준으로 정의하고, 음란물이 부도덕한 것의 영향을 받기 쉬운 사람의 손에 들어갔을 때, 그 사람을 부패, 타락케 할 영향력을 갖고 있는지의 여부가 음란성을 판가름하는 기준이 된다고 판결하였다. 포르노는 인간의 성적 환상을 부추기고 성활동도 부추긴다고 생각되었기 때문에 의료적, 신학적 이유로 비난받았는데, 성적 탐닉과 자위를 정신이상이나 심지어 죽음에 연결시키는 빅토리아 시대의 '비자연적 섹슈얼리티'에 대한 두려움은 19세기 중반 영국과 미국에서 많은 음란법(obscenity)이 제정되게 하는 결과는 낳았다.

페미니즘의 포르노 정의하기는 바로 이러한 몰성적·도덕적 틀의 개념과의 싸움이었다(Mackinnon, 1987). 전통적 입장에서 포르노 문제는 자본주의 사회에서 성을 상품화하는 포르노를 제작하거나 유통하는 업자들에게 포르노 문제의 근원과 해결책을 돌리는 경우가 많았다. 따라서 포르노가 어떤 성별에 의해, 어떤 성별을 위해, 어떤 성별을 희생시키고 제작, 번성하는지 밝혀 낼 수 없는 한계가 있었다. 또 포르노를 보는 남성의 경험에 초점을 맞춤으로써 포르노가 여성에 대한 폭력에 어떤 지위와 역할을 차지하는지 볼 수 없었다.

따라서 페미니스트들은 포르노를 중립적 의미의 '성표현물(sexual material)'이란 용어를 쓰지 않고 폭력적·강제적 성적 비하를 묘사하고 조장하는 '정치적' 현상으로 정의한다. 즉 포르노를 '여성에게 물리적인 학대를 가하고 그러한 행위를 당연한 듯이 묘사하며, 여성을 남성의 탐욕과 욕망의 측면에서 대상화하는 노골적인 성적 표현물'로 정의했다. 다시 말해 포르노를 '지배와 종속을 성애화하는 실천'(Cole, 1989)이라고 본 것이다.

포르노를 어떻게 정의하는가에 따라 문제화되는 지점과 대상이 달라진다. 페미니스트 시각에서 포르노는 단순히 '성욕을 자극하고 행위를 유발하는 음란물'이 아니라 가부장적인 여성 혐오의 상징이자 그러한 관념을 전파하는 반여성적인 도구이다. 또한 포르노가 생산되고 소비되는 구조적인 과정은 여성을 성적으로 착취하고 폭력적인 성을 사회화한다.

따라서 포르노의 내용에 따른 분류, 즉 성기, 특히 남성 성기의 전시 여부를 중심으로 한 소프트 코어 포르노, 하드 코어 포르노의 경계는 페미니스트 시각에서 무의미하다. 포르노를 '지배와 종속을 성애화하는 실천'으로 볼 때 성기를 드러내 놓지 않은 에로 영화, 나아가 광고 사진 같은 것은 하드 코어보다도 더 여성의 성적 대상화, 여성 혐오, 여성 비하 메시지를 담고 있다고 본다.

포르노에 대한 페미니즘의 입장은 두 가지로 구분할 수 있다. 첫 번째는 포르노를 폭력으로 보면서 포르노를 반대하는 입장이고, 두 번째는 포르노를 문화적 표상으로 보면서 포르노에 대한 규제를 반대하는 입장이다.

급진주의 페미니스트인 안드레아 드워킨(1996)은 포르노그라피가 "여성의 몸과 정신에 대한 조직화된 파괴 행위이며, 강간·구타·근친강간·매춘과 서로 밀접하게 연계되어" 있는 것으로 "포르노의 특성은 비인간화와 사디즘"이고 "여성에게 선포하는 전쟁이며 인간의 존엄이나 자아 그리고 인간적 가치에 대한 끝없는 공격"이라고 가차없는 비판을 하고 있다.

포르노그라피는 영화, 사진, 성인 잡지 및 만화 등의 형태로 우리의 문화 생활에 침투하고 있으며 마음만 먹으면 어디서든 접할 수 있다. 특히 기본적인 성교육이 부족한 폐쇄적인 한국사회에서 이러한 포르노는 청소년에게 왜곡된 성교육의 역할을 담당하여 성범죄와 성행위의 차이조차도 구별하지 못하게 한다. 페미니스트인 배리(Barry, 1979)는 포르노그라피가 여성의 고통, 굴욕, 고문, 폭력, 살인에 근거한 '문화적 사디즘'이라고 규정한다. 또한 모건(Morgan, 1980)도 이러한 포르노그라피가 여성에 대한 강간을 합리화하는 근거를 제공하는 남성 문화의 핵심이라고 다음과 같이 비판한다. "포르노는 이론이며 강간은 실천이다."

포르노가 지배와 권력 차이를 에로틱화하며 포르노가 권력을 성적으로 만들고 여성의 종속을 '자연적' 현상으로 돌리고 있다고 생각한다. 맥키넌은 포르노를 현대 산업사회에서 이윤을 취할 목적으로 매체를 통해 남성에 의해, 남성을 위해서 여성을 성적으로 강요, 접근, 소유, 이용되는 폭력적인 남성의 성권력의 도구이자 폭력물이라고 정의한다. 그러므로 포르노는 여성을 성적, 경제적으로 착취하는 것이며, 여성을 남성에게 성적 대상으로 성을 위해 판매되게 하는 것이다. 포르노에서 여성은 획득되거나 이용되는 성적 대상일 뿐이며 여성의 성은 소비되고 소유되는 것으로 묘사되고 있기 때문에 포르노는 남녀 불평등을 형성하게 하는 핵심적인 구성요소가 된다는 것이다(Mackinnon, 1987). 그리핀(Griffin)은 자유스럽고 건전한 에로티시즘을 타락시키고 왜곡시키게 한다는 측면에서, 드워킨(Dwarkin, 1981)은 포르노문학이나 영화, 비디오 등에 대한 남성의 소비와 관계되어 있고, 가부장제 사회의 여성억압과 여성에 대한 남성폭력이라는 점에서, 윌슨(Wilson, 1983)은 '상품화되고 물신화된 문화의 압력 하에서 나타나는 남성 성의 분열'이라는 점에서 포르노에 각각 반대한다. 맥키넌과 드워킨은 포르노는 인권침해법이나 시민법 위반으로 통제되어야 하며, 포르노로 인한 직접적 피해 당사자가 피해소송을 제기하는 것뿐만 아니라 여성 모두가 다른 여성을 대신하여 포르노의 부정 거래업자를 상대로 한 소송을 제기하는 것이 가능해져야 한다고 주장한다. 이와 같이 포르노는 남성의 성적 권력을 노골적으로 표현하는 현상으로서 가부장제와 성상품화의 비대화가 조장한 대표적인 실례이다.

포르노가 여성억압적이지 않다는 입장에 서있는 논자들은 포르노를 단순한 재현으로 보는 입장으로서 남성폭력과 다른 폭력의 인과관계를 규명하는 한편 여성들이 어떻게 희생자가 아니라 행위자가 될 수 있는지에 주목한다. 1983년 미국에서 드워킨과 맥키넌이 포르노에 대한 검열을 강화하려 하자 검열반대위원회(FACT)는 포르노가 직접 남성폭력을 유발시키는 것이 아니며, 포르노 반대법이 여성의 성적 자유를 제한한다고 주장하면서 포르노 찬성론을 주장하였다. 포르노 반대운동은 남성의 자유뿐만 아니라 여성의 자유도 제한하게 된다는 것이다. 브라운(Brown, 1981), 쿤(Kuhn, 1985), 코워드(Coward, 1987), 스마트(Smart, 1989) 등의 문화적 페미니스트들은 남성이 포르노를 보았기 때문에 여성을 폭행한다는 것이 증명되기는 어려우며, 맥키넌이 분류한 '유해한 강요'와 '비유해한 강요'의 구분도 모호하고, '동의'와 '비동의'의 구별도 전혀 의미가 없기 때문에 포르노를 반대하는 것이 문제가 있다고 본다. 포르노와 관련된 논의는 새도-매조키즘의 인정과 관련해서 논쟁이 더욱 진행되었다. 서구에서 성은 성적 대상의 물신화와 비인간화를 포함하면서 친밀성이나 즐거움보다는 적대감이나 지배와 통합되고 있지만, 이 모든 것이 에로틱화 되고 있으므로 단순히 포르노를 여성억압이나 폭력이라는 관점에서 보기는 어렵다는 것이다.

(2) 남성문화로서의 포르노

포르노는 남성들의 문화라고 알려져 있다. 그러한 문화는 너무도 당연하다고 여겨져 '왜 그럴까'라는 질문은 비껴 가게 마련이다. 포르노의 내용과 대상이 남성을 중심에 놓고 있다고는 하지만, 그것만으로 포르노가 남성 문화로 공고하게 제도화된 원인을 충분히 설명할 수는 없다. 포르노가 남성 소비자를 대상으로 판매되고 있어도 그것을 사는 것, 그리고 보도록 만드는 것은 집단으로서의 남성들간의 협조와 공모 없이는 불가능하기 때문이다.

포르노는 성인 남성에게 자위를 위한 성적 환상의 도구로 공인되어 있다. 그러나 포르노는 파트너가 없는 사람을 위한 도구로서의 역할만을 하지는 않는다. 결혼한 사람들에게 포르노는 아내 이외의 '새로운 여자'를 의미하기 때문에 지속적으로 사용된다. 포르노는 남성들 사이에서 성적 욕망을 인정하고 조장하는 역할을 한다. 스트레스를 섹스로 푸는 남성들에게 포르노는 스트레스 해소용으로, 심심풀이 시간 때우기용으로 두루 사용된다. 따라서 남자들로 구성되어 있는 조직이나 공간은 예외없이 포르노의 순환이 이루어지고 있는 것이다.

남성들은 대개 초등학교 후반부터 포르노를 보기 시작하여 평생동안 거의 일상적으로 본다. 가정에도 비디오 기계와 개인 컴퓨터

가 거의 보급되어 있고 편의점이나 책 대여점 등에서도 쉽게 포르
노를 접할 수 있다. 남성들 주변에는 포르노가 널려 있다 해도 과
언이 아니다.

포르노가 남성 문화가 될 수 있는 것은 포르노에 대한 남성들의
느낌과 경험을 인정해 주고 의미를 부여해 주는 평가 체계가 있기
때문에 가능하다. 남성들의 성은 포르노와 가깝기 때문에 여성들
이 포르노에 대해 보이는 반응과는 다를 것으로 흔히 생각하지만,
포르노를 처음 보는 남성들의 반응 또한 다양하다. '민망해하는 사
람', '싫어하는 사람', '쑥스러워하는 사람', '메스껍거나 구역질을
할 것 같다는 사람' 등 포르노를 처음 볼 때의 반응에서 남성들의
포르노 경험의 일반성과 여성과의 차별성을 찾기란 힘들다. 성에
대한 관심과 성지식의 개인 차에 상관없이 '포르노'에 재현된 특정
의 성행위 장면은 남녀 모두에게 최초의 것이라는 점에서 충격적
이다.

그러나 처음 접할 때의 충격과 혐오감은 어느 정도의 시간이 지
나고 나면 더욱더 자극적이고 노골적인 내용의 포르노에 대한 흥
미로 바뀐다. 평범하고 일반적인 것에서 점점 더 희귀한 것, 더 폭
력적이고 더 여성 비하적인 것을 원하는 것이다. 즉 이러한 최초의
반응과 느낌을 극복하는 과정에서 남성은 여성과의 차이를 분명하
게 드러낸다. 포르노에 대한 느낌을 또래 집단이 어떻게 의미를 부
여하고 있는가에 따라 반응이 의미화 되고 동일화되어 가는 것이
다. 이때 이루어지는 평가 체계는 포르노가 남성 문화로 자리잡게
만드는 데 큰 역할을 한다. 즉 포르노 보기가 남성들에게 단순히
한 번의 우연한 일시적 사건이 아닌 '특정 집단'의 공통된 경험으
로 자리잡게 하는 것을 가능하게 한다는 것이다. 결국 포르노를 둘
러싼 대담성의 시험은 얼마나 '남자'가 되었는지를 가늠하는 잣대

가 된다.

반면에 여성들은 보통 혼자서 포르노를 지속적으로 보지 않는다. 혼자서 포르노를 본다는 것은 남성에게는 당연하고 불가피한 것으로 여겨지지만 여성에게는 성적으로 정숙하지 못하거나 밝히는 여성으로 인식되기 때문이다. 남성들에게 포르노 보기가 남성됨을 칭찬해 주고 격려해 주는 승인의 의미가 있었던 것과는 달리, 여성들 사이에서는 포르노 보기가 성적으로 바람직한 여성의 역할과 정체성을 강화해 주지 않기 때문이다. 즉 포르노를 혼자서 보는 여성의 행위를 긍정하고 고무하는 언설 체계는 존재하지 않는다. 여자가 포르노를 보는 것은 여자답지 못한 것으로 인식되며, 성적으로 순수하고 정숙해야 할 '여성'의 대열에서 이탈시키는 결과를 가져온다. 남성들과는 달리 여성들이 성에 대해 무관심하거나 무지하다는 것은 여성다움에 장애가 되지 않기 때문이다.

(3) 성적 존재에 대한 왜곡된 이미지 형성

포르노는 남성의 성을 성기적, 행위 중심적으로 만든다. 성기의 크기, 발기력, 오르가즘의 지속 시간이 남성의 힘과 잠재력의 지수이다. 이것은 남성들 사이에서 신화적 의미를 획득한다.

포르노를 보면서 사람들은 포르노의 남성이나 여성에 동일시하거나 그들을 대상화하면서 성적 존재에 대한 관념을 구체화한다. 물론 동일시하거나 대상화하는 메커니즘은 포르노와 나와의 진공 공간에서 일어나는 것이 아니다. 현실 속에서 여성은 내숭 떠는 여자와 밝히는 여자, 정숙한 여자와 타락한 여자로 나뉘어 있고, 남성은 힘 좋은 남자가 남성답고 그렇지 않은 남자를 여자 같은 남자로 몰아붙이는 강압적 환경 속에서 살고 있다. 현실 속에서의 긴장과 욕망이 남성을 남성에 동일시하고 그러한 모습을 이상화하게 만든다. 반면 여성에게 포르노 여성의 이미지는 남성들이 원하고 좋아하는 것으로 인식된다. 여성들은 여성다움에 위배되지 않을 정도로만 성적으로 능동적이어야만 하므로 포르노 여성에 동일시하는 것은 남자들의 경우만큼 단순한 메커니즘은 아니다. 그러나 남성들이 원하고 좋아하는 이미지인 포르노 여성은 모든 여성이 몸 위 어딘가에 각인시켜 두어야 할 것으로 존재한다.

이렇게 포르노는 성적 존재에 대한 전형적이고 이상적인 이미지를 형성한다. 성행위를 하는 인간은 포르노의 배우들처럼 엄청난 성적 능력과 육체를 가져야만 한다. 포르노는 성적 존재로서 가장 이상적인 형태를 '젊음'과 '육체적 힘'을 소유한 몸으로 설정하면서 다른 것은 비정상적이고 충분치 못한 성행위로 전락시킨다. 그러한 포르노 배우의 이미지는 여성과 남성에게 그것을 모방하도록 끊임없이 부추기고 자극한다.

포르노와 성폭력을 연계시키는 것은 포르노가 성폭력을 유발하는 직접적이고 유일한 요인으로 본다기보다는 남성들이 여성에게 성적 폭력을 행사할 수 있도록 만든다는 차원에서이다. 남성들은 포르노 보기를 통해서 여성을 성폭력의 대상으로 보게 되고, 남성의 성적 욕망 충족을 위해 여성에게 강제적인 성행위를 하는 것은 남성적인 성으로 보았을 때 정상적이고도 자연스러운 한 측면이라고 믿게 된다. 그리고 여성들은 이러한 폭력적 성행위를 원하고 있고 즐길 것이라는 잘못된 신념을 갖게 한다. 이러한 신념에 기반하여 남성들은 여성과의 성관계에서 폭력적이고 강제적인 성관계를 갖고자 하는 욕망을 형성하게 된다(이원숙 외, 1998).

포르노는 여성을 강간하는 장면이 거의 대부분이라고 해도 과언이 아니다. 원하지 않는 여성에게 강제적인 성관계를 하는 것은 남성들에게 정복감과 성취감을 주게 되어 남성성을 고무시키게 되므

로, 남성들은 상호 동의적인 성관계보다는 강간을 보고 더욱 성적
쾌락을 느끼게 된다. 남성들에게 강간은 성폭력이라기보다는 하나
의 성행위 유형인 것이다.

포르노를 보는 남성의 시선은 포르노 안의 여성에서 포르노 밖
의 여성으로 이어진다. 성적으로 대상화될 가능성과 위협이 항상
존재하는 상황에서 여성은 남성들의 이러한 시선을 의식적·무의
식적으로 신경쓰며 경계하면서 살고 있다. 포르노는 여성을 대상
화시키는 남성의 관음적 시선을 작동시키게 만든다. 따라서 포르
노는 공적인 장소와 환경에서 여성을 끊임없이 성적 대상으로 인
식하게 만들어 성적 역할 이외의 다른 재능과 업무와 잠재력은 가
려지고 평가 절하되기 쉽다. 이것은 여성들의 공식적인 공간의 사
용을 제약하는 비가시적인 폭력이라고 할 수 있다.

(4) 포르노 해체하기

포르노의 내용은 아주 다양하고 각각의 내용은 각기 다른 이미
지와 메시지를 담고 있을 수 있다. 그 이미지에 의미를 부여하는
것은 바로 그것을 보는 사람이다. 그 사람이 가지고 있는 성에 대
한 지식과 정보에 따라 포르노가 담고 있는 장면의 의미는 달라진
다. 따라서 포르노를 포르노로 만드는 것은 바로 우리의 성문화이
다. 어떤 사람들은 포르노의 이미지가 단순한 성관계만을 보여 주
고 있고, 여성뿐만 아니라 남성도 벌거벗은 채 인간 이하의 동물로
묘사하고 있다고 읽어 낸다. 그러나 바로 그 같은 이미지로부터 포
르노가 여성을 비하하고 성적으로 대상화하고 있다고 읽어 내며
같은 여성으로서의 동질감을 느끼는 집단으로서의 여성이 존재하
는 이유는, 바로 현실 세계의 우리 성문화 모습이 그렇기 때문이다.
현실이 그렇지 않다면, 포르노는 가상의 세계라고 여겨질 것이다.

포르노를 해체하는 것은 건강한 성과 그렇지 않은 성, 주체적인 성과 그렇지 않은 성 사이에서 끊임없이 고민하고 생각해야 하는 과정이다. 포르노와 씨름하는 목적은 그것을 밀어낼 것인지 받아들일 것인지를 결정하기 위한 것이 아니다. 성지식과 욕망의 주인 자리를 차고 앉아 있는 포르노는 우리가 그 주인이 된다면 성에 대한 훌륭한 교과서 역할을 할 수도 있다. 그러므로 포르노를 왜 보는지, 포르노는 나의 성에 어떠한 영향을 주고 있는지, 느낌이 어떠한지, 다른 사람들에게 불쾌감을 주는지 아닌지 끊임없이 생각하고 말해야 한다.

3) 성폭력

(1) 성폭력의 의미 구성

성폭력은 성을 매개로 여성에게 가해지는 일련의 강제 및 통제 행위로서 신체적, 정신적, 언어적 폭력을 포함한다. 즉, 성폭력은 다양한 형태의 강간(근친강간, 데이트 강간, 아내 강간), 성추행(신체 일부를 접촉하거나 집적거리기, 키스, 음란 행위), 성적 학대(가해자의 성적 만족을 위해 상대방에게 신체적 상해를 입히는 행위), 성희롱(상대방의 의사와 관계없이 성적인 언동을 함으로써 상대방에게 정신적·경제적 피해를 주는 경우), 성기 노출, 음란 전화 등 피해자가 직접적인 거부를 못할 만큼 무력하게 만든 상태에서 이루어지는 것으로 인권을 침해하는 폭력 행위이다.

성폭력은 4대 강력 범죄 가운데 가장 해결이 안되고 있으며 가해자에 대한 처벌이 어려운 유형으로 알려져 있다. 이는 성폭력이 사회통념적으로 여성에게 중요시되는 순결과 연결되어 은폐되어 있기 때문이다.

데일리(Daly, 1978)는 가부장적 사회에서 여성억압의 방식이 역사적 문화적으로 매우 다양하다고 설명하면서, 그 예로 인도의 순장, 중국의 전족, 아프리카의 할례, 유럽의 마녀사냥, 미국의 산부인과 개업 등을 들었다. 여성들은 가부장제 사회의 남성폭력에 의해 침묵 당하고 희생당하며, 겁에 질리고 통제된다는 것이다. 라마자노글루(1997)는 남성폭력에 대한 합법화는 강간, 폭력, 성희롱, 살인 등을 당한 폭력의 피해자가 그것에 책임이 있다는 식으로 이루어진다고 본다. 남성의 우월성을 합법화하는 사회적 이데올로기적 상태에 동반되는 물리적 우월성은 남성의 효과적인 여성통제 메커니즘으로 폭력을 사용하도록 허용해 왔다는 것이다.

페미니스트들의 성폭력과 관련된 논의와 실천활동은 섹슈얼리티의 측면에서 여성이 어떻게 억압당하고 있는지를 사회적으로 인식시켰으며, 이러한 억압에 맞서 여성들이 자기 자신의 신체에 대해 가질 수 있는 통제권의 중요성을 부각했다는 점에 큰 의의가 있다.

그러나 성폭력을 가시화 시킴으로써 그 피해와 위험성에 대한 각성은 던져 주었으나 동시에 전 여성을 피해자로 만들어 그들의 섹슈얼리티를 통제하는 역효과를 가져왔다. 예를 들어 지금처럼 성폭력적인 성이 도처에 깔려 있는 위험한 사회에서 여성은 성욕이 없어야 하고 표현해서도 안 된다고 강조된다. 또한 성폭력을 입증하기 위해서는 남성이 가해자이고 여성은 유혹하지 않았음을 확실히 해야 하니 여성은 적극적으로 성적 표현을 하거나 쾌락을 이야기할 수 없게 된다. 혹시 여성이 유혹(?)한 사실이 발견되면 그것은 성폭력의 범주에 들어가지 않는 화간으로 분류되며, 그 여성은 경계해야 할 '꽃뱀'으로 낙인찍힌다.

현재까지 성폭력의 규정에 따른 여성의 섹슈얼리티 통제는 성폭력의 위험을 강조해서 생기는 문제라기보다는 성폭력의 의미 구성을 어떻게 하느냐, 즉 누구의 이해를 어떻게 관철시키느냐 하는 문제를 둘러싸고 여러 집단이 각자의 성정치학을 견지한 채 서로 격돌하면서 생기는 문제이다. 예를 들어 한국사회에서 성폭력을 가시화한 역사를 살펴볼 때 여성 단체의 결집된 힘도 중요했지만 남성 집단의 이해도 관철되었음을 잊어서는 안 된다. 즉 자신의 아내, 딸, 며느리, 누나가 성폭력을 당하는 것은 참을 수 없으며 순결한 여성을 성폭력한 가해자는 마땅히 벌을 받아야 한다는 남성들의 이해도 성폭력을 가시화한 원동력이 되었다.

그러나 이러한 입장에서는 쾌락을 중요시하는 여성(규범적이지 않은 여성)이 성폭력을 당했다고 주장했을 때(특히 명백한 증거가 없는 성희롱, 추행일 경우) 그 여성을 피해자라고 인정하기가 어렵다. 또한 결혼의 의무 가운데 하나가 성관계라는 것을 전제하여 남편이 아내를 강간하는 것도 한국사회에서는 가시화되지 않는다. 물론 여성이 여성을 성희롱, 남성이 남성을 성추행하는 현상도 문제화되지 않는다.

여성들이 자신의 성을 규정하고, 삽입만이 성으로 규정되는 이성애적 패턴에 의해 규제되지 않는 성적 쾌락의 형태를 추구하게 될 것이다. 또한 여성들이 남성 욕망의 수동적 대상이 아닌 성적 욕망과 언어를 가진 적극적인 성적 존재로서 권리를 요구하고 그 요구가 받아들여질 수 있는 새로운 사회에서라면 '성폭력'은 다르게 의미화될 것이다.

(2) 남성중심적 성문화와 성폭력

성폭력을 가시화하고 사회 문제화하는 데 피해자의 경험이 우선시되어야 했기 때문에, 지금까지 성폭력에 대한 연구나 시각은 주로 피해자에 초점을 맞추어 왔다. 이제 성폭력을 바라보는 초점은 여성 피해자가 아닌 남성 가해자에게 맞추어질 필요가 있다. 피해자에게만 배타적으로 초점을 맞추어 성폭력을 문제화할 경우, 이 문제에 대한 인식과 해결이 잘못된 방향으로 흐를 수 있다. 우선, 성폭력이 피해자만 있고 가해자는 없는 문제로 인식되기 쉽다. 한국사회에서 성폭력 문제의 해결은 피해자의 대부분인 여성들이 스스로 조심하는 것과 가해자를 법적으로 처벌하는 것에 초점이 맞추어져 왔다. 여기서, 문제의 원인은 피해자에게 전가되고, 성폭력은 여전히 잠재적 가해자인 남성의 문제가 아니라 잠재적 피해자인 여성의 문제로만 다루어지게 된다. 또한 남성이 잠재적 가해자가 되고 여성이 잠재적 피해자가 되는 사회 문화적 문제가 아니라 본질적 현상으로 취급되게 된다.

또한 성폭력 가해자에 대한 지배적 논리는 성폭력 가해자를 역사적·사회 문화적 맥락에서 분리된 개인으로 취급해 왔다. 성폭력 문제의 근본적인 해결을 위해서는 병리학적이고 개인 중심적인 성폭력 가해자에 대한 접근 방식과 지배적 담론이 해체되어야 하며, 남성의 성적 공격성을 본질적 욕망으로 보는 남성의 섹슈얼리티에 대한 암묵적 가정들이 문제로 제기되어야 한다. 성폭력 가해자는 비정상적이거나 정신적으로 문제가 있는 일탈적 소수라는 오해와 통념, 그리고 남성의 성욕은 '억제될 수 없고 폭발적 속성을 갖는' 생물학적 본능이라는 암묵적 이데올로기는 모두 성폭력 가해자의 행동을 탈정치화하는 효과를 낳는다. 남성의 성적 공격성이 문제화되지 않은 채 성폭력이 만연한 현상만을 강조한다면, 여성이 남성의 성적 욕망의 피해자가 될 수밖에 없다는 본질주의적 통념을 강화할 위험이 있다. 성폭력 가해자의 행동이 생물학적으로 본질적인 욕구에 근거한 것이라면, 그것은 '자연스러운' 행동으로 합리화되기 쉽다. 성폭력이라는 사회 현상에 대해서 본질주의적인 설명이 위험한 이유는 그 현상을 정당화할 수 있는 근거가 되기 때문이다.

따라서 성폭력을 개인이 사회와 관계를 맺는 상호 작용을 통해 살펴볼 필요가 있다. 즉, '어떻게 욕망이 도출되고, 조직화되고, 사회적 행동으로 해석되는가', 욕망이 어떻게 생성되고, 소비되는가라는 문제를 제기한다. 개개인이 사회와 관계를 맺는 방식에서 인간의 성적 행동이 구성된다는 것, 그리고 성폭력이 불평등한 남녀관계의 학습과정에서 비롯된 것이라고 보며, 이 문제는 성별화되고 불평등한 사회구조의 변화를 통해 해결해야 한다는 정치적 함의를 가진다.

여성을 남성의 소유물로, 그리고 남성의 성적 만족을 위한 대상물로 정의하는 사회에서 사회적 통제로서 성폭력은 여성이 전통적인 여성적 역할을 더 이상 따르지 않을 때 여성들을 처벌하는 궁극적인 수단으로 사용된다. 모든 불평등한 권력 관계는 결국 스스로를 유지하기 위해서는 궁극적으로 폭력의 위협 또는 폭력이라는 현실에 의존해야 하기 때문이다.

남성들에게 성관계와 성폭력의 구분이 모호한 것은 성차별적이고 성별화된 사회에서 여성의 섹슈얼리티에 대한 통제와 지배를 통해서 남자로서 인정받는 것을 배웠기 때문이다. 성폭력 가해자들에게 성폭력범의 정체성을 거부할 수 있도록 해주는 성폭력 각본은 여성을 성적으로 대상화하고 이분화하며, 남성이 공격적이고 여성이 수동적인 성애적 만남을 정상 또는 규범으로 하는 것을 기본 내용으로 하고 있다.

이 각본 틀에서는 동의와 비동의의 구분이 모호하고 성폭력이 규범적인 성관계의 일부로 제시되기 때문에 이를 내면화한 성폭력 가해자들은 자신의 행동을 '정상적인' 남성의 행동의 일부로 보거나 자신의 행동을 변명하고 합리화할 수 있게 된다. 따라서 성폭력은 일시적인 개인의 일탈 행동이 아니라 여성에 대한 지배의 성애화를 내면화하는 성의 사회화 과정의 연속선(continuum)에서 발생하는 것으로 보아야 한다. 즉 성폭력은 비정상적이고 일탈적인 폭력 행위라기보다는 이들이 일상적으로 내면화하고 있는 강제적 성관계의 확장 또는 과정이라고 할 수 있다.

(3) 성적 자기 결정권

성폭력은 한국사회의 성차별적인 이중 성규범과 성문화, 그리고 성별화 된 놀이 문화라는 사회 문화적 환경 속에서 학습된 행동이다. 우리는 더 이상 여성에 대한 지배와 소유가 '정상적인 남성'을 의미하는 것으로 받아들여지지 않도록 사회 문화적 담론과 제도적 환경을 함께 바꾸어 가는 노력이 필요하다. 이제 성폭력 문제의 초점을 여성 피해자에만 맞추던 종래의 시각에서 벗어나 한국사회에서 지금까지 거의 문제화되지 않았던 남성성과 남성의 섹슈얼리티를 문제화함으로써, 피해자 유발론 중심이었던 성폭력 담론에 새로운 지평을 열어야 한다. 그러기 위해서는 우선 남성 섹슈얼리티에 대한 지배적인 담론, 즉 성폭력은 남성의 '억제할 수 없는' 성충동에서 비롯된다는 통념과 성폭력 가해자는 비정상적이고 반사회적인 '개인'이라는 통념에 도전해야 한다.

또한 성폭력 문제는 더욱 근본적으로 한국사회의 성별 위계적 구조, 획일적인 사회 분위기와 관련된 문제이며 남녀간의 차이를 극대화하고 남자다워야 한다는 압력이 거센 사회의 문제이다. 가부장제 사회의 성별화된 문화는 남성들로 하여금 남녀의 차이를 극대화하고, 여성을 열등한 존재로 취급하고 여성적인 것에 대한 부정적인 개념으로 남성성을 구성하게 한다. 남성성이 이렇게 구

성될 때에 남성의 섹슈얼리티는 성적 성취(업적)를 중심으로 정의
되며, 여성의 가치는 성적 기준으로 평가됨으로써 여성은 성적 주
체성, 성적 자율성이 결여된 인간으로 정의되는 것이다. 자아 정체
감을 추구할 수 있는 준거 집단의 다양성이 존재하는 사회에서, 그
리고 여성을 성적인 존재로만 국한하지 않는 사회에서 여성에 대
한 성폭력은 줄어들 것이다. 성폭력이 발생하는 사회문화를 변화
시키기 위해서는 한국사회의 성 이중 규범에 대한 비판적 성찰과
더불어 여성의 자기 결정권과 성적 자율성에 대한 사고의 전환이
필요하다.

5. 여성의 성적 주체성 찾기

가부장적 성규범 속에서 사회화된 여성에게 성은 의식과 행동이
괴리되는 이중성을 지닌다. 반면 남성에게 성은 자신의 남성다움
을 표출하는 도구이므로 사랑이나 결혼에 관계없이 이루어진다.
더욱이 향락산업의 번창과 더불어 올바른 성교육이 부재한 가운데
비공식적인 통로를 통해 전파된 성지식은 여성의 인격을 경시하고
대상화하는 성의 상품화를 조장한다. 그러한 성지식은 남성의 성
을 과대 포장하여 성적 환상을 만들어 낸다. 여기서 성은 서로 다
른 인격의 결합과는 상관없는 욕망 충족과 지배의 수단으로 도구
화된다. 따라서 남성에게 성과 사랑은 분리되는 행위이다.

현대사회에서 소비문화와 몸에 대한 관심이 증대됨에 따라, 이
미 섹슈얼리티 영역은 여성의 차별적 지위를 개선시키고 인간해방
을 성취하려는 페미니즘 정치에서 중요한 핵심영역이 되었다. 여
성이 자신의 섹슈얼리티에 대해 결정권을 지니고 그 권한을 행사

하는 것은, 여성이 단순히 섹슈얼리티에 대한 권한을 갖는다는 의미를 넘어 여성자신의 정체성을 확인하고 자존감을 높이는 것과 연관되어 있기 때문이다. 이것은 나아가 남성과의 관계에서 여성이 갖는 불평등한 지위를 개선하고 갖가지 구조적 제도적 개인적 억압에서 벗어나기 위한 지름길이 된다.

여성들은 남성과 여성이라는 구도에서 동일성을 갖기는 하지만 억압의 정도나 내용 등은 여성들이 처한 사회적 맥락, 즉 결혼 여부, 성적 경험의 유무, 계급적 위치, 성적 선호, 연령, 종교, 지역 등에 따라 차이가 있다. 결혼 관계 내에 있는 여성의 성적 억압과 매매춘 여성이 받는 성적 억압은 그 내용이 다를 수밖에 없다. 또한 이성애 관계 내에 있는 여성과 레스비언 여성의 성적 억압은 사회적으로 차이가 있다. 한국사회에서는 성인 여성과 청소년기의 소녀들의 성적 경험 역시 같은 의미로 받아들여지지 않는다. 향후 페미니즘의 성연구는 이러한 여성들의 차이와 각각의 특수성들을 드러내야 할 것이다. 그럼으로써 그 동안 사상되어 왔던 성적 소수자 여성들의 억압을 가시화하고 이들을 침묵시켰던 권력 관계를 밝혀야 한다.

페미니즘의 성연구에서 여성들의 성적 경험의 다양성과 차이를 다룬다는 것은 남성의 성적 욕망이나 성적 경험 역시 같은 차원에서 다룬다는 것을 의미한다. 여성의 성적 욕망과 성적 정체성의 구성 과정은 남성적 성의 구성 과정과 밀접하게 맞물려 있다. 따라서 페미니즘에서 남성의 성을 다루는 것은 필수적이다. 성별/섹슈얼리티의 관점에서 보면 남성의 성 역시 본능적인 것이 아니라 사회적 맥락 속에서 구성되는 것이다. 따라서 모든 남성을 본질적으로 성적 가해자이자 성적 착취자라고 일반화해서는 안 된다. 그보다는 어떠한 사회적 조건 아래에서 어떠한 집단의 남성들이, 어떠한 과정을 통해서 특정한 성적 경험들을 구성하게 되는지를 밝히는 데 초점을 두어야 한다. 그리고 이렇게 구성된 남성적 성과 여성적 성이 어떠한 방식으로 관계를 맺게 되는지를 밝히는 데 주력해야 할 것이다.

남성들이라고 해서 모두 동일한 성적 정체성을 갖는 것도 아니고 동질적인 성적 경험을 하는 것도 아니다. 즉 모든 남성이 성폭력을 하는 것도 아니고 모든 남성이 매매춘을 하는 것도 아니라는 것이다. 때로는 남성이 성폭력의 대상이 되는 경우도 있다. 남성 중에서도 강력한 성적 능력을 지녔거나 성경험이 많을수록 남성답다는 규범을 수용하거나 강제적인 성행위가 정상적인 성관계라고 믿을 때 쉽게 성폭력을 범한다. 또한 나이가 어리거나 위계관계에서 하위에 속하는 경우 또는 여성적 특성을 많이 가진 경우는 남성에 의해 성폭력의 대상이 되기도 한다. 성별/섹슈얼리티의 관점에서는 이러한 남성들의 성적 차이를 구성하는 맥락을 드러내는 것 역시 중요하다.

또한 이제까지 페미니즘에서 여성의 성을 다룰 때는 성적인 위험(sexual danger)만을 강조하는 경향이 있었다. 즉 남성중심적 사회에서 여성의 성이 강제적이고 착취적인 대상이 되어 왔다는 사실을 부각시키는 데 주력해 왔다. 그러나 이러한 시도들은 여성의 성적 쾌락을 최소화하고 여성의 성적 쾌락을 탐구하는 것을 사소한 것으로 만들었다. 그 결과 여성은 다치기 쉽고 성에 대해 무지하며 수치스러워 한다는 이데올로기를 강화시켰다.

이제 성별/섹슈얼리티를 통합시켜 여성의 성을 분석하게 되면 여성의 성적 쾌락(sexual pleasure)을 함께 드러낼 수 있다(Vance, 1984). 여성의 성적 쾌락에 대해서 이야기하는 것은 여성들이 성적 주체성을 찾는 데 필수적이다. 페미니즘은 여성의 성에 대해 한층

더 심층적인 탐구를 하여 여성에게 성적으로 쾌락을 주고 여성을 만족시킬 수 있는 경험들을 다루어야 한다. 여성들에게 친밀감을 주는 경험들, 여성들의 감성을 만족시키며 인간관계를 결속시키는 경험들, 그리고 여성에게 힘과 주체성을 갖게 하는 성적 경험들을 발굴해야 할 것이다.

최근 페미니스트 저널에서 여성의 오르가즘에 대해서 다룬 것은 우리사회에서 여성들의 성적 쾌락을 여성의 경험을 중심으로 발견해 보려는 시도라고 할 수 있다. 이 기사는 여성들이 성적 쾌락을 느끼지 못하고 강박적으로 자신의 성적 욕망을 검열해야 하는 상황을 남성 지배의 산물이라고 비판한다. 그리고 여성들에게 질 오르가즘만을 강요하는 것 역시 여성의 쾌락을 남성의 욕망 법칙에 따라 규정하려는 남근적 권력의 음모라고 폭로한다. 이러한 비판에서 나아가 여성들 스스로 쾌락을 추구해 나가는 새로운 성애 담론이 필요하다. 그러한 예로 음핵 오르가즘과 질 오르가즘을 동시에 즐기기, 남성에 의존하지 않고 자위(auto-eroticism)를 통해 쾌락을 추구하기, 그리고 성기 삽입만이 아닌 다양한 방식으로 성적 만족을 느끼기 등을 들고 있다(페미니스트 저널, 『이프』, 1998년 겨울호).

페미니즘에서 여성의 성적 쾌락을 보지 못하거나 성적 쾌락을 가져다 주는 근원을 찾아내지 못한다면 여성의 성적 주체성은 찾기 어렵다. 하지만 한국사회에서 여성의 성적 쾌락을 발견하고 주장하는 일은 쉬운 작업이 아니다. 이는 아직까지 여성이 성적 주체가 되어 여성의 진정한 쾌락에 대해 목소리를 내지 못하기 때문이다. 아직도 한국사회에서는 여성이 성적 욕망과 쾌락에 대해 이야기하려고 하면 성적으로 문란한 여성이라고 단정짓는 경향이 있다. 여성들은 이러한 성문화에 도전하면서 여성의 성적 쾌락에 대해 진솔하게 그리고 완전하게 이야기해야만 한다. 이러한 노력을 통해서 우리는 여성의 삶에 힘을 실어 주는 지식을 찾을 수 있을 것이다.

특히 남성 중심 사회에서 살아가는 여성이 경험하는 성, 즉 일상적인 의미에서 여성의 성에 관한 인식과 태도, 경험, 사회화 등에 관한 연구가 필요하다. 그러한 연구가 이루어진 후 비로소 남녀의 성에 관한 종합적 이해가 가능하기 때문이다.

참고문헌

강이수. 2000. 「경제위기와 여성노동시장의 변화 추이」, 한국사회과학연구소, 『동향과 전망』 통권 40호, 한울출판사.

_____ · 신경아. 2001. 『여성과 일 — 한국여성 노동의 이해』, 동녘.

강현아. 2000a. 「5·18 민중항쟁 역사의 양면성: 여성참여와 배제」, 광주 · 전남여성단체연합, 『여성 · 주체 · 삶』, 도서출판 티엠씨, 111~194쪽.

_____. 2000b. 「5·18 민중항쟁 역사의 양면성: 여성의 참여와 배제」, 여성이론연구소, 『여/성이론』 제3호, 도서출판 여이연, 120~148쪽.

건강사회를 위한 보건의료인 연대회의. 1992. 『건강사회를 위한 보건의료』, 실천문학사.

고디노(D. Godineau). 1998. 즈느비에브 프레스 · 미셸 페로 편. 권기돈 · 정나원 역, 「자유의 딸과 혁명적 여성 시민」 『여성의 역사 4 — 페미니즘의 등장: 프랑스 대혁명부터 제1차 세계대전까지 — 』, 새물결, 41~66쪽.

고미라. 1995. 「감정노동의 개념화를 위한 일 연구」, 이화여자대학교 대학원 석사학위논문.

공미혜. 1999. 「성과 권력」, 여성이론연구소, 『새 여성학 강의』, 동녘.

광주 · 전남 여성단체연합. 2000. 『여성 · 주체 · 삶』, 도서출판 티엠씨.

광주광역시 5·18사료 편찬위원회 편. 1998. 『5·18 광주 민주화운동자료총서』 제14권.

광주광역시. 1999. 「99 실업대책 및 고용창출 추진상황」.

_____. 1999. 5. 「광주경제」.

광주상공회의소. 「광주지역 경제동향」 각월호.

광주여성의 전화. 2000. 「직장내 성희롱 예방 교육 실태 및 강의안 발표」.

광주지방노동청·광주전남지방중소기업청. 1999. 「실업대책추진상황」.

교육부. 1998. 『교육통계연보』.

권수현. 1999. 「남성의 섹슈얼리티와 성폭력」 『섹슈얼리티 강의』, 한국
　　　성폭력상담소, 동녘.

김길섭. 1997. 「수량적 지표로 본 계급현실」 『현장에서 미래를』 10월호
　　　(제26호), 한국노동이론정책연구소.

김난희. 2000. 「5·18 민중항쟁 이후 여성의 삶」 『여성·주체·삶』, 광
　　　주·전남여성단체연합, 도서출판 티엠씨, 69~110쪽.

김두식. 1998. 「5·18에 대한 의미구성과 재해석의 변화과정」 『세계화
　　　시대의 인권과 사회운동―광주민주화운동의 재조명』, 5·18 국
　　　제 학술심포지움, (재)5·18 기념재단.

김미경. 1986. 「매춘을 통해서 본 성 통제 구조 일 고찰」, 이화여자대학
　　　교 여성학과 석사학위논문.

김미도. 2000. 『우리 희곡 재미있게 읽기』, 연극과인간.

_____. 2001. 『21세기 한국연극의 길찾기』, 연극과인간.

김미영. 1995. 「간호사 이직대책에 관한 연구」, 이화여자대학교 교육대
　　　학원 석사학위논문.

김민주. 1998. 「호텔종업원의 감정노동이 직무관련태도에 미치는 영향」
　　　『관광학연구』 제21권 제2호(통권 25호), 한국관광학회.

김상곤·나간채 엮음. 1997. 「정치사회운동으로서 5월운동의 평가와
　　　계승」 『광주민중항쟁과 5월운동 연구』, 전남대학교 5·18연구
　　　소, 205~236쪽.

김상표. 2000. 「감정노동: 통제수단, 종업원의 심리적 반응, 그리고 방
　　　법론적 문제」 『산업경제연구』 제13권 제4호, 한국산업경제학
　　　회, 195~214쪽.

김선수. 2000. 「비정규 근로자 보호를 위한 법개정안」 비정규 노동자
　　　기본권 보장과 차별철폐를 위한 공동대책위원회, 비정규 노동

자 권리보장을 위한 법개정안 공청회 발표문.

김선영. 1989.「강간에 대한 통념의 수용에 관한 연구-경찰, 의사, 교사, 법률인, 상담원, 언론인을 중심으로-」, 이화여자대학교 여성학과 석사학위논문.

김선출. 2001.『5월의 문화예술: 기원에서 5·18기념사업까지』, 샘물.

김애경·김문실. 1993.「간호학생이 지각하는 돌봄에 관한 연구」『성인간호학회지』제5권 제1호, 성인간호학회.

김영범. 2001.「경제위기 이후 사회정책의 변화: 한국과 선진 자본주의 국가들과의 비교」『한국사회학』35(1), 31~57쪽.

김윤미·전경자. 2000.「DRG 수가의 합리적인 개선방안」『의사폐업, 의료개혁, 그리고 병원노동자』, 민주노총 전국보건의료산업노동조합 정책자료집.

김은민. 1995.「감정노동: 조직의 감정표현규범에 관한 질적 연구」, 연세대학교 대학원 경영학과 석사학위논문.

김은실. 1998.「대중문화와 성적 주체로서의 여성의 재현」『한국여성학』제14권 1호, 한국여성학회, 42~77쪽.

김정태. 2000.「'비정규근로자 문제'에 대한 경영계 의견」, 비정규 노동자 권리보장을 위한 법개정안 공청회 토론문.

김태홍. 1998.「최근 여성실업의 특징과 정책방향」.

나간채. 1997.「광주지역 5월운동조직의 형성과 발전-5·18 당사자 조직을 중심으로-」『광주민중항쟁과 5월운동 연구』, 전남대학교 5·18연구소.

_____. 1998.「5·18민중항쟁의 현재적 과제」『5·18은 끝났는가』, 푸른숲, 학술단체협의회 편.

남녀평등을 위한 교수모임. 1994.『직장내 성희롱 어떻게 볼 것인가?』.

노동부. 1999.「직장내 성희롱-예방에서 대응까지」.

다케나카 에이코. 1996. 장하진 역,『여성노동론』, 여성사.

대통령직속 여성특별위원회. 1999.「알기쉬운 남녀차별금지 및 구제에 관한 법률」.

대통령직속 여성특별위원회. 2000.「성희롱 없는 사회 건강한 사회」.

드워킨. 1996. 유혜련 옮김.『포르노그래피』. 동문선.

라마자노글루(Ramazanoglu). 1997. 김정선 역.『페미니즘, 무엇이 문제인
　　　가』, 문예출판사.

러너(G. Lerner). 김인성 역. 1998.『역사 속의 페미니스트』, 평민사.

류진석. 1998.「사회적 안전망의 실상과 허상-대량실업의 대응과 관
　　　련하여-」『동향과 전망』통권 제39호, 한국사회과학연구소,
　　　한울.

르네이 C. 팍스. 1993. 조혜인 역.『의료의 사회학』, 나남.

문병란. 2000.「5·18문학과 연극」『5·18민중항쟁사』, 광주광역시 5·18
　　　사료편찬위원회, 800~848쪽.

박광수. 1993.「오월광주항쟁의 심리극적 성취」『민족극과 예술운동』
　　　제9호, 민족극연구회, 25~32쪽.

박민선. 1999.「한국 레스비언의 성과 삶」『섹슈얼리티 강의』, 한국성
　　　폭력상담소, 동녘.

박선미. 1989.「강간 범죄의 재판 과정에 나타나는 성 차별적 선택성에
　　　관한 연구」, 이화여자대학교 석사학위논문.

박태주. 2000.「노조민주주의-여성주의적 관점에서」.

박홍주. 1995.「판매여직원의 감정노동에 관한 일연구-서울시내 백화
　　　점 사례를 중심으로-」, 이화여자대학교 대학원 여성학과 석
　　　사학위논문.

＿＿＿·조순경 엮음. 2000.「판매직 감정 노동의 재평가」『노동과 페
　　　미니즘』, 이화여자대학교 출판부.

번 벌로·보니 벌로. 김석희 옮김. 1999.『섹스와 편견』, 정신세계사.

변혜정. 1999.「성폭력 의미구성과 여성의 차이」『섹슈얼리티 강의』,
　　　한국성폭력상담소, 동녘.

보건복지부. 1999.『보건복지백서』.

＿＿＿＿＿. 1999.『보건복지통계연보』.

＿＿＿＿＿. 2000.『보건복지통계연보』.

＿＿＿＿＿. 2000.4.『보건복지주요행정통계』.

보건신문사. 2000.『보건연감』.

보건의료산업노동조합 자료실. 2000. 『병원내 폭행·폭언 사례와 현황』.

보건의료산업노동조합. 1995. 『연맹 실태조사 병원 노동자』.

_____. 1999. 내부자료.

빈센트 나바로 지음. 1989. '보건과 사회' 연구회 옮김. 『현대자본주의와 보건의료』, 한울.

사라 네틀턴 지음. 조효제 옮김. 1997. 『건강과 질병의 사회학』 한울아카데미.

사회진보연대 불안정노동연구 모임. 2000. 『신자유주의와 노동의 위기: 불안정노동 연구』, 문화과학사.

서선희. 5월여성 연구회 지음. 1991. 「한국여성운동과 광주민중항쟁」 『광주민중항쟁과 여성』, 한국기독교사회문제연구원, 50~75쪽.

서인숙. 2003. 『씨네 페미니즘의 이론과 비평』. 책과길.

손호철. 1995. 「80년 5·18항쟁: 민중항쟁인가 시민항쟁인가?」 『해방 50년의 한국정치』, 새길.

수잔 베넷. 심정순 편저/역. 1999. 「정체성 살펴보기: 왜 성역할, 인종, 섹슈얼리티가 문제가 되는가?」 『'여성의 눈'으로 본 섹슈얼리티와 대중문화』, 도서출판 동인, 42~64쪽.

수잔 엘렌 케이스. 1988. 김정호 옮김(1997). 『여성주의와 연극』, 한신문화사.

슬레지예프스키(E. G. Sleziewki). 즈느비에브 프레스·미셸 페로 편. 권기돈·정나원 역. 1998. 「전환점으로서의 프랑스 혁명」 『여성의 역사 4 - 페미니즘의 등장: 프랑스 대혁명부터 제1차 세계대전까지 -』, 새물결, 67~90쪽.

신경아. 1999. 「그 많은 여성실업자는 어디로 갔나 - 가부장제 사회의 여성실업 -」 『동향과 전망』 1999년 신년호(통권 제40호), 한국사회과학연구소, 한울.

신아영. 2000. 『현대연극이론과 비평의식』, 현대미학사.

심정순. 1999. 『페미니즘과 한국연극』, 삼신각.

_____. 2002. 『글로벌시대의 한국연극 공연과 문화 I 』, 푸른사상.

_____. 2002. 『글로벌시대의 한국연극 공연과 문화 II 』, 푸른사상.

아우구스토 보알. 1985. 민혜숙 역. 『민중연극론』, 창작과 비평사.

안진. 5월여성 연구회 지음. 1991. 「광주민중항쟁과 여성」『광주민중항쟁과 여성』, 한국기독교사회문제연구원, 12~49쪽.

안치운. 1993. 『공연 예술과 실제 비평』, 문학과 지성사.

안혜성. 1993. 「사무직 노동조합운동과 성별 위계구조」, 이화여자대학교대학원 석사학위논문.

앙토넹 아르토. 1994. 박형섭 역. 『잔혹연극론』, 현대미학사.

앤더슨. L. 1989. 이동원·김미숙 공역. 『성의 사회학』, 이화여자대학교 출판부.

여성한국사회연구회 편. 1994. 『여성과 한국사회』, 사회문화연구소.

오수성. 나간채 엮음. 1997. 「5·18과 연극적 형상화」『광주민중항쟁과 5월운동 연구』, 전남대학교 5·18연구소, 237~249쪽.

오월여성연구회. 1991. 『광주민중항쟁과 여성』, 한국기독교사회문제연구원.

오조영란·홍성욱 엮음. 1999. 「페미니즘으로 본 의료와 여성의 건강」『남성의 과학을 넘어서』, 창작과 비평사.

왕인순. 1998. 「여성실업현황」.

우에노(Chizuko Ueno). 이선이 옮김. 2000. 『내셔널리즘과 젠더』, 박종철출판사.

원미혜. 1999. 「우리는 왜 성매매를 반대해야 하는가」『섹슈얼리티 강의』, 한국성폭력상담소, 동녘.

원용진·한은경·강준만 편저. 1993. 『대중매체와 페미니즘』, 한나래.

유승흠. 1987. 「지역간 의료자원의 균점배분」『의료보험』, 10(1).

_____. 1990. 『의료정책과 관리』, 기린원.

윤자영. 1999. 「일상생활 속의 포르노그라피 정치학」『섹슈얼리티 강의』, 한국성폭력상담소, 동녘.

윤정로·김명자. 1999. 「한국 여성 과학기술자들의 현실과 과제」『남성의 과학을 넘어서』, 오조영란·홍성욱 엮음, 창작과 비평사.

윤진호. 1994. 『한국의 불안정 노동자』, 인하대출판부.

_____ 외. 1999. 「고용구조의 변화와 노동조합의 정책대응」『고용구조

변화와 노동조합의 고용정책』, 한국노동사회연구소.

이명선. 1989. 「강간에 대한 여성학적 접근─피해 여성의 사례를 중심으로」, 이화여자대학교대학원 여성학과 석사학위논문.

이병훈. 2002. 「정규직과 비정규직 노동자간의 사회적 분절성에 관한 사례연구」, 제5회 비판사회학대회 발표논문, 36~40쪽.

_____ · 윤정향. 2001. 「비정규 노동의 개념정의와 유형화에 관한 연구」『전지구적 자본주의와 시장 전제주의 체제』, 2001년 비판사회학대회 발표논문집.

이상영. 1998. 「디플레이션하의 가계소비 위축과 경제위기」『동향과 전망』통권 제39호, 한국사회과학연구소, 한울.

이상우. 1995. 『연극 속의 세상 읽기』, 내일을 여는 책.

이상호 · 현택수 편. 1998. 「아비튀스와 상징질서의 새로운 사회이론」『문화와 권력』, 나남출판.

이성균. 1999. 「지역차원의 실업대책: 울산의 사례 검토」『지역사회학』, 창간호, 지역사회학회 편, 한울.

이수애. 1991. 「광주전남지역의 여성운동」『광주민중항쟁과 여성』, 5월여성 연구회 지음, 한국기독교사회문제연구원, 76~115쪽.

이영미. 1993. 「마당극, 리얼리즘, 그리고 민족극」『민족극과 예술운동』제10호, 민족극연구회, 64~99쪽.

이원숙 외. 1998. 「음란물이 청소년의 성의식과 성폭력 인식에 미치는 영향」, 한국간행물윤리위원회.

이은주. 2000. 「5·18 민중항쟁과 여성의 투쟁」『여성·주체·삶』, 광주·전남여성단체연합, 도서출판 티엠씨, 19~68쪽.

이종선. 2002. 「한국의 신자유주의적 구조개혁과 노동시장 변화」『한국사회학』36(3), 25~46쪽.

이지연. 1994. 「십대의 성을 찾아서: '미성년자 관람 불가'의 성 담론」『섹스 포르노 에로티시즘: 쾌락과 악몽을 넘어서』, 현실문화연구.

이춘희. 1991. 「5월항쟁에 있어서 여성활동」『광주민중항쟁과 여성』, 5월여성 연구회 지음, 한국기독교사회문제연구원, 116~233쪽.

이프. 1998(겨울호).

장필화. 1999. 「직장내 '성희롱'에 대한 이해와 대처 방안의 모색」『여성/몸/성』, 도서출판 또 하나의 문화.

장하진. 1998. 「여성고용현황과 실업대책」『경제위기와 여성고용정책』, 한국여성연구소.

재거. 1992. 공미혜·이한옥 옮김.『여성해방이론과 인간본성』, 삼진각.

전국민주노동조합총연맹. 2002.5. 「비정규노동에 관한 설문조사」.

_____ ·한국여성노동자회협의회 평등의 전화, 여성실업대책본부. 1999.5. 「1999년 1/4분기 여성고용동향 보고서」.

전국병원노동조합연맹. 1994. 내부자료.

전국보건의료노동조합. 1999. 내부자료.

전국여성노동조합 지역지부. 2002. 내부자료.

정견균·김영기·문창진 외. 1991. 『보건사회학』, 서울대학교출판부.

정고미라. 2000. 조순경 엮음.「노동 개념 새로 보기: 감정 노동의 이해를 위한 시론」『노동과 페미니즘』, 이화여자대학교 출판부.

정선기. 현택수 편. 1998. 「일상적 활동과 생활양식: 사회불평등 연구의 문화이론적 전환」『문화와 권력』, 나남출판.

정이환. 2001. 「비정규 노동의 상황과 정책대안」, 대안연대회의 발표논문.

정지창. 1995. 「박효선 희곡집『금희의 오월』」『민족극와 예술운동』. 제11호, 민족극연구회, 86~91쪽.

정진주. 2000. 「병원에서의 여성친화적 환경조성의 필요성과 방향」, 보건의료산업노동조합 여성정책워크샵 발표문.

제갈춘기. 2000. 「5·18 민중항쟁 정신계승과 '5월여성제'」『여성·주체·삶』, 광주·전남여성단체연합, 도서출판 티엠씨, 185~219쪽.

제프리 윅스. 1994. 서동진·채규형 역.『섹슈얼리티: 성의 정치』, 현실문화연구.

조(한)혜정. 1998. 『성찰적 근대성과 페미니즘』, 도서출판 또 하나의 문화.

조병희. 1999. 『의료문제의 사회학-한국의료체계의 모순과 개혁-』, 도서출판 태일사.

조순경. 1994. 「고용과 평등의 딜레마」『한국여성학』제10집, 한국여성학회.

_____. 1994. 「성희롱, 왜 고용상의 차별인가?」『직장내 성희롱 어떻게 볼 것인가?』, 남녀평등을 위한 교수모임.

_____. 1998. 「'민주적 시장경제'와 유교적 가부장제」『경제와 사회』. 1998년 여름호(제38호), 한국산업사회학회, 한울.

_____. 2000. 「비정규노동과 노동정책의 과제」『비정규직 노동자보호를 위한 정책토론회』(자료집), 한국노동조합총연맹.

_____. 2000. 「한국 여성학 지식의 사회적 형성－지적 식민성 논의를 넘어서－」『경제와사회』:45, 한국산업사회학회 편, 172~197쪽.

조영미 1999. 「한국 페미니즘 성연구의 현황과 전망」『섹슈얼리티 강의』, 한국성폭력상담소, 동녘.

조윤정. 1995. 「여성의 성적 주체성 형성에 관한 연구－성 경험을 통한 의식 형성을 중심으로」, 연세대학교대학원 사회학과 석사학위논문.

조정아·조혜순. 1991. 「직장에서의 성적 폭력」『새로 쓰는 성 이야기』, 또 하나의 문화, 도서출판 또 하나의 문화.

조정진. 김미혜 외. 1997. 「여성 보건의료인력의 미래」『양성평등이 보장되는 복지사회』 미래인력연구센터.

조지 M. 포스터 & 바바라 G. 앤더슨. 1994. 구본인 옮김.『의료인류학』. 한울.

질 돌란, 심정순 편저/역. 1999. 「몸과 섹슈얼리티를 보는 시각 바꾸기: 포스트모던 페미니즘 공연 이론」『'여성의 눈'으로 본 섹슈얼리티와 대중문화』, 도서출판 동인, 13~41쪽.

즈느비에브 프레스·미셸 페로(G. Fraise & M. Perrot) 편. 권기돈·정나원 역. 1998.『여성의 역사 4－페미니즘의 등장: 프랑스 대혁명부터 제1차 세계대전까지－』, 새물결.

채희완. 1995. 「전통연희의 무대적 수용을 위한 시안」『민족극와 예술운동』 제11호, 민족극연구회, 6~34쪽.

최성애, 조순경 엮음. 2000. 「노동조합과 성의 정치학」『노동과 페미니즘』, 이화여자대학교 출판부, 268~296쪽.

최영주. 2002. 「위안부 문제의 연극적 재현－한·일·미의 연극텍스트를 중심으로」『한국연극학』제18호, 한국연극학회, 89~118쪽.

최정운. 1997. 「폭력과 언어의 정치: 5·18 담론의 정치사회학」, 5·18 학술심포지움 발표논문.

추애주. 1991. 「여성이 자신의 몸에 대한 권리를 소유하는 것이 가능할까?」『새로 쓰는 성 이야기』, 도서출판 또 하나의 문화.

치의신보. 1999년 7월 31일자.

킴 무디(Kim Moody). 1999. 『신자유주의와 세계의 노동자』, 사회진보를 위한 민주연대 옮김, 문화과학사.

토마스 네빌 보너 지음. 1996. 유은실 옮김. 『여의사의 역사』, 한울.

통계청 전남통계사무소. 1999. 5. 「광주·전남지역 '99. 1/4분기 경제동향」.

_____. 1999. 8. 「1997년도 지역내 총생산」.

통계청. 1999. 5. 『도시가계연보』.

_____. 각년도. 경제활동인구조사.

프리드만 외. 1994. 우영은 역. 『이것이 성희롱이다』, 여성사.

하그만 외. 1991. 이진아 옮김. 『이제는 말하자』, 참세상.

한국노동연구원. 1998.10. 『고실업시대의 실업대책』.

한국노동이론정책연구소 노동정책연구팀. 1998. 『경제위기와 고용·실업』, 도서출판 현장에서 미래를.

한국여성개발원. 1998. 『여성통계연보』.

한국여성노동자회협의회 여성실업대책본부. 1998.12.

한국여성민우회. 1999. 「직장내 성희롱예방 지침서」.

한국현대사사료연구소 편. 1990. 『광주오월민중항쟁사료전집』, 풀빛.

호츠쉴드. 1979. 이성식·전신현 편역. 1995. 「감정작용, 감정규칙, 사회구조」『감정사회학』, 한울아카데미(Hochschild, A. R. "Emotion Work, Feeling Rules, and Social Structure," American Journal of Sociology).

황석영·전남사회운동협의회. 1996. 『5·18 그 삶과 죽음의 기록』, 풀빛.

황혜진. 1998. 「『꽃잎』의 맥락, 역사적 사건의 대중문화적 수용」『영화연구』제14호, 253~271쪽.

○○산업(주) 타이어사업부 내부자료.

○○타이어 노동조합 내부자료.
≪광주일보≫ 2000년 9월 13일자 / 2000년 8월 25일자.
≪내일신문≫ 2000년 7월 22일자 / 2000년 9월 13일자.
≪무등일보≫ 2000년 10월 4일자.
≪시사저널≫ 2000년 8월 31일자.
≪여성신문≫ 2000년 12월 8일자.
www.naver.com

法政大學日本統計研究所. 1993. 『勞働統計の國際比較』.

Aldridge, M. 1994. "Unlimited liability? Emotional labour in nursing and social work," *Journal of Advanced Nursing,* 20. pp.722-8.

Ashforth, E. Blake and Humphrey. H. Ronald. 1995. "Emotion in the workplace: A Reappraisal" *Human Relations*, Vol 48, No.2. pp.97~125.

Atkinson, A. 1990. *The Ethnographic Imagination: Textual Constructions of Reality,* N.T.: Rouledge.

Barry, Kathleen. 1979. *Female Sexual Slavery.* Englewood Cliffs, N.J.: Prentice Hall.

_____. 1995. *The Prostitution of Sexuality,* New York University Press.

Beck, Ulrich. 1992. *Risk Society: Towards a New Modernity, Transtlated by Mark Ritter.* London: Thousand Oaks, New Delhi. SAGE Publications.

Beechey, V. 1983. "What's So Spesial about Women's Employment? A Review of Some Recent Studies of Women's Paid Work" *Feminist Review.* 15.

_____. 1977. "Some Notes on Female Wage labor" *Capital and Class,* No. 10.

Benston, M. 1969. "The Political Economy of Women's Liberation" *Monthly Review* 21-4.

Bentolila, Samuel and Juan J. Dolado. 1993. "Labor Flexibility and Wages:

Lessons from Spain" pp.55~99 in *Spanish Labour Markets*. Centre for Economic Policy Research(CEPR).

Bettio, Francesca. 1988. "Sex-Typing of Occupations, the Cycle and Restucturing" in Jill Rubery(eds.), *Women and Recession*, London : Routeledge & Kefan Paul.

Blau, Herbert. 1983. "Ideology and Performance" *Theatre Journal Vol. 35*, No. 4(December).

Blauner, Robert. 1964. *Alienation and Freedom*. Chicago: University of Chicago Press.

Bolton, C. Sharon. 2001. "Changing faces: nurses as emotional jugglers." *Sociology of Health & Illness*. Vol. 23 No. 1. pp.85~100.

Bonner F. & el.(eds.). 1992. *Imagining Women: Cultural Representation and Gender*, Polity Press with The Open University.

Bouillaquet, Bernard Petricia. & Annie, Gauvin. 1988. "Female Labour Reserves and the Restucturing of Employment in Booms and Slumps in France" in Jill Rubery(eds.), *Women and Recession*, London : Routeledge & Kefan Paul.

Braverman, Harry. 1974. *Labor and Monopoly Capital*. New York: Monthly Review Press.

Brecht, Bertolt. 1964. *Brecht on Theatre*. Edited by John Willett. New York: Hill and Wang.

Burawoy, Michael. 1979. *Manufacturing Consent*. Chicago: University of Chicago Press.

Burtler, Judith. 1990. *Gender Trouble: Feminism and the Subversion of Identity*, Routledge.

Butler, M, & Paisley, W. 1980. *Women and the mass media*. New York: Human Sciences Press.

Case, Sue-Ellen. 1987. "The Personal is Not the Political." *Art & Cinema* Vol. 1, No.3(Fall).

_____. 1988. *Feminism and Treatre*. New York: Methuen.

_____. 1989. "From Split Subject to Split Britches." *Feminine Focus: The New Women Playwrights*. Ed. Enoch Brater. New York: Oxford University Press. pp.126~146.

_____.(ed). 1990. *Performing Feminisms: Feminist Critical Theory and Theatre*. Baltimore: The Johns Hopkins University Press.

Castells, Manuel. 1996. *The Information Age-Economy, Society and Culture: The Rise of the Network Society*. Blackwell.

Christensen, F. M. 1990. *Pornography-The Other Side*, New York: Prager.

Clark, I. 1996. "The State and New Industrial Relations." In I. J. Beardwell(ed.), *Contemporary Industrial Relations: A Critical Analysis*. Oxford: Oxford University Press.

Cobble, Dorothy S.(ed.). 1993. *Women and Unions : Forging a Partnership*, New York : ILR Press.

Cole, Susan G. 1989. *Pornography and the Sex Crisis*. an Amanita publication.

Courtney, A., & Whipple, T. 1980. *Sex stereotyping in advertising: An annotated bibliography*. Cambridge, MA: Marketing Science.

Curb, R. K. 1985. "Recognation, Representation, Recreation," in Woman-conscious Drama, "The seer, The Seen, The Scene, The Obscene," in *Theatre Journal*, v.37, Oct.

Daly, Mary. 1978. *Gyn/Ecology: The Metaethics of Radical Feminism*. Boston: Beacon Press.

de Lauretis, Teresa. 1984. *Alice Doesn't: Feminism, Semiotics, Cinema*. Bloomington: Indiana UP.

Dent, M., Burke, W. and Green, R. 1991. "Emotional labour and renal dialysis: nursing and the labour process," Paper presented to The Ninth Annual International Labour Process Congerence, University of Manchester.

Denzin, N. 1989. *Interpretive Biography*. Sage University Paper Series on Qualitative Research Methods, 17. Beverly Hills, CA: Sage.

Eagleton, Terry. 1976. *Marxism and Literary Criticism*. Berkeley: University of

California Press.

Edwards, Richard. 1979. *Contested Terrain*. New York: Basic Books.

Fetterley, Judith. 1978. *The Resisting Reader: A Feminist Approach to American Fiction*. Bloomington: Indiana UP.

Fox, B. 1986. "Never Done: The Struggle to Understand Domestic Labour and Women's Oppression," in M. Barrett & R. Hamilton(eds), *Politics of Diversity: Feminism, Marxism and Nationalism*, London: Verso.

Fox, S. 1990. "The ethnography of humour and the problem of social reality," *Sociology*, 24. pp.431~46.

Frith, Hannah & Kitzinger, Celia. 1998. "'Emotion Work' as a participant resource: a feminist analysis of young women's talk-in-interaction," *Sociology*, Vol. 32. No. 2. pp.299~320)

Gardiner, J. 1979, "Women's Domestic Labor," in Z. Eisenstein(ed), *Capitalist Patriarchy and the Case for Socialist Feminism*, New York: Monthly Review Press.

Gartman, David. 1986. *Auto Slavery*. New Brunswick: Rutgers University Press.

Hall, S. 1997. "The work of Representation," *Representation*, Hall(ed.) London: Sage Publications.

Halle, David.(1984), *America's Working Man*. Chicago, Illinois: University of Chicago Press.

Harding, S. 1986. *The Science Question in Feminism*, Milton Keynes, Open University Press.

_____. 1987. *Feminism and Methodology*. Open University Press.

_____. 1993. "Rethinking Standpoint Epistemdology: 'What is Strong Objecting'?," *Feminist Epistemologies*, ed. by L. Alchoff & E. Potter, Routledge.

Harrison, Bennett. 1994. *Lean and Mean: The Changing Landscape of Corporate Power in the Age of Flexibility*. New York: Basic Books.

Hartmann, H, R. Kraut & L. Tilly(eds.). 1986. *Computer Chips and Paper Clips: Technology and Women's Employment*(Vol. 1), Washington, D.C.

Hartmann, H. 1981. *The Unhappy Marriage of Marxism and Feminism: Towards a More Progressive Union.* 김혜경·김애령 역. 『여성해방이론의 쟁점』. 서울: 태암.

Heckscher, Charles. 1995. *White-Collar Blues: Management Loyalties in an Age of Corporate Restructuring.* New York: Basic Books.

Hochschild, R. Arlie. 1983. *The Managed Heart.* University of California Press.

Hodson, Randy. 1996. "Dignity in the workplace under participative management: Alienation and freedom revisited," *American Sociological Review* 61, pp.719~738.

Humphries, Jane. 1988. "Women's Employment in Restructuring America the Changing Experience of Women in the Three Recessions," in Jill Rubery(ed.), *Women and Recession*, London : Routeledge & Kefan Paul.

James, N. 1989. "Emotional Labour: skill and work in the social regulation of feeling," *Sociology Review*, 37. pp.15~42.

_____. 1992. "Case=organisation+physical labour+emotional labour," *Sociology of Health and Illness*, 14. pp.488~509.

_____. 1993. "Divisions of emotional labour." In Fineman, S(ed), *Emotion in Organizations.* London: Sage.

Kalleberg, Arne, David Knoke, Peter Marsden, and Joe Spaeth.(1996), *Organizations in America.* Thousand Oaks, California: Sage Publications.

Kelly-Gadol, J. 1983. "The Social Relation of the Sexes: Methodological Implications of Women's History," E. Abel & E. Abel(eds), *The Signs Reader Women, Gender & Scholarship.* The University of Chicago Press.

Kochan, Thomas, Harry Katz, and Robert McKersie. 1994. *The Transformation of American Industrial Relations*, ILR Press.

Koedt, Anne, Levin, Ellen & Rapone, Anita. 1973. "Lesbianism and Feminism," *Radical Feminism*, Quadrangle.

Kramarae, Cheris and Paula A. Treichler, 1985. *A Feminist Dictionary.* Pandora.

Kristeva, Julia. 1981. "Woman Can Never Be Defined." In *New French Feminisms*, Isabelle de Courtivron and Elaine Marks, eds. New York:

Schocken Books.

Lawler, J. 1991. *Behind the Screens: Nursing, Sociology, and the Problem of the Body*. Melbourne: Churchill Livingstone.

Lewis, Jane. and Sophie Bowlby. 1989. "Women's Inequality in Urban Britain," David T. Herbert and David M. Smith(eds.), *Social Problems and the City*, Oxford University Press.

Lindbeck, A. and D. Snower. 1998. *The Insider-Outsider: Theory of Employment and Unemployment*. Boston, MA: The MIT Press.

Lury, C. 1995. "The rights and wrongs of culture: issues of theory and methodology," Beverly Skeggs(ed.), *Feminist Cultural Theory*, Manchester and New York: Manchester University Press.

Mackinnon, Catherine. 1982. "Feminism, Marxism, Method and the State: An Agenda for Theory," *Signs* 7(3).

_____. 1987. "Not A Moral Issue," in *Feminism Unmodified*, Harvard University Press.

_____. 1989. *Toward Feminist Theory of the State*, Harvard University Press.

McFate, Katherine. 1995. "Intriduction: Western States in the New World Order," Katherine, McFate · Roger, Lawson · William, Julius Wilson.(eds.), *Western States in the New World Order*, Russell Sage Foundation.

Meerabeau, Liz and Susie Page. 1998, "Emotion management and cardiopulmonary resuscitation in nursing." pp.295~312. in *Emotions in Social Life: Critical Themes and Contemporary Issues*. Bendelow. Gillian & Simon. J.(eds). London: Routledge.

Milkman, Ruth(eds.). 1985. *Women, Work and Protest*, Boston: Routledge and Kegan Paul.

_____. 1987. "Women Workers and the Labor Movement in Hard Times: Comparing the 1930s with the 1980s," in Lourdes Beneria & C. R. Stimpson(eds.), *Households and the Economy*, Rutgers University

Press.

Molyneux, M. 1979. "Beyond the Domestic Labour Debate," *NLR* 116.

Morgan, Robin. 1980. "Theory and Practice: Pornography and Rape," in Laura Lederer(ed.), *Take Back the Night: Women on Pornography*, New York: William Morrow.

Mumby, D. K. & Putnam, L. L. 1992. "The Politics of Emotion: A Feminist Readings of Bounded Rationality." *Academy of Management Review*, Vol. 17. pp.465~486.

Nicholson, Linda & Seidman, Steven. 1995. *Social Postmodernism: Beyond Identity Politics*, Cambridge University Press.

_____. 1986. *Gender and History*, Columbia University Press.

Olesen, Virginia and Debora Bone. 1998. "Emotions in rationalizing organizations: Conceptual notes from professional nursing in the USA." pp.313~329 in *Emotions in Social Life: Critical Themes and Contemporary Issues*. Bendelow. Gillian & Simon. J.(eds). London: Routledge.

Osterman, Paul(ed.). 1996. *Broken Ladders: Managerial Careers in the New Economy*. New York: Oxford University Press.

Parker, Roszika, and Griselda Pollock. 1981. *Old Mistresses: Women, Art and Ideology*. New York: New York: Pantheon.

Phelan, Shane. 1993. "(Be) Coming Out: Lesbian's Identity and Politics," *Signs* vol.18, no.4, University of Chicago Press.

Phillips, S. 1996. "Labouring the emotions: expanding the remit of nursing work?" *Journal of Advanced Nursing*, 24. pp.139~43.

Rafaeli, A. & Sutton, R. I. 1987, "The Expression of Emotion as Part of the Work Rale," *Academy of Management Review*, Vol.12. pp.23~37.

_____. 1989, "When Cashiers Meet Customer: An Analiysis of the Rple of Supermarket Cashiers," *Academy of Management Journal*. Vol.32. pp.245~273.

Rakow, F. Rana. 1986. "Feminist approaches to popular culture: Giving patriarchy Its due," *Communication*, 9, Gordon and Breach Science

Publishers, pp. 19~41.

Rakow, Lana. 1993. "대중문화에 대한 페미니스트적 접근 방법," 대중매체와 페미니즘(원용진 외 엮음), 서울: 한나래: 189~216쪽.

Reinharz, S. 1992. *Feminist Methods in Social Research*. Oxford University Press.

Rich, Adrienne. 1980. "Compulsory Heterosexuality and Lesbin Existence," *Sign* 5, no.4, summer.

Rodgers, G. 1995. "What is Special about a Social Exclusion Approach?" *Social Exclusion: Rhetoric, Reality, Responses*, Gerry Rodgers et al(ed.), ILO.

Rodgers, Gerry. 1995. "What is Special about a 'Social Exclusion' Approach?" pp.43~55. in Rodgers G., C. Gore, and J. Figueiredo, *Social Exclusion: Rhetoric · Reality · Responses, International Institute for Labour Studies*.

Room, G. 1990. *'New Poverty' in the European Community*, New York: st. Martin's Press.

Rubery, Jill.(ed.). 1988. *Women and Recession*, Routledge & Kegan Paul.

Rubin, Beth. 1995. "Flexible accumulation: The decline of the control and social transformation," *Research in Social Stratification and Mobility* 14, pp.297~323.

Rubin, Beth. 1996. *Shifts in the Social Contract: Understanding Change in American Society*. Thousand Oaks, California: Pine Forge Press.

Rubin, Gayle. 1984. "Thinking Sex: Notes for a Radical Theory of the Politics of Sexuality," *Pleasure and Danger*, ed. by C. Vance, Routledge & Kegan Paul.

Russell, Diana E. H. 1984. *Sexual Exploitation: Rape, Child Abuse, and Workplace Harassment*, California: Sage.

Safa, Helen. 1995. "Economic Restructuring and Gender Subordination," *Latin American Perspectives*, 22(2), spring.

Scott, John. 1988. *Gender and the Politics of History*. New York: Columbia University Press.

Shrages, Laurie. 1989. "Should Feminist Oppose Prostitution?" *Ethics* 99.

Silver, H. 1994. "Social Exclusion and Social Solidarity: Three Paradigms,"

International Labor Review, Vol.133, No.5-6.

Smith, D. 1979. "A Sociology for Women," in J.A.Sherman and E.T.Beck(eds), *The Prism of Sex, Madison,* University of Wisconsin Press.

Smith, P. 1988. "The emotional labour of nursing," *Nursing Times,* 84. p.44.

_____. 1991. "The nursing process: raising the profile of emotional care in nursing training," *Journal of Advanced Nursing,* 16. pp.74~81.

_____. 1992. *The Emotional Labour of Nursing.* London: Macmillan.

Smith, Vicki. 1998. "The Fractured World of the Temporary Worker: Power, Participation, and Fragmentation in the Contemporary Workplace," *Social Problems,* Vol.45, No.4, pp.411~430.

Staden, H. 1998, "Alertness to the needs of others: a study of the emotional labour of caring," *Journal of Advaned,* 27. pp.147~56.

Stanko, E. A, 1988. "Keeping In and Out of Line: Sexual Harassment and Occupational Segregation," Sylvia Walby(ed.), *Gender Segregation at Work,* Yale University.

Starr, Paul. 1982. *The Social Transformation of American Medicine.* New York: Basic Books.

Stein, L. I. 1987. "The Doctor-Nurse Game," H. D. Schwarz. ed. *Dominant Issues in Medical Sociology.* New York: Random House.

Strauss, A., Fagerhauugh, S., Suczek, B. and Wiener, C. 1982. "Sentimental work in the technologized hospital," *Sociology of Health and Illness,* 4. pp.255-78.

Treweek, L. Geraldine. 1996. "Emotion work, order, and emotional power in care assistant work," pp.115~132 in *Health and the Sociology of Emotions,* Janes. Veronica & Jonathan. Gabe(eds.), Oxford, England: Blackwell.

Tuchman, G., Daniels, A. K., & Benet, J.(eds.). 1978. *Hearth & Home: Images of women in the mass media.* New York: Oxford University Press.

Van Mannen, J. 1988, *Tales of the Field: On Writing Ethnograph,* Chicago: University of Chicago Press.

Vance, Carole. 1984. "Pleasure and Danger: Toward a Politics of Sexuality," *Pleasure and Danger*, ed by C. Vance, Routlege & Kegan Paul.

Walby, Sylbia. 1986. *Patrisrchy at Work*. Polity Press: Cambridge.

Waters, S. D. 1995. *Material Girls: Making Sense of Feminist Cultural Theory*. Berkeley: University of California Press.

Wertz, R. W., and Wertz, D. C. 1990. "Notes on the Decline of Midwives and the Rise of Medical Obstetricians," in Conrad, P. and Kern, R.(eds.), *The Sociology of Health & Illness: Critical Perspectives*, New York: St. Martin's Press.

Wertz. 1983. "What Birth Has Done for Doctors: A Historical View," *Women Health*, Vol. 8.

Wilkinson, M. 1995. "Love is not a marketable commodity: new public management in the British National Health Service," *Journal of Advanced Nursing*, 21. pp.980-7.

Witz, A. 1992. *Professions and Patriarchy*, London: Routledge.

Wolf, Stacy. 1998. "Women Watch Musicals: Challenging the Male Gaze in American Film." The 2nd Asia-Pacific International Symposium on Sexuality and Popular Culture. Seoul. Oct.10, presentation.

찾아보기

[ㄱ]

[ㅎ]

강 현 아(姜炫我)

전남대학교 사회학과 졸업
동대학원 사회학 박사
전남대학교 여성연구소 전임연구원
(현재) 전남대학교 5·18연구소 전임연구원

주요 저서:
『여성·주체·삶』, 『여성과 사회·정치』, 『광주지역 노동운동 전개과정』 등.

주요 논문:
「1990년대 국가의 노동력관리정책에 관한 연구」, 「간호전문직 노동의 변화」,
「5·18 민중항쟁과 여성활동가들의 삶」, 「대기업 노동조합에서 비정규 여성노
동자의 배제양상」 등 다수가 있다.

여성, 역사·노동·문화의 주체

2003년 11월 23일 초판 인쇄
2003년 11월 30일 초판 발행

지은이 강현아
발행인 한정희
발행처 경인문화사
편 집 박선주

등록 제10-18호(1973. 11. 8)
주소 서울특별시 마포구 마포동 324-3
전화 02) 718-4831~2
팩스 02) 703-9711
메일 kyunginp@chollian.net

ISBN 89-499-0216-8   93330   값: 12,000원